厦门大学哲学社会科学繁荣计划资助项目
江西省 2011 朱子文化协同创新中心资助项目
国家重大招标项目"东亚朱子学的承传与创新研究"阶段性成果
教育部重大招标课题"百年朱子学研究精华集成"阶段性成果

朱子学文库

3

百年东亚朱子学

BAI NIAN DONG YA
ZHU ZI XUE

朱人求 乐爱国　主编

商务印书馆
创于1897　The Commercial Press
2016 年 · 北京

图书在版编目(CIP)数据

百年东亚朱子学/朱人求,乐爱国主编.—北京:商务
印书馆,2015
(朱子学文库)
ISBN 978-7-100-11837-8

Ⅰ.①百… Ⅱ.①朱…②乐… Ⅲ.①朱熹(1130～1200)—
哲学思想—国际学术会议—文集 Ⅳ.①B244.75-53

中国版本图书馆 CIP 数据核字(2015)第 290734 号

百年东亚朱子学

朱人求　乐爱国　主编

商 务 印 书 馆 出 版
(北京王府井大街 36 号　邮政编码 100710)
商 务 印 书 馆 发 行
山西人民印刷有限责任公司印刷
ISBN 978-7-100-11837-8

2016 年 5 月第 1 版　　　　开本 787×1092　1/16
2016 年 5 月山西第 1 次印刷　印张 28½
定价:72.00 元

《朱子学文库》编委会

目　录

朱子学的精神与未来

　　——《朱子学文库》序 ……………………………………… 陈　来　1

东亚朱子学研究的新方法

　　——《百年东亚朱子学》序 ………………………………… 朱人求　7

韩国朱子学的心说论争研究现况及展望 ……………………… 崔英辰　1

韩国儒学视野中的黄榦 ……………………………… 邓庆平　王小珍　13

精微之境：李栗谷对人心、道心的诠释 ……………………… 谢晓东　31

跨文本诠释的困境和意义

　　——以退溪的四端七情论为中心 ………………………… 周元侠　49

安珦与朱子学文献在高丽的传播与刊行 ……………………… 方彦寿　63

百年栗谷学研究的考察与展望 ………………………………… 赵甜甜　75

表象与定位：以江户时代的日本朱子学为研究对象

　　……………………………………………………… 吴光辉　肖珊珊　96

藤原惺窝对朱熹"四书学"的阐发

　　——以《大学要略》为例 ………………………………… 张品端　107

近代日本对朱子学的受容与超越

　　——以《白鹿洞书院揭示》和《教育敕语》为中心 … 朱人求　118

经学、文献、礼仪与文化交涉

　　——2014 年日本学界朱子学研究综述 ………………… 傅锡洪　133

《朱子语类》合刊本编修刍议 …………………… 胡秀娟　朱杰人　155

宋儒义理之学的再诠释…………………………………… 朱汉民　179

对牟宗三谈朱熹孟子诠释的方法论平议…………………… 杜保瑞　194

"理"之现代开展与发扬……………………………………… 李承贵　210

略论朱熹社会管理思想在同安、漳州的形成与实践……… 陈支平　229

福建朱子文化的整体性保护研究………………………… 陈秀梅等　245

仁义礼智是"性"还是"德"

　　——以伊藤仁斋《语孟字义》为核心的展开………… 蔡家和　252

民国时期贺麟的朱子学研究

　　——兼与冯友兰《中国哲学史》之比较　……乐爱国　王治伟　268

两种道德要求的分疏和转换

　　——朱子的"诚""信"之别及其对当代诚信道德建设的启示

　　……………………………………………………… 萧仕平　282

儒家实践智慧的礼学演绎

　　——论朱子的礼学实践观　…………………………… 冯　兵　294

简论陈淳与"去实体化"路向趋势的开启………………… 田智忠　309

从"上帝"到"万神殿"

　　——以真德秀之青词祷告为例　…………………… 陈晓杰　321

动静与阴阳一二…………………………………………… 赵金刚　352

略论朱子之先天《横图》………………………………… 陈睿超　388

《周易程氏传》之"中"与"正"

　　——从"道"与"势"、"德"与"位"及君臣关系的角度看

　　………………………………………………………… 李璐楠　399

朱子读书工夫论

　　——静定内心的不二法门 …………………………… 张　磊　415

朱子学的精神与未来

——《朱子学文库》序

陈　来

在儒家思想文化史上，有两个集大成的人物：如果说孔子是上古文化集大成的代表，那么，宋代的朱子就可以说是近古文化集大成的代表。朱子是南宋著名的思想家、哲学家、教育家和大学者，后人称其学术为"致广大，尽精微，综罗百代"，在南宋以后，朱子和他的思想对中国乃至东亚的社会文化影响甚大。朱子学是行动的哲学、实践的哲学。朱子思想不仅统治了南宋以后元明清七百多年的中国，而且影响到整个东亚世界，并演化为东亚世界的统治哲学。不仅如此，《朱子小学》《增损吕氏乡约》《朱子家礼》所倡导的日常生活礼仪也日益成为东亚民众普遍遵循的生活方式，朱子学因之成为近世东亚文化的共同信仰。

"问渠那得清如许，为有源头活水来。"在全球化的背景下，朱子学仍然焕发着生机和活力，《朱子家礼》在韩国、在中国闽台地区仍然发挥着它的部分功能，韩国和中国每年都会举行朱子祭礼来缅怀朱子的丰功伟绩，朱子学仍然存活在我们身边，仍然是我们重建精神世界的活水源头。在全球化的背景下，现代人从朱子的思想中可以学到什么东西？朱子学对现代社会和现代生活有什么意义？换言之，全球化需要什么样的朱子学？朱子学的精神怎样参与人类未来精神世界的建构？我想至少可以从以下几个方面来初步了解朱子学在全球化时代的现代意义。

1. 文化传承

朱子的文化实践可归结为一句话，就是文化传承与创新。朱子对古代文化做了全面的整理，对四书的集辑与诠释尤花费了毕生精力，是文化继往开来、传承创新的典范。朱子在孔子以后的文化传承方面做出的贡献，是近一千年以来无人可以与之相比的。今天的中华民族是由历史上的中华民族发展而来的，中华民族今天的成就是以发展了几千年的中国文化为基础的，而文化传承最核心的是价值观。以中华文化价值体系为核心的文化传承，不仅具有延续民族文化的意义，更具有满足当今重建社会价值的意义。应当学习朱子在文化传承方面的抱负和努力。

2. 主敬伦理

朱子学的学问宗旨，常常被概括为"主敬穷理"，所谓"主敬以立其本，穷理以进其知"。"主敬"是一种内心的状态，也是一种行为的状态，是"教人随事专一谨畏，不放逸耳"。从广义的内心生活态度来讲，敬畏感是一种带有超越性的内心态度和感受，其根本必归结到康德所说的对头上的星空和心中的道德律令的敬畏。头上的星空代表宇宙法则，宇宙法则加上心中的道德，这就是朱子讲的天理。主敬包含的敬畏感，是一种值得肯定的心灵境界和道德境界。从做事的角度来说，朱子学的现代意义之一，是可以为东亚社会提供一种"工作伦理"，朱子学的"主敬"精神为传统到现代的工作伦理提供了一种现成的资源、现成的伦理概念。

3. 学习精神

朱子学最为强调的是格物穷理，大学的"格物"朱子解释为即物穷理，格物穷理之方法是多种的，朱子特别强调的是读书讲学，其中特别突出学习的精神。就哲学的精神来看，朱子学可以说是孔子学习思想最大的继承、发展、推动者。朱子学的格物论可以说是对儒家自古以来的"学习"思想的一种哲学的论证和展开。今天的现代社会在教育程度上已与古代不同，以古代朱子学的标准来看，现代人的受教育程度都属于"大学"，所以朱子学几乎适用于今天现代社会的所有人。现代社会越来越是一个"学习型社会"，朱子学的"学习精神"应当说给我们提供了最好的指导。

4. 教育理念

除了学习精神，朱子学的教育理念也有其现代意义。从当代大学通识教育的角度来看朱子的格致论，朱子所强调的格物和问学，很大程度上都是为了肯定经典讲论在儒学中的正当地位。朱子对经典的学习非常重视，朱子所推动的读书主要也是读圣贤之书，读经典之书。朱子学的格物致知思想更近于晚近受到大家重视的大学"通识教育"理念。因为朱子的格物说的确不是朝向某些专业的科学研究，而是重在培养学习者的综合素质，培养学习者的人文精神、道德理解、多元眼界和宽阔胸怀。这些思想都是与当代大学通识教育相通的文化资源。

5. 实践哲学

朱子不仅强调知识的学习，而且更为强调实践，这种对实践的强调，特别体现在朱子一贯提倡的"知行相须""力行为重"上。照朱子的讲法，致知与力行之间相互联系，密不可分，二者如车之两轮、鸟之双翼，不可偏废。但论先后，知在先，行在后。论轻重，力行为重。知而不行，就不是真知，真知一定能付诸实践、表现于实践。这种精神合乎 19 世纪以来实践哲学的发展，当代哲学对社会实践的重视和关怀已经成为一种趋势。在这个意义上，朱子学的精神和近代哲学是相通的。

6. 化民成俗

朱子的儒学思想固然着眼于成年读书人的修身，但也关注社会风俗的改善。他强调大学之教不仅与"学者修己治人"有关，也与"国家化民成俗"有关。所以，其论教育的结果，"其学焉者，无不有以知其性分之所固有，职分之所当为，而各俛焉以尽其力"。学习者经过学习，不会脱离人伦日用，而能够更加理解自己的天性和职分，在其本职位置上尽伦尽职、尽力尽心。每个人都在其社会职位上尽其力，国家自然就可得化民成俗之效。朱子是对传统蒙学教育贡献最大的人，他的著作如《蒙童须知》《小学》《增损吕氏乡约》以及《家礼》等，在社会上流行甚广，对儒学价值的大众化、通俗化，对培养少年儿童养成德性，对形成文明的社会礼俗，起了积极的作用。今天应当重视朱子这方面的贡献，使朱子的这些著作与目前流行的《弟子规》一起，古为今用，在道德教育中起到应有的作用。

近百年来，我国朱子学研究在现代社会的转型中起落消长，虽然有过种种曲折，但总体上处于蓬勃向上的发展态势；尤其21世纪以来，朱子学研究开拓的范围已相当广泛，如对朱子的易学、朱子的"四书"学、朱子的工夫论、朱子的经学、朱子的经典诠释、朱子的文学、朱子的自然学，以及朱子后学的研究、东亚朱子学的研究、朱子礼学的当代社会实践研究等，都出现了不少专著和论文，取得了很好的成果。这种研究的多元化和广泛性在宋明理学其他大思想家的研究中（如陆象山、王阳明）是很少见的。

在肯定成绩的同时，我们也要看到，宋、元、明、清四个朝代对朱子学的研究构成了现如今我们所研究的朱子学的整体，我们今天仅仅是对于朱熹本人的研究，也不能说是很充分的。如何发展朱子哲学研究的理论思维，提高理论的把握和处理朱子学材料的水平，关注较大范围的哲学思考，仍是朱子学研究应当持守的层面。在朱子后学的研究方面，近年来也有一些发展，只是总体上比起阳明后学的研究来还很不够。就此而言，我们要对各个朝代（宋、元、明、清）的朱子后学的重要见解进行分析，把他们流传下来的书籍、文献进行整理、研究。如果完成这些工作的话，对于学科的发展会有很大的建树。我们应当在不长的时间内使朱子后学的研究有一个较大的改观。进一步说，朱子后学，若只限于一传二传乃至三传的意义上，还不能穷尽"朱子学"的范围；从更广的朱子学的角度看，元明清的朱子学家思想群体都应有规划地一步步地开展其研究，成为体系，使"朱子学"理论深化和发展的历史得以呈现，使"朱子学"的研究更加丰满。

美国文化人类学家克利福德·吉尔兹（C.Geertz）曾经呼吁，我们要研究那种具有全球意义的"地方性知识"，而朱子学正是这种具有"全球意义的地方性知识"。我们认为，朱子学有三个层次，犹如一个同心圆展开的过程。第一个层次，中国文化圈中的朱子学；第二个层次，东亚文明圈中的朱子学；第三个层次，全球朱子学。中国朱子学研究多停留在第一层次，今后我们要大力提倡和发展第二、第三层次的朱子学研究。以朱子学和阳明学为核心的"新儒学是东亚文明的共同体现"。不全面了解朱子学的各个方面，就无法了解东亚朱子学者对朱子学的承传与创新。只有全面了解中国宋元明清儒学内部对朱子哲学的各种批评，才能真正了解德川时代儒学对朱子的批评中，哪些是与中国宋明儒学的批评相同的，哪些是与宋明儒学的批评不同而反映了日本思想的特色。反过来，只研究朱子的思想，而不研究李退溪、李栗谷、伊藤仁斋的思想，就不能了解朱子哲学体系所包含的全部逻辑发展的可能性，不能了解朱子思想体系被挑战的所有可能性，以及朱子学多元发展的可能性。这样的朱子哲学的研究是不完整的。换言之，中日韩朱子学的相互交涉、相互促进，构成了东亚朱子学承传与创新的独特风景。未来的东亚朱子学研究应填补真空，走向综合，从整体上揭示和阐释东亚朱子学的话语体系，揭示出其内在的问题意识、思想脉络和朱子学的相互交涉，并予以其思想以正确的理论定位。

反观近世东亚的朱子学（主要是韩国和日本的朱子学），20世纪80年代以来全国各地也有不少研究，后来因学科目录中原有的"东方哲学"不再存在，使得相关研究的发展受到一些影响，现在应继续努力加强其研究。近十年来中国台湾学者尤其是新儒家学者对韩国朱子学加强了研究，取得了明显的成绩，给这一领域增添了新的动力和活力。另一方面值得注意的是，中国台湾朱子学界近年普遍出现了对牟宗三先生朱子研究范式的一些反省和讨论，也促进了朱子哲学研究在我国台湾地区的新的开展，并将推动整个朱子哲学研究的深化。

最近，厦门大学国学研究院、朱子学会积极吸纳全球朱子学专家和学者的最新成果，拟用五年时间出版30册左右的大型《朱子学文库》，这是继20世纪日本发行《朱子学大系》以来最为重要的一次朱子学著作的大集辑，文库的作者群来自全球各地，主要以中青年学者为主，内容也以东亚朱子学研究和全球百年朱子学研究为主，我认为，这将是 21 世纪朱子学研究中的一件大事。

厦门大学朱子学研究有着悠久的历史传承。老一辈的邹永贤教授、高令印教授、何乃川教授在朱子学研究领域筚路蓝缕，开拓创新，为厦门大学朱子学研究奠定了很好的基础。邹永贤教授主编的《朱子学研究》《朱子学论丛》，在学术界影响颇佳。高令印教授从 20 世纪 80 年代开始从事朱子学研究，其著作《福建朱子学》《朱子学通论》等在朱子学界有一定的影响，其作品《退溪学与东方文化》《朱熹事迹考》被翻译成韩文，为韩国朱子研究者所重视。2006 年，厦门大学国学院复办，复办后的国学研究院，在国学研究方面取得了引人注目的成就。厦门大学国学院研究组织校内外相关科研队伍，在开展以朱子学为核心的、以中国传统文化为主要领域的科学研究方面，取得了引人注目的成绩，特别是在推动朱子学、海峡两岸国学研究与互动交流方面，成绩突出。近五年来，先后举办（包括联合举办）规模较大的国际和海峡两岸朱子学研讨会六次，出版朱子学研究专著、译著十余部。2011 年 9 月，朱子学会在厦门大学成立，创办《朱子学年鉴》，组织举办多次大型国际朱子学会议，团结了一大批海内外朱子学研究专家，引领朱子学研究走向国际化，厦门大学朱子学研究步入了一个全新阶段。2012 年和 2013 年，厦门大学分别获得"百年朱子学研究精华集成""东亚朱子学的承传与创新研究"两项国家重大招标项目，并以此为基础编辑出版《朱子学文库》，它也标志着厦门大学已经成为我国东南沿海朱子学研究的中心。

"旧学商量加邃密，新知培养转深沉。"未来的路很长很长，我们坚信，发展朱子学研究是大有可为的；我们要加强规划，抓紧开展，促进国际交流，利用目前重视文化发展的大好时机，使朱子学的研究开创出一个新的局面。

是为序。

东亚朱子学研究的新方法

——《百年东亚朱子学》序

朱人求

  朱子学是东亚文明的重要体现。东亚朱子学，顾名思义，指朱子学在东亚，当然包括朱子及其在东亚的后学的学说，在时间的向度上，它指东亚历史发展过程中形成的朱子思想及其后学；在空间的向度上，它又具体表现为中国朱子学、日本朱子学和韩国朱子学等多种实存形态。[1]东亚朱子学研究是一个全新的领域，新的研究方法的探索与运用在一定程度上制约着该学科的发展前景。在此意义上，关注方法论问题对于未来朱子学研究的走向和突破性成果的取得具有重大的指导意义。最近，黎昕、赵妍妍撰文指出，当代海外朱子学研究方法主要有考证学的研究方法、史学的研究方法、义理分析的研究方法、文化思想比较的研究方法、体认式的研究方法[2]。这些都是东亚朱子学研究中比较常用的方法，除此之外，近年来东亚朱子学研究在方法论方面正在积极寻求新的突破，"脉络性的转换"方法、多重文本分析方法、诠释学的方法、比较哲学的方法、话语分析的方法等较为新颖的研究方法逐渐引起了学术界的关注。

一 "脉络性的转换"方法

  黄俊杰在东亚儒学研究中十分重视"脉络性的转换"方法，该方

---

[1] 朱人求《东亚朱子学研究的新课题》，《福州大学学报》(哲学社会科学版)，2014年第2期，第5～9页。

[2] 黎昕、赵妍妍《当代海外朱子学研究及其方法》，《哲学研究》，2012年第5期，第32～41页。立足于东亚思想世界，本文就该文未尽之处做进一步的评述，以求教于方家学者。

法在他的几篇颇具分量的朱子学论文中得到了充分的运用。黄俊杰指出，东亚思想家重新解释中国儒家经典以适应本国思想风土的方法，固然不一而足，但较常见的方法则是在中日、中韩政治与思想脉络之间，进行一种也许可称为"脉络性的转换"工作。所谓"脉络性的转换"，是指将原生于中国文化脉络的诸多儒学经典中的概念或价值观，置于日本、韩国文化或思想家之思想体系的脉络之中进行新的解释。这种跨文化的脉络性的转换工作，涉及东亚世界的政治秩序（尤其是华夷秩序）与政治思想（尤其是君臣关系）两个不同层次的脉络，也激发了诸多跨文化的经典诠释问题。①

　　日本儒者所进行的"脉络性转换"，常以将经典中的概念"去脉络化"为其前提，然后再对此进行新的诠释。以"中国"一词为例，黄俊杰认为，就其大体言之，中国古代经典所见的"中国"一词，在地理上认为中国是世界地理的中心，中国以外的东西南北四方则是边陲；在政治上，中国是王政施行的区域，在王政之外，是顽凶之居所；在文化上，中国是文明世界的中心，中国以外的区域是未开化之所。②在日本德川时期，儒生面对经典中的"中国"概念及其思想内涵时，往往感受到华夷之辨所带来的"文化认同"与"政治认同"的紧张。于是，他们重新诠释"中国"，赋予其崭新的内涵，以疏解其"文化自我"与"政治自我"之间的紧张与分裂，从而完成中国经典的本土化改造与适应。日本学者从以下两个方面对"中国"这一概念进行意义重构：第一，将政治意义的"中国"转化为文化意义的"中国"。如山鹿素行将"中国"一词用来指称日本，"中国"指文化意义上的"得其中"，故日本政治安定，三纲不移，非易姓革命政局动荡的中华帝国可比。第二，以普遍性理念瓦解"中国"一词的特殊性意涵。浅见絅斋和佐藤一斋就以中国经典中普遍性的"天"的概念，彻底瓦解了中国

---

① 黄俊杰《德川日本〈论语〉诠释史论》，上海古籍出版社，2008年，第36页。
② 黄俊杰《东亚文化交流中的儒家经典与理念：互动、转化与融合》，台湾大学出版中心，2011年，第86～87页。

经典中的华夷之辨。①

在儒家经典中也存有"脉络性转换"的方法论资源，如孟子的"知人论世"说与"以意逆志"说，便是使"脉络性转换"成为可能的重要途径。黄俊杰认为，在东亚比较思想史的视域中，跨文化语境之中经典诠释的"脉络性转换"，既展现出普遍性与特殊性的张力，也展现出超时空的"概念化"与在时空之中的"脉络化"两者间的张力。应该说，黄俊杰的"脉络性的转换"方法独辟蹊径，他以多元论为中心，主张从"周边看中国"，注重过程而非结果，极大地推动了东亚儒学的研究。在东亚朱子学研究中，"脉络性的转换"方法是一个必要的研究方法，它对我们有效地阐发东亚朱子学的价值观意义重大。首先，它能有效地揭示东亚朱子学的普遍性知识的在地化、本土化的努力及其新的发展；其次，它的深入展开对东亚朱子学的普遍化、概念化的提升也有着重要的意义。问题是，"脉络性的转换"方法是否适用于东亚儒学中的所有理念？答案当然是否定的。在东亚儒学（或朱子学）中，许多内容是超"脉络化"的存在，例如儒家工夫论和境界论中的诸多思想资源，并没有承载过多的国别性的价值使命，无须经过"去脉络化"与"再脉络化"的解构与重构，直接运用即可。其"脉络性的转换"方法主要适用于分析东亚儒学价值观和承载了特定价值观的理念，并不是一个普遍适用的方法论，我们在运用这一方法时一定要注意其合理的边界。

承接"脉络性的转换"方法的理路，李明辉指出，一个好的研究者必须在"脉络化"与"去脉络化"的张力当中准确拿捏，以期彰显其研究对象的多个面向。这是李明辉回顾近十五年来的韩国儒学研究而归结出的重要结论。这里所说的脉络特指经典文本的脉络。相对于历史脉络与社会脉络，经典有其本身相对的独立脉络，它们是"概念史"的研究对象。进而言之，即使在历史脉络与社会脉络的研究乃至

---

① 黄俊杰《东亚文化交流中的儒家经典与理念：互动、转化与融合》，台湾大学出版中心，2011年，第88～92页。

概念史的研究当中，一旦涉及比较的视域时，"去脉络化"也是无法完全避免的。因为"比较"需要"抽象"，而"抽象"便是"去脉络化"。甚至任何概念的形成都是"抽象"的结果，因而也是"去脉络化"的结果。在这个意义下可以说，所有的研究方法均同时包含"脉络化"与"去脉络化"两个面向，只是有所偏重而已。[①] 相比较而言，李明辉的诠释更加圆融，他把"脉络化"与"去脉络化"上升为一个普遍的方法论。"脉络化"指概念史研究而言，而"去脉络化"则在比较的视野中得以"抽象"，从而离开具体的历史境遇走向思想的一般。李明辉的"去脉络化"具有一般性的意义，而其"脉络化"的理路与黄俊杰一脉相承，仍然不能作为普遍的方法论。

二 多重文本分析法

多重文本分析法是李明辉在东亚朱子学研究中独创的一种研究方法。在探讨东亚朱子学时，对问题本身的思想意涵之探讨便必然包含对原始儒学、宋明理学和日韩儒学等多重文本的分析。以韩国儒学中的"四端七情"为例，程朱理学于高丽时代后期（约13世纪末）开始传入国内，至朝鲜时代已取得绝对的权威地位。因此，参与"四七之辩"的朝鲜儒者必须面对双重文本的双重权威：他们除了要面对《礼记》《孟子》等早期儒学文本及其所代表的权威（孔孟的权威）之外，还要面对程朱理学的文本及其所代表的权威（程朱的权威）。由这双重文本与权威所形成的思想背景便成为引发理论争辩的根源。在"四端七情"的理解上，李退溪认为，理能活动四端与七情为异质；四端则理发而气随之，七情则气发而理乘之（理气互发）；四端为自内而发，七情为外感而发；四端在七情之外。李栗谷的论点为，理不活动，四端与七情为同质；气发理乘一途（理通气局）；四端与七情俱是外感而

发；七情包四端（四端为七情中之善者）。在李退溪之后，由于他在朝鲜儒学中的权威地位，参与"四端七情之辩"的朝鲜儒者还必须面对其文本及权威，而形成三重文本。因此，在探讨东亚儒学时，对问题本身的深入探讨必然要求进行多重文本的分析。①

　　这种"多重文本分析"一方面包含对于相对文本的厘清与爬梳，另一方面又涉及现代诠释学的若干基本问题（如诠释的层次、诠释的客观性、诠释学的循环、概念史研究等）。简言之，这种方法必须结合文献考据与义理探讨，其挑战性极大。举例而言，"气质之性"的概念系张载根据先秦儒学所提出来（在先秦儒学中并无此概念），而为宋明儒者所通用。但朱子与刘宗周却赋予它不同的意涵。"气质之性"一词中的"之"字有三种不同的用法：在张载、伊川那里，"之"字表示成分或内容，"气质之性"指由气质所构成的性，气质是气的成分或内容，类似的用法如"青铜之器"；在朱子那里，"之"字表示存在之处，"气质之性"意谓气质中的性，性存在于气质之中，类似的用法如"山谷之花"；在戴山那里，"之"字是所有格，"气质之性"意谓气质的性，是主宰气质的理，类似的用法如"一国之主"。李退溪与奇高峰在辩论"四端七情"的问题时，均援引"天地之性"与"气质之性"的区分，但却分别根据张载与朱子所理解的意涵立场，故得到不同的结论。要厘清同一概念的不同意涵，就需要"概念史"的分析，这是"多重文本分析"的一项重要工作。

　　"多重文本分析"方法在中国朱子学研究中也同样适用，面对元明清朱子后学的文本，我们也可以分析孔孟文本、程朱注本、元明清朱子后学文本，甚至还可以与东亚世界同时代的韩国、日本朱子学文本进行比较分析，得出东亚朱子学的个性与共性。日本朱子学研究亦然，只不过，多重文本相互交叠的现象在韩国朱子学中更为突出。我们认为，朱子学是东亚近世文明共有的思想形态。面对东亚朱子学的核心

---

① 李明辉《韩国儒学研究与经典诠释》，参见 2012 年 7 月 9 日至 11 日台湾大学人文社会高等研究院《第三届青年学者"东亚儒学"研习营课程资料》，第 117 页。

话语和文本，我们的研究都应该进入东亚朱子学研究视野，对中日韩三国文本进行互校互参，相互阐释。正是在此意义上，陈来先生指出，以朱子学和阳明学为核心的"新儒学是东亚文明的共同体现"。不全面了解朱子学的各个方面，就无法了解东亚朱子学者对朱子学的承传与创新。只有全面了解中国宋元明清儒学内部对朱子哲学的各种批评，才能真正了解德川时代儒学对朱子的批评中，哪些是与中国宋明儒学的批评一致的，哪些是与宋明儒学的批评不同而反映了日本思想特色的。反过来，只研究朱子的思想，而不研究李退溪、李栗谷、伊藤仁斋的思想，就不能了解朱子哲学体系所包含的全部逻辑发展的可能性，不能了解朱子思想体系被挑战的所有可能性，以及朱子学多元发展的可能性。从而，这样的朱子哲学的研究是不完整的。[①]换言之，中日韩朱子学的相互交涉、相互促进，多重文本之间的相互诠释与对话，构成了东亚朱子学承传与创新的独特风景。

三 诠释学的方法

运用西方诠释学的方法解读东亚朱子学经典文本、话语与命题是近期东亚朱子学研究的热点。在中国经学史上，朱子是第一个相对集中地谈论过阅读和诠释的方法论的学者。"理"是他的哲学体系的本体论概念，也是其经典诠释的形上依据和理解的最终归宿。而对"理"的理解，又为"理"的本体论性质所规定，"理"既是天道流行又在"心"中流行。在朱子看来，诠释的目的有三个层次：经文原义、圣贤原意与读者所悟之意是理解过程中三个依次递进的阶段，理解的目标就是这三种意义的整体圆融和谐之"理"。语言解释与心法理解是朱子诠释经典的基本方法，与之相应的就是句法与心法的诠释。句法的解释是对本文语言的解释。心法是立足于体验的理解方法，但它不同于

---

① 陈来《东亚儒学九论》，生活·读书·新知三联书店，2008 年，第 2～4 页。

西方心理学诠释中的"心理移情","移情"强调的是将读者之心移植于作者所处的情境，用以理解作者的原意，而在心法中，体验却保留了自己独特的内容。朱子解经的主旨是阐释与发挥经典之要义，然他并未摒弃章句训诂，这使得他的经义发挥有了可靠的文字学基础；他将读经穷理与个人践履视为一体，表明了他的诠释理论强烈的实践倾向。[1] 朱子学是宋学的最高峰，在思想史上承前启后、继往开来，成为自宋以后诠释传统之主流。朱子的诠释理论已涉及诠释学的一系列重要问题，新见叠出，个性鲜明，可参与现代诠释学的对话，对于我们构建中国现代的诠释理论体系有着不可忽视的启迪意义。

在中国古典解释学历史上，朱子的"四书"解释学极具独创性，并形成了一整套解释方法论。周光庆认为，朱子的"四书"解释方法论，不仅是他研究儒学的方法论，而且还是他认识世界、穷究"天地之理"的方法论。"四书"解释方法论具有严密的系统性，以逐层推握为关键的语言解释和以唤醒体验为契机的心理解释见长。其中，朱子的心理解释遵循"唤醒—体验—浃洽—兴起"四个程序，是其解释学的核心和最高境界。[2] 2012 年，林维杰出版了《朱熹与经典诠释》（华东师范大学出版社 2012 年版）一书，该书为"儒学与东亚文明研究"丛书之一，是一部从诠释学观点探讨朱子解经思想的著作。除了"导言"之外，全书共有九章，分属四个部分：意义论、方法论、工夫论与转向论。该书对经典诠释中意义与真理的交涉、诠释与方法、以心比心与经文互解之策略、知人论世与以意逆志、知行与经权——作为诠释学模式的先行分析、知行与读书——诠释与工夫的先后与相即关系、体与用——朱子体用论确定等内容做了详尽的分析，是近期研究朱子经典诠释学的一部力作。

朱子解经，兼采汉学与宋学，融合义理之学与训诂之学，形成了

---

[1] 潘德荣《经典与诠释——论朱熹的诠释学思想》，《中国社会科学》，2002 年第 1 期，第 56～66 页。

[2] 周光庆《朱熹〈四书〉解释方法论》，《孔子研究》，2000 年第 6 期，第 48～58 页。

一套较为成熟、颇具特色的解释理论和解释方法，将中国古典解释学推向了一个高峰。曹海东《朱熹经典解释学研究》试图建构起朱熹经典解释学的体系、框架。全书分为五章，分别讨论朱熹的经典意义论、朱熹的经典理解论、朱熹经典解释方法论、朱熹的经典解释学原则、经典解释学特点及影响。他认为，朱熹经典解读的具体方法可大致分为三类进行论析：一类是以潜心玩索为主的解读法，关注点在于解释者认知的深层心理机制；一类是以小学考释为主的解读法；还有一类是以义理辨释为主的解读法。朱熹的经典解释学原则，有求真性原则、创发性原则、渐进性原则、融通性原则等等。[①] 总之，朱子经典解释学与理学密切相关，具有浓烈的时代气息、创造精神和鲜明的实践倾向。

中国文化系统中有着悠久的诠释传统，古圣先贤习惯于以注经解经的方式绍承传统、阐发自我。我们在运用西方诠释学理论来解读朱子学的进程中，一定要注意二者之间的对话、交融与互补，以彰显出东亚朱子学的特质。在众多的经典诠释实践中，如何揭示出经典注疏的解释体例，努力梳理出中国诠释学的理想类型，并试图建构一个可与西方诠释传统对话和互补的中国诠释学，朱子的诠释实践与经验仍能给我们许多有益的启示。

四　比较哲学的方法

比较哲学的方法是从域外他者的视角出发，重新确立和理解自我的一种亘古常新的研究方法。理解自我与理解他者不可分割。如果没有他者的存在，自我也就无法存在。在自我与他者的相互碰撞与交融中，自我与他者之间隐藏起来的统一性就可能被呈现出来。因此，为了更好地理解东亚朱子学，我们就需要把它与西方哲学和东亚各国哲学进行比较。因而，在东亚朱子学的比较研究领域中，既有中西哲学

① 曹海东《朱熹经典解释学研究》，湖北人民出版社，2007 年。

的比较，也有中日、中韩、日韩哲学的比较，甚至把朱子学的特定领域放进东亚大背景进行比较。

西方哲学构成了东亚朱子学研究最大的他者。李明辉《四端与七情：关于道德情感的比较哲学探讨》（华东师范大学出版社 2008 年版）一书属于比较哲学的工作，它涉及德国伦理学与中国、韩国伦理学（主要是朱子学）的思考。第一、二章首先梳理康德早期伦理学经由席勒伦理学到现象学伦理学的发展过程及其内在理路。此一发展涉及伦理学的基本问题：我们对于道德价值的"领会"究竟是什么性质？此一问题具有跨文化的普遍意义，因此上述的思考为我们探讨中、韩儒学中的相关问题提供了极有用的参考架构。在中国儒学的发展当中，该书选择了南宋朱熹与湖湘学派关于"仁"的辩论（第三章），以及晚明刘宗周对于孟子的"四端"与《中庸》的"喜怒哀乐"之独特诠释（第四、五章）为探讨个案。在韩国儒学的发展当中，该书则选择了朝鲜朱子学者李退溪与奇高峰、李栗谷与成牛溪关于"四端"与"七情"的辩论（第六、七、八章）为探讨个案。在这三个个案中，朱子学作为共同的参照系，与康德后期的伦理学有类似之处，即均预设理性与情感（或性与情）二分的主体性架构。反之，张栻等湖湘学者、刘蕺山、李退溪与成牛溪将孟子的"四端"或《中庸》的"喜怒哀乐"视为与"七情"异质的形上之情，此点与现象学伦理学的基本方向不谋而合。2001 年，中国台湾学者 Lin Wei-chieh（林维杰）在法兰克福也出版了其博士论文《理解与道德实践：朱熹儒学与伽达默尔哲学解释学之间的比较》。①

杨祖汉是韩国儒学研究专家，他的《从当代儒学观点看韩国儒学的重要论争》是"近世中韩儒者关于孟子心性论的辩论与诠释——比较哲学的探讨"研究计划的四年心血的结晶，该书集中处理了韩国朱

---

① Lin Wei-chieh, *Verstehen und sittliche Praxis*：*Ein Vergleich zwischen dem Konfuziauismus Zhu Xis und der philosophischen Hermeneutik Gadamers*，Frankfurt am Main 2001.

子学研究中的三大论辩，即"无极太极之辩""四端七情之辩"及"湖洛之争"（"人性物性异同论""未发时之心体是纯善抑或有善有恶"），它们分别指向儒学的本体、工夫的重要问题，儒学的形上学、心性学与道德哲学的重要问题。杨祖汉指出："（这）几次重要的论争，很能代表韩国儒者的研究成果，而这些成果，若以当代儒学有关宋明儒学的诠释来对照，似乎更能彰显出韩儒所论争者之思想意义。"① 站在比较哲学的视野，该书从问题论争入手，借着疏释其中之主要文献，通过中国当代新儒学对宋明儒学的诠释，以比较韩儒义理，从另一角度见出其中问题之含义。林月惠的《异曲同调——朱子学与朝鲜性理学》一书则从中、韩儒学的比较视域切入，探讨明儒罗整庵思想对16世纪朝鲜性理学的影响，特别强调"人心道心"理论发展与论争。并指出，16世纪的朝鲜性理学是朱子学东传的鼎盛时期，也是韩国儒学发展的高峰，最能呈现其理论特色。② 朝鲜性理学诸多论争的开展，实是朱子学的多元发展，绝非中国朱子学的单一复制或翻版。

从津田左右吉开始，日本近世儒学学界就普遍认为，朱子学甚至儒教思想在近世日本的影响仅停留在思想层面，只是知识分子的一种研究兴趣，而在社会的一般生活层面，其对人们的行为方式之影响则相当有限。吾妻重二在《朱熹〈家礼〉实证研究》（华东师范大学出版社2012年版）中则证明，江户时代的儒者对家礼的实践深刻影响到了日本的社会生活。该书立足东亚文化交涉的视野，对《朱子家礼》展开比较研究，可谓是近年来朱子家礼研究领域中出现的一部扛鼎之作。吾妻指出，17世纪后半期日本曾掀起一股《家礼》风潮，这不仅表现在各派学者尤其是朱子学系与阳明学系学者所留下的有关《家礼》的著作上，而且体现在很多著名学者、政治人物依据《家礼》举行丧、祭仪式的实例中，例如江户初期的儒官林罗山仿照《家礼》为其母设

---

① 杨祖汉《从当代儒学观点看韩国儒学的重要论争》，华东师范大学出版社，2008年，第1页。

② 林月惠《异曲同调——朱子学与朝鲜性理学》，台湾大学出版中心，2010年。

计"木主",而17世纪水户学的奠基者德川光圀竟然津津有味地仿制"深衣"更是其中最为显著的案例。对《家礼》在丧、祭场合的广泛运用这一历史事实的揭示,不仅有效地纠正了流行的习见,而且与《家礼》冠婚丧祭各种仪礼都得到广泛普及的中国和朝鲜相比,点明了日本儒教仪礼受容的特色。此外,作者还在本书的第五、六章中讨论了日本、韩国家庙中最重要的祭器——"木主"的问题,以及在第七章中探讨了《家礼》中的儒服——"深衣"及其在朝鲜王朝时期与德川日本的施行情况。可见,从东亚文化与哲学比较的角度看朱子学,这也是作者贯穿全书的一个基本立场。

运用比较哲学的研究方法来解读东亚朱子学,我们发现,在跨文化语境的国际对话中,朱子学中的普遍性因素可以成为沟通东西文化和东亚文化的桥梁。通过文化比较与甄别,我们也真切地看到,东亚朱子学在日本、韩国的发展并不是中国朱子学的简单翻版,而是结合地域性本土文化资源开创出一个崭新的朱子学形态,为未来朱子学的发展与走向提供了多种可能性。当然,他者的眼光能给我们带来全新的感受,也能带来新的盲区。如何在跨文化比较分析的同时克服语言、知识和思维方式的障碍,注意不同文化问题之间的可比性,避免机械性的比附,这是比较哲学研究面临的最大挑战。

五 话语分析的方法

话语分析的方法是东亚朱子学研究中的一个崭新的方法论,它指对话语的语境、语义、语法、产生、发展与实践等问题进行深入探讨的研究方法。话语分析方法虽然广泛应用于诸多学科,却慎用于哲学领域,故用话语分析方法来解读中国哲学的成果较少,学术界多倾向于讨论在西方哲学与文化的冲击下中国哲学话语的近代转向和现代转向,有关宋明理学话语研究的成果并不多。就国内而言,主要有陈来先生主编的《早期道学话语的形成与演变》(安徽教育出版社2008年版）专书和一系列论文，陈来先生高屋建瓴，对宋明理学话语的形成、发展提出了自己独特的看法，在《早期道学话语的形成与演变》一书中，他对道学"中和"说、"穷理"说，朱子的《仁说》、心说、道体说，陈淳的《北溪字义》，张栻的《太极解》等进行了深入的分析，指出道学无疑是一种话语体系，而这一话语体系的形成过程，很值得加以细致研究，并总结出、提炼出作为中国学术思想的话语体系的构型特性。随着朱熹的理论权威的确立，朱熹哲学的话语开始主导道学思想的展开，而道学的话语也更加哲学化。陈来先生的道学话语研究开始摆脱了传统的以范畴体系为中心的研究范式，为宋明理学的研究开拓了一片新的领地，但理学话语研究还有待进一步具体化和体系化。[1]

话语分析的方法注重朱子学核心话语的分析，注重分析话语事件和社会政治、文化因素之间的关系，把朱子学话语放进儒学意识形态化的历史脉络中展开研究。笔者还提出了"话语的内在解释方法"，这是一个独创性的理论方法，即以某个时代的核心话语为中心，深入文本和历史去发现话语本身所隐含的问题意识、时代主题及其解决之道，再现思想史上某些重要的环节。[2]话语分析方法的具体操作路径是：

首先，通过文本细读，确定所要分析的东亚朱子学研究的核心话语。在文本细读的过程中，抓住文本的核心话语和时代核心话语展开分析，尽量用材料说话，暂时搁置主观价值判断，客观真实地揭示出文本特有的问题意识和价值旨趣。

其次，在数据库中进一步证实话语的核心地位。通过现有的中日韩数据库，对核心话语进行检索，如果该核心话语在该文本和同时代及以后文本中出现的频率很高，几乎每一思想家都在反复讨论该话语，

---

[1] 在海外，美国华裔学者陈荣捷先生的《宋明理学之概念与历史》、余英时先生的《朱熹的历史世界——宋代士大夫政治文化研究》，对宋明理学中的某些重要话语如理一分殊、随处体认天理、格物、穷理、国是等做了深入的分析，但这些成果较为分散，未能构成一个理学话语体系。

[2] 朱人求《"六经糟粕"论与明代儒学转向》，《哲学研究》，2009 年第 6 期，第59～68 页。

其核心性就可以成立，便是一个值得进一步深入探讨的东亚朱子学的关键话题。

再次，对该话语展开分析。深入文本和时代语境，对该话语展开深入细致的分析，揭示出该话语产生、发展、成熟和衰落的历史轨迹，阐释该话语不同层次的含义，比较该话语在不同思想语境中、不同思想家视野中的不同含义并详细地分析其中的原因。话语带有很强的实践性，在话语分析的同时，我们还应注意分析话语的社会建构、话语实践等问题，了解某一话语究竟通过何种方式作用于社会并取得何种效果，以及话语的社会化适应如何完成。

最后，在大量话语分析的基础上建构东亚朱子学的话语体系，分析其理论类型。其中，中国朱子学话语体系包括本体话语（体认天理、理气先后、无极而太极、理即事、事即理、理气动静、心即理、理一分殊），工夫话语（事上磨炼、主敬穷理、诚意正心、定性、慎独、格物致知、拔本塞源、尊德性与道问学、操存省察、已发未发、致知力行、下学而上达），社会政治话语（正君心、出处、国是、教化），境界话语（万物一体之仁、全体大用、见天地之心、识仁、自得、致良知、民胞物与、天人无间）等。韩国朱子学话语体系包括本体话语（如理气一途、理气之发、理乘气发、人性物性异同论等），工夫话语（如诚意、四端七情、心体善恶、心统性情、定心与定性等）、社会政治话语（如事先理后、起用厚生等）。日本朱子话语体系包括本体话语（理气一体论、天命之性、气质之性等），工夫话语（全孝心法、主敬涵养、静坐、格物穷理、事上磨炼、智藏说等），境界话语（如天人合一、全体大用等）、社会政治话语（如名分大义论、夷夏之辩、国体、神体儒用、王霸等）。① 在大量的话语分析的基础上，我们可以分别建构出中日韩朱子学话语系统，然后再分析鉴别中日韩话语系统的同调与异趣，系统地建构出东亚朱子学的话语系统，分析其理论类型。

---

① 朱人求《东亚朱子学研究的新课题》，《福州大学学报》（哲学社会科学版），2014年第 2 期，第 5～9 页。

话语分析是一种新的研究范式[①]，它的展开，立足于日常生活世界，强调认知与行动的一致性，恰好与话语分析所坚持的基本原则相吻合，也有力地证明了话语分析方法在朱子学研究甚至在中国哲学研究中的优先地位。话语分析方法抛弃了以往以范畴体系为中心的研究范式，运用话语分析的理论方法，注重语篇和语境分析，通过对东亚朱子学的核心话语和社会政治、文化因素之间关系的探索，极大地拓展了朱子学的研究空间和理论内涵，一大批以前较少关注的朱子学话语开始进入中国哲学研究者的视野。我们认为，话语分析方法的广泛运用将带来中国哲学研究范式的转换。当然，话语分析方法也有它的局限性，比如话语分析可能会带来研究视域、研究问题的泛化和哲学性不足的问题，它要求我们在深入分析时要注重哲学话语与其他社会话语之间的互动、注重哲学话语的提炼和分析。

需要进一步说明的是，在东亚朱子学的研究中，传统研究方法如文献学的方法、历史考证方法、义理分析方法和体认式的方法仍然是我们深入课题的基本进路。方法的创新只是相对于传统的惯常的思维方式而言，新的研究方法的运用往往与传统的研究方法紧密结合在一起，你中有我，我中有你，新方法之"新"也不是绝对的。例如，"脉络性转换"方法就侧重于思想史研究，但它又把研究对象放进跨文化语境之中进行考察与甄别，从而提炼出一个全新的观点。多重文本分析方法偏重文献考据与义理探讨，又涉及现代诠释学多个层面的核心问题。诠释学的方法与比较哲学的方法多为哲学式的探讨。话语分析方法则兼顾语言学、思想史、哲学等多个学科领域，既有理论又有实践，既有普遍性的哲学诠释又有个体性的身心体认，从而实现新的综合。随着西方社会科学方法的输入，在东亚朱子学研究领域，一些新的研究方法如现象学方法、身体哲学的方法、生命伦理学的方法等，

[①] 库恩指出，范式是指在一定时期内可以向研究者群体提供的典范性问题及解法的普遍公认的科学业绩。参见托马斯·库恩《科学革命的结构》前言，金吾伦、胡新和译，北京大学出版社，2005年。

开始进入人们的视野，只不过这些研究方法还处于起步阶段，尚没有得到广泛的认可和追寻，还没有完成有一定影响力的朱子学专著，没有形成"气候"而已。我们相信，我们期待，随着研究方法的新突破，东亚朱子学研究将会取得长足的进展。

韩国朱子学的心说论争研究现况及展望

崔英辰（韩国成均馆大学）

一 序论

如我们所知，朱子学自 14 世纪末传入朝鲜以后，逐步成为主导朝鲜社会发展的治国理念。建立朝鲜的权力主体是士大夫（官僚兼学者），他们主导了"易姓革命"并形成了超越王权的庞大权力集团。朝鲜王朝的权力结构把重点放在了权力的分散和抑制权力的过分集中上，力求通过政治的公正性和透明性来实现以民为本的民主社会。朝鲜社会推动政策实施的主体其实就是士大夫[①]，他们徘徊在辅佐和遏制王权的立场之间，创建了抑制王权的制度体系[②]。因此，士大夫渐渐成为左右朝鲜王权更替的主导力量[③]。

作为官僚兼政治家的朝鲜士大夫，他们掌握实权并能参与政策的实施，所以具有很强的社会责任感。此外朝鲜学派和政派之间千丝万缕的联系，更使得学术论争往往会受到政治势力的影响[④]。朝鲜社会之所以发生激烈的学术论争，并在数百年以来持续发展并不断创造出新的理论，这与朝鲜社会的特殊性有着很深的关联。

众所周知，朝鲜的性理学是在三次比较集中而又持续的论争过程

[①] 韩永愚《再觅我们历史》第二卷，经世院，2004 年，75～78 页。

[②] 其代表性的行政部门就是朝鲜时代的司宪部、弘文馆、司谏院，也称"言论三司"。（同上书，第 78 页）

[③] 这与以君主专制为基础的宋明清时的国家体制有区别。李春植认为，宋朝树立了君主独裁体制，明朝进一步确立了君主独裁体制，清朝完成了君主独裁体制。（李春植《中国史序说》，教保文库，2005 年，第 6～8 章）

[④] 其代表性的例子就是围绕王室的服丧问题而展开的礼讼论争。在第一次礼讼论争中西人胜利而掌权，而在第二次礼讼论争中南人获胜并掌权。（李泰镇等《韩国史特讲》，首尔大学出版社，1990 年，第 168～169 页）

中形成并发展的，它们分别是：16 世纪的"四端七情论争"、18 世纪的"湖洛论争"以及 19 世纪的"心说论争"。四端七情论争是以"情"为中心，湖洛论争是以"性"和"未发心"为中心，心说论争则是以"心"为主题来展开。通过这三次论争，朝鲜性理学者对心、性、情的研究更加细致透彻，同时也发现了其中所包含的问题。在解决这些问题的过程中出现了很多新理念，并以此确立并形成了有别于中国朱子学的韩国性理学。如此大规模的学术论争，在日本和中国是基本没有的。

在三大论争中，研究成果最多的应该是"四端七情论争"。最近，对"湖洛论争"的研究也陆续展开，而对"心说论争"的研究却还处于空白状态。特别是国外学者对"心说论争"更是陌生。而它与"四端七情"和"湖洛论争"一样，具有很高的学术价值。为了进一步探究朝鲜性理学史的深入发展，"心说论争"是我们必须要解决的一个难题。这也是本文的写作目的之一。

寒洲李震相（1818～1886）^①在 43 岁时撰写的《心即理说》^②成了引发岭南学派内部论辩的导火索，接着也引发了与畿湖学派的激烈论辩。在《心即理说》中，寒洲批判"心是气"，强烈主张"心即理"。

朝鲜性理学从 16 世纪退栗时代开始，就试图用理气论来解释心和其他世上存在的一切事物。例如湖洛论争对"未发论"的核心问题讨论时，构成未发之心的气是"湛然纯善"还是"清浊美恶"，纯善的本然之心是否是"理气同实"^③，这都是不同于朱子"中和说"的部分。而从理气论的角度去回答"心是什么"这一问题的时候，会有"心合理气""心即理"和"心即气"三种不同的答案。如我们所知，朱子学

① 本贯星山，字汝雷，号寒洲。19 世纪岭南学派的核心人物，居于星州。星州地处广尚北道和广尚南道的交界地带，既隶属于退溪学派，又与南明学派和畿湖学派有一定的文化交流。而寒洲并没有受到地域或党派和学派的影响，独自研究了自己的理论体系。他既批判畿湖学派的学说，又对岭南学派固陋的学问态度予以激烈的抨击。17 岁时在叔父李源祚（1792～1871）的指导下学习性理学，虽仰慕退溪，但没有师承关系。代表作有《寒洲先生文集》。（李相夏《寒洲李震相的主理论研究》，景仁文化社，2007 年，第 13～21 页）
② 李震相《寒洲先生文集》卷三十二，《杂著》，第 1～5 页。
③ 崔英辰《韩国儒学思想研究》，东方出版社，2008 年，第 234～271 页。

中把心规定为"理+气"，退溪也主张"心合理气"。但是自栗谷主张"心是气"①之后，这便成为畿湖学派的宗旨。而寒洲认为"心是气"这一主张歪曲了由"孔子—孟子—朱子—退溪"所传承下来的儒学的一贯宗旨。这一点通过寒洲"论心莫善于心即理，莫不善于心即气"可以得到很好的证实。

为了批判"心是气"，寒洲提出了"心即理"，并认为自己的"心即理"才是真正传承并发展了退溪的理论②。但"心即理"类同于被退溪划为异端的阳明学的理论，所以不仅在岭南学派内部受到了极大的批判，在畿湖学派内部也是如此。

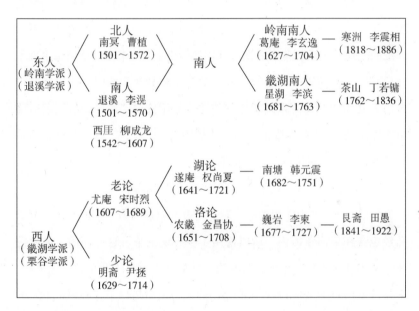

二　1902～1990年的基础性研究成果

畿湖学派的其中一支是华西学派，张志渊的《朝鲜儒教的渊源》③一书对这一学派的心说进行了整理。书中记述了柳重教（1832～1893）

---

① 栗谷《栗谷全书》卷十，《答成浩原》"心是气也"。
②《寒洲先生文集》："（退溪）先生常曰，心之未发，气未用事，惟理而已，安有恶乎？此乃指心体之论。吾所谓莫善于心即理者，此也。"
③ 张志渊《朝鲜儒教的渊源》，汇东书馆，1922年。

和金平默（1819～1891）的观点，并简单叙述了他们对李恒老（1792～1868）心说定论的论争。李恒老是二人的恩师，柳重教在《论调补华西先生心说》中首先提出了对心说的异议，后金平默针对柳重教的论旨作《华西先生心说本义》，对恩师心说的意义进行了重申。张志渊以"京嘉两派的分裂"为题，将其分裂的过程进行了简单论述。这里的"京"是指以首尔为势力范围的洛论派系学者①，"嘉"是指李恒老居住在"嘉陵"，即现在嘉平一带的门生②。由于洛论学者的学脉师承梅山洪直弼，所以这场论辩也叫作"华梅是非"。

这之后玄相允（1893～？）也对此论辩做了记载。他在《朝鲜儒学史》③"柳重教"一条中，对与金平默明德主理主气的论争做了更为详细的记述。之后，裴宗镐在《韩国儒学史》④一书中以"明德主理主气论辩"为题，对李恒老的门人、洪直弼和吴熙常的门人，以及其再传门人之间的对立关系做了详细叙述，他评价说"这场论争比湖洛论争更加激烈"。这三本概论书中虽然都使用了"心说"这一单词，但是却没有提及"心说论争"这一词语。

"心说论争"这一词语最早是1983年吴锡源在《关于华西学派心说论争的研究》⑤中使用的。⑥笔者认为可能是因为"心说"这一词语已经包含在华西学派内，所以使用了"心说论争"这一词语。吴锡源在论文中首先考察了李恒老的心说，然后详细考察了柳重教、金平默、崔益铉（1833～1906）对于明德的看法，最后指出了"心说论争"的特征和意义。吴锡源的论文发表之后，间或有关于朝鲜后期"心说论争"的论文出现，逐渐扩大了心说的研究范围。

---

① 代表学者有俞莘焕、赵秉直、任宪晦等，他们都师承梅山洪直弼、老洲吴熙常。
② 代表学者有金平默、柳重教、柳重岳、柳麟锡、李声集、崔鸿锡等。
③ 玄相允《朝鲜儒学史》，民众书林，1949年。
④ 裴宗镐《韩国儒学史》，延世大学出版社，1974年。
⑤ 吴锡源《关于华西学派心说论争的研究》，《东方思想论考——道源柳承国花甲纪念文集》，1983年，后收录于《朝鲜朝儒学思想的探究》，余江出版社，1986年。
⑥《韩国民族大百科字典》中，在记载学者文集里，只要是关于明德主理主气的问题或是心的理气论问题就会使用"心说论争"一词。

吴锡源论文发表后虽然出现了有关李恒老及其学派的研究①，但学界对于"心说论争"并没有表现出太多的关心②。这是因为学界的研究方向大多都是以人物为中心，再者就以四端七情论和人物性同异论为重点，关于心说论争的论文90年代后半期仅有两篇。

一篇是宋锡准的《对艮斋性师心第说和俛宇心即理说的考察》，1998年刊登于《艮斋学论丛》第二辑上，对艮斋的性师心第说和俛宇的心即理说进行了比较性考察。李炯性则着重考察了郭钟锡的老师李震相，对他的心即理说和以心使心论中心的主宰性进行了考察③，以心使心虽然是首次在性理学心性论领域里被提及，但其实它是李震相心主宰性的一环。④

另一篇是朴洪植的《明德理气论辩》，1999年刊登于《东洋哲学研究》第二十辑，文中指出明德理气论这一问题来源于明德主理主气的讨论，详细记述了参与此次讨论的人物及其观点，明德说以"主理""主气"为分歧展开，"主气说"以洪直弼、任宪晦、柳重教为主，"主气说"以奇正镇、李恒老、崔益铉、李震相为主，并列举了他们的原文。

三　2000～2009年研究领域的扩大和主要论文

近现代的性理学者虽然对性理学研究有很多的不足之处，但是2000年以来对性理学思想的关心越来越多，研究成果也日渐丰硕，这其中关于心说论辩的博士论文如下：

---

① 吴锡源《对19世纪韩国道学派义理思想的研究——以华西李恒老及华西学派为中心》，成均馆大学，1992年。
② 金炯瓒在对毅庵柳麟锡的思想进行整理时，对心说论争部分只是简单地提及了一下。（金炯瓒《毅庵柳麟锡的哲学研究》，《东洋哲学》第3辑，韩国东洋哲学会，1992年）
③ 李炯性《寒洲李震相的心性论研究——以心即理说和以心使心为中心》，《韩国思想和文化》，韩国思想文化学会，1998年。
④ 李炯性《对李震相性理说中主宰性的考察——以以心使心为中心》，《东洋哲学研究》，东洋哲学研究会，1999年。

朴鹤来，《芦沙奇正镇的哲学思想研究》，高丽大学，2001 年。

李炯性，《寒洲李震相的性理学研究》，成均馆大学，2001 年。

姜弼善，《华西李恒老的哲学思想研究》，成均馆大学，2002 年。

朴性淳，《华西李恒老心主理说与斥邪论的研究——关于朝鲜后期畿湖老论洛学派心说的传承》，高丽大学，2003 年。

李相下，《寒洲李震相性理学说的立论根据》，高丽大学，2003 年。

李宗雨，《对寒洲学派和艮斋学派心性论争研究》，成均馆大学，2004 年。

金勤皓，《华西李恒老的理学心论研究》，高丽大学，2008 年。

李美林，《华西李恒老的华夷论研究》，成均馆大学，2009 年。

以上论文中，李炯性、李相下、李宗雨的论文是关于寒洲学派的，朴鹤来的论文是关于芦沙的，剩下的都是关于华西学派的。

1. 以寒洲学派为主的研究

（1）关于寒洲的研究

李炯性，《寒洲李震相心即理说的含义》，《阳明学》，韩国阳明学会，2002 年。

李宗雨，《对李震相心即理说渊源的考察》，《东洋哲学研究》，东洋哲学研究会，2003 年。

朴祥里，《对寒洲李震相心即理说的研究》，《儒教思想研究》，韩国儒教学会，2004 年。

李相下，《寒洲李震相心说的性质——以与岭南学派基本的心合理气说·王阳明的心即理说的差异为中心》，《东洋汉文学研究》第 19 辑，东洋汉文学会，2004 年。

李炯性，《从修养论的层面来考察寒洲思想的心说》，《韩国思想和文化》第 36 辑，韩国思想文化学会，2007 年。

金洛真，《以知觉说为中心来看寒洲李震相的性理学——以心即理说成立的历史背景为中心》，《东洋古典研究》第 36 辑，东洋古典学会，2004 年。

权相佑，《19世纪岭南退溪学的定论与创新二重奏——从李万寅与张福枢的立场来看李震相的"心即理说"》，《南冥学研究》第28辑，庆南文化研究院，2009年。

（2）对寒洲学派与艮斋学派论争的研究

李宗雨，《对寒洲与艮斋心说论争的研究——以"心即理说"和"李氏心即理说条辨"为中心》，《韩国哲学论集》第10辑，韩国哲学史研究会，2001年。

李宗雨，《对朱熹晚年定说论争的研究——以李震相学派和田愚学派的论争为中心》，《退溪学报》第114辑，退溪学研究院，2003年。

李宗雨，《李震相学派和田愚学派的知觉说论争》，《东洋哲学研究》，东洋哲学研究会，2004年。

李宗雨，《寒洲学派和艮斋学派对主宰论的论争及其评价》，《东洋哲学》第22辑，韩国东洋哲学会，2004年。

李宗雨，《寒洲学派和艮斋学派对义理实践的论争》，《韩国哲学论集》第15辑，韩国哲学史研究会，2004年。

李宗雨，《寒洲学派和艮斋学派对心统性情的论争及其意义》，《东洋哲学研究》，东洋哲学研究会，2005年。

林宗镇，《晚求李钟杞性理学的立场的考察——以与寒洲学派的论辩为中心》，《退溪学与儒教文化》第43辑，退溪研究所，2008年。

（3）对寒洲弟子郭钟锡的研究

洪元植，《俛宇郭钟锡的明德说——以李承熙·许愈·金镇祜的论争为中心》，《南冥学研究》第27辑，庆南文化研究院，2009年。

洪元植，《俛宇郭钟锡的性理说——以对寒洲性理说的继承为中心》，《南冥学研究》第27辑，庆南文化研究院，2009年。

李相下，《俛宇郭钟锡的性理说——对寒洲性理学的继承与传播》，《南冥学研究》第28辑，2009年。

（4）其他

崔英辰，《对18～19世纪朝鲜性理学的心学化倾向的考察》，《韩国民族文化》第 33 辑，釜山大学韩国民族文化研究所，2009 年。

以上这些论文可以分为关于寒洲心说的论文，关于寒洲学派与艮斋学派论辩的论文，关于寒洲的弟子郭钟锡的论文，而崔英辰的论文则将寒洲的心即理说与湖洛论争的代表性学者李柬的"心性一致"说相联系，从朱子心学的立场上对其进行分析、再解释。

除此之外，定斋柳致明（1777～1861）学派对寒洲学派[①] 批判性考察的论文[②]、韩国阳明学者霞谷郑齐斗（1649～1736）与李震相的心性论的比较研究论文[③]也在学界发表，扩大了对李震相思想的理解范围。

2. 以寒洲学派为主的研究

李相益，《寒洲李震相的主理论及其批判》，《温知论丛》第 27 辑，温知学会，2011 年。

尹丝淳，《寒洲李震相性理学式的心即理说》，《孔子学》第 20 辑，韩国孔子学会，2011 年。

洪元植，《19 世纪"洛上"退溪学派与"洛中"寒洲学派的分立以及性理学论争——以韩溪李承熙的"条辨"为中心》，《儒家思想文化史》第 39 辑，韩国儒教学会，2010 年。

崔英辰，《19～20 世纪朝鲜性理学"心即理"与"心是气"的冲突：以艮斋和重斋对寒洲"心即理"的论辩为中心》，《东洋哲学研究》，东洋哲学研究会，2013 年。

这其中值得注意的是尹丝淳在论文中的主张：

"细细体会李震相以主宰为基础的心即理说就会发现，他理论体系中的'心的主宰'就是'理的妙用'。心是意识作用，其作用就是理性的思考和担心的情绪。也可以把他的意识作用说成是形式上'主张和

[①] 关于李震相与寒洲学派的基本论文有李炯性的《寒洲李震相与其学派研究的现况与展望》，《儒教思想研究》第 39 辑，韩国儒教学会，2010 年。

[②] 李相下《定斋学派从心性论的立场上对寒洲学派心即理说的批判》，《儒教思想研究》第 43 辑，韩国儒教学会，2011 年 3 月。

[③] 李相勋《霞谷郑齐斗与寒洲李震相心性论的比较研究》，第 8 回江华阳明学国际学术大会，韩国阳明学会，2011 年 10 月。

宰制'，但是主宰心的体是理，也即天，这种替天主宰的方式是不是可以作用于其他地方，是不是必须只能起到这一种作用，都是需要做进一步考察的。另外从根本上说，'理的主宰'本身与气的作用性质就是'名目名分'的差异，按照李震相的理论，其主宰作用免不了被看成是一种'观念的规定'。"

尹丝淳是从一个全新的角度去理解李震相的心即理说，扩大了其范围。崔英辰的论文初稿发表于 2012 年第四次国际汉学会议中，后经补充收录在 2013 年由中国台湾"中央研究院"发行的《东亚视域中的儒学：传统的解释》中。有趣的是，此书中收录了 14 篇论文，其中关于韩国儒学的论文就有 8 篇之多。论文中崔英辰考察了艮斋对寒洲心即理说的批判以及寒洲的再传弟子金榥对此的回应，并分析了他对寒洲的理论的发展和完善以及其在思想史上的意义。

3. 以华西学派为主的研究

朴性淳，《毅庵柳麟锡对华西心说的传承样相》，《东方学》第 27 辑，东洋古典研究所，2013 年。

金勤皓，《试论华西李恒老性理说的心学特征》，《栗谷思想研究》第 26 辑，栗谷学会，2013 年。

金勤皓，《华西学派心说论争的展开过程与哲学的问题意识》，《栗谷思想研究》第 27 辑，栗谷学会，2013 年。

杨祖汉，《韩国朝鲜后期儒学的心论：以华西学派为中心》，《东亚视域中的儒学：传统的解释》，2013 年。

其中杨祖汉的论文是关于华西与其弟子省斋柳重教之间展开的心的论辩，省斋批判华西的"以理言""以气言"，并主张将心和性严格按照形而上和形而下来区分，将心归属于气，杨祖汉认为这是对华西理论的修正和补充。

4. 以艮斋学派为主的研究

艮斋学会在学术会议上考察了艮斋学派与其他学派理论的同异之处，将这些论文集辑成特辑发行在《艮斋学论丛》第 10 辑：

林月惠，《艮斋学派与俛宇学派在思想上的同异及特征——以艮斋与俛宇的心说论争为中心》；

蔡家和，《艮斋学派与寒洲学派的思想同异及特征——田艮斋"心是气"与李"寒洲"心即理的差异比较》；

李宗雨，《艮斋学派与华西学派的思想同异及特征》。

除此之外，艮斋学派的相关研究还有：

林玉均，《艮斋田愚与醒庵李喆荣性理思想的同异和特征》，《艮斋学论丛》第 14 辑，艮斋学会，2012 年。

张淑必，《艮斋与华西学派心说论争的焦点与意义》，《栗谷思想研究》第 27 辑，栗谷学会，2013 年。

5. 对奇正镇（1798～1879）学派心说的研究

朴鹤来，《奇正镇的心论与明德说》，《韩国思想史学》第 16 辑，韩国思想史学会，2001 年。

朴鹤来，《畿湖学界围绕奇正镇"纳凉私议"的论争》，《民族文化研究》第 36 辑，民族文化研究院，2010 年。

金勤皓，《从溪南崔琡民的"明德之学"看心论》，《南冥学研究》第 30 辑，庆南文化研究院，2012 年。

朴鹤来，《对芦沙奇正镇学派心说的考察》，《儒学思想文化研究》第 43 辑，韩国儒教学会，2011 年。

芦沙学派认为心是理气之合，并强调精爽之气。值得注意的是，他们通过"心本善"确认了心与性都是善的，从修养和实践的层面上认为心的根本体系可以实现善。朴鹤来为了阐明心说论争在道德（教育）论上的意义，对韩末性理学界的心说论争进行了考察①，试图分析"心说论争以如何实现已知的人类道德本性为出发点，对心从实践层面的探讨"。

朝鲜后期开始于华西学派内部的"心说论争"其主要主旨虽然是

———

① 朴鹤来《韩末性理学界的心说论争及其道德（教育）论的意义》，《人文科学研究论丛》第 33 辑，明知大学人文科学研究所，2012 年 12 月。

明德主理主气，但同时也是通过认识真正的人类主体来确立人类学。

6. 其他

金景浩，《栗谷学派的心是气与其哲学的问题意识》，《栗谷思想研究》第 27 辑，栗谷学会，2013 年。

金勤皓，《从 19 世纪心论的主题来看栗谷学的样相——以任宪晦、宋秉璿、李恒老、奇正镇等为中心》，《栗谷思想研究》第 28 辑，栗谷学会，2014 年。

金景浩，《栗谷学派的心学与实学》，《韩国实学思想研究》第 28 辑，韩国实学学会，2014 年。

以上论文都是对栗谷学心说论争焦点的阐释。

四 "心说论争"研究的新探索

韩国朱子学的三大论争是始于对心性情理气论的规定，众所周知朱子认为四端与七情都是情感，并没有系统的对心进行理气论的规定。因此韩国朱子学者们试图用理气论的概念来定义人类的心性，在这个理论整理的过程中出现了很多问题，产生了很多的理论创新。

未来的研究课题如下：

1. 韩国朱子三大论争之间的关系研究

到目前为止，对于各个论争的研究成果已经有很多了，但是三大论争之间的关系性研究，以及理论发展的研究则有很多不足。[①]

2. 韩中日儒学思想之间的比较研究

抽出中日关于心说论争的理论进行比较研究，从而可以确认韩国儒学的正统性，同时可以阐明东亚儒学思想的普遍性和特殊性。

3. 与其他学派心论的比较研究

通过与阳明学派及实学派的比较研究确立心说论争理论的特殊性。

---

① 探讨湖洛论争（未发论）与四端七情关系的论文见崔英辰《南塘与巍岩未发论的再检讨：与退溪·高峰的四端七情论辩相比较》，邢丽菊译，《韩国儒学思想研究》，东方出版社，2008 年，第 234～270 页。

4. 从东西方比较哲学的立场上进行研究

通过与西方哲学的心论比较来阐明心说论争理论的特殊性。有必要引入西方的心理学（特别是道德心理学）、脑科学等对人类心脏研究的最新现代科研成果对心说论争理论进行验证。①

---

① 李允宁在《退溪与弗洛伊德心论的比较研究》（成均馆大学博士论文，2011 年）中，用精神医学的理论对退溪心性论做了比较研究。

韩国儒学视野中的黄榦①

邓庆平　王小珍（江西师范大学）

自高丽末期由出使北京的韩国学者将朱子学传入朝鲜半岛之后，朱子学逐渐成为韩国最有影响的学派。在长达五百余年的朝鲜王朝时期，韩国的精英知识分子接受的主要学术思想就是朱子学，他们对朱子学的理解与实践呈现出许多与中国朱子学存在重要差异的面貌，他们对朱子学许多方面的关注要比同期的中国学者们更加深入，其中包括对朱子门人的理解。

本文即选择朱熹的女婿、也是后来被许多学者视为朱子学传人的黄榦作为考察对象，通过对韩国儒学史上有关黄榦材料的梳理，试图勾勒出一个韩国儒学视野中的黄榦形象，对黄榦在韩国儒学发展当中的影响做一简单讨论。

一　资料传入

就今天的黄榦研究来说，直接的一手资料大概有三大类型：一是其他学者文集当中涉及黄榦的部分，这里主要是朱子文集、朱子语类等材料当中与黄榦有关的材料；二是在其他理学资料汇编当中涉及黄榦的部分，例如《四书纂疏》《性理大全》《四书大全》等书当中所收集的黄榦材料；三是《勉斋文集》，在历史上似乎存在多个版本，但目前可见的主要版本有两个，一是元刻本，另一个是四库本，二者大部

---

① 本文为 2013 年国家社科基金项目"朱子门人与朱子学研究"（13CZX044）、2014年度国家社科重大项目"朱子门人后学研究"（编号 14ZDB008）的成果。

分相同，一部分互有出入①。就研究黄榦而言，这三种类型的资料互有差异、互为补充，都是研究黄榦不可缺少的。例如在《性理大全》等资料当中保留了许多四书诠释和一些重要义理的阐述，是现存《勉斋文集》所没有的内容。

就韩国儒学而言，黄榦毕竟是中国的思想家，因此他们对黄榦的了解首先就存在一个资料的传入与掌握的问题。黄榦研究的三类材料，在时间顺序上有一个传入朝鲜半岛的先后过程，大体相对应的便是韩国学者理解黄榦的不同阶段。这些不同阶段与整个韩国朱子学的发展阶段②略有对应。

第一阶段，初步传入（丽末，约14世纪）。自1289年高丽人安珦出使元大都，接触到当时元大都盛行的朱子学之后，"手抄朱子书，摹写孔子、朱子真像。时朱子书未及盛行于世，先生始得见之，心自笃好，知为孔门正脉，手录其书，摹写孔朱真像而归"③。此后经过白颐正、李齐贤、李穑、郑梦周等人的努力，朱子学逐渐在朝鲜半岛传播开来。此时朱子学相关的著作逐渐受到高丽学者的重视，越来越多的朱子学书籍传入朝鲜半岛。这些书除了朱熹本人的著述之外，还包括一些理学汇编类书籍，如丽末权溥在韩国刊行的《四书纂述》④。这一时期，学者们关注的重心自然是朱熹本人的学术思想，但因朱熹的学术思想总是与朱子门人有着密切关系，而且一方面朱子多数书籍中都有关于门人的一些记录，另一方面理学汇编著作中收录了不少朱子门人的材料，因此朝鲜学者在接受朱子学的同时也对包括黄榦在内的朱

---

① 可以参见池俊浩先生的《黄榦哲学思想研究》（2001年北京大学博士论文）当中的附录，另笔者也有两个版本的比较研究。

② 韩国朱子学的发展大体分为四个阶段：1.传入与初步消化理解时期（丽末鲜初，约14～15世纪）；2.义理诠释走向成熟时期（16世纪）；3.以礼学为核心的朱子学全面社会化时期（17世纪）；4.卫正斥邪时期（18～19世纪）。参见《中韩朱子学发展模式比较研究》（2014年12月25日，韩国首尔，"韩中社会科学论坛"）。

③ （高丽）安珦，《晦轩先生实记》卷三《年谱》。

④ 《阳村先生文集》卷之三十八《东贤事略》"权政丞讳溥"。"将朱子《四书纂述》立白刊行。东方性理之学。由公始倡。"权溥（1262～1346），曾经刊行《四书纂疏》，可见此时理学汇编类的书籍已经逐步在韩国流传开来。

子门人会有一定的了解。因此，就黄榦研究来说，最先传入朝鲜半岛的应该是掺杂在朱子文集、理学汇编等材料中的第一类文献，也就是说，朝鲜学者对黄榦的认知最初是依据这些材料当中涉及黄榦的部分，此时对"勉斋"的讨论不多。这是韩国学者对黄榦了解的第一个阶段。

第二阶段，涉入义理论争（15～17世纪）。1392年朝鲜王朝成立之后，十分重视对中国书籍的引入，一方面向当时中国政府求书然后由朝廷赐书，另一方面也在出使时购置带回。《朝鲜王朝实录》中记载："我朝自祖宗依赖，代尚儒术，圣经贤传、诸史子集，以至遗经佚书，无不鸠聚，非但为内府之秘藏，亦且广布于间巷。……兹令使价之往返中朝者，广求书籍以来。"①其中一些重要的理学汇编著作，如《性理大全》《四书大全》《五经大全》就特别受到朝鲜学者重视。

《性理大全书》（又名《性理大全》）七十卷，明胡广等奉敕编辑。与《五经四书大全》同辑成于永乐十三年（1415）九月。据《朝鲜世宗实录》六卷，世宗一年（1419）十二月七日（丁丑）："敬宁君裶、赞成郑易、刑曹参判洪汝方等回自北京。皇帝……特赐御制序新修《性理大全》、四书五经大全。"可见成书后不久，《性理大全》以及《四书大全》《五经大全》就已传入朝鲜。后宣德元年（1426）、世宗十五年（1433）等明皇帝又陆续赐三部大全给朝鲜。在世宗朝逐渐形成非常浓厚的性理学研究风气。此后虽然世祖朝早期因为篡夺侄子的王位而有悖于儒家礼法，对性理学的学习研究有所削弱，但后来朝鲜王又逐渐恢复了对性理学的重视。这三部书在朝鲜逐渐被刊印，在知识分子当中流传开来，影响深远。

随着韩国学者对朱子学理解的加深，特别是随着《性理大全》《四书大全》等传入韩国，他们对包括朱熹弟子在内的其他朱子学者的关注日益增多。伴随着太极、四端七情等问题的讨论，朝鲜性理学开始由最初的消化理解转向越来越丰富的义理论争时期，逐渐形成朝鲜性

---

① 《朝鲜中宗实录》卷二十三，中宗十年十一月四日（丙戌）。

理学在义理上的兴盛时期。很长一段时间，韩国学者所重视的黄榦学术思想都是在《性理大全》《四书大全》当中的黄榦部分，此时黄榦的一些重要义理思想受到当时重要性理学者的重视，成为一些重要的义理论争当中的重要参考；另外，此一时期内黄榦所编修的《仪礼经传通解续》等礼学资料也为韩国性理学所关注，特别是在朝鲜王朝关于仪礼的讨论时。

　　第三阶段，专文讨论（18～19世纪）。现存的四十卷《勉斋文集》在比较晚的时候传入朝鲜。据南塘韩元震（1682～1751）在给老师权尚夏（1641～1721）所作年谱中提到"己亥先生七十九岁作勉斋集辨说"，乙亥即1719年，在这一条当中，韩元震有一注曰：《勉斋文集》前未行于东方。季公以副价赴燕。始得其书而来。（《寒水斋集》附录《寒水斋先生年谱》）而权尚游出使北京是在1713年，完整的《勉斋文集》传入朝鲜是在1713年[①]，此后，韩国学者对勉斋的了解更加全面，这是韩国学者理解黄榦的第三个阶段。随着理解的加深，陆续出现了一些专门讨论黄榦思想的文章，如权尚夏的《勉斋集辨》（《寒水斋先生文集》卷之二十一《杂著》）和韩元震的《黄勉斋性情说辨》（《南塘先生文集》卷之二十七《杂著》），围绕《勉斋集》中的《答李公晦书》对黄榦性情论展开批判。

二　义理影响

　　自从高丽末期朱子学传入朝鲜半岛之后，朱子学逐渐成为国家主流的意识形态，经过历代韩国学者的讨论阐发，逐渐形成具有韩国特色的性理学传统。在这些性理学家的视野中，朱熹无疑具有独尊的地位，相应的一些重要朱子门人也逐渐得到众多朝鲜学者的重视与研究。黄榦作为朱熹的女婿，也是朱子首要弟子，其学术思想传入韩国之后，

———————————

① 具体论证过程可参考本人未刊稿《勉斋文集流传朝鲜经过考》。

受到性理学者的重视，作为重要的思想资源常常被引入当时的性理学论争当中，对于韩国性理学的思想发展具有重要影响。下面从几个方面做一些介绍。

（一）对四端七情论争的影响

金应祖（1587～1667）在《鹤沙先生文集》卷之五《大学十箴性理渊源撮要重刊后识》中指出：

> 四端七情之理发气发气挟理随之论，始发于朱夫子，继发于黄勉斋。元明以下及我东诸大儒，未有说得到焉。退陶老先生，乃始发之于《天命图》。虽以奇高峰之辨博，未免始疑二而终勉从，实前圣所未发精微之极致也。

四端七情是朝鲜性理学上的第一大问题，形成了两大派，一是以退溪为首主张理气互发观，二是以栗谷为代表主张气发理乘一途说。金应祖这里指出，退溪的理气互发观开始于他与奇高峰关于《天命图》的讨论，但从学术渊源来看，乃始发于朱熹，其次继发自勉斋。

退溪一派的学者李玄逸（1627～1704）在《葛庵先生文集》卷之八《答丁君翊》中更明确指出退溪与勉斋观点之间的相合之处：

> 若退溪所谓四端理发而气随，七情气发而理乘云者，亦是分别理气，两下开说。然但其言句之间，参涉理气而为言，与黄勉斋所论方其未发，气虽偏而理自正，气虽昏而理自明，及其感物而动则或气动而理随之，或理动而气挟之者。语意实相符合。盖朱子述孟子论性不论气之意，勉斋，退溪参用程，张论性不论气不备之意。故其语势自不得不然邪。

需要指出的是，勉斋的"或气动而理随之，或理动而气挟之"不见于现行《勉斋集》，而是出自《性理大全》当中。由于完整的《勉斋集》传入朝鲜的时期比较晚①，朝鲜学者对勉斋最初的了解都是通过《性理大全》。故最初朝鲜性理学视野中的勉斋主要是《性理大全》中

---

① 完整的《勉斋集》应是权尚夏的弟弟权尚游1713年出使北京后带入朝鲜半岛，本人专作《〈勉斋集〉传入朝鲜考》一文。

抄录的勉斋部分。

此处认为勉斋之语与退溪之论语意相符合，这点为许多朝鲜性理学者的共同观念。但有一个问题便是，在退溪文集当中并不能发现退溪直接指明其言来自勉斋，而对勉斋的这句话退溪应该是看到过的。在《退溪先生文集》卷之三十六《答李宏仲问目》中讲到天地之性时，退溪引述李宏仲所言：

> 天地之性，性字未详何谓。窃见勉斋答论性之说曰："是天地赋予万物之本然者，而寓乎气质中也。故其言曰：善反之则天地之性存。盖谓天地之性，未尝离乎气质之中也。其以天地为言，特指其纯粹至善，乃天地赋予之本然也。"然则此性字，就天地本体上说乎，就人物禀赋上说乎。"

对此，退溪认为："以此论张子善反之则天地之性存焉则可。若论天地之性人为贵则不可。"勉斋所言用来理解张载"善反之则天地之性存"是适用的，而对于理解"天地之性人为贵"中天地之性是不恰当的。这里引用的勉斋之语出自《性理大全》中关于《正蒙》正文"心能尽性，人能弘道也，性不知检其心……"的部分。这里引的是其中前半段，其后半段便有曰："性固为气质所杂矣，然方其未发也，此心湛然，物欲不生，则气虽偏而理自正，气虽昏而理自明，气虽有赢乏而理则无胜负，及其感物而动，则或气动而理随之，或理动而气挟之（后来被朝鲜性理学者引为对四端七情的理解，成为李退溪的理气互发之说的源头），由是至善之理听命于气，善恶由之而判矣，此未发之前，天地之性纯粹至善，而子思之所谓中也。"由此可见，退溪虽未直接引用勉斋的"或气动而理随之，或理动而气挟之"，但退溪应该是看到了这两句话的。而且与退溪讨论四端七情的奇高峰也特别注意到了勉斋的这两句话，他在《高峰先生文集》卷三《答郑哀侍澈》就指出："四七之说。大概精密。……气动而理随之。理动而气挟之。此说出于勉斋黄氏。"

那么，这里便产生了一个问题，为何退溪不直接引用勉斋的这两句话来作为自己观点的佐证，毕竟勉斋为朱子首要弟子，其观点的证明力是很强的。我想，这其中涉及对这两句话的理解问题。首先，动与发的概念略有差异，动乃是本体论的讲法，而发则直接是心性论的用语，相对于四七之论来说，用发字更为恰当。其次，勉斋所言"气动而理随之"，是指以气动为主的情形；"理动而气挟之"则是理动为主的情形。相应的，退溪的"气发而理乘之"是指气发为主的情形；"理发而气随之"则是理发为主。暂且不论动与发用法上的区别，就气动为主或气发为主的情形来看，勉斋用"理随之"来描述，退溪则用"理乘之"，无疑勉斋的用语表明，此时理是随附的地位，而退溪的用语则依然可以看出理对气的乘载之主导性可能；就理动为主或理发为主的情形，勉斋用"气挟之"，强调气对理的挟持影响，而退溪则用"气随之"，强调气的随顺依附，理的主导性更加突出。总体上来看，勉斋的用语对气的作用强调更多，而退溪对理的主导性更为重视。就朱子学本身来说，理无疑是第一位的，退溪未能因循勉斋的讲法而将之做了修改，这便是可以理解的了。当然，就勉斋与退溪的言语来说，二说皆重视理气之互发，承认理有动，在这点上，二人的立场是一致的。正如尹鑴《白湖先生文集》卷之十四《与权思诚》说道：

> 详此数说，皆以理有动静为言。然考朱子说，又曰太极涵动静，动静非太极。盖太极固无动静，而亦可以动静言之。正如昔者所论理非神也，而亦可以神言之云耳。况黄勉斋尝以理动之说，称闻之师而著之，殆非妄言也。

李玄逸《葛庵先生文集》卷之八《答丁君翊》也讲：

> 然尝见黄勉斋答或人之问曰："性固为气质之所杂矣，然及其感物而动，则或气动而理随之，或理动而气挟之。"朱子又尝有言曰，理在心之中，包蓄不住，随事而发。方其乍见孺子入井时，气也著脚手不得。又曰"理有动静"，故气有动静，若理无动静。气何自而有动静乎，只是理有动静，理不可见。因阴阳而后知，由此观之，非但气有动静，理亦自有动静也。

勉斋的这两句话也被用来论证退溪一派所持"理有动静"的观点。正因为这个一致之处，加之退溪对勉斋多有推崇之意，后来学者特别是退溪学派才总是将退溪的理气互发说归结于勉斋的这两句话。

对于退溪学派以勉斋观点来为自己的四端七情说做辩护，鉴于勉斋在朱子学当中的重要地位，栗谷不好直接反驳，只好说：

> 理气无始，……至如以勉斋之说，为得强敌者，尤近于戏语。若以道理相辨，则刍荛可询，狂言可择。珥亦可以容喙矣，今若不求之道理，而惟强弱是观，则一退溪足以胜十李珥矣，况将勉斋助之乎，是群虎搏一羊也。（《栗谷先生全书》卷之十《与成浩原》）

栗谷面对明确可见的勉斋关于理动气动之说，自然不好直接反驳，只好提示应该就道理本身来辨，而不能因人废言。事实上，栗谷对勉斋等朱子门人的评价与退溪的评价相比，并不太高。在《圣学辑要》八中，栗谷明确讲道："朱子之后，得道统正脉者，无可的指之人。"对于退溪学派所引用《朱子语类》当中的一些关于理有动静的语录，栗谷在《答成浩原书》中认为属于"或有见其记录之误而犹牵合从之者"。于是，愚潭丁时翰在《四七辨证》中直接指出："盖栗谷所入之路头，既与朱子、退溪之见不同，故于退溪互发之说，则力加排抑。于朱子理发气发之语，则以其出于门人之所记录，直斥而不讳。"

（二）对太极、五行等宇宙论观点的吸收

李滉作为朝鲜最伟大的朱子学者，其对勉斋的理解虽然主要是通过《性理大全》等理学辑录类的书籍，但在退溪思想体系当中除了四端七情之外，在无极而太极、五行等问题上也受到勉斋多方面的正面影响。

1. 对"极"的理解

周敦颐《太极图说》的首句"无极而太极"，其中无极与太极是周敦颐宇宙论的最高概念，历来不好理解。退溪认为：

> 问目

> 无极而太极，窃疑极之义虽训为至，而原其所以得名，则实有取于有形状方所而为言，盖居至高而为四方之标准，到此尽了，

更去不得故也。至于太极，实为众理之本，万化之原。而其总合归会底意思，有类于极，故亦以极名之。然则太极之得名，虽因其形状方所，而以有喻无，以实喻虚。初非有形状方所之可寻也，但他书，有以屋梁为屋极者。北辰为北极者，此皆有形之极。故周子恐人以此极之例求之，则或未免同于一物，滞于形状，而失圣人取譬之本意，故又以无极二字加之。盖其假彼喻此，以明此理之无形状无方所。而至有者在焉，至实者存焉尔，鄙意看得如此。故极者，疑似近是。若曰无极，以一无字，带看无形状方所底意思，而以两极字，皆作极至之理看过，则无极二字足矣，不应复有所谓太极者矣。窃闻先生常主此释云，然否。

看得黄勉斋说，详密，当以来说为是，从前谬说，已改之。在别纸。[《退溪先生文集》卷之三十九《答李公浩》（庚午，即1570 年）]

勉斋对极的解释保留在《性理大全》卷一的《太极图》部分，以为极字乃是比喻的讲法，而后人多认为其是实在的理，而无极便怎么可以是无呢，周子所谓无极的讲法也难有所通。这个观点促使退溪思想发生了一次转变。退溪弟子李德弘记录了退溪的这个转变过程：

先生初释无极而太极曰"无之之极，太之之极"。奇明彦曰，此可疑，其本注曰，上天之载，无声无臭，而实造化之枢纽，品汇之根柢。其小注曰，理之无极，只是无形象，无方所。又曰，苍苍者是上天，理在载字上。盖载字是理，声臭字帖极字，实字帖太字。根柢枢纽帖下一极字。勉斋又曰，极字如北极皇极尔极民极之类，然皆以物之有方所形象，适似于极而具极之义。故以极明之，以物喻物，而后世多遽以理言。故不惟理不可无。而于周子无极之语，有所难晓云云。今以此等语观之，当释曰。极虽无之而太之之极也。先生呼德弘曰，明彦如此云云，其言极是，君亦知之，盖先生虚己受人，改过不吝如此。此易箦前一月也。（李德弘《艮斋先生文集》卷之五《溪山记善录上》）

　　对于无极而太极中极字的理解，李滉先是将之理解为理，后
因为奇明彦的提醒，而信服勉斋之理解，认为"其中如黄勉斋说，
最为详尽"。(《退溪先生文集》卷之十八《答奇明彦》)
此次思想转变发生在李滉去世前一个月左右。从此信中也可以看到，
奇明彦非常关注勉斋思想，他对勉斋的理解非常深刻，这种理解直接
影响到退溪。

　　勉斋对极的这个理解也受到其他朝鲜性理学者的认可。李玄逸
(号葛庵，1627～1704)的《葛庵先生文集》卷之十九《愁州管窥录》
也提道："勉斋黄氏之说，理之无极，只是无形象无方所。又以为极字
如北极民极之类，以物之有形象方所者明之。"

　2.五行次序说

　　在1570年退溪与李公浩的书信中，涉及了不少勉斋的思想，除了
上面提到的对于极字的理解之外，还提到勉斋的太极生阴阳、五行次
序乃至其中涉及精气魂魄等观念。

　　太极动而生阳，静而生阴。朱子曰："理无情意无造作。"既
无情意造作，则恐不能生阴阳。若曰能生，则是当初本无气。到
那太极生出阴阳，然后其气方有否。勉斋曰："生阳生阴，亦犹阳
生阴生。"亦莫是恶其造作太甚否。

　　朱子尝曰：理有动静，故气有动静。若理无动静，气何自而
有动静乎。知此则无此疑矣。盖无情意云云，本然之体，能发能
生，至妙之用也。勉斋说："亦不必如此也，何者？理自有用，故
自然而生阳生阴也。"(《退溪先生文集》卷之三十九《答李公浩》)
这里一问一答，问者为李公浩，答者为李滉。其中勉斋所言出自《性
理大全》卷一中"太极动而生阳、静而生阴"的部分，其中有：既是
阴阳，如何又说生阴生阳，曰生阴生阳亦犹阳生阴生，太极随阴阳而
为动静，阴阳则于动静而见其生，不是太极在这边动，阳在那边生，
譬如蚁在磨盘上一般，磨动则蚁随它动，磨止则蚁止，蚁随磨转，而
因蚁之动静可以见磨之动静。李公浩认为，勉斋讲"生阳生阴亦即阳

生阴生"是为了避免太极生阴生阳的造作之意，退溪则认为勉斋的观点还是在讲理之生阳生阴的自然而生之意。

接着，退溪与李公浩又讨论五行次序的问题：

> 阳盛阴盛，阳穉阴穉，万物成形。以微着为渐，五行生序，亦以微着为次。天一生水尚弱，到那生木，其形已实，地二生火尚微，到那生金，其体已固。如此则水为阳穉，木为阳盛，火为阴穉，金为阴盛。而图解所指顾如彼者，何义？黄勉斋亦尝有此疑，今当以何说为定。

> 以生出言，水阳穉，木阳盛，火阴穉，金阴盛也。以运行言，木阳穉，火阳盛，金阴穉，水阴盛。各有一义，今图解所指，似是生出之妙而云云。故勉斋以为可疑，若转作行之序看，则无可疑矣。

这里由阴阳生五行而涉及五行之序的问题。对五行之序，朱熹有生之序与行之序两种讲法，黄榦对朱熹的这两种讲法产生过疑问，认为造化万物的次序应该只有一个，故黄榦对五行的次序有过专门辩解。勉斋的这些观点体现在他与友人甘吉甫等人的书信中。[①] 后来这些内容被部分地抄录到《性理大全》中，退溪所见到的乃是《性理大全》中所抄录部分。李公浩提出勉斋对朱子的质疑，退溪则认为勉斋的质疑在于将《太极图解》中阴阳之序理解为生之序，如果将之看作行之序则没有疑问。退溪这里的处理是比较简略的，一来并未指出为何《太极图解》中的五行之序可以作为行之序来理解，二来也未对勉斋的质疑做出实质性的回应。勉斋的质疑乃是认为宇宙造物的次序应该只有一个，对朱子两种五行之序的观点难以认同。因而，勉斋的策略便是指出五行之序只有一个，而朱子的两种次序说并非五行实质的产生次序，乃是因人为言说方便而提出的。

关于勉斋的五行次序说，退溪在《退溪先生文集》卷之二十五《答郑子中》还提道：

---

① 对此，本人有《勉斋的五行次序观》一文专门讨论。

别纸

此即启蒙天一地二章注勉斋黄氏说之意，滉尝深服其说，以为确论。及考性理大全，载李氏希濂之说，乃苛斥黄氏，何耶？详李氏所斥黄氏说，非专是见于启蒙者，当别有其说，然其语意与见启蒙者相同，故今并引为言。其间火生金之说，黄氏果误矣，其余黄说之误，果皆如李说耶。

在这里，勉斋的观点最初受到李滉的认可。到后来看到《性理大全》中明代李希濂对勉斋之说的辩驳之后，退溪认同李希濂对勉斋在火生金的观点上的批判，但对李希濂的其他批判却有所保留。事实上希濂之辩误实在需要再行辨析①，退溪这里的态度是比较合理的。

此外，在五行的问题上，勉斋关于五行配五事的观点也为朝鲜性理学者所接受。俞棨《市南先生文集》卷之十六《读书琐说》：

五事分配五行，其理极微，非细心不得，庶征亦然。自余如福极，不必区区分配看。黄勉斋论五行五事，次序极精，只此一段足矣。诸家注解，繁芜可删。

这里提到的五行配五事是指勉斋《与甘吉甫》的第一封信和《与杨志仁》的信中所提及的问题。两封信中，在试图讲生之序与行之序融通的基础上，黄榦纠正了传统以五行来配比五事时存在的问题：《洪范五行传》将五行与五事即貌言视听思相配，一直以来，多以木配貌，金配言，火配视，水配听，土配思，如董仲舒的《春秋繁露》即如此认为。这是用五行的木火土金水顺序来配五事，在黄榦看来，这样的配比次序是有问题的。他认为，应该就造化生物顺序，即天一生水，地二生火，与五事来一一对应。他借用洛书之安排，提出了另一套配对顺序，水配貌，火配言，木配视，金配听，土配思。所谓"如此分配则生与行，只是一理也"。

至此，上面的内容大体都围绕李滉来展开，李滉是朝鲜性理学的标志性人物，同时也是对勉斋最为重视的一位思想家。他对勉斋的观

---

① 详见笔者的《勉斋的五行次序观》。

点推崇与吸收较多，但也并非一味盲从，对勉斋的一些观点也提出过不同看法。如对于"精"的理解，退溪以为勉斋所论有所不当：

　　气质精神魂魄……真西山以耳目之能聪能明为精，黄勉斋以毛骨血肉为精。毛骨血肉，既是有形可见底物，然则精有两义否。质与精与魄，亦有异同否？魂与神，更无精粗否。……精则当以西山说为是，勉斋则谓是四者属于精耳，非谓四者即精也。（《退溪先生文集》卷之三十九《答李公浩》之"问目"）

退溪认为，这里对精的理解应该以真德秀为是，而勉斋所言"毛骨血肉"则属于精，而并非精本身。退溪对勉斋说法的辨析，实为反对而不直言。

　　可见，李滉对勉斋的理解达到了非常高的水平。下面一例更能说明此点：

　　别纸

　　勉斋黄氏于朱门，所得尤邃，后学固不敢妄议。然每读此条，不能无疑焉。夫人之生也，得是气以为形，具是理以为性者，勉斋之说不可易也。而其所以能虚灵知觉而为心者，即此理气之合而能然尔，非理气之外，别有所谓虚灵知觉者存乎其间也。今于体性之下，曰又必有虚灵知觉者，存乎其间以为心，则是疑若使人舍理气而索虚灵知觉也，是其语意之间，不无差失。与朱子训明德训心等语，迥然不同矣。至其下文"虚灵知觉者。感而遂通"之语，以上下文势义理推之，知其必有阙文无疑。何者？上文既原心性而立论，下文又解寂感而究言，则其中间语意，不能举一遗一也。当日事物未接，思虑未萌，虚灵知觉者寂然不动；事物既接，思虑方萌，虚灵知觉者感而遂通。其下系以一寂一感之说，意义方为圆备矣。若以今说为是，则方言未发之前，而径以已发之后当之，阙却寂然一段境界。此则勉斋本说，未必如此之误，乃后来传写脱漏，而无人订正之故。今之读者不可不察，而此书引此条下，须注说此意为当也，如何如何。（《退溪先生续集》卷

之三《答朴泽之》）

退溪这里讨论的应该是《性理大全》卷四七《学五·存养》中"勉斋曰"的部分。退溪对这段材料表达了两个质疑：一是勉斋讲必有虚灵知觉者以为心，容易使人误以为此心在理气之外，而事实上虚灵知觉也是理气妙合的结果；二是在"虚灵知觉者，感而遂通"之前存有阙文，该阙文当是就事物未接、思虑未萌时的寂然不动而言。退溪的这个判断建立在自己对文义的推断上面。勉斋的该段材料出自其《敬说》一文，见于《勉斋集》，后抄录于《性理大全》。参考今天所见的《勉斋文集》和四库本《性理大全》，我们发现了该处为"又必有虚灵如觉者存乎其间以为心。事物未接，思虑未萌，虚灵知觉者，感而遂通，一寂一感"，这里明确提到事物未接、思虑未萌，可见退溪所见的《性理大全》在传写过程中确有脱漏，退溪的推断非常准确。"勉斋之说不可易，所得尤邃，后学固不敢妄议"，在此也可一窥退溪对于勉斋材料的研读并非一味盲从，而是非常细致严谨。

（三）专文讨论勉斋性情论

在权尚夏的弟弟权尚游 1713 年将完整的《勉斋集》带入朝鲜半岛后，性理学家对勉斋的理解更加全面深入，他们关注的重心似乎转向勉斋的心性论方面，对《勉斋集》当中保留的心性论观点展开了专门的详细讨论，其中以权尚夏与韩元震为代表。

黄榦在《答李公晦书》中以喜怒哀乐为人心、仁义礼智为道心的观点，受到性理学者从朱熹语境出发的较多批评，权尚夏及其弟子与韩元震撰有专文，《寒水斋先生文集》卷之二十一《杂著》《勉斋集辨》，主要就《勉斋集》的《答李公晦书》论证过程中的观点提出质疑，但并未详细讨论。其重要弟子韩元震在权尚夏的基础之上，作成长篇专文《黄勉斋性情说辨》（《南塘先生文集》卷之二十七《杂著》）对黄榦《答李公晦书》中的言论一一进行详细辩驳。该文不仅详细辩驳了勉斋答李公晦书中表达的性情观，而且还涉及对勉斋之学的一些重要认识，一定意义上，可以说代表了韩国性理学者对勉斋之学的最高水平。对此，笔者有专文讨论，这里就不再详述。

这里仅录韩元震文章最后部分，对勉斋之学做一个整体上的评价：

> 盖观勉斋之学，专以苦思得之，故其于朱子说，始疑而卒服之者多矣，非独此一说也，如洪范五行说、论语浴沂章说，皆系造化之源道体之妙，而始皆深疑朱子说，费辞多辨，卒皆以朱子说为正而弃其旧见，岂非所思益深，所见益精而然耶。昔之疑之也非强异，则后之从之也非苟同，而必有洒然融释者矣。然则朱子之传道，勉斋之受其传者，夫岂有可间者哉。勉斋全集，前不东来。顷年权副使尚游之自燕还，始行于东方。今几家置而户诵矣，学者若不细究其有初晚之异，而只执此一书以概之，则不知道者既不免为所误。而知道者又必生厌薄之心。传失其人之诮，将上及于朱子矣，其为吾道之病，当如何哉。故愚敢就其书，既详释其所见之差，而复表出其后来正见之无可议者，以自附于尊贤卫道之义云。己亥二月日，书于平沙寓舍。

韩元震还以黄榦早晚思想变化的两个例子——洪范五行说与《论语》"浴沂"章说，以证明"盖观勉斋之学，专以苦思得之。故其于朱子说，始疑而卒服之者多矣"。这里判定勉斋之学专以苦思得之，这是合乎事实的。但对于洪范五行说，黄榦之疑不仅表现在早年还表现在其晚年，但其最终思想如韩元震所论，回归朱子，然而最后的回归朱子也并非完全信服朱子，这在本书《黄榦宇宙论》中已有详细讨论。对于《论语》"浴沂"章说，在本书《黄榦论语注解》中的相关讨论也已经证明，黄榦存在一定的思想变化，而且黄榦早年之疑并非没有价值，这一质疑直接促使朱子对《论语集注》该章进行修改。

三　行为模范

黄榦作为朱熹之后最重要的朱子学代表，他的许多行为对韩国性理学家来说也具有示范意义。这里举两例说明。

（一）为朱熹服丧的做法具有标杆作用

金长生在栗谷逝世之后，仿效勉斋服朱子之丧制，服栗谷之丧。

> 栗谷之丧，余方守先考制，依黄勉斋服晦庵之制，具巾带往随栗谷之丧。（《沙溪先生遗稿》卷十《语录》，宋时烈录）

《圭菴先生文集》卷之四附录《年谱》也记录："门人赵纲等服丧期年，依黄勉斋服晦庵之遗制也。"

（二）《朱子行状》在朝鲜受到特别重视

随着朱子学生存的政治环境发生重要变化，黄榦应朱熹三子朱在的要求，1208 年开始写作《朱子行状》，经过十余年的努力，在 1217 年完成初稿，1221 年将之公开。《朱子行状》为早期关于朱熹生平学术思想最完整的研究成果，自公开以来，一直受到后世学者的重视。传入韩国以后，韩国性理学者们也对《朱子行状》给予了高度认可。《朱子行状》至少在以下两个方面对朝鲜性理学产生了重要影响。

其一，由于朱子行状对朱子学思想体系的精确概述，《朱子行状》成为后世学习朱子学的重要入门书。如明代胡居仁每令初学读之："朱子行状学问道理，本末精粗详尽。吾每令初学读之。"韩国性理学大家李滉尝为《辑注》。其弟子赵穆等于万历四年（1576）附于其《理学通录》之第一卷，嗣后又单独刊印。朝鲜性理学者赵相禹（1582～1657）在与友人的信中也提道："朱子之婿黄榦，撰朱子行状，而多有所阙遗处。故退溪先生博考其年谱，大全及宋史，辑注下。使之该备。庆州府锓板文迹。"（《时庵集》卷之二《与金纮，柳辀己丑》）朝鲜性理学近金江汉（1719～1779）从学时所受之书就有《朱子行状》："己未夏，徒步从霁山先生于蟠江累所，得闻学者立心用工之要，因受大学中庸西铭朱子行状等书。"（《壶谷集》卷之十一《兰谷先生行状》）《朱子行状》成为韩国性理学者学习的重要文本。

其二，《朱子行状》还成为后世朱子学者行状写作的模板。朝鲜性理学者卢守慎（1515～1590）在作《领议政赠谥忠正东皋先生李公行状》时就说："而勉斋遗法，亦系行状家不可废者。故抽出遗稿中疏箚若干大略，名以附录。"(《东皋先生遗稿附录》)朝鲜性理学者任屹为其老师朴承任(1517～1586)撰行状时也是"状之规制，略仿黄勉斋所撰朱子行状"(《啸皋先生文集》之《附录下》)。此外，甚至还有直接沿用《朱子行状》中的语言，如"李一斋门人撰行状，或用朱子行状中全句，退溪以为未安。曾见退溪门人所撰行录则一篇用朱子行状全文，似未闻退溪说矣"(《宋子大全》卷一百三十一《杂著·杂录》)。韩元震(1682～1751)仿效黄榦对朱子的评价而推尊李珥(1536～1584)与宋时烈(1607～1689)，说"《朱子行状》曰'曾子，子思继其微而至孟子而始着。周，程，张子继其绝而至先生而复着'……据此则以栗，尤二先生为最着者。亦岂为过哉"(《南塘先生文集》卷之十九《答宋士能丁卯九月》)。这里引用的《朱子行状》之语是《宋史·朱熹传》改过的版本。

此外，在李氏朝鲜中期的礼讼论争当中，《勉斋集》当中"邦礼"曾成为西人性理学家宋时烈的论据之一。

> 新闻勉斋集，明有邦礼大证，此语闻知否。少辈颇以此为幸云，此甚可笑。尹挥斥朱夫子，至有成书，其视勉斋，当如毂耳。
> (《宋子大全》卷六十三《与闵持叔·己未十月》1679 年)

"尹"即尹镌(1617～1680)，是韩国李氏朝鲜中期的政治家和思想家，南人党中代表人物，是西人性理学家宋时烈的政敌之一。南人与西人是李氏朝鲜中期的礼讼论争的两个对立阵营，礼讼论争既是关于政治立场与利益的争论，也是关于礼学的学术论争。宋时烈这里提及《勉斋集》对他们之间礼讼论争的影响，认为《勉斋集》中的邦礼观点应当是有利于西人的立场，但尹镌对朱熹尚不尊重，更何况勉斋。关于南人对勉斋集的态度，还可以从宋时烈的另一弟子鼎闵重(1628～1692，字大受，号老峰)的记述中得到印证：

> 黄勉斋集，金斯百取见于金奂家云，岂至远买燕市耶。李元祯之子，得见于他家，瞿然而归告其父曰"吾辈将无以为辞"。元祯曰："勉斋何足言，虽有朱子之论，奈今日何。李同揆生时，其

乡人问礼论是非，曰宋是。然则何攻击若此，曰上心所恶。自不得不然，然当伸于后世矣，看渠辈所为，不在义理是非，不畏他日公论，只为目下富贵计，不可以常情谕之矣。(《老峰集》老峰先生文集卷之六《书与黄周卿》)

这里明确记述了南人对《勉斋集》的有意轻视，并进而讥讽他们在礼讼论争问题中的立场既不是义理是非，也不在他日公认，而仅仅着眼于当下富贵。

四 结语

朱子学进入朝鲜半岛之后迅速成为当地最盛行的学术思想，对朝鲜王朝七百年历史社会产生了深远影响。这种影响自然是以朱熹为最重要的代表，但这并不意味着朱熹是韩国性理学家们关注的唯一对象，朱子门人后学也是他们关注的重要人物。在朝鲜性理学的视野下，朝鲜学者对黄榦学术思想的理解比较深入，对黄榦的整体印象不错。在学术思想方面，对勉斋的重视最初主要是依据《性理大全》当中的勉斋材料，退溪及其后学对勉斋的关注与认同较多，在太极、五行、四端七情等问题上受勉斋思想影响较大。相比较而言，栗谷学派对勉斋重视不多。而自《勉斋文集》传入韩国之后，朝鲜性理学者对勉斋思想的理解比较全面与深入，其中对心性论的讨论较为充分。在实践方面，勉斋的礼学思想在朝鲜时期的礼学论争中曾作为重要思想资源，勉斋为朱熹服丧的做法也为朝鲜性理学者效仿，其所作《朱子行状》在朝鲜时期也有重要影响。

精微之境：李栗谷对人心、道心的诠释 [①]

谢晓东（厦门大学）

朱子学不仅是一种中国现象，也是一种东亚现象。南宋中叶以来的中国、李朝的朝鲜（1392～1910）以及德川幕府（1603～1867）的日本，朱子学均占主导地位。在东亚朱子学中，存在着一些共同的重要哲学问题，人心道心问题便是其中之一。该问题肇始于中国，却极盛于韩国。韩国儒者对人心道心问题的讨论持续了三四百年之久，从而把该问题的研究推向了极为精微之境。韩国朱子学的四大家李退溪、李栗谷、宋尤庵和韩南塘都对此问题有明确论述 [②]，而其中尤以李栗谷的人心道心说最为重要。这是因为在韩国儒学中，一代大儒李栗谷（名珥，1536～1584）的人心道心说，居于一种中心地位。即使放在整个东亚的视域中，李栗谷的人心道心说也是极为丰富和系统的，因而值得进一步深入研究。笔者曾经对李栗谷人心道心说的历史演变予以了详细的考察 [③]，这就为接下来分析其中的义理问题，比如人心、道心概念之界定，价值属性之认定以及二者之间关系的衡定，奠定了良好的基础。在论文的最后一部分，将会集中剖析李栗谷人心道心说中存在的一个主要问题——两种善问题。

---

① 基金项目：中央高校基本科研业务费专项资金"政治哲学视域下的朱子研究"（2013221002）和国家社科基金项目"政治哲学视角下的先秦儒学与古典自由主义研究"（10CZX020）。
② 钱穆《朱子学流衍韩国考》，收入氏著《中国学术思想史论丛（七）》，生活·读书·新知三联书店，2009年，第315～402页。
③ 谢晓东《人心道心相为始终说是李栗谷的最终定论吗？》，《中国哲学史》，2015年第2期。

一 栗谷对人心、道心概念之界定

李栗谷对人心、道心概念的诠释，主要有两种视角：形上学视角和动机视角。

第一，形上学的视角。栗谷指出，"心一也，而谓之道谓之人者，性命形气之别也"[①]。这个看法是对朱熹的经典叙述[②]的简化，指出道心体现了性命，而人心表现了形气。根据朱熹哲学，性命指的是理，而形气则指的是气。粗略看来，似乎可以说人心是气发，而道心是理发。而这正是李退溪（名滉，1501～1570）和成牛溪（名浑，1535～1598）的理解。不难发现，从形上学角度对人心道心的第一种界定，尚在朱熹的视野之中。但是，对于经过卢稣斋（守慎，1515～1590）、李退溪等人所丰富后的朝鲜人心道心说来看，则尚未具体地从理气角度予以规定人心、道心概念。李栗谷认为，人心道心均为已发，是情，因而属于心性论层面。而心性论和形而上学是逻辑同构的，所以他多次重复类似的话语，比如："理气之说与人心道心之说，皆是一贯。若人心道心未透，则是于理气未透也。"[③]因而，他决心从形上学层面来为自己的人心道心论奠基。一般认为，朱熹的形而上学，可以用理气不离不杂来描述。[④]而栗谷，则是朱学的忠实继承者，故而他也用不离不杂来描述理气关系。不但如此，他还进一步深化了理气学说。根据朱熹理无形而气有形的规定性，他发展出了理通气局说；根据朱熹理无为而气有为的观点，他又发展出了气发理乘说。就人心道心而言，他以气发理乘一途说挑战李退溪的理气互发说。于是，他就提出了关于人心道心的一些新观点。"人心道心，俱是气发。而气有顺乎本然之理者，则气亦是本然之气也，故理乘其本然之气而为道心焉。气有变

---

① 《栗谷先生全书》卷九《答成浩原 壬申》，第123页。《韩国历代文集丛书》第211册，景仁文化社刊行，1999年。

② "心之虚灵知觉，一而已矣。而以为有人心、道心之异者，则以其或生于形气之私，或原于性命之正，而所以为知觉者不同。"〔宋〕朱熹《四书章句集注》，中华书局，1983年，第14页。

③ 《栗谷先生全书》卷十《答成浩原》，第156页。

④ 牟宗三《心体与性体》（下）第八章第二节，上海古籍出版社，1999年。

乎本然之理者，则亦变乎本然之气也，故理亦乘其所变之气而为人心，而或过或不及焉。"① 此处，李栗谷明确提出人心道心都是气发，从而区别于李退溪人心气发、道心理发的观点。② 就此而言，栗谷确实坚持了一贯的"一"。他认为，道心是本然之气，而人心则是所变之气（非本然之气）。这是从气的角度来规定心，从而体现了心是气的朱学观点。③ 从本然之气和所变之气来区分道心人心，也是可以自圆其说的。

虽然上述界定也使用了理气的概念来说明人心、道心，但是似乎过于注重气。因此，有必要寻找比理气更为平衡的方式来界定人心、道心。在栗谷那里，人心、道心都是情，因此也可以从情的角度来界定人心、道心。"以情之直遂其性命之本然者，目之以道心……情之掩乎形气而不能直遂其性命之本然者，目之以人心。"④ 性发而为情，性即理也，纯善而无恶，但是情却有善有恶。情不能纯善的原因是受到了形气的影响，于是就不能直接表现纯善的本性，这就是人心。而道心则非是，它是情表现性理于心者。可以发现，这里对人心的界定很大程度上同时涉及了理气。但是，对道心的界定，则似乎没有同时从理气的角度来分析。因而，这是一种以理气来诠释人心、道心的不完整的尝试。栗谷重视气不是偶然的，故而以前的研究者多用"主气派"的标签贴在栗谷的身上。⑤ 他曾经有完全从气的角度来界定人心、道心的说法，比如，当心发时，"气不用事则道心也""气已用事则人心

---

① 《栗谷先生全书》卷十《答成浩原》，第 190 页。

② "四端，理发而气随之；七情，气发而理乘之。"《退溪先生文集》卷三十六《答李宏仲问目》，《韩国文集丛刊》第 30 辑，第 310 页。

③ 在朱学中，心到底是气还是合理气，争议很大。比如，我国港台地区的学者多认为心是气，其代表人物为牟宗三和李明辉等；而大陆学者陈来则认为朱熹哲学中的心是合理气的。其实，韩国朱子学大家韩南塘（元震）有一个观点值得注意，他说道："心可以包性言，亦可以对性言。"《文集》卷三十《明德说》，转引自钱穆《朱子学流衍韩国考》，收入氏著《中国学术思想史论丛（七）》，生活·读书·新知三联书店，2009 年，第 386 页。"包性言"的心是广义的心，是合理气的；"对性言"的心是狭义的心，是气。本文取的是狭义的心的概念。

④ 《栗谷先生全书》卷十《答成浩原》，第 159～160 页。

⑤ 高桥亨《朝鲜朝儒学史上主理、主气派的发展与兴盛》，载《朝鲜支那文化研究》，1929 年，第 143 页。转引自崔英辰《韩国儒学思想研究》，邢丽菊译，东方出版社，2008 年，第 103 页。

也"。① 不过，这个规定过于简略，而且气是否用事的含义也不是很清楚。可以认为，人心从积极角度而言则意味着"气已用事"，而从消极角度而言则意味着性理"为气所掩"。也就是说，气用事就等于理为气所掩盖、遮蔽。而道心则意味着"气不用事"，或性理"不为气所掩"。故而，气用事就意味着气掩盖了理（或不听命于理），这便是人心；气不用事则意味着气没有掩盖理（或听命于理），这便是道心。把理气的视角贯穿人心、道心概念，则可以得出如下结论，即"唯其气或掩而用事，或不掩而听命于理"②，故有人心、道心之别。应该说，以气是否用事（或气是否掩盖理）来区分人心、道心，有一定的意义。但是，这个区分过于形式化，以至于难以描述出人心、道心观念的特质来。因为，我们完全可以说，天理是气不用事的产物，而人欲则是气用事的产物。看来，把这个模式套在天理人欲上，也是完全适用的。所以，还需要进一步的分析方可刻画人心、道心概念的特质。

第二，动机的视角。从动机角度区分人心、道心，是朱熹以来的常规做法，李栗谷也不例外。从动机之差异规定人心、道心之不同，是栗谷一生的标准行为。栗谷指出："但人心、道心，则或为形气，或为道义，其原虽一，而其流既岐。"③ "其原虽一"指的是人心道心都是气发理乘，"其流既岐"则指由于动机有别，因而其表现可一分为二。也就是说，人的行为的动机有两种，要么为肉体（形气），要么为道义。不过，这个规定过于抽象，较为具体的说法如下："性之目有五，曰仁、义、礼、智、信。情之目有七，曰喜、怒、哀、惧、爱、恶、欲。情之发也，有为道义而发者，如欲孝其亲，欲忠其君，见孺子入井而恻隐，见非义而羞恶，过宗庙而恭敬之类是也。此则谓之道心。有为口体而发者，如饥欲食、寒欲衣、劳欲休、精盛思室之类是也。此则谓之人心。"④ 在其生命的最后两年，栗谷告诉我们，人心道

---

① 《栗谷先生全书》卷九《答成浩原 壬申》，第 126 页。
② 同上书，第 126 页。
③ 《栗谷先生全书》卷十《答成浩原 壬申》，第 144 页。
④ 李珥《人心道心图说》，《栗谷全书》卷十四，收入《心经注解丛编》（二），〔韩〕宋熹准编，学民文化社，2005 年，第 121 页。

心都是情，故而都是已发，可以简称为"情之发"。其有两种类型：第一是为道义而发的道心，也就是说，是理性动机（欲望）。其外延包括甚广，比如，"欲孝其亲，欲忠其君，见孺子入井而恻隐，见非义而羞恶，过宗庙而恭敬之类是也"。第二则是为口体而发的人心，也就是说，是感性动机（欲望）。其具体外延包括颇广，比如，"饥欲食、寒欲衣、劳欲休、精盛思室之类是也"。如果使用主理主气的说法，则作为理性动机的道心是主理，而作为感性动机的人心则是主气。

要言之，对于栗谷来说，人心是人的感性欲望（为形气），它是气用事/气遮蔽了理的产物；道心是人的理性欲望（为道义），它是气不用事/气没有遮蔽理的产物。需要指出的是，从气的角度规定人心、道心可能存在一定的问题。气已/未用事，主理/主气均乃退溪语，栗谷是借用了这些说法。"人心道心皆发于性，而为气所掩者为人心，不为气所掩者为道心。"[1] 韩南塘（元震，1682～1751）就曾在《人心道心说》一文中批评栗谷的这个观点。"遂以人心为掩于形气，道心为气不用事。人心可善可恶，则不可直谓之掩于形气。凡情之发，莫非气发，则道心不可谓气不用事耳。"[2] 无独有偶，南塘的理论对手李柬也对此提出过类似的质疑。[3] 此外，气发理乘一途说在解释人心、道心之异上，或许有困难。[4]

二　人心、道心的价值属性

李栗谷对人心、道心的价值属性的规定，其架构是比较稳定的，那就是把人心和道心分开。简单地说，栗谷对道心的看法是始终如一

---

[1]《栗谷先生全书》卷九《答成浩原 壬申》，第127页。

[2]《南塘先生文集》卷三十，该文在第376～388页，而引文则在第386页。

[3] "食色，天性也，循理而发者，是人心之善者。而此易掩于形气，故谓之危也。若已直掩于形气，则全是人欲也。先生于此，无所辨别，而一切以掩于形气者为人心，此一疑也。"《巍岩遗稿》卷七《与玄彦明 丙申》。

[4] 杨祖汉《从当代儒学观点看韩国儒学的重要论争》，台湾大学出版中心，2005年，第238页。

的，那就是纯善，而对人心的看法则有变化，其变化方向是：经历了从恶到不是恶、再到有善有恶的演变。

先看其最后定论。栗谷说道："道心，纯是天理，故有善而无恶。人心，也有天理，也有人欲，故有善有恶。"①自朱熹以来，就道心应该是未发的性还是已发的心，虽然具有一些争议，②但不管其结论是什么，对道心的价值属性的看法，却惊人的一致，即是纯善的。就栗谷而言，虽然其人心道心说有前说与后说之异，但是其对于道心的道德属性的看法则是始终如一的，即善。因而，本文考察的重点不得不落在"人心"上。对人心的价值属性的规定而言，栗谷的人心道心说可以分为两个阶段：和成牛溪辩论之后和辩论之时。在辩论期，他把人心污名化了，故而更多地把人心看作是恶，这和其人心道心相为始终说是内在一致的。"今欲两边说下，则当遵人心道心之说。欲说善一边，则当遵四端之说。欲兼善恶说，则当遵七情之说。"③也就是说，人心、道心是对立的，道心为善，人心为恶。根据他对人心的规定，似乎应该得出饥欲食之类的生理本能至少是中性的而不是恶的这个结论。但栗谷没有如此，这可以从他以类比的方式形容人心之所以危中可见一斑。"如鹰解鞲，如马脱羁，腾难制"，④这似乎不是"危"而是"恶"了。

栗谷在卸掉辩论的负担之后，以及摆脱罗整庵（名钦顺，1465～1547）、卢稣斋（守慎，1515～1590）道心人心体用论的影响之后，他终于可以理性看待人心的道德属性了。在《圣学辑要》一书中，他实际上就采纳了人心不是恶的观点。他写道："朱子晚年定论，

① 《栗谷先生全书》卷九《答成浩原 壬申》，第122页。
② 二程、朱熹、李退溪和李栗谷等人认为道心是已发，是心；而罗钦顺、卢守慎则认为道心是未发的性，因而是体；而刘宗周则认为道心是人心的本心，因而近于罗氏。具体论述可以参阅《宋明理学中的道心人心问题——朱熹与心学的思想比较》，《厦门大学学报》(哲学社会科学版)，2009年第6期，以及未刊稿《韩国儒学中的人心道心问题》。
③ 《栗谷先生全书》卷九《答成浩原 壬申》，第124页。
④ 《栗谷先生全书》卷十《答成浩原 壬申》，第142～143页。

不以人心为人欲。盖人心，只是生于形气者，虽圣人亦有焉。人心为主，不听命于道心，然后乃为人欲。"① 人心虽然可以流而为人欲，从而体现恶，但人心本身不是人欲，所以人心不是恶。相对于之前认为人心是恶的看法，这是一个明显的发展。但是，仅仅指出人心不是恶，过于消极，因而是明显不够的，需要从正面指出人心的道德属性到底是什么。对此，栗谷的思想可以分为两阶段。在第一阶段，他否定了人心不善。人心"初非不善，而易流于人欲，故曰危"②。双重否定表肯定，因而人心是善。其实，朱熹也有人心善的类似观点，他说道："如单说人心，则都是好。"③ 相对于以前，这就构成一个颠覆性的变化，即人心不但不是恶，而且人心还有善。④ 综合前面所说的人心不恶、人心并非不善，于是就得出了人心是中性以及有善的结论。就此而言，颇为接近朱熹的人心是通孔的观点了。经此过渡，在第二阶段，李栗谷选择了人心有善有恶的观点："人心，也有天理，也有人欲，故有善有恶。"虽然这个观点对于朱熹来说，是比较平常的，因为他早就提出过"人心者气质之心也，可以为善可以为不善"的看法。⑤ 栗谷得出的人心有善有恶的结论，如果这个观点和人心不是恶（"不以人心为人欲"）的观点在同一逻辑层面的话，那么就是矛盾的，因而无法成立。如果这个观点和人心不是恶的看法属于不同逻辑层面，那么就可以避免矛盾从而共存。问题在于，栗谷是在什么意义上得出人心有善有恶的结论？答案留待论文的最后一部分来论述。

三　人心道心之关系：从对立论到统一论

在对人心、道心概念和价值属性予以各自界定之后，着手分析二

---

① 《栗谷先生全书》卷二十《圣学辑要》(二)，修己上，穷理章。
② 《栗谷先生全书》卷十二《答安应休》。
③ 〔宋〕黎靖德编《朱子语类》卷六十二，中华书局，1986年，第1486页。
④ 虽然他以前曾经有过"人心岂有不善乎"的反问，但还不是明确的看法。《栗谷先生全书》卷十《答成浩原》，第160页。
⑤ 黎靖德编《朱子语类》卷七十八，第2013页。

者关系就是水到渠成的了。对人心道心之关系的不同规定，将决定人心道心问题的基本走向，故而是研究的重点所在。李栗谷对人心道心之关系的看法，大致来说有两种。第一，对立论；第二，统一论。[①] 现具体论述之。需要指出的是，栗谷对人心道心对立论的看法，采纳的是一种特殊的类型，即人心道心相为始终说。但是，人心道心对立论和人心道心相为始终说，对于栗谷来说，不是不同的两种思想，而只是一种观点。如果说栗谷先后持有人心道心对立论和人心道心相为始终说，那么这种说法就是错误的。[②] 为了避免误解，还是以人心道心相为始终说作为栗谷初说的正式名称。

为了从宏观视野把握李栗谷关于人心道心之关系的论述，特根据朱熹哲学，做了下面一幅图表：

	本然（纯理）	气质（兼气）
性	本然之性	气质之性
情	四端	七情
心	道心（本然之心？）	人心（气质之心？）

李栗谷的人心道心说，是和韩国儒学特有的问题四端七情论绾合在一起的。本然之性和气质之性是东亚儒学中的一对重要范畴，本然之性指的是纯理，因而纯善。而气质之性在不同的哲学家那里有不同的规定，比如在朱熹那里，是本然之性和气质结合而形成的一种现实的性，故而有善有恶；而在张载那里，则是气质本身的属性，也是有善有恶。李退溪的核心观点是理发和气发的二元论，他认为四端是理发，而七情则是气发，因而四端七情是异质的两种情感。他认为四端的根据是本然之性，七情的根据是气质之性，不过其气质之性的概念

---

① 如果视人心道心为同一层面，则二者的关系可以表现出两种形态：对立论、统一论；如果视人心道心为处在两个不同的层面，则可以表现为体用论。由于李栗谷是明显反对体用论的，故而他可以选择的逻辑空间就只剩下前者了。

② 韩国学者李基镛似乎就有这种看法。参阅氏著《栗谷李珥의人心道心论研究》，延世大学校 大学院 哲学科 1995 年 8 月答辩之博士论文。转引自林月惠《异曲同调：朱子学与朝鲜性理学》，台湾大学出版中心，2010 年，第 303 ～ 304 页。

使用的是朱熹的而不是张载的。在他看来，道心也是理发，而人心则是气发，因而道心人心之关系类似于四端七情之关系，也是异质的两种类型的心。如果李退溪其气质之性的概念使用的是张载的而不是朱熹的，那么其逻辑架构就是一致的。可问题不是这样的。于是从朱熹哲学的角度来看，李退溪的四端七情、道心人心分属理发和气发的结论就是站不住脚的。而李栗谷本于朱熹哲学，气质之性与本然之性是同一种性，或者说前者是本然之性在气质中的表现。从逻辑的角度来看，则气质之性兼本然之性。基于此，以及性发而为情，他认为，七情和四端也是这种结构，即七情兼四端，都属于同一层面的情，具有同质性。根据同样的逻辑结构，似乎推出人心兼道心是顺理成章的事情，李退溪和成牛溪便视人心道心与七情四端为平行而同构的两个问题。① 但是李栗谷在和牛溪辩论时并没有这么做，而是发明了体现人心道心对立论的人心道心相为始终说。根据李栗谷一性、一情和一心的一本论，同时根据上述的图表，可以发现，罗钦顺道心人心体用论的错误在于，误认已发的道心为未发的性，从而混淆了不同的层次。需要指出的是，后来，韩儒巍岩（李柬）认为道心是本然之心，而人心是气质之心，似乎把朱学的逻辑架构贯穿到底了。

就人心道心的关系而言，最初李栗谷认为它们是对立的。"盖人心道心，相对立名。既曰道心，则非人心。既曰人心，则非道心。故可作两边说下矣。"② 换句话说，人心道心是对立的，是非此即彼的关系，故而它们之间没有逻辑上的包含关系（兼），从而不同于四端与七情。在栗谷对人心道心之关系的这种规定中，似乎看到了天理人欲的影子。可以说，栗谷对人心道心的这种看法，和他所提出的人心道心相为始终说，逻辑上是一致的。但是，却和朱熹的人心不是人欲因而不是恶的晚年定论，存在巨大差异。问题在于，人心道心为何会对立呢？他给出了这样的解释："唯其气或掩而用事，或不掩而听命于理，故有善

---

① 林月惠《异曲同调：朱子学与朝鲜性理学》，台湾大学出版中心，2010年，第304～305页。

②《栗谷先生全书》卷十《答成浩原 壬申》，第148页。

恶之异。"① 栗谷认为，理本纯善，恶的根源在于气。

在栗谷和牛溪辩论两年之后，栗谷把《圣学辑要》一书呈送给国王。在该书中，他继续阐发了自己对人心道心之关系的理解。于此，就和初说明显拉开了距离，而演变为人心道心统一论。"朱子晚年定论，不以人心为人欲。盖人心，只是生于形气者，虽圣人亦有焉。人心为主，不听命于道心，然后乃为人欲。真氏之说，虽非正释人心，而论天理人欲分晓，有益于学者，故并取焉。"栗谷终于意识到，根据朱熹成熟时期的观点，人心不是人欲，而是"虽上智不能无"。而栗谷同时也同意朱熹的道心"虽下愚不能无"的观点，基于此，人心道心都是普遍存在的。在这种情况下，强调人心道心绝对对立的人心道心相为始终说，就再也站不住脚了。故而，可以认为，在1572年夏天栗谷牛溪的四端七情与人心道心论辩之后，栗谷实际上就完全放弃了人心道心相为始终说，而回归了朱熹晚年的定论。此时，栗谷提出了一种新区分，即道心为主和人心为主的二分法。关于道心为主，朱熹早就得出过"道心为主人心听命"的说法。而人心为主的几种表达式，则似乎是栗谷的创造。这些表达式有下列几种形式：人心为主而不听命于道心，人心为主而道心为气（或人心）所掩蔽者，等等。于是，从道德现象的描述来看，就存在人心为主道心听命与道心为主人心听命这两种人心道心统一论的基本类型。就从功夫论层面探讨人心道心之关系而言，栗谷也和朱熹比较接近。他说道："治心者，于一念之发，知其为道心，则扩而充之。知其为人心，则精而察之，必以道心节制，而人心常听命于道心，则人心亦为道心矣。何理之不存，何欲之不遏乎？真西山论天理人欲极分晓，于学者功夫，甚有益。但以人心专归之人欲，一意克治，则有未尽者。朱子既曰虽上智不能无人心，则圣人亦有人心矣，岂可尽谓之人欲乎？"② 可见，他依然回归到朱熹的道心为主人心听命的传统。这个关系模式要达到的效果是存天理，这是

① 《栗谷先生全书》卷九《答成浩原 壬申》，第126页。
② 李珥《人心道心图说》，《栗谷全书》卷十四，收入《心经注解丛编（二）》，第124页。

从积极的角度说的；而从消极的角度来看，则是遏人欲。前文说过，就人心道心而言，还存在另外一个关系模式，即人心为主道心听命，其结果便是人欲。故而，两个模式之争的实质便是天理人欲之争。

人心本身可善可恶，故而善恶未定或有善有恶，所以它不可能真正为主而道心听命。就此而言，所谓人心为主不是实说，而是虚说。其要表达的实质是，人心不受道德理性的控制（天理或道心），其结果是什么，这是不言而喻的。需要指出的是，在人心道心统一论的两种类型中，栗谷后说所持有或支持的观点是统一到道心而不是人心，即道心为主人心听命，而不是人心为主道心听命。对照上述图表，可以发现李栗谷的人心道心后说就和整个朱熹哲学的架构大体一致了。此时，人心兼道心，人心有善有恶，而道心纯善无恶。可见，栗谷对人心道心统一论的看法，其要点有四：第一，人心不是人欲，因而不是恶，而是有善有恶；第二，人心容易堕落为人欲；第三，道心占据支配地位；第四，该学说是一个工夫论的命题。

四　栗谷人心道心说中存在的主要问题

在分析完栗谷的人心道心说的三个方面后，本文不拟从当代儒学的观点来评价栗谷的人心道心说，[①] 而是接下来考察其中存在的主要问题——两种善问题。笔者把这个问题命名为卢稣斋—李栗谷难题。

1.两种善问题的提出（卢稣斋—李栗谷难题）

卢稣斋是东亚第一个以长篇论文的形式阐发人心道心问题的人。此前，朱熹在《中庸章句序》中阐发了其人心道心思想。但是，作为一个完整的文本，《中庸章句序》并非仅仅只谈人心道心问题，它还涵盖了其他问题。[②] 不管是罗钦顺、湛若水还是王阳明，都没有专门的论

---

① 就此而言，杨祖汉的分析非常透彻，可参阅氏著《从当代儒学观点看韩国儒学的重要论争》一书。
② 蔡茂松《朱子学》，大千世界出版社，2007年，第48～51页。

文来阐述人心道心问题。故而，从东亚儒学的视角来看，卢氏的《人心道心辨》便是第一篇专门论述人心道心问题的论文。该文长达3300余字，作于1559年。① 就整个人心道心的诠释史而言，卢氏的下述观点值得重视："人心为人欲，则道心为已发可也。人心为善恶，则道心为未发可也。"② 朱熹曾经持有人心乃人欲的观点，但其晚年定论则是人心不是人欲，人心可善可恶。如果根据卢氏的看法，那么当人心的道德属性是恶的情况下，则道心就不能不是道德属性为善的已发之心。只有这样，作为已发的人心道心才能分别是恶和善。反之，当人心本身兼善恶的情况下，纯善的道心就不能是已发的心，而必须是未发的性了。③ 这个观点比较有意思，其实质在于提出了一个尖锐的问题：如果人心本身兼善恶，那么道心（纯善）和人心之善是何种关系？也就是说，会形成人心之善、人心之恶、道心之善，这三种善恶关系，也就是卢氏所说的"作三截看而已"。在他看来，"殊不思善恶属人心，则性命之发，已自在其中矣"。也就是说，人心之善，其实就体现了性命之发，因而也就是道心。卢氏认为，如果形成人心之善和道心同时并存的局面，那么道心的存在价值和意义，在很大程度上就被消解了。为了避免被消解，唯一可行的解决办法就是把道心作为未发的性，而人心则继续是已发的兼善恶的心。于是，道心人心便顺理成章地构成了体用关系。应该说，卢氏的构想，从他的论证来看，是有一定道理的。其后，李栗谷在提出四端是指道心和人心之善者时，就面临着道心和人心之善是两种善还是一种善的理论难题。而罗、卢氏的道心人心体用论，则相当程度上避免了这个难题。④ 因而从东亚儒学的角度来看，可以把关于善的一本还是二本说总结为一个难题：卢稣斋—李

---

① 《稣斋先生内集 下篇 惧塞录 甲二》，《韩国历代文集丛刊》第35辑，第362～374页。

② "嘉靖己未仲春之吉也"，《韩国历代文集丛刊》第35辑，第369页。

③ "以人心兼善恶说观之，而知道心必为体。"《韩国历代文集丛刊》第35辑，第371页。

④ 关于罗、卢人心道心体用论自身的问题，可以参阅《韩国儒学中的人心道心问题》（未刊稿）。

栗谷难题。李栗谷在晚年的《人心道心图说》一文中提出："七情即人心道心善恶之总名也。孟子就七情中剔处善一边，目之以四端。四端即道心及人心之善者也。"①卢稣斋认为，人心之善和道心是同一种类型的善，因而是实质同一的。他坚持善的一本性。为了避免出现人心之善和道心同时存在，即为了避免二善，于是他就只好把道心本体化，从而形成了道心人心体用说。而李栗谷在人心道心相为始终说中，能够和卢氏保持相同的思路，即把人心人欲化，故而成为恶，以便和纯善的道心并列且对立起来。此时，他很好地坚持了善的一本性。而当他意识到了在朱熹的晚年定论那里，人心是可善可恶的时候，栗谷就抛弃了人心为恶的观点，而走向了人心兼善恶。与此同时，他仍然基于朱熹的基本观点，人心道心均是已发，故而于此他就和卢氏分道扬镳了。为了避免二善（两种善）的尴尬，卢氏走向了道心人心体用论，而背离了朱熹道心人心说的基本立场。而李栗谷则拒绝选择罗、卢的道心人心体用论，在坚持朱学道心人心说基本立场的同时，却掉进了二善的陷阱。②

2. 问题的深化：一本还是二本？

和朱学相同，李栗谷的人心道心说也是建立在对人心概念的规定基础之上的。在前说中，人心是恶，于是道心人心便对立，从而形成了人心道心相为始终说。在后说中，人心有善有恶，于是就形成了道心为主人心听命的人心道心统一说。从理论形态来看，前说和后说明显不同，后说是对前说的摒弃与新开展。但是，在后说中，虽然理论类型相同，但是也还存在一个明显不同。后说主要体现在两个文本中：《圣学辑要》③与《人心道心图说》。在前者中，四端专指道心，二者之间

---

① 李珥《人心道心图说》，《栗谷全书》卷十四，收入《心经注解丛编（二）》，第124页。

② 杨祖汉也提出了这个观点，具体参阅《从当代儒学观点看韩国儒学的重要论争》，第237～238页。

③ 其实，在第二封回信中，栗谷就已经提到过，"然则四端专言道心，七情合人心道心而言之也"。《栗谷先生全书》卷十《答成浩原 壬申》，第149页。

是可以画等号的。但是，在后者（《人心道心图说》）中，四端却既指道心，还指人心之善者。也就是说，四端＝道心＋人心之善者。因而就出现了一些问题需要回答。第一，栗谷是如何实现从"四端＝道心"到"四端＝道心＋人心之善者"这个重要转变的，其理由何在？第二，道心（纯善）与人心之善是何种关系？就第一个问题而言，可以简单说明如下。栗谷告诉我们，"四端只是善情之别名"①。在前说中，由于人心是恶，故而四端只能专指纯善的道心。在后说中，由于人心兼善恶，故而四端就必须同时指称道心以及人心之善者。在《圣学辑要》中，就人心道心说而言，已经取得巨大突破，那就是人心不再是人欲。但是，在人心道心与四端七情的关联问题上，栗谷还在旧有惯性的影响下，得出了四端专指道心的错误看法。即便如此，却并不影响《圣学辑要》的重要地位。而在《人心道心图说》中，他终于认识到了这个缺陷，于是就调整为四端同时指道心与人心之善者。就第二个问题而言，则可以转变为如下问题：是否存在不同于道心的独立的人心之善？如果答案是肯定的，那么就构成了两种善。而如果答案是否定的，那么道心与人心之善，实际上就是同一种善。正如屏溪（尹凤九，1681～1767）所言，"善则一也。人心既善，则即道心之善云尔"②。要是这样的话，人心之善就等价于道心，人心之善就是道心，或者说道心与人心之善者乃异名而同指，因而不存在独立的人心之善。

栗谷在《人心道心图说》中所体现的人心道心说，即"四端即道心及人心之善者也"的观点，和朱熹的思想保持着一定距离。在朱熹哲学中，人心之恶就是人欲，但是人心不即是人欲。就此而言，人心就其自身而言应该是中性的，而善恶则是人心进一步发展的结果，而发展的后果本身，似乎就不再是人心自身了。笔者在对朱熹哲学的研究过程中，基于此就提出了人心通孔说。③这个学说的要点是：人心本

---

① 《栗谷先生全书》卷十《答成浩原 壬申》，第 148 页。
② 《屏溪先生集》卷之三十八《宋絅汝栗谷人心道心图说讲说》。
③ 谢晓东、杨妍《朱子哲学中道心人心论与天理人欲论之内在逻辑关系探析》，《江苏社会科学》，2007 年第 2 期。

身具有独立性；就其发展后果天理/道心与人欲而言，人心就意味着潜能。于是，道心/天理、人欲与人心就构成了亚里士多德意义上的现实与潜能的关系。根据朱学，四端属于善，道心也属于善，而人心则可善可恶。栗谷则认为，人心也有善者，这个善似乎不是朱学意义上的作为潜能的善，而是现实的善。于是心便具有两种善，道心和人心之善。从四端七情的角度看，它们都属于四端，从而具有某种统一性，故而可以视为同一种类型的善。这种看法认为，从语言形式上看虽有道心和人心之善者这两种善，但实质上一种善。但是，从已发之心的角度来看，既然使用了不同的词语来表述善，以及强调人心与道心之区别的角度来看，则明显存在着两种善。栗谷非常强调一性、一心等所谓的一本，道心之善和人心之善的表述，是否是对这一原则的突破呢？

根据李明辉的研究，类似于人心之善的气质之性的"之"字，具有三种不同含义。[①]根据这个思想，人心之善者就具有如下几层意思：第一，人心的善；第二，在人心中的善；第三，人心善。根据人心之善者是和人心之恶者并列而言，以及刚才的区分，可以认为，栗谷所说的"人心之善者"应指的是第二层意思，即人心中具有（或表现出来）的善。由于人心乃生于形气之私，故而人心之善者也可以视为形气之善者。就此而言，朱熹有一个说法比较有启发性。"季通以书问《中庸序》所云'人心形气'。先生曰：'形气非皆不善，只是靠不得。季通云：'形气亦皆有善。'不知形气之有善，皆自道心出。由道心，则形气善；不由道心，一付于形气，则为恶。形气犹船也，道心犹柁也。船无柁，纵之行，有时入于波涛，有时入于安流，不可一定。惟有一柁以运之，则虽入波涛无害。故曰：'天生烝民，有物有则。'物乃形气，则乃理也。'可学。"[②]对于朱熹来说，形气既是限制原则，也是表现原则。故而，它一方面可以表现出善，即"形气之有善"；另一方

---

① 李明辉《韩国儒学研究与经典诠释》，收入《第五届青年学者东亚儒学研习营》，第 53 页。
② 〔宋〕黎靖德编《朱子语类》卷六十二，第 1486～1487 页。

面，也可以表现出恶。对于我们来说，前者才是关注的对象。朱熹认为："形气之有善，皆自道心出。"也就是说，不存在独立的形气之善，相反，形气之善本身就是道心的产物，或者说就是道心。故而，对于朱熹来说，"由道心"与"不由道心"的结果迥然不同，分别是形气善与恶。"由道心"也就是道心主宰，而"不由道心"则是道心失去或没有主宰。可以说，在朱熹那里，人心之善者，皆自道心出，故而和道心乃同一的。不存在不同于道心的独立的人心之善。故而，善必须是一。这就是善的一本说。不难发现，善的一本说与人心通孔说，逻辑是一致的。

相对于朱熹而言，栗谷之四端＝道心＋人心之善者的公式，意味着什么呢？[①]且看下面的材料："许晟甫问：'人心有善有恶，道心纯善无恶，人心之善亦道心也。'振纲答曰：'人心之善，亦可谓之道心也。虽然，忠于君，孝于亲，道之属，而原于性命之正。饥欲食，寒欲衣，人心之属，而生于形气之私。人心道心，各有所主而言也。若以人心之善，专谓之道心，则圣人只有道心而已。朱子何以曰"虽上智不能无人心也哉？"[②]先生曰："是。"'"许晟甫秉承善的一本说，认为既然人心有善有恶，而道心纯善，所以可以得出人心之善的实质就是道心的结论。针对人心之善即是道心的话语，栗谷的某门徒提出了反驳。在他看来，人心之善可视为道心而不是道心。其根据是：人心是有善有恶的，如果把人心之善归入道心的范畴，则人心就只剩下有恶这个层面了。这是栗谷的人心道心后说所无法接受的，因为他明确认为人心乃上智所不能无者，但圣人当然可以没有流于恶的人心。这两种说法不能并存，于是人心之善和道心有明显区别，就是一个必然的结论了。一定意义上，在朱熹和栗谷之间，出现了善的一本说和二本说的对峙：朱熹是一本说，而栗谷则是二本说。

---

① 人心有善，则此善亦当是，据义理而出（这"根据"并不是"根源"），于是有此困难的产生。参见李丙涛《国译栗谷全书精选》，栗谷先生纪念事业会，1955年，第27页。转引自〔韩〕宋锡球《李栗谷》，东大图书公司，1993年，第131页。
②《栗谷先生全书》卷三十一《语录上》，金振纲所录。

3.问题解决的关键：人心之独立性问题以及人心能否自持其独立

栗谷和朱熹之所以存在这一差异，其根本原因在于，他们对人心的特性的看法是不同的。因而，问题在于，人心是独立的吗？或进一步追问，人心之善恶是独立的吗？具体来说，朱熹认为人心是通孔，本身在道德哲学中是没有独立意义的，但道心／天理和人欲，却是通过人心而实现的。因而，就善恶而言，人心自身是无善无恶的，也就是说，人心是中性的。但是，儒家伦理学是严格强调善与恶的冲突并为善去恶的，于是作为中性的人心本身就不能真正保持其独立性。[①]其只有两种结局：要么上达为道心／天理，要么下达徇人欲。就这么两种结局（善恶）而言，它们是现实性，而作为其出发点和源头的人心，就是一种潜能。理解了这一点，就可以明白朱熹对于人心的规定何以是可善可恶了。换言之，"可善可恶"就意味着作为潜能本身的人心的发展具有两种相反的可能性。因而，人心通孔说必然意味着人心是可善可恶的。元代的许东阳（谦），也能够理解朱熹人心道心思想的这个关节点，所以他对人心的看法也是可善可恶。[②]但对于李栗谷来说，则不是这样的，他对于人心的看法是"有善有恶"。故而一定程度上可以说，栗谷和朱熹人心道心说之基本差异就是：人心有善有恶与人心可善可恶。朱熹认为人心之善就是道心，不存在独立的人心之善。栗谷的人心有善有恶主要是从现实表现上说的，而朱熹的人心可善可恶则是从潜能说的。前者容易把人心实体化，而后者则更容易凸显人心为通孔。当然，李栗谷也不是完全没有从潜能的角度分析人心，比如，他说道："人心易流于人欲，故虽善亦危。"从潜能来看，人心确实容易流于恶的人欲，或者说人心流于人欲的可能性要比上达为天理的可能性要大，故而甚"危"。可以发现，李栗谷存在前后不一致之处。但从现实表现而不是潜能上说人心之善恶，似乎是其主导倾向。因而，人

---

① 唐君毅也认为："故此人心又非真能自持其独立存在，以自持其为一无善无恶之心者。"详论可参阅氏著《中国哲学原论》（原性篇），学生书局，1989年，第425页。
② "大抵人心可善可恶，道心全善而无恶。"许谦《读四书丛说》卷二，收入《文渊阁四库全书》第202册，第559页。

心与天理人欲是否在同一逻辑层（平）面的问题，对于朱熹和栗谷来说，至关重要。对此问题，朱熹的答案是否定的，而栗谷则是较为肯定的。这个问题的实质其实就是垂直与水平两个向度的问题。也就是说，对于朱熹而言，人心与天理人欲是立体的垂直关系。而对于栗谷来说，则是水平的平面关系。

《中庸》里有"致广大、尽精微"之语。在笔者看来，李栗谷在剖析人心道心问题时，条分缕析，在不少细节方面明显超越了朱熹，从而达到了精微之境。就此而言，可谓是前无古人、后无来者。在李退溪看来，从理发的四端与从气发的七情，是两种不同性质的情感（善）。故而，二善对于主张理有活动性的李退溪来说是可以的。但是，对于主张理不动因而只有一种情的李栗谷来说，就是不可以的。李明辉认为，四端是形而上的情感，七情是形而下的情感，所以四端七情是不同种类（异质）的情。①李氏的这个论述，对于道心人心也是适用的，基于此，栗谷的看法就是错误的，因为后者混淆了两种情感。也就是说，李氏是不会同意人心之善者和道心都是同一种形而上的情感（纯善的四端）的。看来二善问题并不应该是李栗谷学说的宿命，他或许可以以辩证的方式走出这个困境。似乎可以依据李栗谷对理气之关系是一而二、二而一的理解，从而认为道心与人心之善者，也是一而二、二而一的关系。从道心与人心不离的角度来看，道心乃人心之合理状态，因而人心之善即是道心，此乃一；从道心与人心不杂的角度来看，道心是道心，人心之善是人心，故而是二。诚如钱穆所言："人心道心只是一体两分，又是两体合一。"②当然了，解决难题的最佳方案还是回归朱熹的人心通孔说，从而把现实化的人心转变为作为潜能的人心。

---

① 李明辉《四端与七情：关于道德情感的比较哲学探讨》，华东师范大学出版社，2008 年，第 273、277 页。
② 钱穆《朱子新学案》（第一册），九州出版社，2011 年，第 103 页。

跨文本诠释的困境和意义

——以退溪的四端七情论为中心

周元侠（福建社会科学院）

四端出自《孟子》所谓"恻隐之心，仁之端也；羞恶之心，义之端也；辞让之心，礼之端也；是非之心，智之端也"（《孟子·公孙丑上》），七情来自于《礼记》中所谓"何谓人情？喜怒哀惧爱恶欲，七者弗学而能"（《礼记·礼运》），《中庸》又有"喜怒哀乐之未发，谓之中；发而皆中节，谓之和"（《中庸》），深受理学家的重视。退溪和奇高峰的四端七情之辩是针对《孟子集注》和《中庸章句》的相关内容展开的。朱子注"四端"曰："恻隐、羞恶、辞让、是非，情也。仁、义、礼、智，性也。心，统性情者也。端，绪也。因其情之发，而性之本然可得而见，犹有物在中而绪见于外也。"（《孟子集注·公孙丑上》）注"喜怒哀乐之未发，谓之中；发而皆中节，谓之和"时曰："喜、怒、哀、乐，情也。其未发，则性也，无所偏倚，故谓之中。发皆中节，情之正也，无所乖戾，故谓之和。"（《中庸章句》）就这两处注释而言，朱子只是用心统性情、情根于性、性发为情的观点来解释四端和喜怒哀乐之情，并未提及理气问题。中国理学家在刘宗周之前都没有将四端与七情联系起来，更没有将之与理气本体论结合讨论。

值得注意的是，退溪在《四书释义》中提及四端与七情的地方既不是在《孟子》的"四端"处，也不是《中庸》的"喜怒哀乐之未发，谓之中"，而是在《论语·雍也》"哀公问弟子孰为好学"章，朱子在该处注中引了程颐的《颜子所好何学论》，曰：

> 天地储精，得五行之秀者为人。其本也真而静。其未发也五性具焉，曰仁、义、礼、智、信。形既生矣，外物触其形而动于

中矣。其中动而七情出焉，曰喜、怒、哀、惧、爱、恶、欲。情既炽而益荡，其性凿矣。故学者约其情使合于中，正其心，养其性而已。然必先明诸心，知所往，然后力行以求至焉。若颜子之非礼勿视、听、言、动，不迁怒贰过者，则其好之笃而学之得其道也。然其未至于圣人者，守之也，非化之也。假之以年，则不日而化矣。今人乃谓圣本生知，非学可至，而所以为学者，不过记诵文辞之间，其亦异乎颜子之学矣。（《论语集注·雍也》）

退溪注释"七情出焉"曰："问性发为情，则性则五而情之为七，何欤？曰：四端之情纯理，故通五性而无加减，七情兼气发故杂而有加。"（《论语释义·雍也》）此处退溪是用其理气论来解释四端与七情的差异。同样面对这段关于五性和七情的论述，中国理学家一直没有提出类似的问题，在《四书大全》中罗列的诸多注释中，只有胡云峰对五性、七情给予关注，但只是从字源上解释，他说：

程子此段议论皆自周子《太极图说》来。"天地储精"，此"精"字即是二五之精。"其本也真而静"，"真"字即是"无极之真"。特周子自太极说来，故先"真"而后"精"；程子只自天地说起，故先"精"而后"真"。"储"字即是凝字。自古言"性"未尝言五性，《图说》谓"五行之生也，各一其性"，故此曰"五性具焉"。《图说》谓"五性感动，而善恶分万事出"，此则曰"其中动而七情出焉"。盖五性感动之后，有善有恶，至于情既炽而益荡，则全失其本来之善矣。《图说》定之以"中正仁义而主静，圣人立人极"之事，此曰："约其情使合于中"，学者克己之事也。（《论语集注大全·雍也》）

胡氏详细说明了程子所言的每一句话的来历，指出了程子对《太极图说》的发展，甚至提到程子此处所言的"五性"前所未有，此处的"七情出焉"也是《太极图说》中所没有的，明确表明"五性感动"后的七情有善有恶云云，但绝口不提五性与七情的区别。而在韩国的情形则截然不同，在退溪提出四端、七情的问题后，韩国儒者对此进行了长期的论辩，成为韩国儒学史的一大特色。退溪和奇高峰的争辩则是这场论辩的开端。本文将从二者论辩的核心内容来分析退溪四端七情论的理论贡献和困难，最后归纳出跨文本诠释的困境及意义。

一 李退溪和奇高峰的四端七情辩论

四端七情论是以朱子的性情之辩、理气之分为主轴展开的创造性诠释。在中国理学史上，并没有出现将性情与理气结合的说法，而韩国则存在着这种传统。据奇高峰说，七情发于形气是朝鲜儒者的普遍说法。李、奇二人的辩论正是由于奇高峰反对四端七情分理气而发生的。在权阳村（名近，1352～1409）的《入学图》和权一齐（名采，1399～1438）的《作圣图》中，都隐含四端、七情分属理气之论。郑秋峦（名之云，1509～1561）在《天命图》中有"四端发于理，七情发于气"二语，退溪将之改为"四端理之发，七情气之发"。1558年奇高峰与郑秋峦论《天命图》，表示不赞成四端七情分理气说。退溪于1559年致书奇高峰，把"四端理之发，七情气之发"改为"四端之发纯理，故无不善；七情之发兼气，故有善恶"。从此李退溪与奇高峰书信来往展开长达八年的论辩（1559～1566）。最后李退溪以"四端，理发而气随之；七情，气发而理乘之"（《退溪先生文集》卷三十六《答李宏仲问目》）作为定论，在其晚年所著《圣学十图》之《心统性情图说》中仍持此种观点，曰："四端之情，理发而气随之，自纯善无恶；必理发未遂而掩于气，然后流为不善。七者之情，气发而理乘之，亦无有不善；若气发不中而灭其理，则放而为恶也。"（《退溪先生文集》卷七《圣学十图》）

奇高峰和李退溪辩论的核心是四端与七情的同异。奇高峰认为，七情泛指人的一切情感，而四端是七情中善的情感，"乃七情中发而中节者之苗脉也"（《退溪先生文集》卷十六《附奇明彦非四端七情分理气辩》），所以四端与七情并无本质的不同，所谓"非七情之外复有四端也"（《退溪先生文集》卷十六《附奇明彦非四端七情分理气辩》）。而李退溪则认为四端与七情并不相同，分别从本体论和性情论上给予论证。

首先，退溪是从本体论的理气关系来论证四端与七情之别。他说："性情之辩，先儒发明详矣。惟四端七情之云，但俱谓之情，而未见有以理气分说者焉。"又说：

> 夫四端，情也；七情，亦情也。均是情也，何以有四七之异名耶？来喻所谓"所就以言之者不同"，是也。盖理之与气，本相须以为体，相待以为用，固未有无理之气，亦未有无气之理；然而所就而言之不同，则亦不容无别。从古圣贤有论及二者，何尝必滚合为一说，而不分别言之耶？（《退溪先生文集》卷十六《答奇明彦论四端七情第二书》）

奇高峰认为，如果说四端纯是理而不兼气，那么理就脱离气了，就违背了理气不相离的立场。退溪认为，理气不相离的立场并不妨碍从理气两方面去把握事物，同样可把四端与七情分别讨论。退溪的逻辑上有个未加论证的前提，即认为四七关系与理气关系有直接关系，所以可以仿照理气不离不杂的论证方式去论证四七关系。这就超出了朱子理气论的论证范围。

为回应奇高峰"理气不离"的诘难，退溪指出"四端非无气，七情非无理"，并将"四端理之发，七情气之发"修正为"四端，理发而气随之；七情，气发而理乘之"。他认为："大抵有理发而气随之者，则可主理而言耳，非谓理外于气，四端是也。有气发而理乘之者，则可主气而言耳，非谓气外无理，七情是也。"（《退溪先生文集》卷十六《答奇明彦论四端七情第二书》）这便是"理气互发"说，这一学说是建立在朱子"理气不离不杂"的基础上。退溪认为："盖人之一身，理与气合而生，故二者互有发用，而其发又相须也。互发则各有所主可知，相须则互在其中可知。互在其中，故浑沦言之者固有之，各有所主，故分别言之而无不可。"（《退溪先生文集》卷十六《答奇明彦论四端七情第二书》）所谓"相须"是指理气不相离，互在其中，理中有气，气中有理。而"互发"所指互有发用，是指理气相须中，以理为主或以气为主，此区分不容混漫，此是根据理气不杂而来的区分。他说：

> 恻隐、羞恶、辞让、是非，何从而发乎？发于仁、义、礼、智之性焉尔。喜、怒、哀、惧、爱、恶、欲，何从而发乎？外物触其形而动于中，缘境而出焉尔。四端之发，孟子既谓之心，则心固理气之合也，然而所指而言者，则主于理，何也？仁、义、礼、智之性粹然在中，而四者，其端绪也。七情之发，程子谓之动于中；朱子谓之各有攸当，则固亦兼理气也，然而所指而言者，则在乎气，何也？外物之来，易感而先动者，莫如形气，而七者，其苗脉也。安有在中为纯理，而才发为杂气？外感则形气，而其发顾为理不为气耶？四端，皆善也，故曰："无四者之心，非人也。"而曰："乃若其情，则可以为善矣。"七情，本善而易流于恶，故其发而中节者，乃谓之和。一有之而不能察，则心已不得其正矣。由是观之，二者虽曰皆不外乎理气，而因其所从来，各指其所主而言之，则谓之某为理，某为气，何不可之有乎？（《退溪先生文集》卷十六《答奇明彦论四端七情第二书》）

退溪认为，从现实构成上讲，四端和七情都兼具理气，但若从根源上讲，四端发于仁义礼智之性，七情则感物而发，这才呈现出善恶的区别。换言之，四端之发因为是心之发，所以合理气，但主要是理发，是一种内在先天的道德情感，所以都是善的。七情之发也兼理气，是外感而发，是形气发之，所以有中节不中节的区分，有善有恶。这里李退溪主张"四端，理之发"是一先天本质意义的说明。相对地，七情之发是源于外物来感而触发。

其次，退溪用人性论的本然之性与气质之性的关系来论证四端与七情有理气之别。他说：

> 且以"性"之一字言之，子思所谓"天命之性"，孟子所谓"性善之性"，此二"性"字，所指而言者何在乎？将非就理气赋与之中，而指此理源头本然处言之乎？由其所指者在理不在气，

故可谓之纯善无恶耳。若以理气不相离之故，而欲兼气为说，则已不是性之本然矣。夫以子思、孟子洞见道体之全，而立言如此者，非知其一不知其二也。诚以为杂气而言性，则无以见性之本善故也。至于后世程、张诸子之出，然后不得已而有"气质之性"之论，亦非求多而立异也。所指而言者，在乎禀生之后，则又不得纯以本然之性称之也。故愚尝妄以为，情之有四端、七情之分，犹性之有"本性""气禀"之异也。然则其于性也，既可以理气分言之；至于情，独不可以理气分言之乎？（《退溪先生文集》卷十六《答奇明彦论四端七情第二书》）

退溪以性分理气言推出情以理气言，这样的论证隐含一个前提，就是四端七情的关系同于本然之性与气禀之性的关系，这个前提如何成立，是缺乏进一步说明的。要之，退溪将朱子哲学中的"气质之性"看作独立于本然之性之外的性，这就不符合朱子本意了。朱子认为，一切现实的人性都是气质之性，气质之性是理堕入血气形体之后形成的，这个性已经不是理的本来面目了。相对于现实的气质之性而言，理为"本然之性"或"天地之性"。所以朱子说："论天地之性则专指理言，论气质之性则以理与气杂而言之。未有此气，已有此性；气有不存，而性却常在。"（《朱子语类》卷四）又说："盖性是个气质，方说得个'性'字，若'人生而静以上'只说得个天道，下'性'字不得。"（《朱子语类》卷九十五）朱子又常作喻："气质之性便只是天地之性，只是这个天地之性却从那里过。好底性如水，气质之性如杀些酱与盐，便是一般滋味。"（《朱子语类》卷四）朱子认为现实中所呈现的都是气质之性，只要说"气质之性"就已经意味着理与气相混杂，所以气质之性有善有恶。而退溪这里所说的"本性"及"气禀"则是将性分为两类，继而把四端、七情比作两种不同的性进行论证，显然这种论证脱离了朱子人性论的体系。

客观而言，在李退溪和奇高峰的辩论中，奇高峰立足于朱子的情根于性、性发为情的基本观点，反对李退溪七情是气发的主张。李退溪在论证四端七情分理气的过程中，只有《朱子语类》中辅广的一条记录可以作为依据，即"四端是理之发，七情是气之发"（《朱子语类》卷五十三），这与朱子反复提及"情出于性"形成鲜明对照。退溪尽管说这条记录是"单传密付之旨"，但是正如奇高峰指出："朱子平生著书立言以诏后学，焕然如日月行天，使有目者皆可睹，岂有靳密宗旨以付一人之理哉？"事实上，退溪将理气不离不杂的关系模式放到四端和七情的区分上，超出朱子性情论的框架，确实带来难以解决的理论困境。

二　四端七情论的理论困境

退溪论证四端七情论有两个立足点：一是孟子的性善论，二是朱子的理气论。其中以朱子理气论分析四端七情是韩国儒学的传统和特色。然而，由于朱子理气论与孟子性善论之间并非全然弥合无缝，故而导致退溪的四端七情论产生了一定的理论困难，林月惠已经指出：

> 如果将"四端，理发而气随之；七情，气发而理乘之"与情之善恶问题一并讨论时，"四端，理发而气随之"则有歧义。一是"四端，理发而气随之"若以孟子之意理解之，四端"理发气随"是纯善无恶。二是若以朱子"理弱气强"之意推论之，"四端"可能"理发未遂而掩于气，然后流为不善"，因而四端之发有善有恶。这显示李退溪以"理气互发"论述四端、七情时，不自觉摇摆于孟子四端本义与朱子理气论之间。[①]

退溪认为，"四端，理发而气随之；七情，气发而理乘之"，四端与七情异质异层，是两种本质有别的情感。相较而言，奇高峰认为四端与七情并无本质不同，更合乎朱子学说，他对退溪的反驳都是依照朱子学的脉络。李退溪主张"四端之情，理发而气随之，自纯善而无恶"，由"四端"为纯善之"情"，来论证"四端"必为"理"发，较朱子更忠实于《孟子》文本的原意。然而，李退溪说"必理发未遂而掩于气，然后

---

① 林月惠《异曲同调：朱子学与朝鲜性理学》，台湾大学出版中心，2010年，第95页。

流为不善"，又显示"理发"亦有被气障隔而不能遂其发的可能，这就意味着理发未必纯善。这种说法是朱子"理弱气强"说的必然结论，但却导致"理发"之情亦有善有恶，违背了《孟子》中四端之情至善的观点，退溪义理的不圆融处浮现出来。只有从四端之情顺理而发来理解，李退溪的"四端理之发"才能与朱子理气论的说法一致。

另一方面，李退溪主张"七情，气发而理乘之"，是表明七情是以气为根据和来源，并非指"气外于理"。就七情为气所引发而言，气之发可能顺理，也可能不顺理。气顺理而发意指气发而有理之乘，故七情无有不善；气若不顺理而发，则是气发而无理之乘，亦即是"气发不中而灭其理"，七情便流于恶，"陷利欲而为禽兽"。退溪言"气发理乘"之"乘"，指出了七情可善可恶的可能性，这很好地解释了《中庸》中"喜怒哀乐"何以有"中节""不中节"的原因，但是"气发"之说与《中庸章句》中所谓"喜、怒、哀、乐，情也。其未发，则性也"则不符合。按照朱子的解释，"未发"之情是性，是理，所以面对奇高峰以《中庸章句》为根据的论证，退溪无法正面回应。

退溪论四端七情之所以出现上述矛盾，在于跨文本诠释以及"多重文本交叠"的诠释方法。就四端七情的词源来说，四端出自于《孟子》，七情问题出自《中庸》，各有自己的理论脉络。仅就《孟子》经文中四端之善去协调《中庸》中"喜怒哀乐"之"未发""已发"问题已经非常困难。更何况，在朱子用"心统性情"的三分架构去注释《孟子》和《中庸》之后，如何整合原本异质的《孟子》《中庸》以及朱子性理学的多重文本之间的关系便成了所有理学家面临的难题。值得思考的是，在中国理学家中，只有明末刘宗周注意到四端与七情，他说："《中庸》言喜怒哀乐，专指四德而言，非以七情言也。喜，仁之德也。怒，义之德也。乐，礼之德也。哀，智之德也。而其所谓中，即信之德也。"（《明儒学案》卷六十二《蕺山学案》）刘宗周认为《中庸》中"喜怒哀乐之未发"为性并非指"七情"未发为性，这意味着刘宗周不承认七情都是发自仁义礼智本心的，换言之，刘宗周认为四端与七情确实存在本质的区别。但总的来说，中国理学始终没有像韩国儒学那样细致地研究四端七情与理气间的关系问题，没有充分揭示出朱子心性论自身的矛盾。

在朱子哲学体系中，四端与七情并没有本质的区分，二者皆是"已发"之"情"，都属形而下之气，都以超越的形而上之理作为其存有论的根据，所以四端与七情都根于性。但由于在朱子体系中，性与理一样并无活动义，那么，"性发为情"就必须凭借"心"的作用，故"心者，主于性而行乎情"（《朱子语类》卷五）。运用朱子的"心统性情""情根于性"去解读《中庸》之中和，以及《孟子》之四端都无障碍。《中庸》文本的"未发之中"与"已发之和"是一综合关系，喜怒哀乐之"发"可能中节，也可能不中节，关键在于"心"的作用。故"性发为情"是指用"心"去知觉"理"而使喜怒哀乐之"情"顺"理"而发，七情中节，即为"已发之和"。同样地，《孟子》四端之心，也因仁义礼智之"性"具于"心"，故能表现恻隐、羞恶、辞让、是非之"情"。

但如果将朱子的心性论与情之善恶结合起来，特别是用"即情见性"的方式论证孟子性善论时，就会出现义理的不圆融。就《中庸》而言，由于"七情"有中节与不中节之可能，故情之顺理而发，可见未发之中；而若情未能顺理而发，则知性为气所遮蔽，未发之中无法呈现，《中庸》的未发之"中"与已发之"和"显然存在异质异层的区分。若将同样的逻辑用于论证《孟子》文本，问题就来了。孟子说"乃若其情，则可以为善"，意味着由四端之情善，可以推出人具四德之善性，但是如果四端之情若与七情没有本质的区别，则根据情之可善可恶来推论，就会出现不善之情，进而推出不善之性。这就背离了孟子的性善论。

之所以会出现这样的理论困境，原因在于《孟子》本没有性情对举的区分，也没有心性情三分的义理架构。对孟子而言，恻隐、羞恶、辞让、是非四端之情，是道德本心的具体表现，意即仁义礼智之性直接发用为四端之情，四端之情直接显现仁义礼智之性。如果按照朱子的心性情三分架构来理解孟子四端，由于朱子所言性是超越的形而上之"理"，不具有能动性和活动义，"性发为情"要由"心"发用。而心与情都不是形而上之理，在理弱气强的情况下，心之发用不一定合乎"理"。因而，在朱子体系中，四端之发未必皆善，朱子说："恻隐羞恶，也有中节、不中节。若不当恻隐而恻隐，不当羞恶而羞恶，便是不中节。"（《朱子语类》卷五十三）这样的理解实与孟子所言"四端之心"不同，按照孟子的逻辑，心是道德本心，是理，是性，所以四端之心是至善，进而认定人性也是善的。

朱子认为，情根于性、性发为情，主张情是性的外在表现，而性是情的内在根据。这种观点用于说明仁义礼智之性与恻隐、羞恶、辞让、是非之情方面可以自圆其说。同时，朱子又肯定情有善恶，这样就必须说明人的不善情感是否也是性之所发。可是朱子反复强调前一点，却没有说明后一点，这就在他的性情体用思想上留下了一个缺口。朝鲜儒学正是力图在朱子学体系中解决此问题。奇高峰以《中庸章句》为根据，主张七情都发自仁义礼智之性，而李退溪则以辅广所录朱子语为依据，主张"四端发于理，七情发于气"。尽管李退溪的四端七情论一直要在《孟子》文本本意与朱子理气论之间寻求平衡，但由于朱子理气论本来就与孟子四端的阐释存在差异，导致退溪四端七情论在诠释《孟子》文本与朱子理气论之间的过程中出现跨文本诠释的困境。

三　跨文本诠释对经典诠释的意义

简单地说，跨文本诠释是指以一部作品的内容（观念、概念、命题、理论等）去解释另一部作品，这种诠释方式在解读不同时期、不同地域的经典著作过程中极为常见。在中国历史上就有很多经典的跨文本诠释典范，如王弼以《老子》理念去解读《论语》，何晏用《易传》理念去解读《论语》等。朱子《四书章句集注》的合编就是一种广义上的跨文本诠释，《论语》《大学》《中庸》《孟子》本是出自不同时期、不同作者的四部（或篇）著作，经过朱子理学体系的融贯性解读，成为新的儒家经典。当然，朱子对"四书"的诠释并非完美无瑕，仍存在进一步诠释的空间，退溪的四端七情论便是在朱子体系内部，试图对《孟子》之"四端"与《中庸》之"七情"做一融贯性诠释。从儒学史上看，跨文本诠释是解读经典文本中的必要方法，但是，跨文本诠释的问题意识是因时而异、因地而异、因人而异，所以即使面对同样的文本，同样的理学体系，身处不同时代、不同国度的理学家仍然会创造出不同的经典诠释。

同样面对"恻隐之心，仁之端也；羞恶之心，义之端也；辞让之心，礼之端也；是非之心，智之端也"（《孟子·公孙丑上》）、"喜怒哀乐之未发，谓之中；发而皆中节，谓之和"（《中庸》），以及程子的"天地储精，得五行之秀者为人。其本也真而静。其未发也五性具焉，曰仁、义、礼、智、信。形既生矣，外物触其形而动于中矣。其中动而七情出焉"（《论语集注·雍也》），中国理学家并未对四端七情的关系给予特别的关注，朝鲜性理学家却对此一再辩论。这固然与韩国儒学的传统有关，另一方面也与韩国儒者面对"多重文本交叠"的现实不无关系。李明辉指出：

> 参与"四七之辩"的朝鲜儒者必须面对双重文本的双重权威：他们除了要面对《礼记》《孟子》等早期儒学文本及其所代表的权威（孔、孟的权威）之外，还要面对程、朱性理学的文本及其所代表的权威（程、朱的权威）。由这双重文本及其双重权威所形成的思想史背景本身便成为引发争论的根源。在退溪之后，由于他在朝鲜儒学中的权威地位，参与"四七之辩"的朝鲜儒者还须面对其文本及权威，而形成三重文本及其权威。①

跨文本诠释对于一个文本来说发展了新意，注入了新理念；同时，

---

① 李明辉《朱子性理学与韩儒丁时翰的四端七情论》，黄俊杰、林维杰编《东亚朱子学的同调与异趣》，台湾大学出版中心，2009 年，第 278 页。

也面临着各自文本体系之间是否圆融的难题。朱子通过解读《中庸》文本,对中和问题进行深入思考,最后提出了心统性情,性发为情的性情论,为《中庸》注入新理念,但其"喜、怒、哀、乐,情也。其未发,则性也"(《中庸章句》)的解释却没有解答为何喜怒哀乐有"中节不中节",即有善有恶的原因。而退溪则以"七情,气发而理乘之"对喜怒哀乐有善有恶给出本体论的依据,但又违背了朱子"情根于性"的基本性情观。朱子在用性、情二分框架解释《孟子》四端之情时,将四端之情看作是仁义礼智之性之所发,但却将孟子的道德本心看作"理气合"之心,无法保证四端之情的至善性,背离了《孟子》的本意。退溪则更忠于《孟子》本意,认为"四端之情,理发而气随之,自纯善而无恶",但在朱子"理弱气强"的体系下,则往往出现理被气所遮蔽,出现四端之情不善的结论。实际上,《孟子》文本与朱子理气论、心性论体系之间本来存在一定差异,退溪既要忠于《孟子》文本,又要运用朱子理气心性论,就难免陷入理论困境。

说到底,跨文本诠释所面临的主要困境还是文本本意和诠释者的"新"理念之间存在的张力造成的。文本本意和诠释者理念之间的张力一方面造成必不可免的理论困境,另一方面又是创新性诠释的契机。比如朱子用性发为情、情根于性去解释中和、四端之说,退溪用理气互发去解释四端与七情说,都体现了文本本意和诠释者理念的紧张,从其历史影响力来看,这种诠释显然对原典的本意注入了新生命力,成为思想史中的一个新范式。如果诠释者能尽量克服文本与诠释者之间的义理纠缠,将跨文本诠释的义理融会贯通,则能创造出新的理论体系。这正是跨文本诠释的魅力所在。刘笑敢指出:"影响诠释结果最大的因素可能是不同文本之间的差异性的大小。跨文本诠释所借用的文本和诠释对象之间的差异越大,偏离诠释对象文本的可能性也越大,所产生的诠释作品也可能越新奇。"[①] 四端与七情本来出于《孟子》和

---

① 刘笑敢《从注释到创构:两种定向 两个标准——以朱熹〈论语集注〉为例》,《南京大学学报》,2007 年第 2 期。

《中庸》不同文本的不同理论体系当中。在朱熹性情论框架下，二者都是性之所发，朱子也是用此框架去解释《孟子》和《中庸》，但当退溪将四端与七情抽离出原有文本脉络，进行并列比对时，就会发现二者不应该出自一个本源，于是他提出理发和气发的区别。一方面他解决了喜怒哀乐等七情存在恶的本体论证明，另一方面，他违背了朱子"情根于性"以及理一元论的基本立场。要之，四端七情论揭示了朱子学内部存在的心性论矛盾，在朱子学体系内部对这一矛盾进行了探索，使朱子学焕发出新的生命力。

相比之下，奇高峰对四端七情的看法则完全依据朱子学说，力求达到朱子本意，从保持朱子学的纯正角度具有重要意义，但没有解决朱子学内部的矛盾，也没有为朱子学开出新的路向。而退溪也始终以求朱子本意为目标——这一点从其《四书释义》以及与奇高峰辩论中可以看出——在四端七情辩论中，他主要是用朱子的理气论和性情论来论证自己的观点，只是他回避了朱子"情根于性"的大量言论，转而用辅广录的唯一一条朱子语录来支持自己的观点。无论如何，退溪的四端七情论绝非是在批判朱子学说的立场展开的，而是从维护朱子学说的立场出发的，这表明批判朱子学说不一定带来理论创新，维护朱子学传统也不一定就是故步自封。换言之，追求本意的目标并不妨碍创造性诠释的进行，只是诠释者本人可能必须面对更多的理论困境，如何解决理论困境则往往成为推动原有思想体系进一步发展的新契机。

正如刘笑敢所说："在借用多种文本以及有多种诠释对象文本的时候，一个成功的诠释体系就必须有大致的融贯性。所谓融贯性诠释是指在多种借用文本和对象文本的差异性之中制造出一种统一性，贯穿于诠释作品之中。并非所有跨文本诠释都能达到融贯性诠释的水平，但达不到融贯性的水准就不会有新的思想体系诞生。""对于异质性高的跨文本诠释来说，诠释者的诠释作品越能通贯一致，与原来的诠释作品的思想差距就可能越大。事实上，企图建立或注入新思想的注释和诠释作品，无论其多么高超、成功，表面看来与原作多么水乳交融，细心的研究终究可以发现其中的裂痕缝隙。"①朱子的"四书"体现了这一点，退溪的四端七情论也体现了这一点。朱子、退溪等都是通过跨文本诠释创立新说的大家，尽管在诠释过程中遭遇了某种理论困境，但是都在当下达到融贯性的义理贯通，更为重要的是，他们的跨文本诠释为原有的哲学体系赋予了时代性的新意，使传统的儒学经典或学说焕发出新的生命力。

---

① 刘笑敢《从注释到创构：两种定向　两个标准——以朱熹〈论语集注〉为例》，《南京大学学报》，2007 年第 2 期。

安珦与朱子学文献在高丽的传播与刊行

方彦寿（福州理工学院朱子文化研究中心）

南宋淳熙十六年（1189），朱熹在武夷精舍序定《大学章句》和《中庸章句》。这是《四书章句集注》的最后刊定，为其理学思想体系的架构奠定了坚实的基础。一百年后，即元至元二十六年（1289），高丽学者安珦来到中国，回国后，将朱子学引入朝鲜，成为高丽第一位朱子学的传播者。作为中国一衣带水的近邻，何以要经过漫长的整整一个世纪的悠悠岁月，朱子学方能传入高丽？为何在安珦的推动下，朱子学又能前缓后疾，短短十几年间就迅速地在高丽传播？在安珦的推动下，朱子学文献在高丽的传播与刊行概况如何？

一　百年阻滞的原因何在？

朝鲜李朝著名学者丰山洪奭周（1774～1842）在《晦轩先生实纪重刊序》中说：

> 晦轩文成公之生，去朱夫子仅四十余岁。方是时，女真、蒙古交兵于中国，丽氏之梯航不及于浙闽之间者百年。自王宫以下，家家奉浮屠氏，梵呗之声多于弦诵，学士大夫号为博极载籍者，亦未尝识朱子为何如人也。自文成公一入燕都，始手钞其书以归，又购其图像，与孔氏俱奉于座右。又为文告太学诸生，使之一遵朱氏。然后，朱氏之学始稍稍行于东方。至今谈经传者，非朱子之书不敢治，虽俗衰教弛，大儒不作，异端邪诐之说犹不敢公行而无忌。呜呼！是谁之功也？夫孟氏之尊孔在邹鲁之间，而公之尊朱在于海东万里之外；孟氏之尊孔得于曾子、子思传授之余，

而公之尊朱得于戎狄浮屠蔽塞之中，使孟氏而见公，亦岂不许以豪杰之士无所待而兴者哉！ ①

洪奭周的这段话，可以说正好能回答"朱子学何以要经过百年之久方能传入高丽"这个问题。晦轩安珦的生年为高丽高宗三十年（1243，南宋淳祐三年），离朱夫子的卒年（1200，南宋庆元六年）仅四十余年，但在这个时代，南宋王朝的版图仅限于淮水秦岭以南，北方大片国土则前为女真所占领，后被蒙古所盘踞，而与朝鲜接壤的北方辽宁丹东一带，正是在女真金国的势力范围之内。而女真作为少数民族，对代表汉民族文化的传统儒学根本不了解，且由于宋金连年交战，这就造成了前后长达近"百年"间，"丽氏之梯航"难于到达南宋所辖的"浙闽之间"。在宋金对峙的年代，诞生于武夷山的朱子学，传播其学说的朱子学著作主要刊刻于闽、浙、赣诸地，根本不可能传到金人统治下的北方，更不可能穿越金国，跨过国界来到高丽！正是由于宋金对峙、南北分裂割据的局面，为朱子学的对外传播间接地造成了人为的地理障碍。

阻滞朱子学及时对外传播的另一障碍是南宋王朝的禁书令。

宋代是我国刻书业公认的黄金时代。尤其是朱熹生活的武夷山的近邻建阳，是我国的三大刻书中心之一，书坊刻书业尤其发达，对朱子学的传播曾产生过重大作用。但对"凡议时政得失，边事军机文字"和"本朝会要、实录"的图书，从北宋开始，礼部就有"不得写录传布"和"不得雕印，违者徒二年，告者赏缗钱十万" ② 的规定。

北宋末，为应对宋金前线的紧张局势，防止国家机密从各种印刷品中泄漏，宋徽宗大观、宣和年间（1107～1125），政府又多次颁布条令，"勘会福建等路，近印造苏轼、司马光文集等，诏今后举人传习元祐学术，以违制论。印造及出卖者与同罪，著为令。见印卖文集，

---

① （朝鲜李朝）洪奭周《晦轩先生实纪重刊序》，安克权编《晦轩先生实纪》卷首，朝鲜木活字印本，第1页。
② 〔清〕徐松辑《宋会要辑稿》165册《刑法》二，中华书局，1957年，卷21777，第6514页。

在京令开封府、四川路、福建路，令诸州军毁板"。① 所谓"印造及出卖"，是从出版和发行流通这两个角度对各地刻书进行了严格限制。

进入南宋，金人占据北方，形成南北对峙的局面之后，为防止国家军事机密的泄露，南宋政府更进一步在图书出版和流通环节上，加强了管理。宋光宗绍熙四年（1193）六月，臣僚们又进言："朝廷大臣之奏议，台谏之章疏，内外之封事，士子之程文，机谋密画，不可泄漏。今乃传播街市，书坊刊行，流布四远，事属未便，乞严切禁止。"②

同样是禁书令，此前的目的是以保守军事机密为主，而"庆元伪学之禁"，则以思想的禁锢为主要目标。宋宁宗庆元年间（1195～1200），朱子理学被视为"伪学"，严加禁戢，以朱熹为代表的理学家们的著作，也遭到了禁毁。庆元二年（1196）六月，朝廷颁发禁令，规定全国士子"毋得复传语录，以滋盗名欺世之伪。所有《进卷》《待遇集》并近时妄传语录之类，并行毁板。其未尽伪书，并令国子监搜寻名件，具数闻奏"③。文中的《进卷》是叶适所著，《待遇集》是陈傅良所著，二人都是南宋理学中永嘉学派的代表。"语录"指的则是《二程语录》《龟山语录》《朱子语类》等一类语录体的著作。宋王朝所颁布的一系列禁书令，与宋金战争所造成的负面影响一样，客观上对朱子学的传播产生了一定的阻碍。

二　朱子学在高丽传播的历史背景

朱子学在高丽的传播，与朱子学在南宋的发展，有一个极为相似的背景，即为了从理论上全面应对佛学的挑战，以便适应和强化以儒治国的需要。

---

① 〔清〕徐松辑《宋会要辑稿》165 册《刑法》二，中华书局，1957 年，卷 21777，第 6514 页；卷 21778，第 6539 页；166 册《刑法》二，卷 19392，第 6558 页；第 6559 页。

② 〔清〕徐松辑《宋会要辑稿》165 册《刑法》二，中华书局，1957 年，卷 21778，第 6539 页。

③ 〔清〕徐松辑《宋会要辑稿》166 册《刑法》二，卷 19392，第 6558 页。

　　佛教在西汉时期从印度传入中国后，由于历代统治者的大力提倡，极其盛行，对中国的政治、经济以及社会思想文化方面都产生了重大影响。尤其是禅佛教心性学说在隋唐时期，一度成为思想界的主流思潮，对其时在理论形态上仍显得十分粗糙的孔孟原始儒学来说，是一个严重的冲击和挑战。隋唐时期，全国各地寺庙林立。据宋梁克家《淳熙三山志》卷三十三载，五代末王审知闽国时，仅福州就建有寺观 267 座，加上此前历朝的积累，福州的寺庙共有 781 座。入宋以后，"颓风弊习，浸入骨髓，富民翁媪倾施赀产，以立院宇者无限。庆历中，通至一千六百二十五所"①。由此可见，到了南宋时期，佛教已经成功地渗透到了中国社会的各个方面，代表着中华传统文化的儒家思想，正面临着严峻的挑战。

　　朱熹在《延和奏札七》中指出："今佛老之宫遍天下，大郡至逾千计，小邑亦或不下数十，而公私益增，其势未已，至于学校，则一郡一邑仅一置焉，而附廓之县或不复有，盛衰多寡之相绝，至于如此，则邪正利害之际，亦已明矣。"②

　　在中国境内"佛老之宫遍天下"的同时，高丽王朝也面临着同样的情况：

　　　　自王宫以下，家家奉浮屠氏，梵呗之声多于弦诵，学士大夫号为博极载籍者，亦未尝识朱子为何如人也。③

　　这种"梵呗之声多于弦诵"，即便是博览群书的学者也不知"朱子为何如人"所产生的原因，与高丽王朝立朝之初，佛教就被立为国教有关。太祖王建（877～943）在临终时，仍念念不忘"国家大业，必资诸佛护卫之力"。《高丽史》载：

　　　　二十六年（公元 943）夏四月，御内殿召大匡朴述希亲授训

①〔宋〕梁克家纂、陈叔侗校注《三山志》卷三十三，方志出版社，2003 年，第 583 页。
②〔宋〕朱熹《延和奏劄》七，《朱文公文集》卷十三，《朱子全书》第 20 册，上海古籍出版社、安徽教育出版社，2002 年，第 653～654 页。
③（朝鲜李朝）洪奭周《晦轩先生实纪重刊序》，安克权编《晦轩先生实纪》卷首，朝鲜木活字印本，第 1 页。

要曰："朕闻大舜耕历山，终受尧禅；高帝起沛泽，遂兴汉业。朕
亦起自单平，谬膺推戴。夏不畏热，冬不避寒，焦身劳思，十有
九载。统一三韩，叨居大宝二十五年，身已老矣。第恐后嗣纵情
肆欲，败乱纲纪，大可忧也。爰述训要以传诸后，庶几朝披夕览，
永为龟鉴。其一曰：我国家大业，必资诸佛护卫之力，故创禅教
寺院，差遣住持焚修，使各治其业。后世奸臣执政徇僧，请谒各
业寺社，争相换夺，切宜禁之。①

　　在此临终遗嘱的指引下，此后高丽的历朝帝王在很长的一段时期
都以此"为龟鉴"，崇信佛教。如定宗元年（946），"王备仪仗奉佛舍
利，步至十里所开国寺安之。又以谷七万石，纳诸大寺院，各置佛名
经宝及广学宝，以劝学法者"②。"在位四年，寿二十七。王性好佛多
畏。"③光宗二年（950），"创大奉恩寺于城南，为太祖愿堂，又创佛日
寺于东郊，为先妣刘氏愿堂"④。光宗十九年（967），"创弘化、游岩、
三归等寺。以僧惠居为国师，坦文为王师。王信谗，多杀内，自怀疑。
欲消罪恶广设斋会，无赖辈诈为出家，以求饱饫者坌至。或以饼饵、
米豆、柴炭施与，京外道路不可胜数。列置放生所，就傍近寺院演佛
经。禁屠杀，肉膳亦买市廛以进"⑤。

　　约三百年后，一直到高丽后期安珦（1243～1306）的生活年代，
高丽国内各地，仍然是"香灯处处皆祈佛，箫管家家尽祀神。独有数
间夫子庙，满庭春草寂无人"⑥。这种处处祈佛家家祀神的情境，与朱
子当年所处的"佛老之宫遍天下"的状况，可谓如出一辙。

　　安珦对此的态度，《年谱》称："先生好儒学，尤憎异端邪说。历
试内外，声称赫然。"⑦正是高丽举国上下被禅佛学充斥，正学无立足

① （朝鲜李朝）郑麟趾《高丽史》2卷—世家2—太祖，韩国奎章阁藏本，第14～15页；
　　第25页A；世家2—定王，第25页B；世家2—光宗，第27页A；第29～30页。
② 同上书，第25页A。
③ 同上书，世家2—定王，第25页B。
④ 同上书，世家2—光宗，第27页A。
⑤ 同上书，第29～30页。
⑥ （朝鲜李朝）安克权编《晦轩先生实纪》卷一《题学宫》，第1页。
⑦ （朝鲜李朝）安克权编《晦轩先生实纪》卷一《题学宫》，《年谱》，第11页。

之地的状况，使安珦对此危害有深切的痛恨和认识。然而，由于此前传入朝鲜的儒学，是以考据、训诂为主的汉唐儒学，在理论创新与思辨性的方面，均不足以与其时泛滥于朝鲜的佛学相抗衡。恰在此时，安珦作为新设立的高丽儒学提举司提举，随高丽王出使入元，在那里，读到了朱子学的著作，风云际会，他因此成为历史上第一位将朱子学传入朝鲜的思想家。

三 朱子学在高丽的迅速传播与文献刊行

由于宋金战争、南北阻隔等原因，造成了南宋与高丽王朝的百年隔绝。元朝建立后，南北阻隔的障碍自然消除，由于攘斥异端、排击佛学的客观需要，朱子学在朝鲜高丽时代（938～1392）得到了迅速的传播，其中最重要的媒介就是以图书为载体的朱子学著作。最早将此传入高丽的，是高丽中后期的儒学领袖安珦。

元至元二十六年（1289）九月，元朝在高丽国设儒学提举司[①]，安珦被任命为儒学提举[②]。十一月，他随高丽忠烈王入元，在元大都阅读到了一批朱子学著作。由于其时为元朝立朝之初，大都的图书刊刻刚刚起步，南方浙闽所刊图书的流通因地域之限，在大都往往脱销，故安珦借阅了一批朱子学的著作，一边阅读，一边抄录。第二年三月，他返回高丽时，带回国的就是这样一批珍贵的手抄本。

安珦（1243～1306），初名裕，字士蕴，号晦轩，谥号文成。兴州（今庆尚北道丰基）人，出生于高丽高宗三十年（1243，南宋淳祐三年）。据《晦轩年谱》记载，安珦一生曾两次来到中国。第一次是在高丽忠烈王十五年（1289，元至元二十六年己丑）47岁时。《年谱》载：

> 先生笃学力行，德誉远达于元。九月元置高丽儒学提举司，加先生提举。十一月壬子从（忠烈）王如元（如元，出使元朝）。

①〔明〕宋濂《元史·本纪》卷十五，世祖十二，中华书局，1976年，第325页。
②（朝鲜李朝）安克权编《晦轩先生实纪》卷一《题学宫》，《年谱》，第12页。

庚寅，先生四十八岁。录晦庵朱夫子书，并画其真像以归。
时朱子书新行于燕都，先生始得见之，潜心笃好，知其为孔孟正
脉，遂手录其书，又写其真像而归。①

第二次是在高丽忠烈王二十四年（1298，元大德二年戊戌）安珦
56岁时。《年谱》载：

八月，前王复位，从忠宣王如元。……先生诣元文庙，学官
问东国亦有圣庙耶？先生曰："我国文物祀典一遵华制，岂无圣庙
耶？仍辩论性理，合于朱子说。学官等大加敬叹，曰："此东方朱
晦庵也。"遂写真以去。②

以上两条有关安珦赴元，搜访并手录晦庵朱夫子书和画像的记
载，《高丽史》均语焉不详，以至今人对其在高丽朱子学传播史上
的作用与贡献认识不足。如韩国学者卢仁淑有"朱子学东传之关系
人物，或谓安珦，或谓白颐正"③之说。实际上，白颐正（号彝斋，
1260～1340）、朴忠佐（字子华）、权溥（1262～1346）和李齐贤（号
益斋，1287～1367）等一批学者均为安珦的门人或续传，白颐正在元
购买大批朱子学著作，也是在安珦的影响和授意之下完成的。

也许就像弹簧一样，被压抑得太久，一旦释放出来，就能产生惊
人的能量。从安珦首次入元，到朱子学在高丽得到政治、文化、教育
等社会各界的广泛认同，其实不过短短数年之间！何以前缓后疾？这
与安珦所采取的多方传播措施有关。

一是官学与私学并举。构精舍、建书院，广招门人弟子，建构
和传播理学思想，是朱熹与佛学相抗衡的成功经验。从元大都取得朱
子学"真经"回到高丽的安珦，通过阅读和手抄朱熹的著作，对朱子
学"发明圣人之道，攘斥禅佛之学"的作用有切身的体会和充分的认
识，对其在各地辟精舍、建书院，以书院和官学为阵地"斥佛老，一
天人"，也有深切体会，因此，他向学者发出倡议："欲学仲尼之道，莫

---

① （朝鲜李朝）安克权编《晦轩先生实纪》卷一《题学宫》，《年谱》，第12页。
② 同上书，第14页B。
③〔韩〕卢仁淑《朱子家礼与韩国之礼学》，人民文学出版社，2000年，第103页。

如先学晦庵。"① 如何学？先从有益的效仿开始。

元大德元年（1297），安珦在其居所建起了高丽史上第一所"精舍"，既是其为学之第，也是他与门下弟子讲学场所。《年谱》载："丁酉，先生五十五岁。十二月壬寅拜金议参理，世子二保。筑精舍于居第后，奉安孔朱二夫子真（像）。先生尝曰：'晦庵功足以配仲尼，欲学仲尼，当先学晦庵。'遂精构一堂于居第后，奉孔朱真像，朝夕瞻谒，以寓景慕，仍号晦轩。"② 这所精舍，后人建成了白云洞书院（绍修书院）以祭祀安珦。

安珦最著名的几位弟子，据《门人录》所载，有权溥、禹倬、白颐正、李瑱、李兆年、辛蕆、李晟、尹宣佐、尹安庇、徐諲和许冠等。《白颐正传》载：白氏"与先生（指安珦）之胤竹屋公（安珦之子安于器，号竹屋）及同门菊斋（权溥）、东庵（李瑱，字温古，李齐贤父）诸公校阅训诲。李益斋（齐贤）、朴耻庵忠佐首先师受"③。

李齐贤，号益斋，是权溥的女婿、白颐正的门人，安珦的续传弟子。"延祐元年甲寅，忠肃王元年，先生二十八岁。时程朱之学始行中国，未及东方。白颐正在元得而东还，先生首先师受。"④

针对其时高丽"学校芜废，文教坠地，士大夫不知圣人之学，皆崇尚异教，祈佛祀鬼，污染成俗"的境况，安珦"毅然以辟异端、明圣道、兴学校、育人才为己任"。⑤ 他在高丽建起了第一座同时祭祀孔圣和朱夫子的圣庙，并亲自带头在庙中讲学。史载："受业者动以数百计，斋舍殆不能容。皆以通经学古为事。先生每朝退，入馆门，诸生随教官后分庭序立，行礼升堂请学，竟日讨论。"⑥ 在安珦的大力推动下，高丽

---

① （朝鲜李朝）安克权编《晦轩先生实纪》卷一《谕国子诸生》，第 2 页 B。
② （朝鲜李朝）安克权编《晦轩先生实纪》卷一《年谱》，第 14 页 A。
③ （朝鲜李朝）安克权编《晦轩先生实纪》卷四《门人录》，第 17 页 B。
④ （朝鲜李朝）李齐贤《益斋先生乱稿·年谱》，《益斋先生乱稿·拾遗》，朝鲜鸡林府 1693 年刻本。
⑤ （朝鲜李朝）安克权编《晦轩先生实纪》卷一《谕国子诸生》，卷一《年谱》，第 16 页 B。
⑥ 同上书，第 20 页。

全国上下兴起了以"兴学立教，攘斥异端，慕效朱子"的热潮，并产生了"上下孚应，一世靡然，遂归正道。而授受相传，大儒继作"的巨大效果。①

众所周知，朱熹曾将儒家典籍《孝经》通俗化，把孔子"孝悌也者，其为仁之本"的思想广泛播向民间，并创造性地以儒学的孝道来反击"念佛号经"的佛教。他对南康军穷家子弟多出家，弃父母于不顾，有悖人伦的风俗极为反感，特撰《示俗》一文，广为公示。"若父母生存不能奉养，父母亡殁不能保守，便是不孝。不孝之人，天所不容，地所不载，幽为鬼神所责，明为官法所诛，不可不深戒也。……奉劝民间逐日持诵，依此经解说，早晚思惟，常切遵守，不须更念佛号经，无益于身，枉费力也。"②

安珦对此特别赞同，他对国子监诸生讲学时指出：

> 圣人之道，不过日用伦理。为子当孝，为臣当忠。礼以制家，信以交朋；修己必敬，立事必诚而已。彼佛者弃亲出家，蔑伦悖义，即一夷狄之类。近因兵戈之余，学校颓坏，士不知学。其学者喜读佛书，崇信杳冥空寂之旨。吾尝于中国得见朱晦庵著述，发明圣人之道，攘斥禅佛之学，功足以配仲尼。欲学仲尼之道，莫如先学晦庵。③

为解决庙学资金短缺的困难，他除了捐俸"于国学，以供学徒"④之外，还倡议"百官各出银布归'养贤库'为教养之资"。

《高丽史》载：

> 珦忧学校日衰，议两府曰："宰相之职莫先教育人才，今养贤库殚竭，无以养士。请令六品以上各出银一斤，七品以下出布有差，归之库。存本取息为'赡学钱'。"两府从之，以闻。王出

---

① （朝鲜李朝）安克权编《晦轩先生实纪》卷一《谕国子诸生》，卷末安锡儆《晦轩先生实纪跋》，第19页。
② 〔宋〕朱熹《示俗》，《朱文公文集》卷九十九，第25册，第4585页。
③ （朝鲜李朝）安克权编《晦轩先生实纪》卷一《谕国子诸生》，第2页B。
④ （朝鲜李朝）安克权编《晦轩先生实纪》卷一《年谱》，第16页B。

内库钱谷助之。密直高世，自以武人不肯出钱，珦谓诸相曰："夫
子之道垂宪万世，臣忠于君，子孝于父，弟恭于兄，是谁教耶？
若曰：'我武人何苦出钱以养尔生徒。'则是无孔子也而，可乎？"
世闻之惭甚，即出钱。①

此条内容，《晦轩年谱》系于安珦 61 岁之下②，距安珦 1289 年首次
入元约 14 年。

二是为了搜集更多的朱子学著作，安珦派遣相关人士赴元朝购买。
元大德七年（1303），安珦 61 岁时，"送博士金文鼎于江南，画先圣及
七十子像，购祭器、乐器、诸经史以来。先生又以余赀付博士金文鼎
等，送江南（原文小字注：《通鉴》作江南，《世家》作中原。《考迹》
云：以江南犹存宋室礼物。又多朱子新注书也）画先圣及七十子像，
并购祭器、乐器。又忧东方经籍不备，广购六经诸子史、朱子新书，
五月还"③。

《高丽史》载："（忠烈王）三十年（1303）五月，安珦建议令各品
出银布有差，以充国学赡学钱。王亦出内库钱谷以助之。珦以余赀送
江南，购六经诸子史以来。于是，愿学之士七管十二徒诸生，横经受
业者动以数百计。"④

在安珦的影响下，其及门弟子，以及上至国王、下至民间学者，
都对朱子学著作的流传与刊刻有了广泛的认同和参与。如高丽正宗大
王在安珦逝世后，为其御撰的"祠享制"中说："展也文成，素王忠臣。
珠衡玉斗，照我东人。燕肆购书，非经则史。惜不逮尔，藏此明觯。"⑤
文中特别提到安珦在"燕肆购书"，对其把朱子学文献第一次从中国传

---

① （朝鲜李朝）郑麟趾《高丽史》105 卷《列传》18《安珦传》，第 26 ～ 27 页。
② （朝鲜李朝）安克权编《晦轩先生实纪》卷一《谕国子诸生》，卷一《年谱》，第
　 17 ～ 18 页。
③ （朝鲜李朝）安克权编《晦轩先生实纪》卷一《年谱》，第 17 ～ 18 页。
④ （朝鲜李朝）郑麟趾《高丽史》105 卷《列传》18《安珦传》，74 卷，志 28《选举》
　 2《学校》，第 31 页。
⑤ （朝鲜李朝）安克权编《晦轩先生实纪》卷一《谕国子诸生》，卷三《祠享制·正
　 宗大王御制》，第 1 页。

入高丽的历史功绩予以充分的肯定。

当从元朝购买不足以解决日益高涨的阅读需求时，翻刻朱子学著作就成为必然。元延祐五年（1318），其门人权溥上奏朝廷，在高丽刊刻朱熹的《四书集注》，此为《四书集注》在高丽的首次刊刻，对朱熹学说在朝鲜的传播起到了重要作用。权溥，字齐万，安东人。号菊斋。忠烈朝登第，官金议政丞、永嘉府院君，谥文正。性忠孝，嗜读书，至老不辍。①

史载，元延祐元年（1314）六月，高丽赞成事权溥、商议会议都监事李瑱、三司使权汉功、评理赵简、知密直安于器等会集于成均馆，考阅新购进的书籍。这批从元朝南京购进的书籍可谓来之不易。成均提举司遣博士柳衍、学谕俞迪到江南一带购买书籍，途中因故"未达而船败，衍等赤身登岸。判典校寺事洪瀹以太子府参军在南京遗衍宝钞一百五十锭，使购得经籍一万八百卷而还"②。数日之后，洪瀹向元仁宗上奏报告了此事，元仁宗得知高丽购书如此不易，为此下令，赐给高丽忠肃王"书籍四千三百七十一册，共计一万七千卷，皆宋秘阁所藏。因洪瀹之奏也"③。

在安珦及其门人弟子的率先垂范下，此后高丽朝野上下传播和刊刻朱子学文献蔚然成风。即便是安珦去世后，此风仍然延续不辍。

安珦之后，其门人弟子利用一切机会从元朝各地购进朱子学的文献，如《晦轩实纪》载：

> 白颐正，字若轩。蓝浦人，号彝斋。……程朱性理之书始行于中国而未及东方，公在元得而东还。④

> 戊午（1318，元延祐五年，安晌逝世的第二年），先是门人白颐正自元多取程朱性理书以还。李齐贤、朴忠佐首先师受成均馆，

---

① （朝鲜李朝）安克权编《晦轩先生实纪》卷一《谕国子诸生》，卷四，第16页B。
② （朝鲜李朝）郑麟趾《高丽史》105卷《列传》18《安珦传》，卷三十四《忠肃王世家》，第20页。
③ （朝鲜李朝）郑麟趾《高丽史》卷三十四《忠肃王世家》，第20页。
④ （朝鲜李朝）安克权编《晦轩先生实纪·门人录》卷四，第17页B。

又遣人江南购经籍万卷而来。王之元年甲寅六月，命先生子竹屋公及门人赞成事。权溥会议都监事李瑱等会成均馆考阅新书，且试经学。溥又请刊行朱子《四书集注》。①

元代，朱子出生地尤溪的名士郭居敬受朱子孝道思想的影响，编纂了《二十四孝诗选》，辑录古代虞舜、汉文帝、丁兰、孟宗、闵损、曾参、王祥、老莱子、姜诗、黄庭坚、唐夫人、杨香、董永、黄香、王裒、郭巨、朱寿昌、剡子、蔡顺、庾黔娄、吴猛、张孝张礼、田真、陆绩和伯俞二十四人的孝行，其刻本不仅在中国社会广为流传，而且也走出国门流传到高丽。

元至正六年（1346），权溥"又与子准衰集历代孝子六十四人，使婿李齐贤著赞，名曰《孝行录》行于世"②。该书分前后两章，前章就是"二十四孝"。李齐贤在该书"序"中说："府院君吉昌权公（权准），尝命工人，画二十四孝图。仆即图为赞，人颇传之。既而院君以画与赞献菊斋国老（权溥），菊斋又手抄三十有八事而以赞见诿。"③

综上所述，安珦将朱子学著作传入高丽，通过在高丽国学、精舍讲学，广招门人弟子，全面推动了朱子学在高丽的传播和朱子学著作在高丽的刊刻，不仅使此前佛学在高丽政界、学界泛滥的状况得到根本的扭转，也为朱子学在此后朝鲜李朝的全面发展，出现了李退溪、李栗谷、宋时烈等一大批理学大师奠定了坚实的基础。

---

① （朝鲜李朝）安克权编《晦轩先生实纪·门人录》卷四，卷一《年谱》，第 23 页。

② （朝鲜李朝）郑麟趾《高丽史》105 卷《列传》18《安珦传》，卷一百七，传第二十《权溥传》，第 15 页。

③ （朝鲜李朝）李齐贤《益斋先生乱稿·年谱》，《益斋先生乱稿·拾遗》，朝鲜鸡林府 1693 年刻本。

百年栗谷学研究的考察与展望

赵甜甜（韩国成均馆大学校）

一　引言

　　韩国对朱子学的传承和发展在儒学史上可以说是独一无二，自丽末鲜初引进儒学开始，就积极学习朱子学，使之逐渐本土化，成为朝鲜王朝建国的理念，而儒学知识阶层的掌权更使朱子学在韩国逐渐地本土化，并形成鲜明的地域特色，使朱子学不仅仅在理论层面上得到了长足的发展，更深入到实践之中，渗入到政治、文化、经济的方方面面。栗谷李珥在朱子理论本土化过程中起到了非常重要的作用，在对韩国朱子学进行研究时，栗谷学一直受到各国学者的关注。在近一百年间，对其研究呈不断上升趋势。本文考察了栗谷学在这一百年间的研究状况，着重分析了2013年到2015年8月的最新成果，并试图从中了解韩国朱子学研究的变迁历程以及最新动向，找出现阶段韩国栗谷学研究的不足之处。

　　此篇综述的数据是基于韩国三大论文检测网站"RISS・KISS・DBpia"上的结果，可能会有不详尽之处，请各位学者大家指正。

二　1910～2010年间栗谷学的研究背景及成果概况

　　栗谷学中有强烈的求实、务实精神，如他的经世思想、变法更张理论、抗战便民政策、民为邦本言论等都凸显了一个"实"。[1]实学派的创始人星湖李瀷（1681～1763）与栗谷虽然没有直接的师承关系，

---

[1] 李甦平《韩国儒学史》，人民出版社，2009年，第496页。

但是所谓的实学如果脱离栗谷的理论思想，其合理性与说服力就会削弱很多。[①] 星湖受到西学的影响，崇尚西方科技，对天主教持怀疑态度，提倡"穷经将以致用"的经学观和经世致用的改革论。

19 世纪初，实学的集大成者茶山丁若镛（1762～1836），兼长经世致用之学和利用厚生之学，取其他学派之长，革新生产技术，在实践中创造先进的生产工具，如起重机、鼓轮和滑轮。不仅如此，他还钻研古典经学，并推动了实事求是派即考据学的发展。[②]

19 世纪末，韩国一部分先进的知识分子积极引入西方文明，主张富国强兵的开化运动，对当时的国家制度改革、新闻发行、大众启蒙、学术研究等各个方面都起到了促进作用。

1904 年日本派兵进入汉城，2 月强迫韩国签订《韩日协定书》，要求韩国协助日本遏制俄国；1905 年 11 月韩国又被迫签订了《乙巳条约》，从此丧失了自主权；1910 年 8 月，日本又强迫韩国与其签订了《日韩合并条约》，彻底占领韩国，开始对韩国实行殖民统治。日本残酷的殖民统治，尤其是禁止韩国人在学校使用韩语授课的同化政策，激怒了韩国知识分子，他们于 1919 年的 3 月 1 日在全国范围内领导开展了抗议活动，数千人以身殉道。

尽管"三一独立运动"失败了，但却加强了民族的团结，激发了爱国主义精神，促成了中国上海韩国临时政府的成立。这一时期出现了鼓舞朝鲜民族得以再生为目标，以弘扬"民族主体意识"为基本内容的主体哲学。[③] 如强调人本思想的东学派，主张共生观念的阳明学者朴殷植，弘扬自强精神的抗日民族主义者申采浩等。

这期间张志渊（1864～1921）所著的《朝鲜儒教渊源》一书刊行[④]，不仅鼓舞和影响了当时的儒学者们，对后世也产生了深远的影响。

---

① 《韩国思想大系》，成均馆大学校大东文化研究院，1976 年，第 265 页。
② 李甦平《韩国儒学史》，人民出版社，2009 年，第 498 页。
③ 同上。
④ 张志渊《朝鲜儒教渊源》，汇东书馆，1922 年。

在此之后，1941 年尹荣善（1885～1942）编著的《朝鲜儒贤渊源图》[①]，1943 年河谦镇（1870～1946）编著的《东儒学案》[②] 相继出世，三本书的特征都是把重点放在对韩国儒学的渊源和师承关系的论述上[③]。

1945 年以后，几堂玄相允（1893～？）著述的《朝鲜儒学史》在 1949 年刊行。这本书从历史的角度对韩国儒学的脉络进行了系统整理，通俗易懂。[④]

20 世纪 50 年代有两期的《哲学》杂志出刊，60 年代成均馆大学大东文化研究院出版了《退溪全书》《栗谷全书》等韩国儒学者的全集的影印本，70 年代"退溪研究院"成立以后，关于栗谷、南冥、高峰等儒学者的研究院或研究会也如雨后春笋般相继出现。针对栗谷学的专门性研究成果也逐年递增，由于时间、篇幅等的限制，本文在这里按照年代顺序对此期间发表的博士论文目录进行了整理：

1. 蔡茂松，《退栗性理学的比较研究——以退栗的思想立场为中心》，成均馆大学，1972 年。

2. 李相鲁，《朝鲜性理学者对心理学说的研究》，启明大学，1974 年。

3. 李东俊，《十六世纪关于韩国性理学派的历史意识研究》，成均馆大学，1975 年。

4. 宋锡球，《栗谷的哲学思想研究——以诚意正心为中心》，东国大学，1980 年。

5. 柳宅馨，《通过栗谷的变法思想来看民事法理论——从信义诚实的原则、不法行为及债务不履行来看新旧两诉讼物理论的变迁动向》，汉阳大学，1981 年。

6. 人能斌，《从心理性来看性理学：以退溪与栗谷为中心》，首尔大学，1984 年。

7. 李玫泰，《栗谷的教育哲学思想》，忠南大学，1987 年。

① 尹荣善《朝鲜儒贤渊源图》影印本，延世大学图书馆，1941 年。
② 河谦镇《东儒学案》，李一海，1943 年。
③ 尹丝淳《韩国儒学史》下，知识产业社，2010 年。
④ 同上书，第 387 页。

8. 黄义东,《关于栗谷哲学思想的研究——以理气之妙为中心》,忠南大学,1987年。

9. 赵南国,《从社会学看栗谷的哲学思想——以人伦和经济的相互关系为中心》,成均馆大学,1988年。

10. 金丰基,《栗谷李珥的文学论研究》,高丽大学,1988年。

11. 黄俊渊,《对栗谷哲学思想的研究——以〈圣学辑要〉为中心》,成均馆大学,1988年。

12. 金泰荣,《退栗诚敬思想研究》,忠南大学,1988年。

13. 李爱喜,《对朝鲜后期人性物性论争的研究》,高丽大学,1990年。

14. 李东熙,《对朱子哲学的特点及其开展形式的研究——关于退溪栗谷思想的形成》,成均馆大学,1990年。

15. 裴相贤,《对朝鲜朝畿湖学派的礼学思想的研究》,高丽大学,1991年。

16. 朴义秀,《从认识论看栗谷的教育思想:以认识和实践的关系为中心》,高丽大学,1991年。

17. 金在哲,《对栗谷行政改革思想的研究》,檀国大学,1991年。

18. 张肃必,《栗谷李珥的圣学研究》,高丽大学,1992年。

19. HongDaakir,《栗谷的家庭教育观研究》,诚信女大,1993年。

20. PHILIP DEK,《对圣学人类的研究——以栗谷哲学为中心》,成均馆大学,1994年。

21. 李圣田,《对栗谷人性论的研究》,圆光大学,1994年。

22. 陈润洙,《对栗谷哲学体育思想的研究》,汉阳大学,1994年。

23. 李荣庆,《对栗谷道学思想的研究》,庆北大学,1995年。

24. 金性范,《退溪与栗谷心说的比较研究》,东亚大学,1995年。

25. 李起勇,《对栗谷李珥人心道心说的研究》,延世大学,1995年。

26. 金基铉,《朱子学在朝鲜朝的流衍及其影响之研究:以李退溪与李栗谷之圣学为中心》,台湾私立东海大学,1996年。

27. 张善喜，《李珥主气哲学中所体现的教育思想》，梨花女大，1997 年。

28. 田好根，《对十六世纪朝鲜性理学特征的研究——以退高、栗牛论辩为中心》，成均馆大学，1997 年。

29. 金泰完，《对栗谷实理思想的研究》，崇实大学，2000 年。

30. 洪学熙，《对栗谷李珥诗文学的研究》，梨花女大，2000 年。

31. 金亨日，《露骨的自然观：以策文为中心》，成均馆大学，2001 年。

32. 金景浩，《对栗谷李珥心性论的研究》，高丽大学，2001 年。

33. 俞成善，《栗谷心论研究》，中央大学，2002 年。

34. 崔文成，《栗谷主气论的文学观和诗文学》，成均馆大学，2003 年。

35. 金圭植，《Thomas H. Groome 的共有实践论和李栗谷道德教育论的比较研究：探索基督教教育具有实践性的方法论》，启明大学，2004 年。

36. 崔文馨，《栗谷主气论的文学观及其诗的世界》，成均馆大学，2004 年。

37. 李庆汉，《栗谷修己论的哲学究明：以明善诚身论为中心》，成均馆大学，2005 年。

38. 柳然晢，《栗谷李珥的人性论研究：立足于〈中庸〉中和论和〈孟子〉性善说的再整理》，延世大学，2005 年。

39. 孟贤周，《对栗谷哲学性质的研究：以务实为中心》，忠南大学，2006 年。

40. 崔智砚，《观光都市江陵的历史渊源》，京畿大学，2006 年。

41. 咸勇植，《栗谷李珥的教育思想研究》，关东大学，2006 年。

42. 李熙成，《对退溪和栗谷心性论的研究》，成均馆大学，2006 年。

43. 李斗灿，《栗谷社会伦理思想研究》，成均馆大学，2006 年。

44. 金明淑，《The comparative study on Yulgok（栗谷）'s organismic views and system theory of Schwartz and Russek》，忠南大学，2007 年。

45. 徐正文，《朝鲜中期的文集编纂刊行和门派形成》，国民大学，2007 年。

46. 李英子，《畿湖学派对栗谷学的吸收与发展》，中南大学，2007 年。

47. 郑跟彪，《通过朝鲜性理学来窥探跆拳道的本质研究：以退栗思想为中心》，庆熙大学，2008 年。

48. 金载雨，《对栗谷道学思想和经世论的研究》，成均馆大学，2008 年。

49. 全在东，《17 世纪栗谷学派对论语注释的研究》，庆北大学，2008 年。

50. 金注秀，《栗谷李珥的诗文化研究：以山水田园文学为中心》，韩国学中央研究院，2009 年。

51. 崔振兴，《栗谷经世论：以法和疏通为中心》，首尔大学，2009 年。

从 1945 年到 2010 年间共有 51 篇博士论文发表，分析上面的目录我们可以看到，这段时间的栗谷学研究呈现出两个特点：其一是在数量上呈阶梯式的递增。20 世纪 70 年代的博士论文只有 3 篇，到 80 年代就已经翻倍增长到 9 篇，90 年代则有 16 篇，这之后到 2010 年为止则有 23 篇。其二是对栗谷学的研究范围从一开始固定的几个领域，逐渐扩大到法律、教育、行政、心理、体育、文学、自然等各个领域，在包容性地对栗谷学进行实践的同时，也对栗谷学进行了多样性的解释。

三　2011～2015 年 8 月栗谷学的研究成果综述

关于 2011～2012 年栗谷学的研究成果综述，姜真硕、林明熙已经在《2011～2012 年韩国朱子学研究述评》[①] 中有所提及，根据二位

---

① 朱子学会《朱子学年鉴（2011～2012）》，厦门大学出版社，2013 年，第 141～147 页。

老师的考察，这两年间有关栗谷学派的学术论文有 20 多篇。和栗谷学相关的学术会议有：韩国栗谷研究院 2011 年 6 月 3 日和 2012 年 6 月 15 日两次以"栗谷学的扩散与深化（Ⅱ）（Ⅲ）"为主题，讨论了栗谷学在朝鲜时代的展开与发展；2012 年 6 月 29 日在"国立故宫博物馆"举行了京畿道坡州市主办以"栗谷李珥之思想与坡州古迹"为主题的研讨会；2012 年 8 月 10 日韩国哲学史研究会和世明大学校举办了"朝鲜后期湖洛论辩的综合再照明"学术会议，会上发表了《湖洛论争的焦点：心与气质之间的关系问题》《农岩与湖洛论辩》《遂庵权尚夏的心性论》《南塘韩元震的心性论》等论文，专门探讨了朝鲜后期湖洛论辩的思想源流。

2013 ～ 2015 年 8 月关于栗谷思想研究的单行本有 30 本，其中李光虎所著的《退溪与栗谷，思想的花火》一书，通过分析退溪和栗谷之间往来的书信，找出二人思想的碰撞点，使读者不仅能生动地看到两位韩国大儒的思想花火，还可以体会到学术交流的乐趣。作者李光虎四十年如一日，一直在孜孜不倦地研究儒学真理，并努力从现代人文学的角度重新阐释经典，本书有史以来第一次汇编了二位大儒往来的书信及诗文，深入浅出地分析了二人在学术上各自所坚持的信念。退溪的理论体系非常重视理想世界和人类的内在世界，而栗谷的理论体系则更加重视现实世界和人类的外在世界，二人在互相尊重的基础上，进行了激烈的学术讨论。读者不仅可以很容易地了解二人的思想，更可以从中获得许多人生的智慧。

《儿童击蒙要诀》则以栗谷最著名的《击蒙要诀》为基础，从立志、革旧习、持身、读书、事亲、丧制、祭礼、居家、待人、处世这几个方面，简单明了地向初学入门的孩子们介绍了为什么要学习，如何学习，要学习什么，以及如何为人处事等。《击蒙要诀》是栗谷为了启蒙儿童和初学者的呕心沥血之作，对于学生来说是一本可以受用一生的著作，译者 HAN MUN HI 在忠于原著的同时，以更加符合现代人阅读习惯的解释方法进行了阐释，对初学儿童的教育极具意义。2015

年 7 月由蓝色自行车儿童出版社最新出版的《击蒙要诀》，邀请了东洋画画家金泰贤将故事有机地与画相结合，让小朋友更加生动活泼地理解先贤的思想，简单易行地在生活中进行实践。

《栗谷李珥评传——朝鲜中期最优秀的经国大家·伟大的导师》一书是首尔大学名誉教授韩永愚的新作，此书从栗谷的家庭入手，对其母亲申师任堂的子女教育进行了肯定，对栗谷的生平、思想以及对国家政治的影响进行了详细的叙述，高度评价了他的一生和思想，并认为栗谷是社会思想改革的先驱，其影响直到现在也是不容忽视的。

2013～2015 年 8 月间有关栗谷思想的学术论文共有 83 篇，大部分论文是对栗谷思想或栗谷学派思想，以及其所产生的影响的研究，其中不乏比较研究和跨领域交叉研究。比如金世贞在《从栗谷学中寻找人与自然交流、共存的解决方案》一文中，分析了西方生态学的特征及其存在的问题，以此为出发点对栗谷学中的生态理论及其研究状况进行分析，寻找出栗谷学中人与自然的交会点。栗谷认为人与自然是一个有机的整体，人类在参与天地化育的过程中是一个能动的主体，实理以实心的形态内在于人类，通过诚实心可以与实理统一，亦即人类与自然的统一。这种思想对于现代以人类为中心的环境伦理起到了克制的作用，也将成为人与自然共存与沟通的思想基础。

俞成善则在《中国的栗谷学研究现况及成果研究》中指出栗谷及栗谷学在韩国哲学史上的重要地位，中国现阶段对韩国哲学的研究主要集中在性理学的研究上，其中又以退溪学与栗谷学为主。中国学界对退溪学和栗谷学的研究虽然已经初具规模，但是仍存在很多的不足。韩中国际学术会议的开展，与中国国内韩国研究所的合作，对韩国哲学研究的深化和扩大等都存在着很大的发展空间。作者站在东亚思想的角度上，客观地评价了栗谷学研究的意义所在，认为中国的韩国学研究和栗谷学研究急需养成专门性的人才。

《作为"实践学"的"实学"概念：栗谷改革论的哲学基础》一文以历史学界在过去 80 年对"近代实学观"的研究成果为基础，尝试分析"实学"的概念。带着这种问题意识，文章从栗谷"实心"的概念出发，对栗谷学中从"实理"到"实心"，从"实心"到"实政"，从"实政"到"实行"的"实心实学"概念进行再解释，认为这种积极强调践行的"实践学"思想植根于栗谷的改革论之中，并形成了茶山丁若镛的"行事"概念和东学的"学"概念。

相比较而言，近两年关于栗谷思想研究的学位论文较少，共计有15篇，其中博士学位论文只有5篇，硕士论文10篇。这些硕士论文选题新颖，摆脱了传统思路，试图从多种多样的角度来解释栗谷思想，如《退溪和栗谷的性理学思想与空间造型概念的比较研究》一文认为，退溪和栗谷的性理学思想在韩国传统建筑的空间造型艺术中有很多体现。例如，天地秩序体系中的谦虚与恭敬思想体现在空间的大小、构成、布局和位阶、秩序上，而建筑正南向的布置，明确的区域功能划分，以及空间的开放性则是礼思想的体现，建筑与自然的协调统一则体现了天地和合的思想。徐明子在《栗谷孝思想的研究：以〈圣学辑要·孝敬章〉为中心》一文中，从"孝敬"入手，分析孝敬的重要性，找出孝敬理气论的根据，认为以孝守身能齐家治国平天下。但是文中强调这种孝并不是愚孝，而是可以谏言的孝，孝的方法则可以分为"生事之道""丧礼之道""祭礼之道"。

《对栗谷著作中出现的子女教育观的研究》中以子女教育作为切入点，系统地考察整理了栗谷著述《同居戒辞》《击蒙要诀·事亲章》《击蒙要诀·居家章》《圣学辑要·正家篇》以及《小儿须知》中所体现的子女教育思想，认为其榜样教育、适时习惯化教育、知行并进教育以及理性对话的训诫教育不仅在朝鲜时代，而且对现代的子女教育也十分具有典范作用。

2013～2014年关于栗谷思想研究最重要的学术会议莫过于2014年10月31日在韩国成均馆大学600周年纪念馆隆重召开的主题为"东亚朱子学与栗谷学的位相"的国际学术研讨会。本次研讨会由韩国栗谷学会与成均馆大学东洋哲学系BK21事业团共同主办，同时得到了栗谷研究院的大力支持。栗谷学会会长崔英辰希望东亚各国都能以"朱子学"为核心，跳出"一国史"的观点，从"东亚史"的层面上寻找各国儒学的同异，摸索出现代儒学发展的新方向。来自法国、日本、中国的知名学者以及极具潜力的新晋学者们做了精彩的发言，为朱子学在东亚各国的研究和交流提供了一个很好的平台。其中孙兴彻在《栗谷理通气局说的内包和外延》一文中考察了栗谷理通气局说的发展和变化，而李向俊则在《理，事物，事件——李珥的情境》中活用西方最新的分类学学术成果，结合栗谷理气心性论的构造进行探索研究，令人耳目一新。

在论文集方面，最重要的成就莫过于 2013 年年底"第四届国际汉学会议"论文集的集辑出版。"第四届国际汉学会议"2012 年在中国台湾"中央研究院"成功召开，由于此次会议跨越了多个学科、多个领域和多个地区，有 27 个议题，69 个场次，所以其论文集的出版显得难能可贵。收录在《东亚视域中的儒学：传统的诠释》一册中的论文有多篇涉及了栗谷思想，尤其是崔英辰《19～20 世纪朝鲜性理学"心即理"与"心即气"的冲突：以根斋和重斋对寒洲"心即理说"的论辩为中心》一文中，系统整理了退溪和栗谷学派对于心、性、理的看法，而栗谷思想对后代学者所产生的影响也可以说是一目了然、影响深远。

需要特别指出的是，栗谷所编撰的《击蒙要诀》现在仍作为中小学生必读书，其所产生的教育意义在现代社会仍不可估量；而其母亲申师任堂也作为现代社会女性的典范，不断得到政府的弘扬，社会的认可，可以说栗谷思想中所承载的孝思想和教育思想至今传承不息，在现代社会中有着十分重要的研究价值，对现代人的生活有着指导性的意义。

四　结论

以上我们大致考察分析了栗谷学百年间的研究状况，并着重分析了 2013 年至 2015 年 8 月的最新研究成果，从中我们可以看出，对于栗谷学的研究已经从单一、固定的领域逐步扩大，而对于栗谷学的研究方法也从基础的调查研究逐渐深入，产生跨学科、跨领域的比较研究，使栗谷学能够与时俱进地与社会相融合，帮助解决现代社会中存在的一些问题。

与此同时，我们也要看到现阶段韩国栗谷学研究还存在着很多不足之处。栗谷重视求实、务实，如何让书本上的学术理论应用到现实社会，是我们不得不深究的一个问题。他还重视教育，重视"礼""孝"，如何让"礼""孝"与时俱进，使接受现代教育的孩子们在知礼、行礼的同时不盲目拘守古礼，也是搁在我们面前的一个重要问题。

当然这些问题，并不只是摆在韩国栗谷学面前的问题，同时也是朱子学乃至整个儒学所面临的问题。而对于栗谷学的研究也并不仅仅局限于韩国国内，它作为朱子学发展的一种形态，是值得各国学者去深入研究的。目前，在中国内地和中国台湾都开展了相对活泼的研究活动。中国学者除了陈来、李甦平、潘畅和，还有很多年轻学者，例如邢丽菊、洪军等都对栗谷学有深入研究。中国台湾对韩国儒学的研究比中国内地要早很多，因此已经有很多栗谷学方面的专家，在此不一一赘述。

2013 ～ 2015 年 8 月栗谷学研究成果目录

（一）著作

1. 李光虎，《论争退溪与栗谷之观点》，弘益出版社，2013 年。

2. 郑亢教，《栗谷先生的诗文学》，梨花文化，2014 年。

3. 李东熙，《儒学是什么：孔子、孟子、荀子和退溪、栗谷》，传统文化研究会出版部，2014 年。

4.《栗谷学与韩国思想的深层研究：台岩黄义东教授退休纪念论丛》，书未来，2014 年。

5. 黄义东，《从栗谷到岛山》，忠南大学，2014 年。

6. 郑亢教，《栗谷先生金刚山踏查记》，书艺文人画，2014 年。

7. 李宗一，《圣贤们说社会福祉：海月、茶山、退溪、栗谷、元晓、多夕的社会福祉思想》，yimun，2014 年。

8. 姜奉秀，《东洋道德教育论》，济州大学出版部，2014 年。

9. 李珥，《栗谷李珥》，kngl，2013 年。

10. 李珥著，金鹤珠译，《击蒙要决：正确学习的引路人》，燕岩书家，2013 年。

11. 李珥著，hanmunhee 译，《儿童击蒙要决》，燕岩书家，2014 年。

12. 韩永愚，《栗谷李珥评传：朝鲜中期最伟大的经世家与老师》，minumsa，2013 年。

13. 韩国广播公社，《学者的故乡：朝鲜时代学者的领导力和历史记行》，书教，2013 年。

14. 文锡胤，《东方式心的诞生：围绕心进行的东亚哲学论争》，geulhangari，2013 年。

15. 许捲洙，《（南人和西人间的两大论争）朝鲜后期文庙从祀与礼讼》，述而，2013 年。

16. 李珥，《答成浩原》，bookworld，2013 年。

17. Jang jusik，《三贤手简：栗谷牛溪龟峰的山村信》，韩国古典翻译院，2013 年。

18. Jo Namho，《李滉和李珥：支撑起朝鲜的精神》，Kim Yeongsa，2013 年。

19. 李珥著，金泰完译，《栗谷集：展望性理学之理想》，韩国古典翻译院，2013 年。

20. 李东仁，《读李栗谷的〈击蒙要诀〉》，世昌传媒，2013 年。

21. 李珥著，郑后洙译，《击蒙要诀》，oljae，2013 年。

22. 李珥著，Jungjaehoon 译，《东湖问答：话说朝鲜的君主论，王道政治》，akanet，2014 年。

23. Michele Borba 著，Nam hyekyeong 译，《育儿解决方案：完美解决您与李珥每天遇到的 101 个育儿问题之方案》，molpure，2014 年。

24. 黄义东，《读李栗谷》，世昌传媒，2013 年。

25. Kim、Hyun—Jin、宋奇泰，《EBS 五分钟史探：伦理和思想》，国立中央图书馆，2015 年。

26. Shin Chang Ho，《栗谷李珥的教育论》，景人文化社，2015 年。

27. 赵仁生，《贤母良妻的画家申师任堂》，tongkeun 世界，2015 年。

28. 李尚觉 文，金泰贤 画，《击蒙要诀》，蓝色自行车儿童出版社，2015 年。

29. 李珥，《栗谷的醇言》，景人文化社，2015 年。

30. 黄义东，《历史的挑战和韩国儒学的对应》，2015 年。

（二）学术论文

1. 金洛进，《17 世纪退溪学派的栗谷李珥和栗谷学认识》，《栗谷思想研究》，第 28 卷，2014 年。

2. Lee Hyang Joon，《理，事物，事件——李珥的看法》，《栗谷研究院》，2014 年。

3. 孙兴彻，《栗谷的理通气局的内包与外延》，《栗谷研究院》，2014 年。

4. 田炳旭，《退溪与栗谷的心统性情说》，《栗谷研究院》，2014 年。

5. Fang Xu Dong，《无思有觉、骨凡体别——朝鲜儒者李珥的"未发"说》，《栗谷研究院》，2014 年。

6. Lee Cheon Sung，《栗谷学对 18 世纪湖洛论辩的影响——以"理通气局说"为中心》，《栗谷研究院》，2014 年。

7. Kim Young Woo，《茶山对栗谷思想的理解与批判继承》，《栗谷研究院》，2014 年。

8. Kim Goun Ho，《从 19 世纪心论的主宰问题看栗谷学的样像——以任宪晦、宋秉璿、李恒老、奇正镇等为中心》，《栗谷研究院》，2014 年。

9. Kim Sea Jeong，《通过栗谷学看人类与自然的沟通与共生之法》，《栗谷研究院》，2014 年。

10. Peng Yao Guang，《格物致知与圣贤境界——以栗谷的格物致知论为中心》,《栗谷研究院》,2014 年。

11. Lee Sang Ik,《栗谷学派对于"以心使心"的解释》,《栗谷研究院》,2014 年。

12. 黄义东,《栗谷哲学中的"道德"与"经济"相函性》,《社会思想与文化》,2014 年。

13. Ko Myeong Shin,《栗谷李珥的诗认识和诗世界的特征》,《KISS》,第 31 辑,2013 年。

14. 罗敏球,《治愈修辞学》,Korean Journal of Rhetoric,2014 年。

15. Park Kwang Hee,《韩国思想哲学:栗谷人类观的美学考察》,《韩国思想与文化》,第 72 辑,2014 年。

16. Lee, Junghyo,《对〈圣学辑要〉刊行的研究》,《书志学研究》,第 58 辑,2014 年。

17. Hyunsoo Kim,《对 17 世纪初栗谷学派礼学论争的焦点和倾向研究——以〈疑礼问解〉〈疑礼问解续〉为中心》,《韩国哲学论集》,第 41 辑,2014 年。

18. ChoonShikKim,《栗谷的人才登用论》,《韩国行政史学志》,第 34 辑,2014 年。

19. Kim Ik Soo,《栗谷的人性教育论(1)——以〈击蒙要诀〉为中心》,《韩国思想与文化》,第 73 辑,2014 年。

20. 俞成善,《中国的栗谷学研究现状与研究成果》,《韩中人文学研究》,第 42 辑,2014 年。

21. Yi Dongin,《通过〈击蒙要诀〉看栗谷的思想与一生》,《韩国思想与文化》,第 29 辑,2014 年。

23. 曹成焕,《哲学意义的"实学"概念:栗谷改革论的哲学基础》,《哲学论集》,第 33 辑,2013 年。

24. Kim Hak Ze,《对〈醇言〉中出现的栗谷〈老子〉解释的比评——通过〈大学〉对〈老子〉的理解》,《哲学研究》,第 48 辑,2013 年。

25. Jang Sook Pil，《湖洛论争以前栗谷学派的未发论与人物性同异论》，《栗谷思想研究》，2013 年。

26. 郑然守，《栗谷学派关于血气与心气的气质变化论研究》，《儒教思想文化研究》，2014 年。

27. Kang Jin Seok，《朝鲜儒者李栗谷的政治思想》，《中国学报》，2014 年。

28. 宣炳三，《关于李栗谷对李退溪四端七情论评价的正当性研究》，《儒教思想文化研究》，2014 年。

29. Kang Jung In，《栗谷李珥的政治思想中出现的大同、小康、少康：试论概念》，《韩国政治学会报》，2010 年。

30. 金圣健，《17～18 世纪退溪学派对栗谷学派的对应意识与其思想史的比评——以星湖和大山的四端七情论为中心》，《泰东古典研究》，第 33 辑，2014 年。

31. 金基柱，《从四端七情论争到心即理——华西·芦沙·寒洲对四端七情论争的结论》，《退溪学论集》，第 15 辑，2014 年。

32. 黄昞起，《旅轩张显光的道脉和退溪学传承的问题研究》，《国学研究》，第 23 辑，2013 年。

33. Kim Kyung Ho，《湖洛论争以后，栗谷学派对未发问题的哲学性认识——以理气同实和心性一致为中心》，《栗谷思想研究》，第 26 辑，2013 年。

34. Kim Kyung Ho，《栗谷学派的心是气和其哲学性的问题意识》，《栗谷思想研究》，第 26 辑，2013 年。

35. Yoo Yon Seok，《从栗谷学的观点来看湖洛论争的焦点和洛论的性格——以未发论和人物性同异论为中心》，《栗谷思想研究》，第 26 辑，2013 年。

36. 蔡家和，《田艮斋对朱子与栗谷理学的承继发》，《艮斋学论丛》，第 15 辑，2013 年。

37. Kim Seung Young，《The method and features of understanding

Yulgok school's "Libal（理发）" —with Yulgok direct line》,《东西哲学研究》,第 71 辑,2014 年。

38. 朱光镐,《朱子学结构中看的栗谷易学的特色》,《东洋哲学》,第 40 辑,2014 年。

39. Yi Suhn Gyohng, The Theory of Contrivance in I-Ching and Yulgok's thoughts on Reform,《社会思想和文化》,第 29 辑,2014 年。

40. Lee Young Ja,《明斋尹拯对栗谷性理学的吸收和转变》,《韩国哲学论集》,第 42 辑,2014 年。

41. Weon Gyo Jeong, A Moral Approach of Yulgok Philosophy on Environmental Issue,《韩国哲学论集》,第 43 辑,2014 年。

42. Kim、Tae-neon, A Case of making "Canon" -Compilation of the Supplementary Work of Yulgok and its Critics-,《民族文化》,第 43 辑,2014 年。

43. Hyunhee Cheon, Toegye and Yulgok's Theory of Human Mind, Moral Mind —The Korean Development of Chutzu's Theory of Mind,《韩国哲学论集》,第 42 辑,2014 年。

44.RYU Seung-Moo, PARK Su-Ho, SHIN Jong-Hwa, LEE Min-Jeong, The Cultivative Study of Heart and the Culture of Conheartism: Focused on Yul-Gok's On the Secret of Expelling Ignorance（Gyeogmongyogeol）,《社会思想和文化》,第 29 辑,2014 年。

45. Kyung Ho Kim, Yulgok's study of mind and Silhak -A crossroad between boundary thought and practice-,《韩国实学研究》,第 28 辑,2014 年。

46. 李根浩,《朝鲜时代性理学学派的区域性和文化圈:以三南地区为中心》,《韩国学论丛》,第 41 辑,2014 年。

47. Woo Hyung Kim, Philosophical Implication of Seong Hon's Compromising Thought between Toegye and Yulgok: An Ontological Interpretation of the Unified Manifestation Theory ofLi and Chi,《儒学研

究》，第 31 辑，2014 年。

48. Jong Chun Park，Yi I's Riutualization Project for Sanctification of Everyday Life，《儒学研究》，第 31 辑，2014 年。

49. 李红军，《The Characteristics of Yulgok's（栗谷）Theory of Self-cultivation（修养论）Researched in its Relationship with Zhuxi（朱熹）》，《退溪学论集》，第 14 辑，2014 年。

50. Hang Nyeong Oh，A Study oh the Diary of Royal Lecture-On the Perspective of the Literati and the Symmetry of Governance-，《栗谷思想研究》，第 28 辑，2014 年。

51. Jae Mok Choi，A Design of "From the Darkness to The Light" -Focus on The Chapters Hyukguseup and Jisin of Yulgok Yi I's Gyeokmongyogyeol-，《儒学研究》，第 31 辑，2014 年。

52. Seung-Chong LEE，Conjectures and Refutations-Chu Hsi，Yulgok，and Professor Lee Sangik，《大同哲学》，第 66 辑，2014 年。

53. Jung，Yeon-Soo，《A Study of the 'Changing Gijil Theory（气质变化论）' Regarding to 'Hyeolgi（血气）' and 'Simgi（心气）' ── Referring to Yulgok（栗谷），Oeam（巍岩），Namdang（南塘）》，《儒家思想文化研究》，第 58 辑，2014 年。

54. Kyung Ho Park，《栗谷的修养功夫在 21 世纪闲暇文化的探索》，韩中人文学会国际学术大会，2014 年。

55. Yoon Soo Jin，A Study on YulGok's Sightseeing Described in Yulgokjeonseo，《体育史学会志》，第 19 辑，2014 年。

56. Jeon Saeyoung，A Comparative Study on the Character Valuations of Toegye and Yulgog，《韩国政治学会报》，第 48 辑，2014 年。

57. Na Hyang Lee，"Seonmyeong" thought of Yul-gok and A Direction of the Structuralization on the Contents of Literary Education，《文学教学》，第 45 辑，2014 年。

58. Chun，Sung-Pil，Jeong，Sun-Ja，Lee，Keun-Su，Comparative

Study of the Physical Developmental Theories of Yulgok and John Locke,《体育史学会志》，第 23 辑，2014 年。

59. Won Kyo Jong, General Edition : A suggestion of Yulgok philosophy for greater transparency in the country-Centering on human resources, discipline, and public opinion,《温知论丛》，第 38 辑，2014 年。

60. Yang, Hoon-shik, A Study on Ugye Seong Hon Gyoyusi(Friendship Poem)-Focused on Gubong, Yulgok and Songgang,《语文研究》，第 42 辑，2014 年。

61. 林月惠，《艮斋对栗谷与牛溪性理说的诠释》，《艮斋学论丛》，第 15 辑，2013 年。

62. Yong Joo Kim, Theories of Personality Yulgok-centered appearance of "Kyuck Mong Yo Gyul",《韩国的青少年文化》，第 22 辑，2013 年。

63. Lim、Young-Ran, A Bibliographic Study on the GyeokmongYogyeol First Edition and Extant Edition,《书志学研究》，第 54 辑，2013 年。

64. Jong Moon Lee,《Regarding writings that Yulgok（？谷）gave to Gisaeng（妓生）Yugi（？枝）》,《韩国汉文学研究》，第 51 辑，2013 年。

65. Heung Chul Son, Reviewing the Yulgok's administration theory and the mind of communication,《栗谷思想研究》，第 27 辑，2013 年。

66. Kim、Kee-hyeon, Two Points Implied by Lee Yul-gok's Proposition that the Seven Feelings include the Four Beginnings,《儒教思想文化研究》，第 54 辑，2013 年。

67. 崔炳德，《栗谷李珥对 "纪纲" 的认识和政治改革》，《大韩政治学会报》，第 21 辑，2013 年。

68. Young Ihm Kwon, Contemplation of the Significance of Yulgok and Dasan's Educational Ideas,《教育发展论丛》，第 34 辑，2013 年。

69. Kyu Dae Lee, The characteristics of Yulgok Hyangyak of

Gangneung district in the early 17th century,《栗谷思想研究》，第 27 辑，2013 年。

70. 俞成善、任娟，A study on Yulgok's communication and reform，and its applicability to the 21st century,《韩中人文学研究》，第 38 辑，2013 年。

71. Leeyeongja,《牛溪和栗谷"和而不同"的生活及修养论》,《牛溪学报》，第 31 辑，2013 年。

72. Kim Taek、郑南采、jongpil ha,《对栗谷李珥"十万养兵法"的小考——为了预防由于天灾地变与党派之争所产生的国内兵乱所制定的国防战略》，韩国行政学会夏季学术大会，2013 年。

73. Min、Deak-kee, Yulgok Yi I's Proposal to Draft 100,000 men into Armed Forces Used for Imjin War,《历史与话题》，第 66 辑，2013 年。

74. Ju Yong Lee,《从栗谷的士大夫精神来看公职者的形象》,《汉文学论集》，第 37 辑，2013 年。

75. Kim SeungYoung,《栗谷学派的李端相派系所理解的"理"的意义》,《东洋哲学》，第 39 辑，2013 年。

76. 李东熙,《艮斋对朱子·退溪·栗谷性理说解释的研究：以〈杂著〉〈对晦·退·栗三先生之说的质疑〉为中心》,《艮斋学论丛》，第 15 辑，2013 年。

77. 权文奉,《对栗谷和茶山生死论的研究》,《圆佛教思想和宗教文化》，第 58 辑，2013 年。

78. 尹丝淳,《从统一思想的立场对栗谷学的考察》,《栗谷学研究》，第 30 辑，2015 年。

79. Eun Young Cho,《栗谷的国防思想》,《栗谷学研究》，第 30 辑，2015 年。

80. Hyuk Kim,《栗谷经世论在经营学层面的含义——以〈圣学辑要·为政篇〉为中心》,《栗谷学研究》，第 30 辑，2015 年。

81. 金世绪利亚,《对栗谷〈先妣行状〉的女性主义解读——以师

任堂的呵护行动与女性主义呵护伦理为中心》,《栗谷学研究》,第 30
辑,2015 年。

82. 李炫知,《栗谷社会思想的脱现代性意义》,《栗谷学研究》,第
30 辑,2015 年。

83. Chang-Ho Shin,《栗谷的教育实践与现代教育》,《栗谷学研
究》,第 30 辑,2015 年。

(三)硕博士论文

1. Ju Yong Lee,《对 16 世纪义理学派的公职者形象的研究:以赵
静庵·李栗谷·赵重峰的历史意识为中心》,公州大学校大学院,2014
年,国内博士。

2. Park Yoonre, The Relationship between the Individual and the
Community in Seonghakjibyo, 首尔教育大学教育专门大学院,2014 年,
国内硕士。

3. 徐明子,《栗谷孝思想的研究:以〈圣学辑要·孝敬章〉为中
心》,成均馆大学,2014 年,国内硕士。

4. ChungYungHo,《退溪和栗谷的性理学思想与空间造型概念的比
较研究》,国民大学 techno design 大学院,2014 年,国内硕士。

5. 李柱刚,《退溪情学研究》,成均馆大学一般大学院,2014 年。

6. 金昇泳,《对朝鲜朝性理学"理发论辩"的研究》,忠南大学大
学院,2013 年,国内博士。

7. Han, Young-Hee,《对栗谷礼节教育论的研究:以〈击蒙要诀〉
和〈学校模范〉为中心》,成均馆大学,2013 年,国内硕士。

8. Cho Yong Tae,《栗谷经世思想的立论体系》,忠南大学大学院,
2013 年,国内硕士。

9. Gwon jinju, Study on the View of Child Education Appeared in
Yulgok's Writings, 韩国教员大学大学院,2013 年,国内硕士。

10. Lee jongmi,《栗谷性理学体系中"气"的意义》,成均馆大学,
2013 年,国内硕士。

11. Song parkcheol,《〈圣学辑要〉中"矫气质"中所蕴含的教育意义》，庆尚大学教育大学院，2013 年，国内硕士。

12. Bae bukja,《击蒙要诀的幼儿教育含义》，庆尚大学教育大学院，2013 年，国内硕士。

13. Song sujin, A study on the Educational Implications of 〈eonghakjibyo〉's theory of studying，庆北大学教育大学院，2013 年，国内硕士。

14. kyung rae kim,《宣祖初期的定国与栗谷李珥的改革论》，首尔大学，2015 年，国内博士。

15. 李贞孝,《对栗谷李珥〈圣学辑要〉编刊及其影响的研究》，成均馆大学，2015 年，国内博士。

16. 崔普京,《对栗谷思想乘伴论的理解》，高丽大学，2015 年，国内博士。

表象与定位：以江户时代的日本朱子学为研究对象

吴光辉　肖珊珊（厦门大学）

日本学者吉田公平曾经指出：面对西学东渐的知识困境，提倡"致良知"的阳明学在对抗西方的过程中发挥出了显著的历史作用。尤其是到了明治后期，随着高濑武次郎《日本之阳明学》（1898）、井上哲次郎《日本阳明学派之哲学》（1890）以及三宅雪岭《王阳明》（1893）、《传习录》（附佐藤一斋栏外书）等一系列著作的出版，乃至《阳明学》杂志的刊行（1894），阳明学取代朱子学一跃占据了东亚学术的主导性地位。[①] 不过，作为与之处在对立的历史地位，且深刻影响日本整个江户时代的朱子学，是否就完全退出历史舞台，成了时代的落伍者？就此而言，我认为有必要探讨朱子学在日本，尤其是江户时代的演绎，也就是本文尝试构筑起来的作为"实理之学""真儒之学""正统之学"的朱子学的位相，由此来探索朱子学在日本江户时代作为"方法"的影响与意义之所在，同时也可以为我们如今对朱子学的历史定位提供一个更为客观、更为公正的立场。

一　作为"实理之学"的朱子学

围绕江户时代日本朱子学的萌生，藤原惺窝（1561～1615）可谓是其中一个不可忽略的重要人物。黄遵宪《日本国志》云："自藤原肃始为程朱学"，并注云："时海内丧乱，日寻干戈，文教扫地，而惺窝独唱道学之说。……自惺窝专奉朱学，林罗山，那波活所皆出其门，于

[①] 吉田公平《阳明学研究史》，冈田武彦《阳明学的世界》，明德出版社，1986年，第457页。

是乎朱学大兴。"① 由此可见，正是藤原惺窝开启了江户朱子学的滥觞。

众所周知，藤原惺窝早年削发为僧，而后悟其非，归于朱子学。因此，如何脱离时代流行的禅学，树立儒学自身的轨迹，也就成为其必须加以克服的最大课题。那么，藤原惺窝究竟是如何解决这一问题的呢？首先，我们可以通过其弟子林罗山（1583～1657）的记载而得以论证。根据林罗山《惺窝先生行状》的叙述："先生以为我久从事于释氏，然有疑于心，读圣贤书，信而不疑，道果在兹，岂人伦外哉。既绝仁种，又灭义理，是所以为异端也。"② 也就是说，佛教绝仁种，灭义理，故而为异端；儒学推崇人伦义理，故而为正统。对此，林罗山还予以进一步的解释，即《谕三人》一文所阐述的："浮屠氏毕竟以山河大地为假，人伦为虚妄，遂绝灭义理，有罪于我道。故曰：'事君必忠，事亲必孝'；彼去君臣父子以求道，我未闻君父之别有所谓道也。故曰：'吾道非彼所谓道也'。"③ 也就是说，我道——儒学之道，彼道——浮屠之道，二者截然不同，儒学之道乃是强调忠君孝亲之义理，注重君臣父子之人伦的道学正统。正因为如此，藤原强调了"朱夫子者，继往圣，开来学，得道统之传也"④。

藤原惺窝或林罗山所突出的义理人伦，实质上正落在了一个"实"字。这样一个实理，藤原在论《五事之难》之中解释指出："夫天道者理也，此理在天未赋于物曰天道，此理具于人心未应于事曰性，性亦理也。盖仁义礼智之性与夫元亨利贞之天道，异名而其实一也。凡人顺理则天道在其中，而天人如一者也。徇欲则人欲胜其德，而天是天人是人也。"⑤ 也就是说，这样一个实理就是天道、性理，凡是人皆必须依循这一天道或者实理，也就是突出了朱子学作为"实理之学"的关键之所在。事实上，《朱子语类》就曾强调："吾儒万理皆实，释氏万理皆虚"；"佛氏偏处只是虚其理，理是实理，他却虚了"。因此，朱子学

① 黄遵宪《日本国志》，天津人民出版社，2005 年，第 777 页。
② 林罗山《惺窝先生行状》，《藤原惺窝林罗山》，岩波书店，1975 年，第 224 页。
③ 京都史迹会《林罗山文集》，塘鹅社，1979 年，第 671～672 页。
④ 藤原惺窝《答林秀才书》，《藤原惺窝林罗山》，岩波书店，1975 年，第 98 页。
⑤ 藤原惺窝《续惺窝文集》，《藤原惺窝林罗山》，岩波书店，1975 年，第 92 页。

要强调实理，不可如佛教一般"空豁豁地更无一物"。[①] 不言而喻，这一"实理"的把握，亦是根植于朱子学的性理之说，其目的亦在于批判佛教之虚妄。

林罗山继承了藤原惺窝批判佛教的思想，并延续了其"实理"之说。他指出："夫儒也实、佛也虚，定虚实之惑，滔滔者天下皆是。……《传》曰：'攻乎异端，斯害也已。'程子曰：'佛书如淫声美色，能易惑人。'朱子曰：'寂灭之说，离而无实。'……呜呼彼所谓道者非道也，吾所谓道者道也，道也与非道也无他，实与虚也，公与私也。"[②] 不仅如此，林罗山还认为："夫道者教人伦而已。伦理之外，何别有道？彼云出世间，云游方外，然则舍人伦而求虚无寂灭，实是无此理。"[③] 如果说藤原惺窝还只是突出了人伦义理之"实"的话，那么林罗山则在这一基础上进一步强调了"天下"观念，强调了"教人伦"即"人伦之教"的问题，亦强调了"公与私"的问题。换而言之，朱子学之所以成为必要，不仅在于它超越佛教之学、注重实理，同时也在于它有益于日本的"公与私"的人伦教化，乃至"天下"框架下的日本的自我认识。

林罗山尊崇朱子学，尤为强调程朱的"持敬"之说，[④] 但是并没有将之绝对化，更没有将朱子学视为不可动摇的存在。事实上，无论是藤原惺窝还是林罗山，皆不可称之为"纯粹"的朱子学者。林罗山曾撰写《神祇宝典序》云："夫本朝者神灵之所挺生而栖舍也，故推称神国，其号神器，守其大宝则曰神皇，其征伐则曰神兵，其所由行，则曰神道。"[⑤] 突出了日本作为神国、秉承神道的性格，提示了日本的自我认识——"神道·神国"的印象。不仅如此，林罗山还提到，本朝神道即是王道，王道即是儒道，二者"理一而已矣。……呜呼王道一变至于神

---

① 转引自朱谦之《日本的朱子学》，人民出版社，2000 年，第 523 页。
② 京都史迹会《林罗山文集》，塘鹅社，1979 年，第 33 页。
③ 林罗山《杂著·释老》，《藤原惺窝林罗山》，岩波书店，1975 年，第 233 页。
④ 朱谦之《日本的朱子学》，人民出版社，2000 年，第 189 页。
⑤ 京都史迹会《林罗山文集》，塘鹅社，1979 年，第 558 页。

道，神道一变至于道，道吾所谓儒道也，非所谓外道也，外道也者，佛道也。佛者，充塞乎仁义之路，悲哉天下之久无夫道也"[1]。在此，林罗山将朱子学与日本神道进行了"嫁接"，指出二者实则为一体之学，佛教之学反而成为"外道"，且阻塞了仁义之路。这样一来，原本是外来之学的朱子学也就不再是外来的，而是日本神道的一个"转型"而已，就这样，朱子学成为日本论证自身存在的"根源性"的一道工具。

二　作为"真儒之学"的朱子学

　　林罗山提出的"神道与儒道""公与私""儒道与外道"之辩，开启了江户时代的朱子学论争，为后世儒学者"纯化"自身的立场提供了启示。最为重要的一点，就是林罗山并不追求朱子学的一脉相承，而是兼顾阳明，谋求调和，尊崇朱子而并不埋没于朱子的"格套"之中。[2] 这一观念亦深刻影响了日本的后世学者，尤其是到了江户时代中期，围绕朱子学的学术论争就是以这一批儒学者的自我认识——"真儒"之辩为中心而得以展开的。

　　海西学派巨擘贝原益轩（1630～1704）的人生求学之"转向"，可谓是一大典型事例。根据贝好古编撰的《益轩先生年谱》记载："先生素崇浮屠，日诵佛教，常念佛号，每月当佛日，则素食，拜佛堂。仲兄告之以浮屠之非，一旦悟其过，而终身不好佛，自是始知圣人之道可尊而深信之。""先生尝好陆王，且玩读王阳明之书数岁，有朱陆兼用之意。今年始读《学蔀通辩》，遂悟陆氏之非，尽弃其旧学，纯如也。……由是益信濂、洛、关、闽之正学，直欲诉洙泗之流，专心致志，昼夜力学不懈，至忘寝食。"[3] 由此可见，贝原益轩经历了自佛教转为圣人之道，自陆王心学转为程朱之学的"转向"，由此而得到了"可

---

① 京都史迹会《林罗山文集》，塘鹅社，1979年，第804～805页。
② 朱谦之《日本的朱子学》，人民出版社，2000年，第186～187页。
③ 井上哲次郎《日本朱子学派之哲学》，转引自朱谦之《日本的朱子学》，人民出版社，2000年，第247～248页。

尊而深信之"的、"纯如"的"正学"。在经历了这样的"转向"之后，贝原树立起了自身作为一个朱子学者的形象。

不过，最为关键的是，贝原益轩在树立自身作为朱子学者的形象的同时，亦对朱子的形象进行了重新的诠释与描述。贝原曾提到自己无比崇拜朱子："尊之如神明，信之如蓍龟。"[1] 他认为："后之学者，讲习于经义，讨论于道理，而所以为学者，皆是依于朱子开导之功，故古今天下之学者，无不以朱子为阶梯。"[2] 而且，贝原还站在整个儒学历史演绎的立场指出："孔子之后，传圣人之教，而学到至处者，特孟子一人而已矣。……孟子之后，周程张及司马，并是圣贤，有功乎斯道之人，而程朱之所传，最得其正。其学术，亦比之诸儒，特广大精详，可为后学之模范。……孔孟之后，惟此二子，诚可以为知道之人，学者之所当为宗师也。"[3] 不仅如此，贝原还强调："朱子诚是真儒，可谓振古豪杰也。"[4] 在此，贝原突出了朱子为"知道之人""振古豪杰""后学之模范"的个人形象，最为重要的一点，就是朱子乃是继承儒学"正统"、拥有广大精详学术的"真儒"。

那么，是否只要纯粹地学习朱子学，就可以不偏不倚地成就"真儒"之道？事实上，贝原益轩在突出朱子的"真儒"之道的同时，亦强调了儒学者首先要还原到一个作为"学者"的身份，必须要"虚其心，平其气，而精虑之，详择之，而信其可信，疑其可疑，则可也"[5]。正是站在这一立场，贝原批判后来之儒者，"大抵后儒之论朱子，其失有二焉，其一，以朱子为不足信，而贬议焉；其二，以朱子为圣人，

---

[1] 贝原益轩《益轩全集》第3册《自娱集》卷三，益轩全集刊行部，1910～1911年，第227页。
[2] 同上书，第256～257页。
[3] 贝原益轩《大疑录》卷上《日本伦理汇编》，第8册本，东京育成会，1901年，第210～211页。
[4] 贝原益轩《益轩全集》第3册《自娱集》卷三，益轩全集刊行部，1910～1911年，第256～257页。
[5] 贝原益轩《大疑录》卷上《日本伦理汇编》第8册本，东京育成会，1901年，第209页。

而不可加焉。以朱子为不足信者，固是冤枉也；以朱子为圣人者，亦是阿其所好也。此二者不知朱子之过也"①。换言之，直接质疑朱子学问而不求知道者，实为不解其学术之广大精详之人；一味崇信朱子而不知变通者，亦非通明之士之所为。贝原反对不明妄疑者，亦反对曲学蒙蔽者："只信可信，疑可疑，是通明之士之所为，乃为学良法。"②

贝原益轩之所以在高度评价朱子学与朱子的同时，亦采取怀疑的态度来对之加以认识，亦是源自朱子的方法。贝原曾引用朱子的语录，提到："古人曰：学者觉也。觉悟所不知也，故为学之道，在解疑开迷。是以学以能疑为明，以不能疑为不明。故朱子曰：大疑则可大进，小疑则可小进，不疑则不进。然疑有邪正，精思不得已而疑者正也，妄疑者凿也，不可为正。"③换而言之，贝原实则是利用朱子的方法——怀疑的方法来质疑朱子、批判朱子学。

但是，如果这样的怀疑或者批判不落到一个"实在"之处，那么也就不过是纯粹的诡辩而已。贝原益轩之所以怀疑朱子、怀疑朱子学，应该说在于其对于"学问之道"的理解。他指出："学问之道，天下之公道。"④ "故为学之道，惟以为善为事而已矣。"⑤ "为学之道，以为仁为本，以忠信为主，以孝弟为先，以博文约礼为勤，以为君子为志。"⑥贝原叙述自身："文学之事，无一所能，百事皆拙陋，不能及于人也远矣，惟恐有勤苦读书，恭默思道之二事以及人而已。"⑦就这样，贝原就将"学问之道"落实在了勤苦读书、恭默思道的觉悟之中。

---

① 贝原益轩《慎思录》卷五《日本伦理汇编》第 8 册本，东京育成会，1901 年，第 140 页。
② 贝原益轩《大疑录》卷上《日本伦理汇编》第 8 册本，东京育成会，1901 年，第 217 页。
③ 转引自朱谦之《日本的朱子学》，人民出版社，2000 年，第 251 页。
④ 贝原益轩《大疑录》卷下《日本伦理汇编》第 8 册本，东京育成会，1901 年，第 227 页。
⑤ 贝原益轩《慎思录》卷一《日本伦理汇编》第 8 册本，东京育成会，1901 年，第 11 页。
⑥ 同上书，第 8 页。
⑦ 贝原益轩《大疑录》卷下《日本伦理汇编》第 8 册本，东京育成会，1901 年，第 232 页。

这样的一个自我评价亦带有批判时弊的内涵。正如贝原益轩所说的："满天下之事物众多，其理亦无穷，为学而得逐一通晓于其理，而无可疑，是人生一大快事，其乐可无穷。然今之学者，不专于究理之学，只为训诂章句之闲劳扰，而空过一生了，不亦误乎。"[①] 贝原批判这一时期的古学派沉迷于训诂章句的风气，突出了朱子学式的格物致知的实践。由此可见，贝原所谓的"真儒"，其本意不在于学问的传承、亦不在于直接的怀疑，而是要将怀疑落实到具体化的实践，落实到自我身份的觉悟，最终归结于自身是否作为"真儒"而存在，也就是一个"身份"（Identity）的问题。不言而喻，在这一过程之中，朱子学成了日本学者怀疑往圣之学问、探求自我觉悟、寻找为学之道乃至展开儒学批判、探究真儒本性的依据所在。

三　作为"正统之学"的朱子学

江户时代最为推崇朱子学的儒学者，或许莫过于山崎暗斋（1618～1682）。按照其弟子佐藤直方（1650～1719）所述："读其书，尊其人，讲其学，博文之富，议论之实，识见之高，实非世儒之所及焉，盖我邦儒学正脉之首倡也。"[②] 不过，山崎到了晚年提倡垂加神道，更是借助以"敬"为核心的朱子学基本概念，来构筑垂加神道的基本教义，从而将儒学的"大义名分论"与神道的"忠君报国"思想结合在一起。山崎的这一"转向"尽管遭到了古学派荻生徂徕（1666～1728）的批评："暗斋其人始逃禅而归于儒，逃儒而又归于巫祝，其于圣人之道，实无所见可知矣。"[③] 但是，借助"大义名分论"来重述历史，提倡所谓"正统论"，却是江户时代末期朱子学派尤其是"水户学派"儒学者

---

① 贝原益轩《慎思录》卷二《日本伦理汇编》第 8 册本，东京育成会，1901 年，第 63 页。

② 佐藤直方《韫藏鹭》《讨论笔记》，第 11～12 页。转引自朱谦之《日本的朱子学》，人民出版社，2000 年，第 295 页。

③ 转引自朱谦之《日本的朱子学》，人民出版社，2000 年，第 307 页。

最为突出、最具时代性的特征之一。

藤田幽谷（1774～1828）被尊为后期水户学的元祖，代表作《正名论》开篇即提到："名分之于天下国家，不可不正且严，其犹天地之不可易软。有天地然后有君臣，有君臣然后有上下，然后礼义有所措。苟君臣之分不正，而上下之分不严，则尊卑易位，贵贱失所，强凌弱，众暴寡，亡无日矣。故孔子曰：'必也正名乎。'"①不过，藤田强调的正名或者说大义名分，并不是学问之道，而是落实为日本国体的本质："天朝天辟以来，皇统一姓，传之无穷，拥神器，握宝图，礼乐旧章率由不改，天皇之尊，宇内无二。"②而后，根据这样的大义名分，藤田批判平安时代藤原氏的专权、镰仓室町幕府的霸道、丰臣秀吉挟天子以令诸侯、德川家康以干戈平定海内的雄图，也就是重新梳理了历史，突出了"正君臣之名，严上下之分"③的观念。不仅如此，藤田还引用《通鉴序》，结合王霸之辩宣称："日本自古君子礼义之国，礼莫大于分，分莫大于名，不可不慎也。"④

藤田幽谷之所以提倡"大义名分"，一方面是为了契合江户时代"士农工商"的社会秩序，另一方面则是针对外来危机而做出的必然反应。所谓外来危机，具体而言，也就是"北虏"的来航。自19世纪以来，俄罗斯侵略千岛、英国商船来航浦贺，藤田预感到了巨大危机，称之为"实天地之一大变"⑤，绝不是一时之祸。因此，他认为："古之欲强兵者，必先富其国"，"有为之君，居安思危，必作内政以寓军令，今有北虏之警，幕府屡尝下令，沿海之诸侯豫备不虞，此强兵之良机不可失也"。⑥也就是要站在一个武士的立场，提倡富国强兵、加强国防、推行攘夷之策。

---

① 藤田幽谷《藤田幽谷集》，《水户学大系》第4册，水户学大系刊行会，1940年，第342页。
② 藤田幽谷《正名论》，《水户学全集》第4册，日东书院，1933年，第347页。
③ 同上书，第346页。
④ 同上书，第348页。
⑤ 转引自朱谦之《日本的朱子学》，人民出版社，2000年，第478页。
⑥ 藤田幽谷《第一封书》，《水户学全集》第4册，日东书院，1933年，第285页。

　　藤田幽谷的尊王攘夷说得益于朱子学的大义名分，亦是以此为根基来重述历史，维护日本国体。事实上，藤田对于朱子亦极为尊崇，他曾提到："夫文公以豪杰之资，卓越之见，继千载之绝学，为百世之儒宗。"[①] 正是这样的崇拜，使藤田成了犹如朱子一般的人物，正如弟子会泽正志斋所认为的："先生原于《春秋》尊王攘夷之义，尤谨于名分，君臣上下之际，华夷内外之辩，论之极详明。"[②] 尊王攘夷之说影响了后世，成为日本幕府末期社会变革的指导性思想之一。

　　那么，在这一时期，朱子学究竟发挥了什么样的历史作用，或者说处于一个什么样的历史地位？与"实理之学""真儒之学"不同，这一时期朱子学可以说代表了"道学正统"。藤田幽谷之子、水户学派后期代表之一的藤田东湖（1806～1855）就指出："夫神州之道，浮屠夺之，俗儒坏之，神道者流小之，古学者流殆明之而又从而晦之。"[③] 因此他提倡"敬神、爱民、尚武"的神州之道。藤田东湖所谓的"神州"，并不是指中华，而是指日本，代表了江户时期日本的"小中华"思想。因此，作为外来的朱子学，成为引导日本奠定自身神国思想、神州之道的理论基石。

　　不仅如此，与藤田东湖借助朱子学进一步批判佛教不同，[④] 朱子学亦成为幕末志士批判西学的思想武器。以大桥讷庵（1816～1862）《辟邪小言》的自序为例："我大东之洲，神皇垂统，万古无革命。……其立国体维民心者，可谓正且大矣。奈何近世西洋学术之入也，诐淫邪遁，作于其心，害于其政者，靡所不有，而耳食之徒，翕然雷同，如蝼蚁之附臭肉，如流水之趋溪壑，其毒焰之所底止，殆不可得而测焉。……朱文正公有云：'邪说横流，大为吾道之害。'故不得不极而言

① 藤田幽谷《与赤水先生书》，转引自朱谦之《日本的朱子学》，人民出版社，2000年，第479页。
② 会泽正志斋《及门遗范》，转引自朱谦之《日本的朱子学》，人民出版社，2000年，第474页。
③ 藤田东湖《藤田东湖全集》卷一，章华社，1935～1936年，第279页。
④ 朱谦之《日本的朱子学》，人民出版社，2000年，第510～511页。

之，信与否则在乎人焉。"① 在此，大桥讷庵借助朱子排斥"邪说横流"的警戒之语，突出了日本国体的正统意识，批判西洋学术"作心害政"。换言之，朱子学的历史地位不仅在于归化统一日本的正统之学，同时也发挥出了维护神皇国体、反对西洋学术的历史作用。尽管朱子学不曾获得所谓"国学"这样的称谓——江户时代的"国学"实则为区别于作为中央之学即"朱子学"的地方之学，但是却发挥出了宣扬日本国体、突出神国精神的潜在基石的重要价值。

四　结论

概述整个江户时代朱子学的形象变迁，朱子学可谓是经历了作为"实理之学""真儒之学""正统之学"的历史转型，且自一个外来的，即来自中国的学问，被转而置于儒学与佛学相论争，真儒之学与"俗儒之学"或者与日本的古学、国学相争辩，大义名分的国体之学与非正统之学或者西洋学术相对抗的"对立·对抗"的格局之下，由此而一步步深入到了日本学问的"内核"，乃至脱胎换骨式地转换为所谓"日本朱子学"的过程。在这一过程之中，朱子学不管是发挥了积极的或者是消极的影响，皆处在了学术论争、学问对抗的前沿，且不断地被突出其作为"实理之学""真儒之学""正统之学"的多样化性格。正是江户时代的历史境遇与时代危机，才成就了朱子学在日本不断呈现、不断更新的多样化命运。

正因为如此，我们或许也不得不提出一个疑问："朱子学究竟是什么？"或许我们会不断地追逐朱子学的体系化，并尝试赋予这一体系以合理的、历史的实证；或许我们也会站在外部的视野来审视朱子学的最大价值或者根本意义，从而落入到以"国家"为存在形式的陷阱之中——犹如为了区别于中国朱子学而设定的日本朱子学，从而使朱子学的以天下、人伦为关键的"广大精详"的思想局限于只是为了

① 大桥讷庵《辟邪小言》，思诚塾，安政四年（1857）版，第 1～3 页。

"中国人"的学问；或许我们也会站在现代人的视角来重新挖掘它的时代价值与创新意义。但是不管如何，朱子学实质上超越了"国家"的藩篱，成为具有普遍意义的东亚的学问。我认为，这不仅是朱子学的具有终极意义的历史定位，同时也是朱子学作为"方法"的最大价值之所在。

藤原惺窝对朱熹"四书学"的阐发

——以《大学要略》为例

张品端（武夷学院）

在日本德川初期，儒学只有少数特权家族像清原氏才能公开讲论，而且只有这些家族才特准出版儒学典籍。他们把儒家典籍加上日式读法的标点，并依据汉唐古注为准则加以注释。但是，藤原惺窝（1561～1619）却遵循朱熹当年反对汉唐注释的学风，公然根据宋儒新注，替他的友人赤松广通（1562～1600，播磨龙野城主）新出版的"四书""五经"做注释。他说："予自幼无师，独读书。自谓汉唐儒者，不过记诵词章之间，才注释音训，标题事迹耳。决无圣学诚实之见识矣。唐唯有韩子之卓立，然非无失。若无宋儒，岂续圣学之绝绪哉？……故赤松公今新书四书五经之经文，请予欲以宋儒之意加倭训于字傍，以便后学。日本唱宋儒之义者，以此册为原本。"[1] 可以说，惺窝是日本第一个从事朱子学传播的平民儒家学者。他坚持认可朱熹《四书集注》的价值，不是由于它可作为当官的敲门砖（因为日本没有科举取仕制度），而只是把它看作对知识的掌握和成就。在这个意义上，惺窝大力协助出版朱熹注释的"四书"，实具有重大意义。

17世纪日本的学术中心在京都，藤原惺窝的京学为当时日本儒学的主流。他于1599年完成了日本第一部用朱子观点解释的"四书五经"著作，即《四书五经倭训》，开一代朱子学新风。下面仅以惺窝的《大学要略》为例，对其做一介绍。

---

[1] 日本国民精神文化研究所编《惺窝先生集》（卷上），思文阁，1941年，第135页。

一

《大学》是《小戴礼记》之第 42 篇。它与《礼记》中其他篇目表述礼仪制度的文字大不相同，它偏于义理阐发。汉代董仲舒、郑玄等学者都有所觉察，而将《大学》从《礼记》中抽离出来，单独成篇，肇始于程子。朱熹在其《大学章句》开篇就说："程子曰：'大学，孔氏之遗书，而初学入德之门也。'于今可见古人为学次第者，独赖此篇之存，而论、孟次之。学者必由是而学焉，则庶乎其不差矣。"而将《大学》提高到一个史无前例的高度的，则是朱熹。尔后，宋末元明清诸儒都曾对《大学》做过诠释。据《四库全书总目》著录《大学》的专门著述有 60 多种，而最有影响的则是朱熹的《大学章句》、王阳明的《大学古本注》。

藤原惺窝于文禄二年（1593）曾受德川家康之邀请赴江户为其讲授《大学》。元和五年（1619），他又应细川忠利（1568～1641，当时的小仓藩主忠兴的嗣子）、浅野长重（1588～1632，当时的常陆真壁藩主）之邀，讲解《大学》。[①] 这次讲解的内容，后整理成书，为《大学要略》，又名为《逐鹿评》。而书名"逐鹿"之"鹿"字为儒道之喻，"逐鹿"即为追寻儒道之意，取自中国明代学者林兆恩（1517～1596）的《四书标摘正义》卷首《鹿谈》。[②]《大学要略》分上下两卷，上卷主要是对《大学》"三纲领"进行解读，下卷是对《大学》全文的抄解。今天，我们对藤原氏《大学要略》的考察，无论是对了解惺窝的思想，还是对了解朱子学以及《大学》在日本江户初期受容情况，都具有重要的意义。

《大学要略》是惺窝对《大学》全文的解读，是他的晚年之作，很能代表惺窝的思想。惺窝《大学要略》以《大学》古本为基础，又参考了朱熹的《大学章句》、王阳明的《大学古本注》和林兆恩的《大学正义纂》，表现了惺窝学风的折中性。关于"大学"，惺窝的解释是："大学之道，'大'字，'人己合一'和'内外合一'之义也。何谓'人

---

① 日本国民精神文化研究所编《藤原惺窝集》（卷上），思文阁，1941 年，第 11 页。
② 太田青丘《藤原惺窝》，弘文馆，1985 年，第 110 页。

己合一'？'明明德、亲民'，则人与己无差别矣。何谓'内外合一'？'明明德、亲民'，外也；'至于至善'，内也。故人与己无内外也。'大'字义可知。'学'之字，非只学问之事。"①在这里，惺窝将"大学"二字拆开，分别做了解释。他强调"大"为"人与己""内与外"的合二为一；强调"学"不应该只限于"学问之事"（书本上的知识）。朱熹对"大学"仅做了一句注解，即"大学者，大人之学也"②。应该说，惺窝对《大学》的这一诠释，是对朱熹《大学章句》解释的进一步阐发。按照惺窝之意，学问之道，并不仅仅在于书本，而且还在于社会。

二

《大学》以"明明德、亲民、止于至善"之三纲领和"格物、致知、正心、诚意、修身、齐家、治国、平天下"之八条目，系统地阐述了儒家"内圣外王"的政治思想和伦理哲学。

对于"明明德"，惺窝说："在'明明德'者，'明德'乃君臣、父子、夫妇、长幼、朋友之五伦之五典也。上之云'明'字，有明发教导之心。固有不从五典者，有刑于兵。对小事用刑，对大事用兵也。"③"'明德'者人伦之事也。人伦不正，则有何所用？故明人伦之道重要也。"④依惺窝之意，"明德"即人伦，"明"即明发教导之心，"明明德"也就是通过明发教导的办法，引天下之人遵从人伦之道。而对于不遵从者，则小事用刑，大事用兵，使人伦得以实现。这在某种意义上说，惺窝的人伦之道具有一种外在的道德规范。

朱熹则认为："明，明之也。明德者，人之所得乎天，而虚灵不昧，以具众理而应万事者。但为气禀所拘，人欲所蔽，则有时而昏；然其本体之明，则有未尝息者。故学者当因其所发而遂明之，以复其

---

① 《藤原惺窝集》（卷上），第 385 页。
② 朱熹《四书集注》，岳麓书院，1995 年，第 5 页。
③ 《藤原惺窝集》（卷上），第 379 页。
④ 同上书，第 385 页。

初也。"① 也就是说，"明德"是一种来自于天的内在的德，是空虚灵妙没有任何杂质的，并且包含了万事万物之理，因而可以应对世间万事。这种具有形而上的"理"，与人与生俱来的"德性"同样存在于人的内心。但是由于人的私欲，而使"德性"被蒙蔽，"明德"不能呈现，因此人要发挥"本来之性"而"明"之，使其恢复到最初的状态。可见，朱熹所强调的是通过人的内在的自发性和主动性以恢复最初之澄明。

日本学者金谷治在《藤原惺窝的儒学思想》一文中指出：惺窝认为"明明德"是使人们对外表现出具体的实践伦理的形式，而朱熹所谓的"明明德"是一种人们为自己而发挥自身内在德行的努力。这是二者不同的方面。而就"明明德"从天道人欲角度来思考，惺窝则是对朱熹"明明德"思想的阐发。惺窝说："何谓明德？从天而分来成我心，明而无丝毫邪念之心，成天道之物谓之明德。由天所生，明研于明德谓之圣人。又人所相伴所生之物谓之人欲。欲心之深，迷于所见所闻，此人欲若盛，则明德就衰，形为人，心为鸟兽同一也。明德如镜中所明之影，人欲若镜中之云。倘若日日夜夜不拂拭此明德之镜，则人欲之尘积，失本心也。明德与人欲乃劲敌也，一方不充分，则必负对方矣。"② 惺窝和朱熹都是将天道、天命视为"明德"存在的前提条件和内在依据。也就是说，"明德"是天道和天命存在和发展的必然之理。人伴随着天所生，所衍生出来的是人欲，人欲太盛，则明德就衰，故而要克制人欲，甚至是去除人欲，以成就明德之大业。

对于"明明德"之后的"亲民"，二程在《大学定本》中将"亲民"作"新民"，朱熹非常赞同二程之说。他说："亲，当作新。……新者，革其旧之谓也。言既自明其明德，又当推以及人，使之亦有以去其旧染之污也。"③ 惺窝则结合"明明德"作解，认为"明明德"乃是"教"，"亲民"乃是"养"，皆属人伦之内。他说："在亲民者，正人

---

① 朱熹《四书集注》，第 5 页。
②《藤原惺窝集》(卷下)，第 399～400 页。
③ 朱熹《四书集注》，第 5 页。

伦而上下相亲和睦也。故《孟子》曰：'人伦明于上，小民亲于下。'云'亲'字有亲爱养育之心。即养之意也。右教与养之二者，治人治己之第一义也。'亲'字并不必亲近之亲。……然《孟子》亲民之字，有使民'亲'之意，即人伦之内一事而与'明德'同意。私按，云'明德'者有教之意，'亲民'者可为养民之意。故可云'亲爱养'矣。后生罪我知，宜在此矣。"①

　　惺窝在上文中，以"亲民"为善民之意，但同时亦认为朱熹"新民"之解并不与"亲民"之意相悖。这点可从《惺窝问答》（卷第三十二）中，惺窝与林罗山师徒二人之间的对话便可看出。林罗山"问：王阳明《大学》从古本作'亲民'，以'仁'解'明德'，以天地万物为一体解'亲民'。先生曰：'新之'之中乃有'亲之'之意而存焉。'新民'毕竟非'亲民'而何。然则作'新民'恁地好。惺窝批曰：'亲民'之中亦有'新民'之意"②。可见，惺窝是极为赞同朱熹"新民"之说的，并认为"亲"中有"新"，"新"中有"亲"，二者是相通的，相互包容的。从国家治理的角度出发，惺窝对"亲民"的解释更具有现实意义。

　　"止于至善"是《大学》之道的根本诉求和终极关怀。朱熹说："止者，必至于是而不迁之意。至善，则事理当然之极也。言明明德、新民，皆当止于至善之地而不迁。盖必其有以尽夫天理之极，而无一毫人欲之私也。"③藤原惺窝亦认为："至善，极处也。至，指我心之极处也。止于我心之极处之至善而不移，《大学》之人无内外之差别而粲然也。"④"至善，阴阳未分之前，始、中、终，贯通一个善也。浑然在中，粹然至善者也。《系词》'继之者善'、《中庸》'不明乎善'，又《孟子》'可欲之谓善'，此皆至善之善者也。"⑤这就是说，善是人

①《藤原惺窝集》（卷上），第385页。
②《藤原惺窝集》（卷下），第392页。
③ 朱熹《四书集注》，第5页。
④《藤原惺窝集》（卷上），第385页。
⑤ 同上书，第386页。

乃至宇宙自始至终贯穿其中的一种实存，止于至善是使其处于心之极处而不使其变迁更易，至善为极处，从阴阳未分以前贯通始、中、终的一个善。这就意味着，人之心性的最好状态是止于至善。对于这"一个善"，惺窝解释说："明德，亲民之根源之所出之理，云'至善'也。'至善'者，不可有其他至善，故云至善。不积工夫，则虽书尽说尽，不能心意满足。'止'者，不移也。云不移者，仅书尽，说尽，不可用言语尽。若无我心之落处，则不可澄。只知其名言者，不可云'知'。"①从这段文字提供的信息可知，惺窝认为"明德""亲民"皆是自"至善"这一个"理"而出，"止于至善"就是于"我心之落处"而不迁移。从上述解释中，可以看到朱熹的"止于至善"思想对惺窝的影响。

关于"至善"与"明明德""亲民"的关系，惺窝认为，至善为体，明德与亲民为用。因止于至善中有自然化育之功，故能自然明明德，而明明德始于亲民。他说："明德、亲民、至善，此三者中，应当从何入为工夫，我儒学为全体大用之学，有至善之体，则必有明德亲民之用也。其止于至善，自然有化育之功，故明明德也。"②这里需要注意的是，"亲民"与"明明德"二者之间不存在先后次第问题。实际上，"亲民"的同时，便是"明德"得以推行的过程。

三

关于"八条目"，惺窝认为，格物为诚意、正心、修身、齐家、治国、平天下之本。③因为，格物后自然知止，此中没有毫发之隔。④同理，知至即止于至善，自然意诚；意诚即一念发动处皆真实无妄，则心正；心正即复其本心，自然修身；修身即使自身行为合于人伦，自然家齐；

① 《藤原惺窝集》(卷上)，第 380 页。
② 同上书，第 386 页。
③ 同上书，第 392 页。
④ 同上书，第 390 页。

家齐使家和睦，合于人伦，自然举国上下都合于人伦之道，即国治。①
这也就是说，格物与知至、意诚等六者之间亦是没有丝毫间隔，是同
时进行的。

　　诚意，乃《大学》修身之第一义。朱熹说："诚其意者，自修之首
也。""诚者，真实无妄之谓，天理之本然也。诚之者，未能真实无妄，
而欲其真实无妄之谓，人事之当然也。"②而惺窝对"诚"的解释，则
是沿着朱熹之义讲。他说："诚，有真实无妄之注。仅真实二字，则何
事亦有人之无伪之诚之心得，故添无妄二字。无妄，我心清明，则善
恶邪正镜中见，心诚明也。《中庸》之'自诚而明，自明而诚'，有圣
贤之差别，可合考。"③对于"正心"，朱子认为："心者，身之所主也。"
且引程子之言说："程子曰：'身有'，之身当着心。"④而惺窝则说："正，
即无邪。心，心之本体复于本心。正心二字，《大学》和《孟子》，依
各人之说，有同异也。"⑤又说："云'勿正心'和云'此在正其心'，语
虽表里，然心同也。在正其心，学者不入学之时也；勿正心，学者入
学以后，成我心之用处也。然云'勿正心'和云'此在正其心'，毕竟
同也。譬如孟子云'求放心'，……求放心，学者入学时之事也。心放，
学者之用处也，故圣贤之心能常放，而暂不成物也。此云放心，凡人
若放，则失去本心也。故学者先求放心，后至放心之境地也。故云修
身先在正其心也。"⑥可见，惺窝对"心"以及"正心"的看法，更倾
向于陆王心学对"心"所具有的知性功能和形而上超越性的阐发。就
诚意和正心来说，惺窝认为，诚意为正心之本。这与言格物为诚意之
本不同。前者是从体用的角度来说的，后者是从方法论的角度来说的。

　　《大学》将"修身"视为"本"，格物、致知、诚意和正心的目的
都是修身，只有完成了修身，才能实现齐家治国平天下。朱熹在注释

①《藤原惺窝集》(卷上)，第388页。
② 朱熹《四书集注》，第11页。
③《藤原惺窝集》(卷上)，第389页。
④ 朱熹《四书集注》，第13页。
⑤《藤原惺窝集》(卷上)，第388页。
⑥《藤原惺窝集》(卷下)，第401页。

《大学》"自天子以至于庶人,一是皆以修身为本"时,将"一是"诠释为"一切"。惺窝仿之,亦说:"上从天子下至庶人,一切大学之道,以修身为本。此为先也。"①但惺窝对"修身"的"修"字单独又做出了解释。他说:"修,正人伦而修其身。"②按惺窝之言,"修"有"正人伦"和"修其身"两方面之义。两者的先后关系是,"正人伦"在先,"修其身"在后,前者是后者实现的前提。应该说,这是惺窝对朱熹"修身"思想进一步的阐发。

　　还值得一提的是,惺窝对《大学》中"人之其所亲爱而辟焉,之其所畏敬而辟焉,之其所哀矜而辟焉,之其所敖惰而辟焉。故好而知其恶,恶而知其美者,天下鲜矣"③做了新解。他说:"人,众人也。辟,云偏,偏于之事也。圣贤,亲爱、贱恶、畏敬、哀矜、敖惰,不偏与此五者也。而凡人,为亲爱、贱恶、畏敬、哀矜、敖惰之五者所引而偏,好而不知其恶,恶而不知其好。此前章之有所之字,当着眼于'之辟'之字,由亲爱所引,云心也。四者,圣贤之所知也。敖惰,云圣贤有所敖而不审也。此云不知敖惰,故有不审也。……亲爱,偏人情之事也。而一偏于亲爱,则生乱也,狎,则身不修,无产者侍恩傲荡而失法,家不齐之可知也。贱恶,偏人情之事也。一偏于贱恶,则生忿怒而不修也。无产者,有忿疾,则失欢而怨也。心狠暴戾不受训,必家不齐。畏敬,一偏于事长,则足恭也。事父母,不柔声以谏,然身不修也。身不修,家之齐可知也。哀矜,偏人情之事也。慈幼以言,此坠于一偏而生姑息也。姑息生,则励之不也,故修身不能也。"④这也就是说,亲爱、贱恶、畏敬、哀矜、敖惰这五者皆属于"人情"的范畴。而对于"修身"来说,若偏执于任何一端,都会迷乱身心。

　　惺窝还把"修身"的主体分为圣贤和凡人。圣贤之人,察己知人,审时度势,不偏于亲爱、贱恶、畏敬、哀矜、敖惰之五者任何一端。

①《藤原惺窝集》(卷上),第391页。
②同上书,第388页。
③朱熹《四书集注》,第13页。
④《藤原惺窝集》(卷下),第402~404页。

而凡人由于"好而不知其恶，恶而不知其好"故受亲爱、贱恶、畏敬、哀矜、敖惰五者之所激，容易偏于一端而行事。在五者之中，亲爱是根本，贱恶、畏敬、哀矜、敖惰四者皆来源于亲爱。惺窝认为，亲爱也就是好恶。偏于亲爱，则生乱；偏于贱恶，则生忿怒；偏于事长，则足恭；偏于慈幼，则姑息生。① 这些内容都属于人情的范畴，而"非从天降也，非从地出也，人情而已"②。所以，修身之道，也即是依人情而合于礼。这正如朱熹所说："礼以恭敬辞逊为本，而有节文度数之详，可以固人肌肤之会，筋骸之束。故学者之中，所以能卓然自立，而不为事物所摇夺者，必于此而得之。"③ 礼以其外在的规度，调节和限制人感官情欲和言行之间的内在张力。当对其的践履和克制成了一种自觉的习惯行为时，即可"从心所欲，不逾矩"④，达到修身的要求。

应该说，藤原惺窝对"修身"的论述，基本上是依朱熹的思路进行拓展的。但从"人情"的角度来把握"修身"，这是他的新见。惺窝的"人情"论，后经伊藤仁斋、荻生徂徕的不断发展，奠定了日本江户时期"人情"论的人学理论基础。

关于"齐家"，《大学》指出："所谓治国者必先齐其家者，其家不可教而能教人者，无之。故君子不出家而成教于国：孝者，所以事君也；弟者，所以事长也；慈者，所以使众也。"⑤ 对此，朱熹诠释说："身修，则家可教矣。孝、弟、慈，所以修养而教于家者也。然而国之所以事君、事长，使众之道不外乎此，此所以家齐于上而教成于下也。"⑥ 藤原惺窝对"齐家"的理解依朱熹之说，亦认为："其身正，则不令而行，家之不出，其人伦之教之国而不兴也。孝、弟、慈，修身齐家之教也。事君事长使众之道，不外于此也。"⑦ 但惺窝比朱熹更看

①《藤原惺窝集》(卷下)，第 401～402 页。
②《礼记·问表》。
③ 朱熹《四书集注》，第 105 页。
④《论语·为改》。
⑤ 朱熹《四书集注》，第 14 页。
⑥ 同上书，第 15 页。
⑦《藤原惺窝集》(卷下)，第 404 页。

重"齐家",他认为《大学》之道,"齐家"是根本。所以,惺窝在解释《大学》中"自天子以至于庶人,一是皆以修身为本。其本乱而末治者否矣。其所厚者薄,而其所薄者厚,未之有也"时,说:"其根本乱,则无所云修末之事也。其可厚,若薄其家,则自其家之末处薄而不可厚也。大学之道,以齐家为本。其为先,是为本经业。"① "齐其家,家中人伦齐而和,则国比治也。"② 惺窝对《大学》"齐家"的阐发,有其独到之处。

藤原惺窝对"治国、平天下"的诠释,基本上按照《大学》的原意来论述。但是,惺窝在《大学要略》的结尾部分对朱熹《大学章句》中的"右传之十章,释治国平天下"一句做了抄解。他说:"人伦天下明,先始于其国矣。"③ 他认为,治国的起点在于齐家,齐家的起点在于修身,所以身正则不令而行,即人伦之教化自然行于下。④ 可是,仅靠修身,待令自行于下还不够。掌握一国治乱兴亡的君主,还需要具备良好的品行和能力。惺窝说:"主人一人有仁心,一国有仁而复及天下,同让也。又主人一人贪心,则一国乱也。乱,不惟兵乱,亦谓人伦次第破坏而人有恶心也。故孟子主梁惠王之说,以利为本,可知也。治乱兴亡,主君一人也。故一人愤事一人定国也。"⑤ 又说:"此'平天下'之章,主人能识人,举用其善人为第一也。其次善用天下之物产,使民无饥寒,养育之者也。天下主人之用,使万民不肌不寒,教人伦,以善人治也。此外无他也。……不知生财之理,则或乱费之而国用贫弱。或乱生财之理,则风俗贫逆而上下溺利,五伦悖乱,而天疑如近世之天下。"⑥ 这也就是说,人主要爱民,以民之心为己心,其间无一毫私意;要以德为本,以财为末;要知人与知生财之理,为平天下之要。可见,惺窝希望人主以身作则,以人伦之道治国,并懂得用人、生财

①《藤原惺窝集》(卷上),第391页。
② 同上书,第388页。
③《藤原惺窝集》(卷下),第416页。
④ 同上书,第404页。
⑤ 同上书,第405页。
⑥ 同上。

的治国之道。他认为只有这样，国家才能有序、富强，民才能有所依、有所养，从而带来祥和、有序的盛世。

从上述可见，藤原惺窝对《大学》的重新诠释是他政治理念的表达，表现的是他经世、救世的想法。所以，惺窝把各地藩主作为他首先要教化的对象，要他们在心上下功夫，注重"心体"的修养，恢复内在完美的德性，仁人爱民，不以利为利。而对君主来说，还要能识贤任能，懂得治国之道。实际上，惺窝是站在修己治人的立场上，来诠释《大学》的。这与朱熹注重以内圣开出外王的思想是一致的。可以说，他的《大学要略》是与当时日本江户时代互动关系的产物，体现的是儒者惺窝的强烈政治关怀与忧患意识。

近代日本对朱子学的受容与超越 [①]

——以《白鹿洞书院揭示》和《教育敕语》为中心

朱人求（厦门大学）

一　江户时期的教育方针《白鹿洞书院揭示》

朱子的《白鹿洞书院揭示》对江户时期日本的影响深远。在江户时期的日本，朱子学上升为国家最高意识形态，朱子著述也深受世人的喜爱。《朱子语录》《四书章句集注》《朱子文集》等众多的朱子著作，都拥有众多的读者，其中区区 260 字（正文仅 177 字）、文约义丰、最能体现儒家精神的《白鹿洞书院揭示》（《朱子文集》卷七十四），更是家喻户晓，广为传诵。

《白鹿洞书院揭示》，又名《白鹿洞书院学规》《白鹿洞书院教条》《朱子教条》，由朱子制定。淳熙七年（1180），白鹿洞书院重建落成，身为南康军长官，朱子高兴地率领同僚和书院师生举行开学典礼，升堂讲说《中庸》首章，并取圣贤教人为学之大端，作为书院师生共同遵守的学规，这就是著名的《白鹿洞书院揭示》。朱子强调："父子有亲，君臣有义，夫妇有别，长幼有序，朋友有信。右五教之目。尧舜使契为司徒，敬敷五教，即此是也。学者学此而已。"（《朱文公文集》卷七四）《揭示》首先以儒家的"五伦"立为"五教之目"，将传统的伦理纲常作为为学的目标，并强调"学者学此而已"。它有力地证明了这种道德教化精神正是传统书院的首要精神。朱熹指出，尧舜时代之"敬敷五教"，也就是实施道德教化，即用《尚书》标举的人伦教化

---

① 本文为国家社科基金项目"理学话语研究"（12BZX039）、国家重大招标项目"东亚朱子学的承传与创新研究"（13&ZD062）的阶段性成果。

于民众。它表明，书院的教育目标不仅仅在士人个人的道德修养，还有传道济民的更高要求，它是一个由道德、伦理、济世三者组成的共同体，相对于科举学校之学来说，体现出一种很特殊的浸透了道学教育理念的书院精神。《白鹿洞书院揭示》既是书院精神的象征，也是儒家文化精神的高度凝聚，影响久远。绍熙五年（1194），朱子任潭州知州重建岳麓书院，将《揭示》移录其中，史称《朱子教条》，传于湖湘。《揭示》最终超越了个体书院的精神生长，成为天下书院共同遵守的准则，成为"历史上教育之金规玉律"①。淳祐元年（1241），宋理宗皇帝视察太学，手书《白鹿洞书院学规》赐示诸生。其后，或摹写，或刻石，或模仿，遍及全国书院及地方官学。于是，一院之"揭示"，遂成天下共遵之学规。而随着中国书院制度之推广，它又东传朝鲜、日本，也是规范朝鲜时代各地书院和日本江户时期藩校教育的指南。由此可知，《揭示》对于近代东亚的教育是有很大影响的。日本有很多注释《揭示》的书在市面流传，这说明《揭示》在江户儒学史上占有很重要的地位。

中江藤树（1608～1648）和林罗山（1583～1657）为近世日本儒学之奠基者。藤树被尊为"近江圣人"，其人格与德行，不仅被称颂于乡党，而且载入了近代日本的修身教科书。中江藤树又似于中国哲学中的二程兄弟，不仅奠定了日本近世儒学之基础，还开启了以山崎暗斋为开山的日本朱子学和以伊藤仁斋为肇始的日本阳明学。藤树早年信奉朱子学，宽永十六年（1639），立下著名的书院学规《藤树规》（《藤树先生全集》卷三）。他指出："原窃惟，今之人为学者，惟记诵词章而已。是以吾道之所寄，不越乎言语文字之间，愚尝忧之也深。故推本圣人立教之宗旨，而参以白鹿洞规，条列如右，而揭之楣间，庶几与一二同志固守力行之也。"该学规以朱子《白鹿洞书院揭示》为模本，以《大学》的三纲领作为"圣人立教之宗旨"，并附上自己的按语："朱子曰：'尧舜使契为司徒敬敷五教。五教者，父子有亲，君臣

①〔美〕陈荣捷《朱子之创新》，《新儒学论集》，"中央研究院"文哲所，1995年，第148页。

有义，夫妇有别，长幼有序，朋友有信，是也。学者学此而已。'愚按：三纲之宗旨，皆以五教为定本，而其所以学之术，存养以持敬为主，进修以致知力行而日新。其别如左。"藤树把《大学》的"三纲领"与《朱子教条》所推崇的"五教"紧密相连，并指出，"五教"为三纲领之本，凸显出了"五教"的主宰性地位，这是藤树独创性的诠释。接下来《藤树规》对《揭示》自"博学之"之后照搬，只是把朱子的"右为学之序。学、问、思、辨四者，所以穷理也"改成了"右为进修之序。学、问、思、辨四者，所以致知也"。由此可见，藤树学规大部分承袭了《朱子教条》，但又提出"存养、持敬"，强调以此为"致知力行之根本"，融进了自己的理解与实践。

藤树之后，最重视《揭示》的人当属山崎暗斋（1618～1682）。暗斋曾出家为僧，25 岁回归儒学，其学以朱子学为宗。庆安三年（1650），深受李退溪《自省录》的启发，他编纂发行了《白鹿洞学规集注》。在序文中，暗斋指出，《揭示》与《小学》《大学》之教"皆所以明人伦也"，"此规五伦为教，而学之之序实与《大学》相法，其学、问、思、辨四者，格物致知之事也。笃行之事，先列修身，则其所谓自天子以至于庶人一是，皆以修身为本者，诚意正心在其中。处世接物之要，齐家治国平天下之事也"。暗斋甚至认为，《大学》的学问修养之法以最为凝练的形式包含于《揭示》之中，"（此规）宜与《小学》《大学》之书并行"。暗斋高度评价了《揭示》的价值，在他的《近思录序》（《垂加草》卷十）中也高度赞扬"《白鹿洞揭示》乃教学之法，《大学》以来之规"。可以说，暗斋开启了对《白鹿洞书院揭示》的学术研究。暗斋之后，其学派皆承袭师说，推崇《揭示》，留下了众多的注释文本。其中最具代表性的就是其高徒浅见絅斋（1652～1711）。絅斋（名安正）著有《白鹿洞书院揭示集注讲义》（改订自原《白鹿洞揭示师说》），对暗斋的《白鹿洞学规集注》做了详细说明，极大地推动了《白鹿洞学规集注》的广泛传播。

在江户时期，朱子学成为日本最高意识形态，《白鹿洞书院揭示》

也成为日本伦理道德的最高指标。中村惕斋（名之钦，字敬甫），是与伊藤仁斋同时期活跃于京都的朱子学者，他的《学规假名直解》是本混有假名的解说书。该书的"总论"称《揭示》为"天下万世之通法"："此学规乃学之法式也。宋世晦庵先生朱文公，时任江东南康军守护，于庐山之麓，再兴白鹿洞书院，集徒施教。所以作此规，揭之讲堂，为诸生立示学所法式。其文皆出经典，乃古圣贤之教法也。纲要具备，条理显然，言语简约，道理详尽。真乃天下万世之通法也。"他认为朱子跋文中自称"不施于此堂"的《揭示》归根结底是"近世新学规"，是一个固定化的完美教法。他还将朱子学规定位为"天下万世之通法"，即普遍性道德准则。事实证明，在这个时期《揭示》备受关注，各家各派的学者都有讲释。1675 年，贝原益轩（1630～1714）应酒井河内守忠明的邀请讲授《揭示》，为后世留下了著名的《白鹿洞学规讲义》。益轩还在《家训》中强调指出："学问之大纲，乃以《大学》经文、《朱子学规》为法则也。"至此，《白鹿洞书院揭示》的经典地位正式确立，被作为江户时期最能概括儒教伦理的教科书。幕府末期，佐藤一斋（1772～1859）也积极推行朱子的《白鹿洞书院揭示》，著有《白鹿洞书院揭示问》（中文本）和《白鹿洞书院揭示译》（日文本）。概而言之，《白鹿洞书院揭示》在江户时期影响深远，成为江户文化教育的最高规范。

江户时期，日本社会长期安定，经济发展迅猛。随着朱子《揭示》的广泛传播，白鹿洞书院也成为江户时代日本儒者心中的圣殿，他们视白鹿洞书院为"天下第一学校"。纷纷仿效白鹿洞书院在各地创建书院，因此，江户时期日本书院的发展呈现出前所未有的繁荣景象。据日本文部省编《日本教育史资料》（第八、九册）记载，江户时期日本建立有名的书院有：滋县藤树书院（始建于宽永九年，1634）、长崎县钱溪书院（又名立山书院，原为向井元升创建之圣堂）、佐贺县鹤山书院（始创于元禄十二年，1699）、大阪怀德书院（建于享保九年，1724）等 35 所。朱子学者三宅石庵（1665～1730），在大阪三星屋等五大船场富商的支持下，于享保九年（1724）创立怀德堂，后称怀德书院。怀德堂的学问以朱子学为基础，但并不拘泥于朱子学，它积极吸取陆王心学和西学的营养，早期创立者朱子学者三宅石庵（1665～1730）具有折中朱子学与陆王心学的倾向。之后，在五井持轩之子五井兰洲（1697～1762）以朱学风格的带领下，怀德堂逐渐以朱子学的"学问所"而闻名日本。

江户幕府第五代将军纲吉创建的昌平阪学问所，曾开设"御座敷讲释"，由大学头和儒官讲释。学问所规则中有如下一条："正月十五日，自九时半起，于稽古所开讲。《白鹿洞书院揭示》讲释有之。但所持无《白鹿洞揭示》众人，各一部，与之。需着斜纹礼服。"由此可知，江户最高学府里为期一年的讲学始于《白鹿洞书院揭示》讲释。朱子学被定为日本国学之后，德川幕府将军家纲为扩大林罗山的弘文馆规模，于三禄三年（1690）将江户忍冈的弘文馆迁至汤岛，改称为昌平黉学问所（幕府直接经办的教育机构，即国学），这里也成为朱子学的殿堂。其他各藩也相继效法，设置藩校，让藩士子弟学习朱子学。与此同时，日本各地乡学亦奉朱子《揭示》为圭臬。如天皇明历三年（1657），福岛县会津藩校日新馆落成，明确昭示系"仿朱子白鹿洞书院所建"。另外，作为江户时期建造的具有代表性的平民学校，冈山藩主池田光政于宽文六年（1670）创设的闲谷学校（冈山县备前市），其诸规则中有这样一条："每月朔旦，于习艺斋讲释《白鹿洞揭示》。读书师乃大生等，轮流而讲。"闲谷讲堂落成之时就将《揭示》以"朱文公学规"为题悬挂于讲堂，至今已成为国宝。备中江原的后月郡寺户村一桥家的乡学兴让馆（前身为教谕所，于1853年10月创办）不仅悬挂《揭示》，而且每天早晨上课前全体师生齐诵朱子《揭示》。由此可见《揭示》在日本藩校和乡学影响之一斑。

二　明治时期政教合一的《教育敕语》

日本近代教育制度肇始于明治维新，1890年，明治天皇颁布《教育

敕语》，开启了日本近代教育的先河，影响了几代日本人。《教育敕语》
在日本的地位不亚于宪法本身，被视为日本的"不磨之宪法"或"第二
宪法"。如果说，在明治初期，朱子《揭示》仍发挥着它的教育教化功
能，那么，《教育敕语》的颁布则宣告了《揭示》正式退出历史舞台。

　　《教育敕语》的颁布也是多种思潮多种势力博弈的结果。1868 年，
明治天皇颁布《五条誓文》，明治维新开始。《五条誓文》中第五项宣
称："求世界之智识，大振皇基。"① 自此，教育构成了近代日本立国之
基础。然而，日本社会究竟需要何种教育，当时存在着两种完全不同
的教育观。第一种是正统教育观，它来自官方教育阵营，认为教育的
目的不外乎培养"忠君爱国"的臣民。第二种是自由教育观，它来自
民间，主张向欧美学习，通过教育培养人民的自由精神与独立精神。
1879 年，新《教育令》颁行，日本的近代学校体制和重教国策正式确
立。1880 年，天皇侍讲元田永孚根据天皇巡视中了解的教育情况，以
天皇名义颁布了一个《教学圣旨》，其内容强调三个方面：首先，加强
在小学生中进行传统的"德育"训练；其次，批评"高尚的空谈"，反
对在课堂上高谈自由、民主、宪政；第三，倡导经世致用之学。② 欧美
自由主义教育观受到了严厉的批判。

　　1889 年 2 月 11 日，《大日本帝国宪法》正式公布，森有礼③ 遇刺
身亡，标志着教育思想的关键转折。宪法第 1 条规定"大日本帝国由
万世一系的天皇统治之"，第 3 条规定"天皇神圣不可侵犯"。这被称
作是日本的"国体明示"，它要求教育体制必须符合树立天皇绝对权
威、绝对尊崇的要求。④1890 年 2 月，在内务大臣山县有朋的支持下，

① 〔日〕片山清一编《资料·教育敕语》，高陵社书店，1974 年，第 15 页。
② 参见〔日〕山住正己《日本教育小史》，岩波书店，1987 年，第 34 ～ 35 页。
③ 1885 年日本实行内阁制政体后，出现了一段著名的"森有礼文政"（或称"森文
　政"），即指森有礼担任第一任文部省大臣时在文化教育事业上的建树。森有礼是
　留英学生，其制度贡献主要是完成了《学制令》未完成的国民教育制度的建立，
　自此以后，日本的教育便走上了正常的制度化发展道路。
④ 日本明治宪法下的"国体"用于三种含义：第一，以天皇主权为根本原则的国家
　体制；第二，天皇总揽统治权的国家体制；第三，天皇作为国民崇拜中心的国家体
　制。参见〔日〕芦部信喜《宪法》，高桥和之补订，岩波书店，2002 年，第 23 页。

日本各县的知事召开了一次地方长官会议，会上主要讨论了教育问题。会议认为，当前日本教育存在两大问题：一是现在的教育只重视传授"知识技术"，忽视学生的"德性涵养"；二是把欧美作为理想形态，用以衡量日本的历史、文化，产生了轻视本国传统的心理，有人甚至以做日本人为耻。① 因而，知事们痛感德育式微，遂发起了一场"德育运动"，要求强化传统道德教育，希望天皇出面矫枉。这场运动得到了新任首相山县有朋和新任文相芳川显正的支持。同年5月山县主持了有关教育问题的一次内阁会议，明治天皇出席并指令文部卿编写教育箴言。1890年5月末6月初，芳川让朱子学者中村正直起草了一个儒学色彩非常浓的草稿，芳川感到不满意，交给法制局局长井上毅，后者也认为不妥，自己起草了草稿，交给以主张"儒学为体、西学为用"闻名的朱子学者天皇侍讲元田永孚修改、润色。经过多次讨论、修订，10月24日，《教育敕语》的最终成文。10月29日，山县和芳川进谒感冒卧床的天皇，10月30日，正式"下颁"全国小学校。《教育敕语》内容如下：

> 朕惟我皇祖皇宗，肇国宏远，树德深厚，我臣民克忠克孝，亿兆一心，世济厥美。此我国体之精华，而教育之渊源，亦实存乎此矣。尔臣民，孝于父母，友于兄弟，夫妇相和，朋友相信，恭俭持己，博爱及众，修学习业，以启发智能，成就德器，进广公益开世务，常重国宪，遵国法，一旦缓急，则义勇奉公，以扶翼天壤无穷之皇运。如是，不独为朕之忠良臣民，亦足以显彰尔祖先之遗风矣。

> 斯道也，实我皇祖皇宗之遗训，而子孙臣民所宜俱遵守，通之古今不谬，施之中外不悖。朕与尔臣民俱拳拳服膺，庶几咸一其德。

《教育敕语》言简意赅，共有四句，197字，可以分成四个部分来

---

① 〔日〕外山正一《德义论に关する意见》，〔日〕片山清一编《资料·教育敕语》，第96～98页。

理解。

第一部分对应《大日本帝国宪法》简明扼要地阐明了日本"国体"思想，在教育体制上树立了对天皇绝对权威、绝对尊崇之观念，认为，"国体之精华"乃忠孝二字，国家道德之本就是教育之本，也即教育以培养忠臣孝子为出发点，教育的渊源来自于万世一系的天皇教化。

第二部分阐述了道德教育的基本内涵为十二大德行，即孝、友、和、信、恭俭、博爱、学习、启智、成德、公益、世务、重宪遵法，它们既包含《白鹿洞书院揭示》所极力推崇的儒家"五教"之德，又容纳了近世社会新民所必备的社会公德，可谓中西合璧。

第三部分叙述了德育教育的结果仍归于造就"义勇奉公"的"忠良臣民"，以扶翼天皇，彰显祖先之遗风流韵，其实暗含着做天皇的顺民，成为天皇的一个盲目听从的工具。

第四部分就是第二段，说明上自最高天皇、下至黎民百姓，均要一体遵守。天皇遵守意味着政府不改变教育宗旨，百姓遵守是要奉行。不过，天皇与臣民"俱拳拳服膺"，表明这份文件具有教育约法的性质，具有近代民主、平等之精神。

应当指出，《教育敕语》成为"不磨之宪法"，并不仅仅是指国民教育精神层面上的永恒性，还有形式上的或技术上的特色——关键在于"敕语"二字。《教育敕语》却只由天皇签署、以天皇的名义颁布。这表明天皇不是以统治者的身份，而是以主权者的身份，代表全体日本臣民发布《教育敕语》的，从而使它具有了超越其他敕令或法令的地位，在教育问题上既具有最高权威性，又具有不可修改性。除了天皇本人的意志，任何其他国家机关或规范性文件都不能违反、质疑、修改或废除这份文件。虽然在教育问题上，《教育敕语》处于几乎与宪法同等，甚至高于宪法的地位上，但其效力仍要靠宪法维持。就在它颁布的两个月后，1891 年 1 月 9 日，东京第一高等中学发生了"内村鉴三不敬事件"。该校老师内村信奉基督，在学校的"教育敕语奉读仪式"上，他对天皇签名的《教育敕语》没有鞠躬礼拜，只是点了三下头，当校长提醒他这是不敬时，他还声称"小生自有小生的立场，何为辞仪"，于是学校以"不敬""无礼汉"的罪名将之解聘，理由是在大日本帝国宪法下，拒绝拜礼等同于否定国体，最为大逆不道。

作为"不磨之宪法"，《教育敕语》颁行后，东京帝国大学哲学家井上哲次郎教授撰写了芳川显正作序的《敕语衍义》，逐句对敕语含义进行了诠释，后成为官方认可的标准解释。此外，各种解释、文章、教科书、报告等相关的阐释文字铺天盖地，极尽赞颂溢美之词，有人甚至还以敕语内容为准编写了若干幼蒙歌曲。敕语颁布后，日本的教育制度进行了适应国家主义、军国主义需要的改革。敕语发布的同年，文部省公布了《小学校令》，第二年公布了《小学校祝日大祭日仪式规程》。同年还公布了修改的《小学校教则大纲》，此后各种学校教育失去了多样性，全部以培养国家主义和军国主义精神为内容。1895 年公布《高等女学校规程》，以"良妻贤母主义"为女子教育宗旨。1903 年开始实行教科书"国定化"制度，至此，以《教育敕语》为标志的专制"德育"制度建立完成并随着"日俄战争"而逐渐转向全面军国主义教育制度，直至 1945 年。

日本著名历史学家井上清先生对于《教育敕语》的历史局限做过精辟的论述："《教育敕语》不仅作为一切学校教育的基本原则，抑且作为国民精神生活的最高标准，是君主将道德乃至精神生活的原则视为自其祖先以降之传统而予以规定的，用以强制国民服从。……它展示了近代天皇制古代亚细亚专制主义的一个侧面。故而明治维新以后好不容易萌芽的学问、思想和信仰自由，旋即遭到摧残。宗教方面是基督教，学问方面是社会科学、特别是日本的历史学，成了最大的受害者。"[1]在井上清看来，《教育敕语》为害最烈者是对精神自由的抑制，可谓一语中的。自由是社会发展和精神创造的根本动力，是文明进步的不竭源泉。没有自由就没有进步，从日本《教育敕语》兴衰史中，我们充分体认到了这一点。

---

[1]〔日〕井上清《日本の历史》（中），岩波书店，1965 年，第 212～213 页。

然而，尽管《教育敕语》存在历史的局限，但它的广泛实行，有力地促进了日本国民素质的迅速提高，近代日本也借此迅速走向了现代化。我们认为，《教育敕语》是研究日本近代社会文化教育的一个经典文本，至少这样几点值得我们广泛关注：首先，《教育敕语》对教育的高度重视，推行教育立国，对于提高整个日本民族文化素质、普及现代文化知识、提升民族文化水平具有强有力的催化作用；其次，《教育敕语》有力地扭转了发布前日本国内欧化崇拜的误区，通过重振民族传统道德来重建民族文化的信念，极大地鼓舞和提升了日本民族自豪感和自信心；再次，《教育敕语》推崇的"亿兆一心"和"上下一体"，有利于日本民族凝聚力的形成，使得日本在短期内强大了起来；最后，日本战后经济的快速腾飞，与参与建设的人们都是在《教育敕语》主导的教育制度下成长起来的密切相关。全民教育、克忠克孝的精神起到了关键的作用。

三　近代日本对朱子学的受容与超越

虽然《教育敕语》对日本近代教育制度、教育思想的形成有关键影响，但不应忘记，敕语不是飞来之物，它至少是明治初期各种思想相互冲突、接近、调和的综合物，它本身就记录了日本传统道德，也接纳了西方文化的优秀因子。最早对《教育敕语》进行专门研究并勾勒出其形成过程的基本轮廓的，当首推曾任临时帝室编修官的渡边几治郎。他认为《教育敕语》是"明治维新精神"所包含的"复古"和"日新"这两股思潮进退离合的产物。[1] 所谓"复古"，就是对儒学的复古，对朱子学的回归。所谓"日新"，则是对西方近代文化的学习和吸纳。或者说，表面上，日本教育方针从江户时期推崇《白鹿洞书院揭示》到明治时期《教育敕语》的转变，带来了日本教育近代化的变革；实际层面上，《白鹿洞书院揭示》到《教育敕语》，日本教育的成功很

---

[1]〔日〕渡边几治郎《教育敕语之本义与发布之由来》，藤井书店，1940 年，第 1 页。

大程度上是理性地处理了传统与现代、本土文化与外来文化的紧张。

其实，《教育敕语》具有浓郁的儒学色彩。在《教育敕语》颁发之前，天皇侍讲元田永孚起草的《教学大旨》（1879 年）是在教育界最有影响的具有全民性质的重要文献。它指出"教育之要，在于明仁义忠孝"，"徒以洋风是竞，恐将招至不明君臣父子之大义亦不可测"，"是故自今以往，应基于祖宗训典，专一于阐明仁义忠孝，道德之学以孔子为主，使人人崇尚诚实品行"。身为天皇侍讲的元田永孚在 1885 年用汉文给首相伊藤博文写了一封信，即著名的《国教论》，在其中先述佛教与耶稣教作为国教之不可取，继而论述儒教对于维护天皇主权之国体的意义，说礼教纲常乃日本立国之本，政府应"广大〔忠孝〕以坚孔子之道德、以补欧学之格物"①。《教育敕语》制定过程中，朱子学者井上毅、元田永孚、山县有朋发挥了重要的作用，可以说它是三个人思想的集中反映。井上毅、元田永孚都是崎门学派的传人，元田永孚历任明治天皇的侍讲、皇后宫大夫、宫中顾问官和枢密官等职，在教育上强调以儒家道德为本、以知识才能为末的本末分明观，是日本明治时期儒家教育主义的倡导者。《教育敕语》以"忠""孝"和"五教"为核心内容，体现了日本传统的道德要求。这固然体现了东亚国家的重教及重伦理的传统，但它所重的教育实质上就是"皇民教育""神民教育"，不是为了扩张知识和思想自由，相反是要控制人的思想和行为，把人人都变成日本近代化机器上的一个无思无欲的零件。在明治时期，《教育敕语》实际上被视作国家的"第二宪法"而备受重视。它叙述了日本"国体之精华"：包含着"忠孝"的立国之本，描述了天皇的国民道德人格，提出了国民献身国家的说教。《教育敕语》的重要性从其炮制者之间的相互吹捧中可以看得很清楚。文部卿芳川显正在致起草者井上毅的一封信中把《教育敕语》的发布描述为"俄然自天而降，令人无限满足"，因为它给了校长们以"安心立命之地"②。

---

① 〔日〕片山清一编《资料·教育敕语》，第 69 页。
② 〔日〕井上毅 "十一月一日付井上毅宛"，〔日〕片山清一编《资料·教育敕语》，第 129 页。

润色者元田永孚在致首相山县有朋的书简中说，颁布《敕语》是山县"一生之大功也"，因为正是在他的推动和领导下才产生了这份日本"不磨之宪法"的。①

1890 年，明治天皇颁布的《教育敕语》进一步将儒学精神融入"国体精华"之中，其具体内容就是对儒家"五教"的推崇和对"克忠克孝"的礼赞。我们知道，在朱子的《白鹿洞书院揭示》中，"父子有亲，君臣有义，夫妇有别，长幼有序，朋友有信"是朱子极力推崇的"五教之目"，它与《教育敕语》的"尔臣民孝于父母、友于兄弟、夫妇相和、朋友相信"之间恰好形成一个和谐的对应关系，只不过"君臣有义"置换成"天皇"对"臣民"的绝对宰制的关系。日本的"忠孝"观念尽管或多或少带来日本传统的神道教因子，但它与儒家的忠孝观之间也有着千丝万缕的联系。

值得注意的是，在日本江户时期，朱子学是国家意识形态，日本近代在绝对时间上开始于明治维新。而明治维新的成功直接体现为对外关系上的两个显著"成就"，即日本在"甲午战争"和"日俄战争"中先后取胜。这一"成就"被反映在思想层面、特别是反映在明治意识形态领域的时候，日本的官方舆论却一反江户时代中后期对朱子学的否定浪潮，并与之发生前所未有的"契合"。② 它给后世日本学界带来了这样的印象，即"在近代日本，为数众多的知识分子都认为'儒教参与并袒护了近代化中的暴力和帝国主义，它绝不是无垢的'"③。韩东育指出，该"儒教"之所指，表面看是孔孟，但实际上是以孔孟正统自居，并且是近世以来日本人真正熟悉的朱子学④，此论甚为精辟。

① 〔日〕元田永孚"十一月三日付山县有朋宛"，〔日〕片山清一编《资料·教育敕语》，第 130 页。
② 韩东育《从"脱儒"到"脱亚"——日本近代以来"去中心化"之思想过程》，台湾大学出版中心，2009 年，第 4 页。
③ 参见黑住真《近代化经验与东亚儒教：以日本为例》，《二十一世纪》，2004 年 12 月号。
④ 韩东育《从"脱儒"到"脱亚"——日本近代以来"去中心化"之思想过程》，台湾大学出版中心，2009 年，第 4 页。

朱子学正是以一种隐性形态悄然隐藏在《教育敕语》及其衍义之中，隐藏在明治时期造成重大社会影响和学术影响的"国家主义国民道德论"思潮之中。

对《教育敕语》的解说书，据井上哲次郎统计，到 1942 年，公开刊行的就有 600 多种。其中影响最大的，是井上哲次郎著的经过文部省审查过的，作为师范学校、中学教科用书在 1891 年 9 月出版的具有半官方性质的《敕语衍义》。《敕语衍义叙》最能表现他的思想主旨。他说："盖《敕语》之旨意，在于修孝悌忠信之德行，以固国家之基础；培养共同爱国之义心，以备不虞之变。我邦之人，若尽由此而立身，则民心之结合，岂其难哉！凡国之强弱，盖在于民心结合之若何；若民心之不能结合，则虽有城寨艨艟而不足恃；若民心之结合，则百万劲敌亦不能奈我何。如是，《敕语》之主旨，全在于民心之结合。"对衍义所着力之处，曰："古来和汉之学者，既已阐述孝悌忠信之必行，余则今欲证明孝悌忠信何故而为德之大义者。换言之，即古之人记辩德义为何事，而余今欲阐述何故人之必欲行德义也。"[1] 井上哲次郎反复强调孝悌忠信与爱国主义是东洋西洋共同遵守的德行规范，是国家不可缺少的道德。国家的强弱在乎民心的向背，而《教育敕语》的主旨，恰恰在于收拾民心，使得上下同心。井上相信，如果日本上下同心，坚守孝悌忠信和共同爱国的主义，则日本国民不出数十年，必大改其面貌。今天的明治维新，主要成于形体上之改良，由今至后，与形体上之改良相共，将应期待精神上之改良。井上在他的《日本朱子学派之哲学》一书的序中这样写道：比起日本近世的其他中国学派来，"朱子学派"才"令人有稳健中正之感，特别在教育主义方面，（朱子学派）乃是儒教诸学派中最少危险的派别"，"简言之，这是能使人成为君子的学问"。[2] 在如何解释以朱子学为代表的儒教在今日日本被提倡时，井上在该书的附录中做了详细的说明。他认为："《教育敕语》被

---

①〔日〕井上哲次郎《敕语衍义》，文盛堂，1883 年，第 3～4 页。
②〔日〕井上哲次郎《日本朱子学派之哲学·序》，富山房，1905 年，第 2～3 页。

尊为日本教育之大方针。然惟有《教育敕语》似尚显不足。倘问及何物堪为《教育敕语》之根柢或略为广泛之原理与教理时，则儒教所云之'天'，当于敕语毋相悖也。"在这个大前提下，朱子学的重要性得以凸显。井上认为，朱子学集儒教之大成，比原始儒教更为深刻，是儒学发展的全新形态。因为"《教育敕语》与原始儒教无丝毫乖戾处。今日教育社会实际所为者，未尝超越儒教。纵今日之明治，亦无法摆脱儒教之形式也"[①]。也就是说，在井上哲次郎看来，日本人能够战胜亚洲第一大国中国和欧洲第一大国俄国，在最根本的意义上当归功于日本朱子学派曾经给江户以来大和民族所打下的坚实道德基础和思想训练，朱子学的知识谱系为日本近代化提供了有益的价值支撑。

《教育敕语》不仅是"复古"的产物，还是日本努力学习西方的新的尝试，它是一个新旧杂糅的混合体。在《教育敕语》中有效地吸取了许多近代观念，如博爱、启智、成德、公益、世务、重宪遵法，新旧道德各占了半壁江山。针对当时文部大臣井芳川显正特别指定自己写作《敕语衍义》的缘由，井上哲次郎后来回忆说："在自明治维新开始后的约20年间的日本思想界，实际上很混沌，甚至危险之处不少。如问其原因，在维新前是尊王攘夷，但是维新后，突然一变而西洋化的倾向很明显。……在这样的时代，当时根据国学者或汉学者所做的敕语解说，恐怕不为知识分子所尊信。那么让学洋学的人来做，又认为不能求得恰切的解释。因此我被选定来担当此任。我想大概因为我在留学之前攻读东洋的学问，然后在大学讲授东洋哲学史，然后在德国留学约7年间学习了西洋哲学，这样来推测，大概让我来做敕语的解说被认为比较恰当吧。"[②]在1943年出版的《怀旧录》中，井上哲次郎回顾自己88年的生涯时，讲到对《教育敕语》的意见，他说："按照《教育敕语》的精神来施行教育的话，被教育者无论是作为个人还

---

① 〔日〕井上哲次郎《付録の五：儒教の长处短处》，《日本朱子学派之哲学》，富山房，1905年，第745～746、793～794、797、806页。
② 《井上哲次郎自传》，《井上哲次郎集》第八卷，富山房，1973年，第31页。

是作为国家或社会之一员都是优秀的，其间没有必要对二者进行区别。作为国家或社会的一员是优秀的，作为个人也是优秀的。我对教育的立场就是将两者统一。这两者未必矛盾。根据教育敕语的精神而很好地统一起来是可能的。"同时他特别强调"日本的教育无论如何都必须是日本主义的教育"，但是"狭隘的日本主义或日本精神不行。佛教思想、儒教思想也可以包容、西洋思想也可以包容，将这些总括起来作日本式的运用不以日本精神不行。这就是日本主义的教育"。① 如严绍璗对《敕语衍义》的思想及其意义所做的精辟的论述，认为此衍义"构筑起了一个把传统儒学、西洋国家主义，与日本神国尊皇观念融为一体的缜密的思想体系。这个思想体系以附着于天皇制国体为基础，以儒学的政治伦理为内核，以神国皇道观念为灵魂，以国家主义为表述形式"。"井上哲次郎以深厚的儒学教养，足实的西洋文化的熏陶和对天皇制国家的忠诚，开启了近代日本儒学研究的一个新学派。"② 总之，《教育敕语》的影响和意义也远远超出了教育的范围，它所承载的社会文化使命也远远超出了我们的想象，但有一点可以肯定的是，《教育敕语》与朱子学、与《白鹿洞书院揭示》之间的千丝万缕的联系值得我们进一步深入发掘，传统总是以一种巧妙的方式存在于我们的文化和心灵之中。

① 〔日〕井上哲次郎《怀旧录》，《井上哲次郎集》第八卷，春秋社，1943年，第348～349页。
② 严绍璗《井上哲次郎的"儒学观"："皇权神化"的爱国主义的阐述》，刘岳兵主编《明治维新与近代日本》，上海古籍出版社，2005年，第92页。

经学、文献、礼仪与文化交涉

—— 2014 年日本学界朱子学研究综述

傅锡洪（中山大学博雅学院）

　　朱子学初传日本是在朱子去世后不久的 13 世纪初期，不过在长达 400 年的时间里，朱子学文献被淹没在浩瀚的佛教文献当中，并未受到多大的关注。直到 17 世纪初期，日本结束战国时代，进入比较和平、稳定和繁荣的江户时代（1603～1868）以后，由原本是僧人的藤原惺窝发端，朱子学才开始兴盛起来，并且涌现出林罗山、松永尺五、木下顺庵、山崎暗斋、中村惕斋、贝原益轩和新井白石等一大批杰出的朱子学者。朱子学不仅在江户时代前期的日本思想界占据着中心地位，甚至也可以说，当时整个东亚世界朱子学研究的中心也已经转移到了日本。

　　从江户前期到现在又已过去 400 年。在这段时间里，朱子学在日本虽然最终并未获得定于一尊的地位，其命运甚至也可说几经盛衰沉浮，但对朱子学的研究在日本却一直没有间断，并且屡有创建。对于中国学界而言，充分吸收和消化其积累的丰硕成果，是今后深入推进朱子学研究所需面对的课题。而当下的日本朱子学研究，在继承原有优良传统的同时，也在发生着一些值得关注的动向。

　　本文将目光投向 2014 年日本学界朱子学研究的成果，从中或可窥探当下日本朱子学研究的某些特色和动向。根据这一年成果的分布情况，本文将关注的重点放在有关经学解释、文献考证、家礼实践和文化交涉等议题上。

一　种村和史：《严粲诗辑所引朱熹诗说考》

　　众所周知，朱子《诗经》研究经历过较大的变化，其中最显著的变化，表现在对小序（相传为子夏所作）的态度："某向作诗解文字，初用小序，至解不行处，亦曲为之说，后来觉得不安。第二次解者，虽存小序，间为辨破，然终是不见诗人本意，后来方知只尽去小序，便自可通，于是尽涤旧说，诗意方活。"（《朱子语类》卷八十）其最终成果即为今本《诗集传》，该书完成于淳熙十三年（1186），而在此之前的"诗解文字"则已亡佚。尤袤《遂初堂书目》著录有"朱氏集传稿"，另外朱子曾说："《诗传》两本，烦为以新本校旧本，其不同者依新本改正。"（《朱文公续集》卷八《与叶彦忠书》）其中的"旧本"所指当与前述"诗解文字"和"朱氏集传稿"相同，束景南称之为《诗集解》。旧本中与新本不合者均被朱熹废弃。《诗集解》虽不传，但吕祖谦《吕氏家塾读诗记》（1182 年朱熹、尤袤序刊）（以下简称《吕记》）、段昌武《毛诗集解》以及严粲的《诗辑》等书保留了《诗集解》的佚文。束景南据上述三书，辑录了《诗集解》佚文。①

庆应义塾大学教授种村和史的《严粲诗辑所引朱熹诗说考》一文即是对严粲《诗辑》所引朱子诗说的研究。② 严粲（生卒年不详）③ 撰写了《诗经》注释书《诗辑》（淳祐八年，1248 年自序刊本）。种村论文的核心是辨别严粲所引朱熹诗说中的新说和旧说。不过种村也指出，他是按照学界通行的做法，将《诗集传》以前，尊重小序阶段的朱熹诗说统统放在《诗集解》的名下加以讨论，因此《诗集解》未必符合历史的真实，而具有一定的"假想的性格"。

《吕记》所引朱子之说为旧说，当属无疑。④ 但严粲和段昌武所

---

① 束景南辑录的《诗集解》，收入朱杰人等主编《朱子全书》第 26 册。
② 见庆应义塾大学（即庆应大学）日吉纪要《中国研究》第 7 号，2014 年，第 1～51 页。该文是其获得的日本学术振兴会科研项目"南宋江湖派的综合研究"的成果之一。种村和史，毕业于庆应大学，现任教于庆应大学，主要研究清朝考证学和《诗经》解释学史。
③ 严粲是《沧浪诗话》作者严羽的族人，为南宋江湖派的一位诗人，与该派代表人物戴复古（1167～？）有交往。
④ 该书完成于吕祖谦去世的淳熙八年（1181）前，且朱熹在淳熙九年（1182）的《〈吕氏家塾读诗记〉后序》中曾说："此书所谓朱氏者，实熹少时浅陋之说，而伯恭父误有取焉。其后历时既久，自知其说有所未安。"（《文集》卷七十六）

引则有讨论的必要。种村在第一节"问题设定"的部分介绍了先行研究中的两种不同观点。束景南认为段昌武和严粲"二人均为主毛序说诗派，二书亦皆仿吕祖谦《吕氏家塾读诗记》而成……故二书中所引'朱曰'、'朱氏曰'，必为朱熹主毛序说之《诗集解》，而非黜毛序说之《诗集传》"[1]。彭维杰则认为："如较朱子晚出多年之严粲，所著《诗辑》，引朱子说者五百余处，其间有引朱子旧说……亦有引朱子晚年定说者……欲探严氏引朱子旧说、新说，则必先考其引文别其新旧。"彭维杰证明所引为旧说时提供的依据是"吕氏《读诗记》引文同"，而新说的依据是与定本《诗集传》相同，但是"未见吕氏《读诗记》引之"。[2] 种村指出，若按彭维杰之说，则束景南的《辑录》中混杂了朱子的新说，与此同时，彭维杰之说也存在问题："吕祖谦在朱子的诗说中选择于自己有用的部分加以引用，其所引用的并非朱子旧说的全部。因此不能仅因不见于《吕记》便断定其为朱子的新说。"[3] 严粲所引朱熹诗说，若要确定为新说的话，需要满足如下的条件：《吕记》在相应的地方不仅没有引用这一说法，反而引用了与此说完全不同的朱熹的另一说法。这一看法构成了种村全文论述的一大支柱。

在第二节"比较的方法和判别的基准"部分，种村在理论上将严粲所引朱子诗说的来源分为四类：1. 转引自《吕记》；2. 引自《诗集传》；3. 引自《诗集解》本身；4. 引用来源不明。他将严粲所引朱子诗说共计589例与《吕记》所引朱子诗说、朱子《诗集传》进行对比，指出实际存在的五种情况，并制成如下表格：

《诗辑》引文与《吕记》《诗集传》的关系	数量	朱熹诗经解释是否有变化	严粲引用的出处
1.《吕记》《诗集传》均有对应引文	261	解释没有变化	不能确定引自《吕记》还是《诗集传》

---

① 种村论文，第3页，原文见束景南《辑录说明》，朱杰人等主编《朱子全书》（修订本）第26册，上海古籍出版社、安徽教育出版社，2010年，第99页。

② 种村论文，第4页。原文见彭维杰《朱子诗传旧说探析》注4，彰化师范大学国文学系《国文学志》，1999年第3期，第77页。

③ 种村论文，第5页。

（续表）

《诗辑》引文与《吕记》《诗集传》的关系	数量	朱熹诗经解释是否有变化	严粲引用的出处
2.《吕记》有，《诗集传》无对应引文	57	—	—
2.1 有引自《吕记》的痕迹（笔者注：文字相同）	0	—	引自《吕记》
2.2 与《吕记》引文明显不同（笔者注：意思相同但文字不同）	0	—	引自《诗集解》
3.《吕记》无，《诗集传》有对应引文	0	—	—
3.1《吕记》未引朱说	194	不明	有可能只不过是《吕记》没有引用而已
3.2《吕记》引了意思明显不同的朱说	12	解释有变化	引自《诗集传》
4.《吕记》《诗集传》均无对应引文	64		引自《诗集解》原文，即为《诗集解》佚文
5. 与《吕记》《集传》引文均不同	1		待考

　　种村总结道："在旧说与新说不同的前提下，2.1、2.2 和 4，严粲所据为旧说；3.2 所据则为新说。这也表明，站在尊序立场上的严粲，将持反序姿态的《诗集传》作为参考资料而加以使用。"① 而 589 例引文具体情况则附于文末附表《〈诗辑〉所引朱熹诗说一览》中。

　　种村在第三节"三书关系的实例"中举出实例，第四节从"《诗辑》所引朱熹诗说的多样性""《诗辑》所引《诗集解》佚文的数量""严粲对朱熹新说的接受""严粲对朱熹诗说的重视""朱熹诗学的影响力"和"《诗辑》所引朱熹说的校勘价值"六个方面概括了"考察所得以了解的事项"。如第五项，种村指出，朱熹对后世学者而言是具有多样性的巨大存在："不仅是否定了诗序，在《诗集传》中以自己的思想重读《诗经》的朱熹，而且是他自身决意废弃的，基于诗序的《诗经》注释，也同样持续地强烈影响着后世的学者。"②

　　第五节，种村探讨了严粲得到《诗集解》的途径。种村质疑了束景南《诗集解》曾刊刻流传的观点，认为其只是以手稿形式在很有限

———————
① 种村论文，第 12 页。
② 同上文，第 31 页。

的范围内流传。至于该书如何传到严粲手上，因为史料不足，目前无法推断。第六节，种村简单介绍了遗留的课题和未来的研究计划。总体而言，全文材料充实，论述清晰，观点鲜明，可以说不仅对先行研究进行了修正和深化，而且尽可能地对《诗辑》所引朱子诗说的时期逐一进行了区分，为研究者提供了可资利用的材料。

二　鹤成久章:《关于〈四书纂疏〉所引的朱子学文献——以〈朱子语录〉为中心》

南宋末期赵顺孙（1215～1277）所撰《四书纂疏》26 卷具有重要的文献价值。其所引朱子之说均注明出自何书，如"语录曰""文集曰""易本义曰"等（明代永乐朝编纂的《四书大全》亦引用了《纂疏》但却隐去出典，径改为"朱子曰"）；其引自《语录》者亦有不见于今本《朱子语类》或与其文字不同的；保留了不少朱子后学中已散佚文献的佚文。在关注到这些事实的基础上，鹤成久章《关于〈四书纂疏〉所引的朱子学文献——以〈朱子语录〉为中心》[①]一文，以其中引用次数最多的《朱子语录》为核心进行了考察。

鹤成在第一节主要考察了《四书纂疏》的成书年代。从为其作序的洪天锡去世于咸淳三年（1267），可推断该书写成于 1267 年之前。而在全书出版之前，牟子才为《中庸纂疏》所作序文写成于宝祐四年（1256），且该序提到了《大学章句疏》（《大学纂疏》），因此《大学纂疏》和《中庸纂疏》应于 1256 年前后完成。从内容可看出，洪天锡的序是为《论语纂疏》和《孟子纂疏》而写，且从朱彝尊《经义考》卷

---

① 见《中国中世文学研究》第 63～64 期合刊，2014 年，第 291～306 页。本文是其所获科学研究费补助金项目"永乐三《大全》的基础研究"和"明代乡试、会试《三场题目》的思想史考察"的成果之一。其所用《四书纂疏》是影印通志堂经解本《四书纂疏》（附引得），台湾学海出版社，1993 年。本文所说《朱子语录》非指今本黎靖德编《朱子语类大全》，也不是某一特定的早期《语录》或《语类》，而是泛指《四书纂疏》"语录曰"引文的文献来源。鹤成久章，毕业于广岛大学，现任教于福冈教育大学，研究领域主要是中国近世阳明学、科举和书院等。

二百五十二所收应俊的序，可知《大学纂疏》和《中庸纂疏》率先完成并出版，等《论语纂疏》和《孟子纂疏》完成之后又合并出版。①

鹤成在第二节考察了《四书纂疏》所收朱熹及其后学 13 人文献的情况。如陈淳的《大学口义》《中庸口义》和《语录》已经散佚，但《四书纂疏》保留了大量应是其佚文的资料。鹤成最后总结认为："朱熹以外的学者的著作被引用之际虽并未明示书名，但《四书纂疏引用总目》所举之书很多已散佚，若将这些引文掇拾整理的话，应是研究朱熹后学'四书'注释以至整个思想的有益资料。"②

第三节，鹤成考察了《四书纂疏》与元明各种"四书"注释集成类著作之间的关系，指出《四书集注大全》所收朱子及其后学 13 家的引文很多可以追溯至《四书纂疏》。③他在一个注释中还举例道："《四书集注大全》中源自《四书纂疏》的引文相当之多。略举一例，通常《四书集注大全》引黄幹之著作或语录时称'勉斋黄氏曰'，引陈淳之著作或语录时称'北溪陈氏曰'，如果仅称'黄氏曰'或'陈氏曰'，则其引文的来源当是《四书纂疏》。"④

第四节，鹤成考察了《四书纂疏》所引《朱子语录》的资料价值。今本黎靖德编《朱子语类大全》成书于咸淳六年（1270），《大学纂疏》《中庸纂疏》成书于 1256 年左右，其时赵顺孙应当没有看到《语类大全》，显然使用的是其他《语录》或《朱子语类》。《论语纂疏》和《孟子纂疏》成书于 1267 年前，赵顺孙也应该未看到《语类大全》。至于赵顺孙参考了何种《语录》，从其《大学纂疏》"读大学章句纲领""大学章句序"（《中庸纂疏》同）以及《论语纂疏》《孟子纂疏》"读论孟集注纲领""读论语孟子法"来看，很可能是沿袭了始于黄士毅的语录分类形式，如此则赵顺孙至少看到过《蜀类》或《徽类》。鹤成还分析了一些见于今本黎靖德编《朱子语类大全》和不见于今本，可能源自

---

① 鹤成论文，第 292 页。
② 同上文，第 294 页。
③ 同上文，第 296 页。
④ 同上文，注 33，第 304 页。

赵顺孙所看到的古本《朱子语录》的引文，他也指出这些引文不少是断片，有些可能仅是门人提问语而非朱子的答语。[①]

第五节，鹤成指出了数量在2000条以上的《四书纂疏》所引朱子的语录（当然很多是极短的断片式语句）的一些特征。如在黎靖德《语类大全》中以小字形式出现的引文，在《四书纂疏》中大量存在；《语类大全》记载两人所录的语录，在《四书纂疏》中有整合为一条语录的情况；《语类大全》所载一条语录，在《四书纂疏》中有分多处出现的情况；对于陈淳和徐寓所录，《语类大全》多采陈淳录，而《纂疏》则用徐寓录；虽为"语录曰"，但却见于今本《晦庵朱文公先生文集》书（知旧门人问答）的情况也存在。[②]

除了上述分析以外，鹤成论文还详细列举了记载赵顺孙生平资料的文献、《四书纂疏》的各种版本、《四书纂疏》所引朱子后学13家著作的存佚情况以及日本学界研究《朱子语录》的各种文献，若对相关问题感兴趣的话，该文乃是有益的参考。另外顺便一提，作为其参考资料之一的佐野公治《〈四书〉学史的研究》也于2014年年底出版中文本（张文朝、庄兵译，林庆彰校订，中国台湾万卷楼图书出版，2014年11月）。

三　福谷彬:《关于〈资治通鉴纲目〉与朱子的春秋学：以义例说与直书的笔法为中心》

关于《春秋》这一经典为何而作以及如何作成的问题，朱子认为："春秋大旨，其可见者：诛乱臣，讨贼子，内中国，外夷狄，贵王贱伯而已。未必如先儒所言，字字有义也。想孔子当时只是要备二三百年之事，故取史文写在这里，何尝云某事用某法？某事用某例邪？"（《朱子语类》卷八十三）朱子认为《春秋》是孔子依据未修之鲁史《春秋》而作，其手法为"直书"："《春秋》所书，如某人为某事，本据鲁史旧文笔削而

---

① 鹤成论文，第296～298页。
② 同上文，第298～302页。

成。今人看《春秋》，必要谓某字讥某人。如此，则是孔子专任私意，妄为褒贬！孔子但据直书而善恶自著。"（《朱子语类》卷八十三）既为"直书"，故朱子一方面认为古文经学记事之凡例、变例之说多不可信："《春秋》传例多不可信，圣人记事，安有许多义例。"（《朱子语类》卷八十三）另一方面他也反对今文经学寓褒贬于一二字之间的议论："《春秋》只是直载当时之事，要见当时治乱兴衰，非是于一字上定褒贬。"（《朱子语类》卷八十三）而被问及"《春秋》当如何看"这一问题时，朱子的回答也显得非常干脆："只如看史样看。"（《朱子语类》卷八十三）

朱子并未如《诗集传》一样留下《春秋》的注释，但他及其弟子赵师渊完成的《资治通鉴纲目》（以下简称"《纲目》"）却与《春秋学》有着密切的关联：一方面其"纲目"的结构设置与《左传》的"经传"颇为一致；另一方面，在"纲"的部分朱子也用了《春秋》的笔法，对司马光《资治通鉴》的体例和笔法做了修正。故《纲目》亦可称为朱子《春秋》学的代表性成果。

不过，朱子上述"义例说的否定"和"直书笔法的肯定"的立场，与其在《纲目》中采用的褒贬笔法以及数量庞大的《凡例》之间，却不免存在着隔阂。这正是福谷彬《关于〈资治通鉴纲目〉与朱子的春秋学：以义例说与直书的笔法为中心》①一文的问题意识所在。②而他的思路在于：设置"义例说与直书说的再检讨"和"《纲目》凡例与朱子的春秋学说"两节，在分别考察朱子春秋学解释的立场和《纲目》所运用笔法的基础上，将这两者调和，认为它们之间具有一贯性。

不过，福谷彬所设定的核心问题是：朱子否定今文经学作为"褒贬"的解读方法的"义例"与其在《纲目》中所使用的"褒贬"笔法及其《凡例》之间存在着矛盾，而并未涉及上文提到的朱子对古文经学"传例"的怀疑。相反，福谷彬在第一节中，恰恰强调了朱子对于

---

① 见《东方学》第 127 期，第 66～82 页。福谷彬，现为京都大学博士研究生，研究领域为朱子学等。本节完成后方知 2013 年的综述即已对此文加以评述，两篇评述尽可各行其是而并行不悖。

② 见福谷彬论文引言和结语等，第 66 页和 78 页等处。

这些"传例"有所继承的另一面。福谷彬指出朱子曾述及西晋杜预之语"周公之垂法，史书之旧章"，并认为其所指的内容不外乎就是杜预《春秋序》说的"凡例"。"凡例"又称"正例"，是孔子作《春秋》之前已经存在的"周公之垂法，史书之旧章"。倘若孔子所修《春秋》经文并未按照这些"正例"书写，则称之为"变例"。而朱子对"变例"持否定态度。关于这一点，福谷彬引用了如下一段话："或人论春秋，以为多有变例，所以前后所书之法多有不同。曰：'此乌可信！圣人作春秋，正欲褒善贬恶，示万世不易之法……'"（《朱子语类》卷八十三）福谷彬由此指出："朱子否定存在'变例'的同时，却也肯定了孔子在《春秋》中有表示褒贬的意思本身。这也意味着，朱子虽然否定'一字褒贬'的存在，但认为孔子有着借直书历史以表示褒贬的意图。"①

福谷彬对"义例说的否定"这一全文基本前提的含义进行了厘清："朱子否定《春秋》的义例说，其所否定的是与'正例'不同的'变例'，但对于孔子笔削以前即已存在的'凡例'的存在却持认可的态度。"②不过应指出的是，杜预所概括的凡例，是否均为孔子以前所存在，抑或有孔子所创设的部分，实已难以断定。朱子认为可疑的也不仅限于"变例"而已，且杜预所说的"变例"也并非公羊学的"一字褒贬"。故将朱子之说概括为"义例说的否定"显得过于宽泛，而收束到"变例说的反对"则似又过于狭隘和偏颇。

福谷彬还引用《文集》卷六十《答潘子善》中如下一段话，以揭示朱子对《春秋》成书过程认识的最终"定论"："某谓《春秋》为圣人褒贬之书，其说旧矣，然圣人岂损其实而加吾一字之功哉？亦即其事之固然者而书之耳……或以为若是则一代之事自有一代之史，《春秋》何待圣人而后作哉？曰：《春秋》即《鲁史》之旧名，非孔子之创为此经也。使史笔之传举不失其实，圣人亦何必以是为己任？惟官失其守，而策书记注多违旧章，故圣人即史法之旧例，以直书其事，而使之不

---

① 福谷彬论文，注12，第80～81页。
② 同上文，第70页。

失其实耳。初未尝有意于褒之贬之也。"① 需要指出的是，本段引文非朱子之语而为潘子善之语。潘子善此说不能成立实属显然。如其所说，则孔子之《春秋》仅为一不失其实之"史"而已，又何足为"经"？而孔子之功又岂在纠正历史记录之失实哉？其答语显然不足以回应或人"何待圣人而后作"的提问。《鲁史》旧名为《春秋》，孔子之所修仍名为《春秋》，但这又何妨圣人置褒贬于其间而别为一经？故其说又何能驳"《春秋》为圣人褒贬之书"？

在前文有关"变例"的引文中，朱子明确说"圣人作春秋，正欲褒善贬恶，示万世不易之法"，朱子亦不得不承认圣人有意褒贬，准此则其"直书说"实不能成立。"'……《春秋》只是旧史录在这里。'蔡云：'如先生做《通鉴纲目》，是有意？是无意？须是有去取。如《春秋》，圣人岂无意？'曰：'圣人虽有意，今亦不可知，却妄为之说不得。'"（《朱子语类》卷一百二十五）朱子此说只能说明不当妄说，而并非证明圣人乃是无意之直书。故正如蔡季通之说，朱子因《资治通鉴》而作《纲目》和孔子因《鲁史》而作《春秋》，均是有意褒贬，两者本相互贯通，没有矛盾。唯朱子所倡无意之"直书说"则未免与其"有意褒贬"的主张和做法有所矛盾而已。

四　新田元规：《程颐、朱熹祖先祭祀方案中身份的含意——以元明人的评价为线索》

朱子作《家礼》，以此为代表的宋代礼制改革具有划时代的意义，杨志刚在其《中国礼仪制度研究》中将此变革称为"礼下庶人"②，吾

---

① 福谷彬论文，第70～71页，原文见注10，第80页。出处为《文集》卷六十，《朱子全书》第23册，第2918页，该卷注39，《朱子全书》编者指出，浙本有"伏乞指教"等三十余字，同上书，第2930页。此书本是就具体事件的解读请教朱子，故朱子的回答（见2919页）亦仅限于其所提问的具体事件，至于对其有关《春秋》成书的议论持何种意见，则付之阙如。

② 杨志刚《中国礼仪制度研究》，华东师范大学出版社，2000年，第195页，下揭新田论文第95页所引。

妻重二在《儒教仪礼研究的现状和课题——以〈家礼〉为中心》一文中将这一变化称为"仪礼的开放",认为其与朱子学"圣人可学而至"这样的观念有关,并着重强调了家礼对于士庶各阶层所具有的普遍性意义。[1] 新田元规的《程颐、朱熹祖先祭祀方案中身份的含意——以元明人的评价为线索》一文[2]则强调了与之不同的另一面,即对于士大夫而言显示身份的特殊含意。

新田认为:"'以万民具有成就道德的可能性为前提'的普遍的性格,与'重视以地位、道德和教养为基准的身份'的差异的性格,原本在儒教的理论中就带有矛盾意味地共存着,在宋人的道德论和礼说中,这两方面的纠葛也并未消解而依然存在着。"正是基于这一原因:"本文极力要注目于在宋人的祭祀构想中,其设想的实践主体是连庶人也包含在内的所有身份的人,还是最多仅限于士大夫这一微妙的差异。"[3] 这一视角受到著名学者伊佩霞(Patricia Buckley Ebrey)揭示的"以身份显示为目的的仪礼实践"这一问题的启发。伊佩霞指出,家礼实践不仅为了陶冶道德,也是为了防止重新掉入无教养阶层,士大夫期望家礼具备显示社会地位差异的功能。而这一身份区别的含意未必一定被宋人清晰地意识到或者说出来。伊佩霞认为中国整个传统社会中礼制担负身份区分的功能,新田认为以此为基础,至少可以推测在宋人的礼说中,包含着"覆盖庶人的教育"和"士大夫身份的表示"这样的多义性。而身份的含意即祠堂祭祀是士大夫阶层特权性的象征这一点,被元明时代朱子的后继者们明确论述出来。新田本文的目的正是要以元明时期的礼说为线索,将内在于宋人祖先祭祀说中身份的含意予以揭示出来。[4] 而本文所选取的原始文献则是元末至明代《祠堂

---

[1] 收入吾妻重二、二阶堂善弘编《东アジアの仪礼と宗教》,雄松堂,2008年,第99页。中译见吴震编译《朱熹〈家礼〉实证研究》第一章,华东师范大学出版社,2012年,第12页。新田论文注6所引,第115页。

[2] 见东京大学中国哲学研究会编《中国哲学研究》第27号,2014年,第94～124页。"含意"即英文implication。新田元规,先后毕业于早稻田大学和东京大学,现任教于德岛大学,研究明清儒教。

[3] 新田论文,第95页。

[4] 同上文,第96页。

记》一类的文献。

全文分三节。第一节，新田确认了元明人认为宋人祖先祭祀方案的划时代性在于其士庶通用的一律性，探究了他们是如何论证轻视身份差别的祭祀方式的正当性的。第二节，指出关于身份的一律性的优点究竟为何，存在着普遍性（万民的教化）和特殊性（适应于流动性社会中的士大夫）这两种不同的意见。第三节，具体分析上述主张特殊性的观点，指出与其教养论中存在的两面性相对应，宋人祖先祭祀方案中也存在着理论上的普遍性和实质上的特殊性这两面。而与道德教养论领域里明学的展开并行的是在祖先祭祀领域里，通过简略化与习俗更进一步妥协，从而将"教民报本"这一普遍性加以实质化的推进。[①]

在行文中，新田引述资料翔实，分析缜密。如第二节所讨论的是舍弃身份条件的意义究竟是在"包含所有身份"还是"应对流动化"。新田的引用中就包含了明代著名学者丘濬在《家礼仪节序》和另一篇祠堂记中的侧重点并不相同的说法。丘濬在《家礼仪节序》中强调："汉魏以来，王朝郡国之礼，虽或有所施行，而民庶之家，则荡然无余矣……文公先生因温公《书仪》，参以程张二家之说，而为《家礼》一书，实万世人家通行之典也……夫儒教所以不振者，异端乱之也。异端所以能肆行者，以儒者失礼之柄也。世之学儒者，徒知读书而不知执礼。而吾礼之柄遂为异教所窃弄而不自觉。自吾失吾礼之柄，而彼因得以乘间，阴窃吾丧祭之土苴，以为追荐祷禳之事。而吾之士大夫，名能文章、通经术者，亦且甘心随其步趋，遵其约束，而不以为非。无怪乎举世之人，靡然从之，安以为常也。"新田指出丘濬在此强调的是："在仪礼领域里应当抑制异端的侵蚀，朱熹制定了包含所有身份的人的礼制，力图重建礼的秩序。"即通过适当简化礼仪，使大众均能得到"教民报本反始"这样的教导。而丘濬自身的《家礼仪节》就是在简化的方向上将仪礼加以改订，而谋求"万世人家通行之典"的实质化。[②]

---

① 以上为新田在"结论"中的部分论述，第113～114页。
② 新田论文，第103页，丘濬引文原文见注25，第120页，出自丘濬《重编琼台稿》卷九《家礼仪节序》。

不过新田随即指出："可是，同样是丘濬，对于朱熹《家礼》的特征'身份的一律性'，却显示了与《家礼仪节序》重点不同的另一认识。丘濬在祠堂记中，不提'教民以正确的祖先祭祀方法''在仪礼上排除异端的影响'这样的论点，如下文所看到的那样，设定了'构想能够应对身份的不安定化的祭祀方式'的课题，论述了祠堂祭祀说的意义。"①新田接着引述了丘濬的如下一段话："古人庙以祀其先，因爵以定数，上下咸有定制。粤自封建之典不行，用人以能不以世。公卿以下有爵而无土，是故父为士而子或为大夫，父为大夫而子或为士，庙数不可为定制。且又仕止不常，迁徙无定，而庙祀不能有常所。汉魏以来，知经好礼之士，如晋荀氏、贺氏，唐杜氏、孟氏，宋韩氏、宋氏，或言于公朝，或创于私家。然议之而不果行，行之未久而遽变；或为之于独，而不能同之于众；或仅卒其身，而不能贻于后。此无他，泥于古，便于私，而不可通行故也。至宋司马氏，始以意创为影堂。文公先生易影以祠，以伊川程氏所创之主，定为祠堂之制，着于《家礼》通礼之首，盖通上下以为制也。"②实际上新田全篇论述的一大核心论据，正是来自丘濬的这一段引文。把握了这一点，新田全篇的论旨也就一目了然，无须赘言。

五　吾妻重二:《东亚的儒教与文化交涉（笔论）》和《朱子学——巨大的知识体系》

吾妻重二《东亚的儒教与文化交涉（笔记）》一文③从"文化交涉

① 新田论文，第103页。
② 同上文，第104页，丘濬引文原文见注26，第120～121页。原文出自丘濬《重编琼台稿》卷十七《南海亭岗黄氏祠堂记》。
③ 见《现代思想》第42卷第4号，2014年3月，第98～113页。该期是有关"现在何故讨论儒教"和"作为规程的儒教"等的特辑，所收文章颇值得阅读。本文仅就吾妻此文略为介绍近几年来在东亚地区兴起的有关"文化交涉"和"东亚儒学""东亚朱子学"的研究动向。吾妻重二毕业于早稻田大学，现任教于关西大学，主要研究东亚的儒教。

学"的视点出发，勾勒了东亚儒学和东亚朱子学的多个侧面，反映了近年学界悄然兴起的"文化交涉学"研究的新动向。至于作者所说的"东亚"，则指的是中国、韩国、朝鲜、越南、琉球和日本这一在古代就有广泛交流的，可称之为"汉字文化圈"或"儒教文化圈"的地区。并且作者论述的并非儒教整体，而主要是近世的儒教，其中的核心无疑就是朱子学的兴起和展开。"近世"指的是近代以前具有一定的社会体制维持较长时间的时代。就中国而言，近世自 10 世纪宋代以降，韩国则是朝鲜王朝后期（17 世纪以降），越南是黎朝（15 世纪）以降，琉球则是萨摩入侵以后（17 世纪），以及日本的江户时代（17 世纪以降）。

吾妻在第一节"儒教史的研究与儒教通史"中回顾了以往将儒教置于亚洲或者东亚视域中进行研究的一些尝试或者提议。他提到了1990 年 6 月岩波书店《思想》杂志《儒教与亚洲社会》特辑，以沟口雄三为核心的当时第一线的研究者对中国、日本、韩国、朝鲜和越南儒教各个方面的研究。吾妻称自己当时并没有充分应对"亚洲"这样大的范围的准备，同时也因为这些论文多是个别研究而没有加以一般化，即使读了也只是处于消化不良的状况。不过 24 年这样将近四分之一的世纪过去以后再回头来看，发现所收的论说相当有趣。不仅论文如此，今井昭夫等人编的《儒教关系史年表》和渡边浩《东亚儒学关联事项对照表——19 世纪前半期》等也以其对于事实的简洁介绍而让人想起很多事情，具有给人启发的作用。[①] 而在户川芳郎、蜂屋邦夫和沟口雄三执笔完成并由山川出版社于 1987 年出版的《儒教史》中，虽然所讲述的仅仅是中国的儒教，但是却未冠以"中国儒教史"之名，将中国与儒教直接等同，而未考虑日本、朝鲜半岛和越南等也有儒教。吾妻也由此推测其时沟口或尚未有关于东亚儒教史的构想。

吾妻还回顾了较早提出有必要进行东亚儒教研究的岛田虔次。他

① 分别见《思想》第 792 号《儒教与亚洲社会》特辑附表第 2、10 页。该期所收与朱子学有关的论文如沟口雄三《中国儒教的十个特征》、渡边浩《儒学史异同的一个解释——"朱子学"以降的中国与日本》和子安宣邦《朱子"鬼神论"言说的构成——儒家言说的比较研究序论》等对中国学者而言仍然很有参考价值。

在 1967 年出版的《朱子学与阳明学》的后记中说道："像基督教史多是在泛欧洲视野下写成的一样，儒教史、朱子学史也应首先作为贯通中国、韩国、朝鲜、日本（、越南？）的通史来写……写出将这些方面都合法正当地纳入视野范围内的儒教史、朱子学史，才是当前的急务。"① 不过遗憾的是，岛田生前并未完成这一设想。吾妻还提到了切入东亚儒学研究的一位前辈学者三浦国雄，其在《朱熹》（人类知识的遗产系列丛书，讲谈社，1979 年）一书的终章以"对后世的影响——朝鲜朱子学的展开"为题，对朝鲜朱子学进行了素描。现在看来其论述虽并不充分，但其可贵的尝试在那个时间点的其他著作中却是看不到的。

吾妻指出："讽刺的是，以前由于研究滞后，撰写通史的材料不足；而今由于个别研究大大推进，资料过度膨胀得写不了通史。"不过，作者认为："撰写那样的通史虽然困难，但并非不可能，而且也是有必要的。只不过，一方面，由各国儒教研究者分担执笔拼凑而成的并不足以称之为通史，另一方面，应该在怎样的构想下进行撰写，笔者也尚处于犹豫的阶段。从'以儒教为中心的知的世界'这样无限广阔的前提出发，对于当前已被研究的人物、著作和思想的叙述，以及相关的书志学的把握，应当都是必要的。"②

在第二节"关于'文化交涉'"中，吾妻首先介绍了与东亚儒教研究有关的研究动向，尤其是作为其起点的三个大型研究计划。第一，2005～2009 年由小岛毅领衔的文部省特定领域研究"东亚的海域交流与日本传统文化的形成——以宁波为焦点跨学科的创作"（简称"宁波"）、2005 年创设，由黄俊杰领衔的台湾大学人文社会高等研究院，以及 2007～2011 由陶德民领衔的关西大学文部省 G-COE "文化交涉

① 该书中译可参考蒋国保译本，陕西师范大学出版社，1986 年，第 128 页，译文略异。
②《东亚的儒教与文化交涉（笔记）》，第 100 页。有关儒教通史不但必要而且可能的主张，令人不免联想起"东亚儒学"何以必要和可能的问题，可参考吴震《试说"东亚儒学"何以必要》，《台湾东亚文明研究学刊》，第 8 卷第 1 期，2011 年 6 月；《东亚儒学刍议——以普遍性、特殊性为主》，《中国学术》，第 31 辑，2012 年。

学教育研究据点"。吾妻自身即是第三个计划的成员。其相关机构设施有国际性学会"东亚文化交涉学会"的事务局、关西大学新创设研究生院东亚文化研究科及其纪要《东亚文化交涉研究》和研究生论集《文化交涉》等。另外还出版了大量专著和论文集，其中不少涉及朱子学在东亚的传播和展开。①这三大计划已经和正在推出的成果以及这一领域的其他成果一起，为继续开展新的研究奠定了坚实的基础。

　　吾妻接着阐述了"文化交涉"研究的基本理念和思路。有关"文化"的定义往往只是突出文化是在人与自然的关系中形成的，或者只是在静态中把握文化。吾妻则指出，文化是在不同地域之间不断流动的。并且基于"文化是通过交涉而形成，而并非原本就固定在那里的"这一基本事实，主张在考察文化时，从"文化是如何形成的"这一视点，尤其是与其他地域的接触和交涉的视点来看。这样的研究其实就是要探明，异文化是如何通过接触而被理解、接受，产生影响或最终被加以改造的。②

　　在第三节，吾妻具体就自身近期关注的几项议题——"朱子学的传播与变容""朱子学的普遍性""关于周敦颐""书院、私塾"和《家礼》的冠昏丧祭仪礼"五个方面介绍了"近世东亚儒教的诸相"。作者将其中部分内容融入进《朱子学——巨大的知识体系》中，并作为2014年3月15日台湾大学人文社会高等研究院举办的"朱子学的当代

---

① 略举几例如下：《东亚文化交涉研究》别册二《东亚的书院研究》，关西大学文化交涉学教育研究据点，2008年；吾妻重二、二阶堂善弘编《东亚的仪礼与宗教》，雄松堂，2008年；吾妻重二、朴元在编《朱子家礼与东亚的文化交涉》，汲古书院，2012年以及吾妻编著的收入关西大学东西学术研究所丛书出版的《家礼文献集成·日本篇》系列，从2011年至2015年初已经出版四册。

② 按照一般的印象，很多人会认为这一立场方法主要对于中国周边的国家适用，因为人们不自觉地就会认为中国文化向来受外界影响比较小，是独立自发形成的。但实际上，佛教和西域文化以及后来的欧洲文化、日本文化给中国都带来了深刻的影响，而且甚至于即便是早期的中国主流文化——华夏文化，也是各个族群的文化交融碰撞而成，春秋战国时代，齐文化、鲁文化、楚文化和秦文化等的碰撞交融，最终才奠定了秦汉以来中国文化的基本格局。并且透过《礼记》等文献可以看出，各地域文化的特色和多样性或多或少一直保存在儒家传统中。这些领域其实都有待于借助"文化交涉"的视点加以深入探讨。

反思"国际学术研讨会的主题演讲公开发表。① 其有关朱子学在韩国、越南、琉球和日本传播的介绍简洁扼要，无论是想要进入这一领域做深入的研究，还是仅限于浅尝辄止式地了解，都极具参考价值。

在结语部分，吾妻强调："在谈及东亚的儒教之际，文化交涉的方法以及视点是非常有用的。"接着文章归结到这样一点上："这样来看的时候，也让人注意到将儒教视作文化来看待这一点的重要性。与其说是'作为思想的儒教'，不如说是'作为文化的儒教'，当然不能忘了作为思想的儒教，考察儒教具有的理论和哲学是必要的，不过这样的看法过于强烈的话，有关的文化事象就有可能会被忽视。……过去在这一区域里，共享了超越地域和时代的儒教文化，我们也有必要在广阔的视野中揭示其样态。"② 当然，这样的说法同样适用于朱子学。正如吾妻所说："朱子学是一个巨大的知识体系，进而言之，也无妨称其自身拥有着一个文化体系所具有的广度。因此，我们不仅要在中国哲学史中，还要在教育史、礼仪史乃至于人类文化史的历史长河中来理解朱子学。"③

吾妻曾长期专注于中国朱子学、宋代思想和仪礼的研究，现在身体力行"文化交涉学"的理念，不仅将视野拓展到琉球、日本，而且也几乎是从头开始学习韩国和越南的儒教，全身心投入名副其实的真正意义上的"东亚儒教"研究之中，其求知欲、魄力和毅力之强均超出了常人的想象。

六　其他成果概述

以下快速扫描 2014 年日本学界朱子学研究的其他成果。

---

① 〔日〕吾妻重二《朱子学——巨大的知识体系》（傅锡洪译，吾妻重二修改），台湾大学《朱子学的当代反思国际学术研讨会论文集》，2014 年 3 月；《台湾大学人文社会高等研究院院讯》，第 32 期，2014 年 9 月，第 15 ～ 22 页。后以《朱子学的知识体系及其在东亚的普遍意义》为题发表于《厦门大学学报》2015 年第 1 期，第 11 ～ 16 页。为便于读者查找，本文引文参照《厦门大学学报》。
② 《东亚的儒教与文化交涉》，第 110 ～ 111 页。
③ 《朱子学的知识体系及其在东亚的普遍意义》，第 11 页。

儿玉宪明《朱熹律吕新书序注解》①是对朱熹《律吕新书序》所做的校勘、日译和注释。关于蔡元定所著《律吕新书》作者已刊行有关的注解，序文和《律吕新书》原文都采用《性理大全书》所收本。本文是属于文献的基础研究。而有关朱子学乐律方面的研究应该说也尚不充分，有待学界今后推出更多相关成果。

现代汉语中，作为不定冠词标识的数量词被置于名词之前，为了揭示这一标识形成的过程，木津祐子在《作为不定冠词的"一个"的成立前史——〈朱子语类〉的场合》一文中以《朱子语类》为对象进行了分析。她发现："'数量词+名词'这一形式尚未具有不定冠词的功能，而且，名词'人'和量词'个'同时出现的时候，其前面的数词仅限于'一'；这与将'一个'置于抽象名词之前是类似的；而且当'一个'被置于除了'人'字以外其他表示'人'的意思的词之前时，这个词之前通常还带有修饰语，即'一个'与修饰语具有容易共起的关系。在《朱子语类》中，'个'并非是用于计算'人'之数的量词，其主要的功能是在文脉中突出名词所具有的属性。从这些事实可以看出，这种文脉所要求的属性与'一个'共起的现象，与数量词作为不定冠词的标识的形成过程密切相关。"②

中嶋谅《陈亮与陆九渊——朱熹论敌的思想》一书③目录如下，序章《先行研究与笔者的立场》；第一部《陆九渊》：第一章《陆九渊思想中的自立与他者的修养》，第二章《陆九渊思想中的讲学与读书》，第三章《陆九渊的春秋学——以与其高第杨简的对比为线索》；第二部《关于〈象山先生文集〉的诸本》；第三部《陈亮》：第一章《陈亮的政治批判——淳熙五年〈上孝宗皇帝书〉再读》，第二章《陈亮对历代为

① 见新潟大学东亚学会《东亚：历史与文化》第23号，第64～74页，2014年3月。儿玉宪明，硕士毕业于大阪大学，现任教于新潟大学，研究中国哲学、印度哲学和佛教学。
② 见《中国语学》第261号，2014年，第46～63页，引文即该文摘要，见第46页。木津祐子先后毕业于早稻田大学和京都大学，现任教于京都大学，研究中国语言学。
③ 该书由东京早稻田大学出版部2014年10月出版。中嶋谅毕业于早稻田大学，现任教于学习院大学等，主要研究宋代哲学思想。

政者的评价》,第三章《从陈傅良来看朱陈论争》,终章《陆九渊与陈亮:其出发点的共同性》。[1]

在朱子学文献的翻译方面,2014年亦有可观之处。除了大规模推进的《朱子语类》(以及《文集》)翻译以外,另有两部朱子的著作被翻译成日语。土田健次郎翻译的《论语集注》共四册,从2013年出版第一册开始,2014年先后出版两册,2015年春出版第四册,至此全部出齐。[2] 该书的一大特色是在翻译和注释朱子《论语集注》之外,还以"补说"的形式引用了日本江户时代与朱子学立场相左的"古学派"伊藤仁斋(1627~1705)《论语古义》和荻生徂徕(1666~1728)《论语征》的观点。这样做的确有助于读者理解朱子注释的独特之处。[3] 另外细谷惠志翻译的《朱子家礼》也于2014年出版。[4]

七 总结和展望

与前几年似乎"沉寂"的印象不同,可以说今年日本学界在延续原有优良传统的同时,也在不断地积极探索新的突破口。总结以上研究成果,可以看到这一年日本学者朱子学研究的某些特点。

第一,注重文献的基础研究。对中国学界来说,日本学者向来以擅长考证功夫著称,这一点在2014年的研究中也有比较充分的体现。文献的基础研究将为思想研究提供适当的材料,思想研究也唯有在恰

---

[1] 由于时间关系,笔者未能通读此书,不宜妄加评论,以后有机会当补上。

[2] 该书收入东京平凡社《东洋文库》丛书第841、850、854、858卷,2013年10月~2015年2月出版。土田健次郎毕业并任教于早稻田大学,主要研究宋明和江户的儒教。至此可发现本年度作者出身大多数都是早稻田大学,虽专业院系不尽相同,也有不少人本科毕业以后便前往东大、京大等校深造,不过如此集中于早大,令人称奇。

[3] 若欲将朱子与仁斋、徂徕论语注释对读,除了直接将他们的著作对读以外,还可参考源赖宽辑《论语征集览》(20卷附诸序1卷),前川六左卫门刊,文化九年(1812)。除上述三书外,《集览》还收了何晏的《论语集解》,可在早稻田大学图书馆网页上下载原文图像。

[4] 由明德出版社出版。细谷惠志任教于立正大学,不过并非朱子家礼领域的专业研究者。

当地把握和运用材料的基础上才能获得令人信服的结论。今年的众多著述中，种村和史、鹤成久章、儿玉宪明的三篇大致可归入文献考证类作品自不必说，其他研究也贯穿着对于文献材料的搜集和考察，如新田元规发掘和运用元明时期"祠堂记"这类看似只对历史研究有价值而向来极少受思想研究者注意的文献，而在思想研究上收获宝贵的结论，就堪称为一个非常成功的案例。另外，从词汇学、语法学的角度研究《朱子语类》的方法，近来在中国学界似乎相当盛行，日本学界如老一辈的元曲研究专家田中谦二也曾将《朱子语类》作为"语料"进行研究，并进而转入朱门弟子师事年代的考察，并大有创获。对于以思想分析为主的传统思路而言，这一语言学研究的进路或许也能发挥让人意想不到的积极作用。

第二，重视朱子的经学思想。2014 年日本学界朱子学研究的重心无疑是朱子经学的研究。例如，种村和史涉及了朱子《诗经》注释的发展变化，福谷彬论及朱子的春秋学，鹤成久章有关《四书纂疏》引文的考察，也触及朱子的经学文献。另外，有关礼乐的文章也包含了朱子的经学思想。有关朱子经学的研究，将是朱子学研究有待深入推进的重要课题，日本学界的这些成果也将给我们提供有益参考。

第三，关注礼乐实践的层面。值得注意的是，相较于传统以"理气心性"问题为核心的"形而上"研究取向，2014 年日本学界对于"形而下"的具体实践表现出浓厚的兴趣。正如吾妻重二指出的那样，朱子学具有一个文化体系所包含的广度。以往的研究主要关注作为哲学思想的朱子学，但是近来对于朱子学在实际生活层面的影响越发关注。2014 年不仅有多篇论文关注了礼乐实践层面的问题，而且《朱子家礼》也被翻译成现代日语。新田元规关注了程朱理学祭祀礼仪中的身份等级问题，儿玉宪明更是将视角转向中国主流哲学界很少关注的《律吕新书》和朱子学的乐律、音乐思想。吾妻重二则在东亚儒学的领域中谈论了朱子家礼的传播。实际上，在异域如何具体实行中国传来的礼乐，是困扰这些学者的重大问题，而且能否付诸操作的问题还会影响他们对朱子学的理解和信任。从理论上来说，礼乐能否实践的问题，也牵涉到朱子学或者儒学所具有的普遍性如何与各地域的特殊性结合的问题。可以说，这一领域的研究不仅对中国，对东亚世界也具有深远的意义。

第四，构建文化交涉的视野。朱子学不仅对于明清中国，而且对东亚世界也产生过巨大的影响。因此我们也有必要拓宽朱子学研究的视野，不仅应当像鹤成久章、新田元规一样，将朱子学置于宋元明清这一纵向连续的历史演变中加以考察，而且也应当如土田健次郎一样，在研究朱子学之际，也能够横向扩展，关注诸如仁斋学、徂徕学等中国以外地区的朱子学注释和研究。正如吾妻重二所提倡的"文化交涉学"的视野和思路，我们应该积极关注日本、韩国和越南等地的朱子学，充分把握朱子学的丰富内涵及其发展的多种可能性。文化交涉学的视野和方法正有助于我们深入考察这种丰富内涵和多元特色。而这种丰富性和多样性，实际上也正是朱子学所蕴含的普遍性的具体体现。从江户初期藤原惺窝等人那里，我们就可以看到朱子学具有普遍性这一特点。他们不仅对朱子学倡导的普遍性观念进行思考和体认，并且也积极地将其付诸实践。在吾妻介绍的三大计划以外，自2013年起，中国大陆也首次以"国家项目"的形式推动日韩朱子学的研究，这也预示着东亚朱子学或东亚儒学的研究将在未来获得更深入的推进，同时也为中国朱子学研究的深入推进甚至再次成为朱子学的中心注入新的活力。

第五，构筑起新的研究平台。种村和史和鹤成久章的文献研究不仅展示了日本学者扎实严密的文献考证功夫，其投入大量时间、精力于基础性文献研究的耐心和毅力，也颇值得我们学习。更重要的是，他们的这些研究，还为对相关领域感兴趣的学者做进一步研究提供了平台，指示了方向。如借助于种村的研究，保守地说至少可以在以下几个方面拓展：1. 将其方法运用于对段昌武《毛诗集解》的研究；2. 从严粲对旧说、新说的取舍看严粲《诗经》学研究的特色；3. 就朱子旧说、新说的差异，探讨朱熹《诗经》学形成发展的过程；4. 朱子《诗经》著述的版本、流通与影响。而对于鹤成所梳理的朱子及其后学的文献，我们不仅可以从文献的角度继续对其加以深入系统地分类和整理，而且也可将其运用于对朱子及其后学的思想研究中。而且《四书纂疏》本身对早期《朱子语录》形成史和朱子后学思想研究所具有的价值，显然也还有待我们加以充分发挥。而吾妻重二所揭示的"文化交涉"的视野和方法，实际上也对朱子学研究具有重大的意义。总之，这些研究都可以成为新的研究的"生长点"，这也是值得我们借鉴学习的做法。

第六，充分利用中国学界的成果。放在整个战后 70 年日本中国学研究史的视域中来看的话，近年来的这一特点应该说是相当明显的。[①]较早的陈来《朱子书信编年考证》、束景南《朱熹年谱长编》等自不必说，前几年朱杰人领衔出版的《朱子全书》（2010 年修订版）等也都成为日本学者使用的必备参考资料。[②]当然对中国学者的成果，日本学者虽也有所辨析甚至批评，但其问题关注点却往往也与中国学者关注和争论的问题有一致之处。这一方面表明中国学者在研究和出版领域的成果受到日本学者的重视或认可，在朱子学研究的领域里中日学界的互动甚至一定程度上的融合的趋势也相当明显；但另一方面也督促我们更加积极地吸收日本学界的已有成果和关注其最新动态，在互动中进一步提升研究的业绩。《朱子学年鉴》设置"当年各国各地区朱子学研究综述"这一栏目，其目的也无非是加快互动的频率，促进研究成果的传播。

本文在涉及作者问题意识或文献考证等处"不厌其烦"地加以叙述，其意图也无非是希望不仅能概括介绍其成果及思路，更能引起读者阅读原文或者就相关问题继续深入研究的兴趣。至于这些研究所存在的问题，本文虽也多有评论，但其是非得失，最终也仍有待读者的评判。

---

① 与此同时，作者一般都会同时给出中文引文的原文及其日译，如果二者选其一的话，出现中文原文的概率似乎也要高于日译。这也是近年来才出现的趋势。

② 不过朱杰人主编的另外两套印量极少的《朱子著述宋刻集成》和《元明刻本朱子著述集成》是否因为流传不广所致，鲜见引用。今后应引起学者更多的重视。

《朱子语类》合刊本编修刍议

胡秀娟　朱杰人（华东师范大学）

一　缘起

　　《朱子语类》是朱熹与弟子答问语录的分类汇编，其范围广泛，涉及各个领域，展现了朱熹宏大的理学思想体系，也呈现出朱熹思想的发展轨迹，是研究朱熹生平及其思想的重要文献资料。朱子语录具有独特的文献数据研究价值，只要正确运用《朱子语类》来研究朱熹思想，就能发挥出《朱子语类》中无可替代的巨大作用。

　　一直以来，黎靖德于咸淳六年（1270）编纂完成的《朱子语类》（以下简称"咸淳刻本"）为人们所尊用。然而，1982年日本中文出版社影印出版了《朝鲜古写徽州本朱子语类》（以下简称"古写本"），人们由此方得知，早已亡佚的、成书时间早于咸淳刻本的《徽州刊朱子语类》（以下简称"《徽类》"）竟还有摹写本存世。这是由众多朝鲜学者合力摹写而成，目前仅日本九州岛大学图书馆存一孤本。根据古写本内容可知，古写本与咸淳刻本的体系相似、规模相当，但是，古写本的面世为朱子学研究提供了不少新资料，例如内页"宝祐二年再校正本"字样内容，卷首吕午序、朱子门人姓氏，卷末蔡杭跋，以及咸淳刻本无而古写本特有的语录内容，咸淳刻本简略而古写本详细的语录内容，咸淳刻本与古写本差异的内容等等。根据这些新资料，关于朱子思想和朱子门人的既有研究中的一些疑问可以找到答案。古写本的文献价值毋庸置疑。

　　那么，如何正确使用古写本，才能最大限度地展现《朱子语类》的文献价值呢？

二　《朱子语类》版本综述

在回答上述问题之前，我们有必要先明确自宋以来各版《朱子语类》的情况。需要说明的是，以下罗列均为《朱子语类》一百四十卷本，如叶士龙《晦庵先生语类类要》（十八卷）、吕留良《四书朱子语类摘抄》（三十八卷）、《徽续类》（四十卷）等非完整的语类规模，不列入考察：

《蜀类》：《眉州刊朱子语类》，黄士毅编于嘉定十年（1219），刊于眉州。已亡佚。

咸淳刻本：《朱子语类》，或称《朱子语类大全》，黎靖德于咸淳六年（1270）编纂完成的《朱子语类》，据《蜀类》《徽续类》《池录》《饶录》《饶后录》《建别录》编纂而成。已亡佚。

成化本：成化九年（1437）陈炜复咸淳刻本而成。藏国家图书馆、天津图书馆、台湾"中央图书馆"。

万历本：万历三十二年（1604）朱吾弼、朱崇沐以成化本为底本翻刻而成。藏上海图书馆、浙江图书馆。

四库本：四库全书所收录之内府藏本，即万历本，编于文渊阁四库全书子部二。

院本：同治十一年（1872），应元书院据万历本翻刻。藏上海图书馆、南京图书馆等。

贺本：光绪二年（1876）贺瑞麟于刘氏传经堂刻《西京清麓丛书》，据万历本翻刻《朱子语类》。国家图书馆有藏。

《徽类》，即《徽州刊朱子语类》：南宋淳祐十二年（1252），紫阳书院众人以《蜀类》为基础进行增补编修并刊于徽州；宝祐二年（1254）又有再校正本。已亡佚。

古写本，即《朝鲜古写徽州本朱子语类》：是《徽州刊朱子语类》宝祐二年（1254）再校正本的摹写本。现存于日本九州岛大学图书馆，1982年已影印出版。台湾"国家图书馆"存有影印出版的藏本。

另日本、韩国各种刻本，均据成化本、万历本翻刻而成。此处不再一一罗列。

根据以上罗列各版情况可知，《蜀类》是最早的《朱子语类》版本，《朱子语类》的类分体系即由《蜀类》的编者黄士毅草创而成。黎靖德说他用了《蜀类》《徽续类》及其他材料编成咸淳刻本（1270），此后成化本、万历本、四库本、吕本、院本、贺本等均属于咸淳刻本系统。由于黎靖德所编的咸淳刻本已亡佚，咸淳刻本系统中现存最早的《朱子语类》善本则是成化本。而紫阳书院众人亦根据《蜀类》及其他材料编成《徽类》，有淳祐十二年（1252）初刻本和宝祐二年（1254）再校正本；古写本则根据《徽类》宝祐二年（1254）再校正本摹写而成。为区别于咸淳刻本系统，我们不妨称《徽类》各版本的系统为徽州本系统。这两个系统的《朱子语类》的内容有异同部分，咸淳刻本系统的内容因材料更多而更加丰富，但徽州本系统因成书时间更早，语言更加古朴生动。古写本作为现存的唯一可以呈现徽州本系统内容的《朱子语类》，其文献学价值不言而喻。

那么，当代已出版的《朱子语类》如何使用古写本？

中华本：中华书局1986年出版的排印本，王星贤点校，以贺本为底本，用成化本、吕氏刻本、应元书院刻本参校而成。

岳麓本：岳麓书社1993年出版，由杨绳其、周娴君根据四库本完成的点校本。

全书本：上海古籍出版社于2002年出版《朱子全书》，其中所包含《朱子语类》，郑明点校，以成化本为底本，用万历本、古写本参校而成。2010年有修订版。

汇校本：上海古籍出版社2014年出版的《朱子语类汇校》，徐时仪点校。以古写本为底本，用成化本、池录等参校而成。

据以上可知，中华本、岳麓本并未涉及古写本，而全书本与汇校本则均以校勘手段来处理徽州本系统与咸淳刻本系统之间的关系。

然而，这种传统方式其实并不妥当。古写本呈现了《徽类》的原貌，而《徽类》成书时间早于咸淳刻本，是以洪勋为首的紫阳书院众人在1252～1254年间基于《蜀类》增修而成；① 黎靖德自己说他编成《朱子语类》参用了"四录二类"（《池录》《饶录》《饶后录》《建别录》《蜀类》《徽续类》）并进行整合删改，最后在咸淳六年（1270）定稿。实际上，根据古写本中所提供的新资料，《徽类》的底本并不包含《池录》，黎靖德也并未参用《蜀类》。② 那么，这样两部作者不同、参用数据也不尽相同的书怎能用互相校勘的方式来处理？全书本以成化本为底本，以古写本为对校本，这种方式欠妥当，主要是因为不能忠实呈现《徽类》原貌，以致古写本的文献价值未受到应有的重视。而汇校本以古写本为底本，以成化本、《池录》等为对校本，这种古籍文献整理方式值得商榷。成化本的内容源自于咸淳刻本（1270），而古写本呈现的是《徽类》（1252～1254）的内容，用后出的版本参校早出的版本，无益于古籍原本的保存。而《徽类》成书过程中并未直接参用《池录》，虽然这两种书都是关于朱子语录的汇编，但朱子的思想学说在其一生中存在一个演变过程，若考察这两部书中为同一议题的朱子语录差别，则应注重朱子与门人讨论的时间背景等因素，仅用数版《池录》来参校古写本，恐怕这并不能忠实全面地反映出语录原本展示的朱子学思想内容。

三 古写本与成化本在比较中凸显的《朱子语类》文献价值

基于古写本的重要文献价值与《朱子语类》在朱子学研究中的重要地位，今提出编修"《朱子语类》合刊本"（以下简称"合刊本"）的

---

① 据胡秀娟《朝鲜古写徽州本朱子语类研究》，华东师范大学出版社，2013年，第37～40页所考，《徽类》的底本包含《蜀类》《饶录》及其他，或有《朱子语略》《朱子语录类要》《传导精语》等，然而并未含《池录》。

② "黎靖德并未参用《蜀类》"，论证过程详见胡秀娟《朝鲜古写徽州本朱子语类研究》，华东师范大学出版社，2013年，第98～103页。

计划，目的是让学界意识到古写本的文献价值所在。只有改变传统校勘的使用方式而采用比较的方法，古写本与成化本的重大文献价值才能体现出来。

（一）通过比较古写本与成化本，可更为全面地了解朱子的学说思想

如：

四〇、一四

曾点之志，夫子当时见他高于三子，故与之。要之，观夫子"不知所以裁之"之语，则夫子正欲共他理会在。道夫。

四〇、一四、一四

先生问曹兄叔远云："子路、曾晳、冉有、公西华侍坐，子路、冉有之徒说许多话，说得如许大，圣人却不取他。至如曾晳说得全无意思，圣人却取他，曰：'吾与点也。'看圣人这意思如何？"卓。

四〇、一四、一九

曾点之学，盖有以见夫天理流行，随处发见，充足弥满，无少欠阙，故其言志不过，即其所居之位，与诸朋侪徜徉自适，初无舍己为人之意，而其胸次超然，直与天地万物上下同流，各得其所之妙，隐然自见于言外，非三子之所及也。故夫子叹惜而深与之。

成化本语录中，朱子认为夫子见曾点"高于三子"，"故与之"，但内容较为简略。古写本中此二条似为一组问答，答语同朱注四书先进篇。经比较成化本与古写本，可见朱子认为夫子深与曾点的缘由，朱子对夫子与曾点这一节由此清晰明了。

又如：

五、〇、九九

"精神在人身上，如何分？"曰："神属外，精在里。神属气，精属魄。"可学。

此条为古写本特有，成化本无此条语录。比较成化本语录九五、二四中所包含徐寓所记一段："直卿云：'看来"神"字本不专说气，也可就理上说。先生只就形而下者说。'先生曰：'所以某就形而下说，毕竟就气处多，发出光彩便是神。'味道问：'神如此说，心又在那里？'曰：'神便在心里，凝在里面为精，发出光彩为神。精属阴，神属阳。说到魂魄鬼神，又是说到大段粗处。'"可见古写本中此则语录简洁精练，一语道明如何在人身上分精神。

（二）通过比较古写本与成化本，可以互补、印证朱子语录内容

如：

五二、一九四

诐，是偏诐，说得来一边长，一边短。其辞如此，则知其心有所蔽矣。淫，是放荡，既有所蔽，说得来渐次夸张。其辞如此，则知其心有所陷矣。邪辞是既陷后，一向邪僻离叛将去。遁词是既离后走脚底话。如杨氏本自不"拔一毛而利天下"，却说天下非一毛所能利；夷子本说"爱无差等"，却说"施由亲始"；佛氏本无父母，却说父母经，皆是遁辞。人杰。赐录云："诐辞是一边长，一边短，如人之跛倚。缘他只见这一边，都不见那一边，是以蔽。少间说得这一边阔大了，其辞放荡，便知他心陷在这里。邪说是一向远了，遁辞是走脚底话，如墨者夷之"云云。

五二、一九四、一五三

诐辞，是一边长，一边短，如人之跛倚。缘他只是见这一边，都不见那一边，是以蔽。少间说得这一边阔大了，其辞放荡，便知他心陷在这里。邪说是一向远了，遁辞是走脚底语，如墨者夷之，他来说爱无差等，却又说施由亲始。杨朱不肯拔一毛以利天下，不及遁处，却说天下非拔一毛所能利；若人人拔一毛，则天下利矣。如佛氏他本无父母，却说父母经，这是他遁了。赐。

五二、一九四、一五四

诐，是偏诐，说得来一边长，一边短。其辞如此，则知其心有所蔽矣。淫，是放荡，既有所蔽，说得来渐次夸张。其辞如此，则知其心有所陷矣。邪辞是既陷后，一向邪僻离叛将去。遁词是

既离后走脚底话。如杨氏本自不"拔一毛而利天下",却说天下非一毛所能利;夷子本说"爱无差等",却说"施由亲始";佛氏本无父母,却说父母经,皆是遁辞。儒用。人杰同。

经比较成化本与古写本,不仅补足"遁辞是走脚帝话,如墨者夷之"详细内容,而且据此可见除万人杰、林赐之外,另有李儒用与二人同时问学于朱子。

又如:

五六、一〇

"道二:'仁与不仁而已矣',犹言好底道理,不好底道理也。若论正当道理,只有一个,更无第二个,所谓'夫道一而已矣'者也。"因言"胡季随主其家学"云云。已下见胡仁仲类。僴。

五六、一〇、七

"道二:'仁与不仁而已矣',犹言好底道理,不好底道理也。若论正当道理,只有一个,更无第二个,所谓'夫道一而已矣'者也。"因言:"胡季随主其家学说:'性不可以善言。'本然之性,是上面一个,其尊无对。善是下面底,才说善时,便与恶对,非本然之性矣。'孟子道性善',非是说性之善,只是赞叹之辞,说'好个性'!如佛言'善哉'!此文定之说。某尝辨之云:'本然之性,固浑然至善,不与恶对,无善可对。此天之赋予我者然也。然行之在人,则有善有恶:做得是者为善,做得不是者为恶。岂可谓善者非本然之性?只是行于人者,有二者之异,然行得善者,便是那本然之性也。'若如其言,有本性之善。又有善恶相对之性,则是有二性矣!方其得于天者,此性也;及其行得善者,亦此性也。只是才行得善底。便有个不善底,所以善恶须着对说。不是元有个恶在那里,等得他来与之为对。只是行得错底,便流入于恶矣。此文定之说,故其子孙皆主其说,而致堂、五峰以来,其说益差,遂成有两性:本然者是一性,善恶相对者又是一性。他只说本然者是性,善恶相对者不是性,岂有此理!然文定又得于龟山，龟山得之东林常总。总，龟山乡人，与之往来，后住庐山东林。龟山赴省，又往见之。总极聪明，深通佛书，有道行。龟山问：'"孟子道性善"，说得是否？'总曰：'是。'又问：'性岂可以善恶言？'总曰：'本然之性，不与恶对。'此语流传自他。然总之言，本亦未有病。盖本然之性是本无恶。及至文定，遂以'性善'为赞叹之辞；自致堂、五峰以来辈，遂分成两截，说善底不是性。若善底非本然之性，却那处得这善来？既曰赞叹性好之词，便是性本善矣。若非性善，何赞叹之有？如佛氏曰'善哉！善哉'！亦是说这道理好，所以赞叹之也。二苏论性亦是如此，尝言'孟子道性善'，犹云火之能熟物也；荀卿言'性恶'，犹云火之能焚物也；龟山反其说而辨之曰：'火之所以能熟物者，以其能焚故耳。若火不能焚，物何从熟？'苏氏论性说：'自上古圣人以来，至孔子不得已而命之曰一，寄之曰中，未尝分善恶言也。自"孟子道性善"，而一与中始支矣！'他更不看道理，只认我说得行底便是。诸胡之说亦然，季随至今守其家说。"僴。

成化本中有"已下见胡仁仲类"，然成化本中无"胡仁仲类"，卓录（一〇一、一六八）详细且注僴录略，归类于"胡康侯"，属程子门人卷。而古写本中本卷有详细僴录，亦有详细卓录（一〇三、〇、二二），属"胡仁仲类"，附于杨氏门人卷下。

（三）通过比较古写本与成化本，可见有众多朱子门人一时同闻之语录。尽管语录只有略微差异或完全相同，然可提供朱子门人交往之文献资料

如：

二三、一〇

问："北辰是甚星？集注以为'北极之中星，天之枢也'。上蔡以为'天之机也。以其居中，故谓之"北极"。以其周建于十二辰之舍，故谓之"北辰"'。不知是否？"曰："以上蔡之明敏，于此处却不深考。北辰，即北极也。以其居中不动而言，是天之枢

轴。天形如鸡子旋转，极如一物，横亘居中，两头称定。一头在北上，是为北极，居中不动，众星环向也。一头在南，是为南极，在地下，人不可见。"因举先生感兴诗云："感此南北极，枢轴遥相当。即是北极否？"曰："然。"又问："太一有常居，太一是星否？"曰："此在史记中，说太一星是帝座，即北极也。以星辰位言之，谓之太一；以其所居之处言之，谓之北极。太一如人主，极如帝都也。""诗云：'三辰环侍傍。'三辰谓何？"曰："此以日、月、星言也。"㝢。

二、〇、四

居甫问："上蔡谓北极为天之机也。以其居中，故谓之'北极'。以其周建于十二辰之舍，故谓之'北辰'。不知然否？"曰："以其居中不动，众星环向，为天极轴。天形如鸡子旋转，极如一物，横亘在中，两头枰定。一头在北上，是为北极，一头在南下，是为南极。"又问太一。曰："太一是帝座，即北极也。以星辰位言之，谓之太一；以其所居之处言之，谓之北极。太一如人主，极如帝都也。"道夫。

以上二则内容相似，据古写本道夫所录"居甫问"，可知此当为二者一时所闻，所记互有详略。以此可补杨道夫与徐居甫同时从学与朱子之例证。

又如：

四二、二三

"或问伊川：'未出门，未使民时如何？'曰：'此"俨若思"时也。'圣人之言，得他恁地说，也好。但使某答那人，则但云：'公且去"出门如见大宾，使民如承大祭"。'"因曰："那未出门、使民时，自是当敬。不成未出门、使民时不敬，却待出门时，旋旋如见大宾；使民时，旋旋如承大祭，却成甚举止！圣人所以只直说'出门如见大宾，使民如承大祭'，更不说那未出门、使民时如何。如今恁地说，却较淡了。"义刚。夔孙录云："伊川答此问固好，足以明圣人之说，见得前面有一段工夫。但当初正不消恁地答他，却好与他说：'今日就出门、使民时做去。若是出门使民时果能如见大宾，承大祭，则未出门、使民以前，自住不得了。'"

四二、二三、一五

"伊川答'或人未出门、使民以前'之说，或问伊川：'未出门，未使民时如何？'曰：'此"俨若思"时也。'固是好，足以明圣人之说，见得前面有一段工夫。但当初正不消恁地答他，却好与他说：'今且就出门、使民时做去。若是出门使民时，果能如见大宾，承大祭，则未出门、使民时，自住不得。'"寓。

成化本中此条语录为黄义刚所录，并林夔孙所录做比较与补充。经比较古写本与成化本，可见此条另有徐寓所录与林夔孙录少异，盖一时所闻。据此可作徐寓与林夔孙同时问学于朱子之例证。

（四）通过比较古写本与成化本，可补充朱子门人姓氏，如："庚辛二家"

比较古写本与成化本卷首的朱子门人姓氏，古写本新增"庚辛二家"。关于朱熹弟子的名录，历代均有整理著作，如明人戴铣《朱子实纪》，宋端仪《考亭渊源录》，李朝李滉亦著《宋季元明理学通录》；清人朱彝尊亦作《经义考》收朱子门人名录，以及张伯行所改订之《道南源委》，万斯同之《儒林宗派》，黄宗羲《宋元学案》《宋元学案补遗》亦有收朱子门人之卷，还有李清馥所撰之《闽中理学渊源考》等。且又今有陈荣捷所编之《朱子门人》，此书综合历代资料进行梳理，可谓现今朱子门人相关著作之善本。但是，这些著作并无"庚辛二家"之名。

古写本卷首仅录"庚辛"并以小字注"此系二家无姓名"，并未如其余门人一般详列其字号籍贯；然而黄士毅首创"朱子语类"的类分法，而每条朱子语录末尾所记小字即为本条语录的抄录者名字，古写本中有"庚"所记语录数47则，主要涉及性理、《大学》《论语》《易》《尚书》、礼、历代、论文、杂类等诸类。其中庚与朱子问答4则，"辛"有与朱子问答1则，又有为"辛"所记录之朱子语录17则，其中"徐仁甫问"有6则（卷24，卷44），均涉及《论语》；"叶贺孙问"1则，"曹叔远问"3则，"刘黻问"1则。在古写本中出现的"庚辛"二家与卷首"庚辛二家"相对应，又经考察同时问学于朱子之门人或讲友，如李儒用、丘膺、吕焘、徐仁甫、曹叔远等，"庚辛"并非时间标志，故推断朱子门人中确有此二家。然关于"庚辛二家"字号郡望，因目前相关资料不足，仍有待详考。

（五）通过比较古写本与成化本，可从中得出证据数据，由此进行《朱子语类》咸淳刻本编纂依据的考证

黎靖德说他编纂《朱子语类》参用了"四录二类"，即《池录》《饶录》《饶后录》《建别录》和《蜀类》《徽续类》。其中《蜀类》是最重要亦较为特别的。《蜀类》是黄士毅编于嘉定十年（1219）的《眉州刊朱子语类》，黄士毅草创了类分语录的方法，分规模庞大的朱子语录为一百四十卷，是最早的《朱子语类》版本。后来的各版《朱子语类》均据此框架增补内容而成。成化本中有4则语录中以小字注"蜀本"，3则语录中以小字注"蜀录"，1则注"黄本"，"蜀本""蜀录""黄本"均指《蜀类》，由于《蜀类》已亡佚，故无从证实黎靖德所言"蜀本"情况。然而，对比古写本和成化本，却能发现成化本中所提及"蜀本""蜀录""黄本"情况与古写本中均一一对应。如：

（1）

一一五、二五

于今为学之道，更无他法，但能熟读精思，久久自有见处。"尊所闻，行所知"，则久久自有至处。若海。蜀本作道夫录。

一一四、〇、四四

于今为学之道，更无他法，但能熟读精思，久久自有见处。"尊所闻，行所知"，则久久自有至处。以上并道夫自录。

（2）

一二六、一三四

近看石林过庭录，载上蔡说伊川参某僧，后有得，遂反之，蜀本作"去"。偷其说来做己使，是为洛学。某也尝疑如石林之说固不足信，却不知上蔡也恁地说，是怎生地？向见光老示及某僧与伊川居士帖，后见此帖乃载山谷集中，后又见蜀本有"文集别本"四字。有跋此帖者，蜀本作"语"。乃僧与潘子真潘淳，乃兴嗣之子也。帖，蜀本云："其所以载于山谷集者，以山谷载于山谷，而或与山谷帖也。"淳录云："其非与伊川，明矣。"其差谬类如此。但当初佛学只是说无存养底工夫，至唐六祖始教人存养工夫。当初学者亦只是说不曾就身上做工夫，至伊川方教人就身上做工夫。所以谓伊川偷佛说为己使。义刚。

一二六、一三四、三八

当初佛学只是说无存养底工夫，至唐六祖始教人存养工夫。当初学者亦只是说不曾就身上做工夫，至伊川方教人就身上做工夫。所以谓伊川偷佛说为己使。义刚。按陈淳录同。

一四〇、〇、六三

近看石林过庭录，石林乃叶梦得，此录乃其子集，载上蔡说伊川参某僧，后有得，遂反去。偷其说来做，已便是为洛学。某也尝疑如石林之说固不足信，却不知上蔡也恁地说，是怎生底？陈无某也以下至此。向见光老示及某僧与伊川居士帖，后见此帖载山谷集中，后又见文集别本有跋此帖语，乃僧与潘子真潘淳，乃兴嗣之子也。帖。其所以载于山谷集者，以山谷尝录其语，而或以为山谷帖也。此下陈有"其非与伊川明矣"七字。义刚。按陈淳录同而少异。

（3）

二八、二〇

问："'子使漆雕开仕。对曰："吾斯之未能信。"'斯者，此理也。漆雕开能指此理而言，便是心目之间已有所见。未能信者，未能真知其实然，而自保其不叛。以此见'漆雕开已见大意'，方欲进进而不已。盖见得大意了，又要真知到至实无妄之地，它日成就其可量乎！此夫子所以悦其笃志也。"祖道。按：此无答语，姑从蜀本存之。

二八、二〇、一五

又问："'子使漆雕开仕。对曰："吾斯之未能信。"'斯者，此理也。漆雕开能指此理而言，便是心目之间已有所见。未能信者，未能真知其实然，而自保其不叛。以此见'漆雕开已见大意'，方欲进进而不已。盖见得大意了，又要真知到至实无妄之地，它日成就其可量乎！此夫子所以悦其笃志也。"祖道。

（4）

三五、三五

杨问："'君子所贵乎道者三'，若未至此，如何用工？"曰："只是就容貌辞色之间用工，更无别法。但上面临时可做，下面临时做不得，须是熟后能如此。初间未熟时，虽蜀本淳录作'须'字。是动容貌，到熟后自然远暴慢；虽是正颜色，到熟后自然近信；虽是出辞气，到熟后自然远鄙倍。"寓。淳录此下云："辞是言语，气是声音，出是从这里出去，三者是我身上事要得如此。笾豆虽是末，亦道之所在，不可不谨。然此则有司之事，我亦只理会身上事。"

三五、三五、二三

林问"动容貌斯远暴慢"章："若未到此，如何用工？"曰："也只是说杨作就字。容貌颜色辞气之间用工，更无别所。杨作法字。但上面可临时做，下面非临时做得，须是熟，然后能如此。初间未熟时，须是动容貌，至熟后，便自然远暴慢；未熟时，须是正颜色，至熟后，自然近信。辞是言语，气是声音，出是从这里出去，三者是切我身上事要得如此。笾豆虽是末，亦道之所在，不可不谨。然此则有司之事，我只理会身上事。"淳。杨至问同。

（5）

一六、八三

"'自慊'之'慊'，大意与孟子'行有不慊'相类。子细思之，亦微有不同：孟子慊训满足意多，大学训快意多。横渠云：'有外之心，蜀录作"自慊"。不足以合天心。'初看亦只一般。然横渠亦是训足底意思多，大学训快意多。"问："大学说'自慊'，且说合做处便做，无牵滞于己私，且只是快底意，少间方始心下充满。孟子谓'行有不慊'，只说行有不满足，则便馁耳。"曰："固是。夜来说此极子细。若不理会得诚意意思亲切，也说不到此。今看来，诚意'如恶恶臭，如好好色'，只是苦切定要如此，不如此自不得。"贺孙。

一六、八三、七一

"'自慊'之'慊'，大意与孟子'行有不慊'相类。子细思之，亦微有不同：孟子慊训满足意多，大学训快意多。横渠云：'自慊，池本作"有外之心"。不足以合天心。'初看亦只一般。然横渠亦是训足底意思多，大学训快意多。"问："大学说'自慊'，且说合做处便做，无牵滞于己私，且只是快底意，少间方始心下充满。孟子谓'行有不慊'，只说行有不满足，则便馁耳。"曰："固是。夜来说此极子细。若不理会得诚意意思亲切，也说不到此。今看来，诚意'如恶恶臭，如好好色'，只是苦切定要如此，不如此自不得。"贺孙。

（6）

六六、二〇

用之问："坤六二：'直方大，不习无不利。'学须用习，然后至于不习。"曰："不是如此。圣人作易，只是说卦爻中有此象而已。如坤六二'直方大，不习无不利'，自是他这一爻中有此象。人若占得，便应此事有此用也，未说到学者须习至于不习。在学者之事，固当如此。然圣人作易，未有此意在。"用之曰："然。'不习无不利'，此成德之事也。"曰："亦非也。未说到成德之事，只是卦爻中有此象而已。若占得，便应此象，都未说成德之事也。某之说易，所以与先儒、世儒之说皆不同，正在于此。学者须晓某之正意，然后方可推说其它道理。某之意思极直，只是一条路径去。若才惹着今人，便说差错了，便非易之本意矣。"池录云："如过剑门相似，须是蓦直撺过，脱得剑门了，却以之推说易之道理，横说竖说都不妨。若才挨近两边触动那剑，便是撺不过，便非易之本意矣。"才卿云："先生解易之本意，只是为卜筮尔。"曰："然。据某解，一部易，只是作卜筮之书。今人说得来太精了，更入粗不得。如某之说虽粗，然却入得精，精义皆在其中。若晓得某一人说，则晓得伏羲、文王之易，本是作如此用，元未有许多道理在，方不失易之本意。今未晓得圣人作易之本意，便先要说道理，纵饶说得好，池录云：'只是无情理。'只是与易元不相干。圣人分明说：'昔者圣人之作易，观象设卦，系辞焉以明吉凶。'几多分晓！某所以说易只是卜筮书者，此类可见。易只是说个卦象，以明吉凶而已，更无他说。如干有干之象，坤有坤之象，人占得此卦者，则有此用以断吉凶，那里说许多道理？今人读易，当分为三等：伏羲自是伏羲之易，文王自是文王之易，孔子自是孔子之易。读伏羲之易，如未有许多彖、象、文言说话，方见得易之本意，只是要作卜筮用。如伏羲画八卦，那里有许多文字言语，只是说八个卦有某象，干有干之象而已。其大要不出于阴阳刚柔、吉凶消长之理。然亦尝说破，只是使人知卜得此卦如此者吉，彼卦如此者凶。今人未曾明得乾坤之象，便先说乾坤之理，所以说得都无情。及文王、周公分为六十四卦，添入'干元亨利贞'，'坤元亨利牝马之贞'，早不是伏羲之意，已是文王、周公自说他一般道理了。然犹是就人占处说，如卜得干卦，则大亨而利于正耳。及孔子系易，作彖、象、文言，则以'元亨利贞'为干之四德，又非文王之易矣。到得孔子，尽是说道理。然犹就卜筮上发出许多道理，欲人晓得所以凶，所以吉。卦爻好则吉，卦爻不好则凶。若卦爻大好而己德相当，则吉；卦爻虽吉，而己德不足以胜之，则虽吉亦凶；卦爻虽凶，而己德足以胜之，则虽凶犹吉，反复都就占筮上发明诲人底道理。如云：'需于泥，致寇至。'此卦爻本自不好，而象却曰：'自我致寇，敬慎不败也。'盖卦爻虽不好，而占之者能敬慎畏防，则亦不至于败。盖需者，待也。需有可待之时，故得以就需之时思患预防，而不至于败也。此则圣人就占处发明诲人之理也。"又曰："文王之心，已自不如伏羲宽阔，急要说出来。孔子之心，不如文王之心宽大，又急要说出道理来。所以本意浸失，都不顾元初圣人画卦之意，只认各人自说一副当道理。及至伊川，又自说他一样，微似孔子之易，而又甚焉。故其说易，自伏羲至伊川，自成四样。某所以不敢从，而原易之所以作而为之说，为此也。"用之云："圣人作易，只是明个阴阳刚柔、吉凶消长之理而已。"曰："虽是如此，然伏羲作易，只画八卦如此，也何尝明说阴阳刚柔吉凶之理？然其中则具此道理。想得个古人教人，也不甚说，只是说个方法如此，使人依而行之。如此则吉，如此则凶，如此则善，如此则恶，未有许多言语。又如舜命夔教胄子，亦只是说个'宽而栗，柔而立'之法，教人不失其中和之德而已，初未有许多道理。所谓'民可使由之，不可使知之'，亦只要你不失其正而已，不必苦要你知也。"又曰："某此说，据某所见且如此说，不知后人以为如何。"因笑曰："东坡注易毕，谓人曰：'自有易以来，未有此书也。'"僴。蜀录析为三，池录文差略。

六六、二〇、一九

用之问："易坤六二，爻'直方大，不习无不利。'学须用习，然后至于不习。"先生曰："不是如此。圣人作易，只是说卦爻中有此象而已。如坤六二'直方大，不习无不利'，自是他这一爻中有此象。人若占得，便应此事有此用也，未说到学者须习至于不习。在学者之事，固当如此。然圣人作易，未有此意在。"用之曰："然。'不习无不利'，此成德之事也。"先生曰："亦非也。未说到成德之事，只是卦爻中有此象而已。若占得，便应此象，都未说成德之事也。某之说易，所以与先儒、世儒之说皆不同，正在于此。学者须晓某之正意，然后方可推说其它道理。某之意思极直，只是一条路径去。若才惹着今人，便说差着了，便非易之本意矣。"才卿云："先生解易之本意，只是为卜筮尔。"曰："然。据某解，一部易，只是作卜筮之书。今人说得来太精了，更入粗不得。如某之说虽粗，然却入得精，精义皆在其中。若晓得某一人说，则晓得伏羲文王之易，本是作如此用，元未有许多道理在，方不失易之本意。今未晓得圣人作易之本意，便先要说道理，纵饶说得好，只是与易元不相干。圣人分明说：'昔者圣人之作易，观象设卦，系辞焉以明吉凶。'几多分晓！某所以说易只是卜筮书者，此类可见。"僩。

六七、〇、六

易只是说个卦象，以明吉凶而已，更无他说。如干有干之象，坤有坤之象，人占得此卦者，则有此用以断吉凶，那里说许多道理？今人读易，当分为三等：伏羲自是伏羲之易，文王自是文王之易，孔子自是孔子之易。读伏羲之易，如未有许多彖象文言说话，方见得易之本意，只是要作卜筮用。如伏羲画八卦，那里有许多文字言语，只是说八个卦有某象，干有干之象而已。其大要不出于阴阳刚柔、吉凶消长之理。然亦未尝说破，只是使人知卜得此卦如此者吉，彼卦如此者凶。今人未曾明得乾坤之象，便先说乾坤之理，所以说得都无情理。及文王周公分为六十四卦，添入"干元亨利贞"，"坤元亨利牝马之贞"，早不是伏羲之意，已是文王周公自说他一般道理了。然犹是就人占处说，如卜得干卦，则大亨而利于正耳。及孔子系易，作彖象文言，则以"元亨利贞"为干之四德，又非文王之易矣。到得孔子，尽是说道理。然犹就卜筮上发出许多道理，欲人晓得所以凶，所以吉。卦爻好则吉，卦爻不好则凶。若卦爻大好而自家之福相当，则吉；若卦爻虽吉，而自家之德不足以胜之，则虽吉亦凶；若卦爻虽凶，而自家之德足以胜之，则虽凶犹吉，反复都就占筮上发明诲人底道理。如云："需于泥，致寇至。"此卦爻本自不好，而象却曰："自我致寇，敬慎不败也。"盖卦爻虽不好，而占之者能敬慎畏防，则亦不至于败。盖需者，待也。需有可待之时，故得以就需之时思患预防，而不至于败也。此则圣人就占处发明诲人之理也。僩。

六七、〇、一〇

又曰："文王之心，已自不如伏羲宽阔，急要说出来。孔子之心，不如文王之心宽大，又急要说出道理来。所以本意浸失，都不顾元初圣人画卦之意，只认各人自说一副当道理。及至伊川之易，又自说他一样，微似孔子之易，而又甚焉。故其说易，自伏羲至伊川，自成四样。某所以不敢从，而原易之所以作而为之说，为此也。"用之云："圣人作易，只是明个阴阳刚柔、吉凶消长之理而已。"曰："虽是如此，然伏羲作易，只画八卦如此，也何尝明说阴阳刚柔吉凶之理？然其中则具此道理。想得个古人教人，也不甚说，只是说个方法如此，使人依而行之。如此则吉，如此则凶，伏羲八卦那里有许多言语？在某之此说，据某所见如此，东坡解易，自云：'有易以来，未有此书。'又不知后人以为如何。"僩。

（7）

三六、一三二

至之问："'好德如好色'，此即大学'如好好色'之意，要得诚如此。然集注载卫灵公事，与此意不相应，何也？"曰："书不是恁地读。除了灵公事，便有何发明？存灵公事在那上，便有何相碍？此皆没紧要。圣人当初只是恁地叹未见好德如那好色者。自家当虚心去看，又要反求思量，自己如何便是好德，如何便是好色，方有益。若只管去校量他，与圣人意思愈见差错。圣人言语，自家当如奴仆，只去随他，教住便住，教去便去。今却如与做师友一般，只去与他校，如何得！大学之说，自是大学之意；论语之说，自是论语之意。论语只是说过去，尾重则首轻，这一头低，那一头昂。大学只将两句平头说去，说得尤力。如何要合两处意来做一说得！"淳。蜀录作"林一之问"，文少异。

一〇、〇、一八

杨至之问："'好德如好色'，即是大学'如恶恶臭，如好好色'，要得诚如此。然集注载卫灵公事，与此意不相应，恐未稳否？"曰："书都不恁地读。除了卫灵公，便有何发明？在卫灵公上便有何相碍？此皆没紧要，较量他作甚底，恁地读书都不济事，都向别处去，不入这路来。圣人当初只是恁地叹，未见好德如那好色者，意只是如此，自是当虚心去看。又要反来思量自己如何便是好德，如何便是好色，如此方有益，何必根究灵公事。若只管去较量他，与圣人意思愈见差错。圣人言语，自家当如奴仆，只去随他。他教住便住，他教去便去。而今却与他做师友，只是较量他。大学之说，自是大学之意；论语之说，自是论语之意。论语只是说过去，尾重则首轻，这一头低，那一头便昂。大学是将两句平头说得尤力，如何合得来做一说？"淳。

（8）

七三、一五六

问："未济所以亨者，谓之'未济'，便是有济之理。但尚迟迟，故谓之'未济'；而'柔得中'，又自有亨之道。"曰："然。'小狐汔济'，'汔'字训'几'，与井卦同。既曰'几'，便是未济。未出坎中，不独是说九二爻，通一卦之体，皆是未出乎坎险，所以未济。"学履。本注云："士毅本记此段尤详，但今未见黄本。"

七三、一五六、一三〇

问："未济所以亨者，谓之'未济'，便是有济之理。但尚迟迟，故谓之'未济'；而'柔得中'，又自有亨之道。"曰："然。'小狐汔济'，'汔'字训'几'，与井卦同。既曰'几'，便是未济。未出坎中，不独是说九二爻，通一卦之体，皆是未出乎坎险，所以未济。"学履。

以上是成化本中出现"蜀本""蜀录""黄本"字样的所有语录，及古写本中相对应的所有语录，经比较成化本与古写本，成化本中所言"蜀本""蜀录""黄本"等情况与古写本几乎完全一致。仅（7）例中古写本语录中无"林一之问"四字。但古写本此条错简，从第117页转至第119页，《徽类》原本中是否确实无"林一之问"四字，尚无法确证。又，《徽类》有宝祐二年（1254）再校正本，另有淳祐十二年（1252）初刻本。再校正本与初刻本有差别"凡千余字"。故古写本此条无"林一之问"，或为成书时错简而疏漏，或为宝祐二年（1254）再校正时修改。

咸淳刻本中收录蔡杭所作《徽州刊朱子语类序》，且黎靖德序中多次提及"徽类""徽本"①，可见他是知道《徽类》这部书的。而《徽类》是根据《蜀类》增补而成，这也是确定无疑。成化本中提及《蜀类》，古写本均一一对应，古写本中所提"黄本"如何，成化本中却并未对应，亦未有注语，若黎靖德直接参用《蜀类》，此现象则无从解释。故推断黎靖德并未参用《蜀类》，而是参用了《徽类》。因黎靖德并未详述《徽类》的初刻本与再校正本，因此，黎靖德所参用的《徽类》极可能是《徽类》淳祐十二年（1252）初刻本。早在南宋末《蜀类》与《徽类》就有混淆的情况发生②，经此比较，黎靖德亦对此混淆一论点又添例证。

作为两个不同系统的版本，古写本与成化本存在许多异同，直接为数百年间各版《朱子语类》编纂过程提供了相关的信息依据，它不仅是研究朱子学思想和朱子门人渊源的重要资料，还展现了宋代闽北地区口语方言的古朴原貌，例如成化本卷七九"盘庚更没道理"，古写本作"盘庚更没理会"，二本差异值得揣摩。又如成化本卷一〇九"去

① 〔宋〕黎靖德编《朱子语类》，中华书局，1986年，第25～27页。
② 胡秀娟《朝鲜古写本徽州本朱子语类研究》，华东师范大学出版社，2013年，第102～103页。

之则伤仁恩，人必怨"，古写本作"去之则伤仁恩，人必怨怒"，"怨怒"作为词条首次出现在《徽类》中。这都是在比较成化本和古写本中凸显出的数据，诸如此类，不胜枚举。

综上所述，只有用比较的方式来使用成化本和古写本，《朱子语类》的重要文献价值才能更直观全面地展示出来，其中许多文献资料才不至于淹没于卷帙浩繁的书册之中。

四　合刊本的编修计划

（一）合刊本的定义

所谓合刊本，指的是将成化本和古写本汇编成一部《朱子语类》，它并非普通意义上的混合两部书的朱子语录，而是一部既不对通行的《朱子语类》内容有所增删，又可忠实地同时呈现成化本和古写本原貌的《朱子语类》。编修合刊本的目的是便于读者比较和使用这两部不同的书里的朱子语录。

（二）合刊本的体例

由于《朱子语类》是朱子及其门人答问语录的汇编，尽管已按卷类分，但因其规模较大，故在查阅、引用方面并不方便，且十分容易出错。今合刊本采用全新的三级编号形式对语录进行编号，不仅能解决原有版本在使用方面的缺点，而且将成化本和古写本异同的语录放在一起，便于使用者比较徽州本系统和咸淳刻本系统差异。更重要的是，用这样的形式合刊成化本和古写本，能够保存它们的原貌。其具体体例如下：

第一级编号为卷数。由于成化本与古写本卷数、类目完全相同，故此编号也两书相同。

第二级编号为成化本之条数。

第三级编号为古写本之条数。

两本语录如文字完全相同、条数亦相同，则古写本不重出文字。

成化本有而古写本无，则第三级编号为〇。

古写本有而成化本无，则第二级编号为〇，并录入古写本全部文字。

二本文字有异同，则各出各本文字。

二本文字相同，但卷数不同者，则附校勘记予以说明。

（三）合刊本样稿

卷二（一）

理气下

天地下

二、〇、一（二）

"天秉阳，垂日星；地秉阴，窍于山川。播五行于四时，和而后月生也。"阴阳变化，一时撒出；非今日生此，明日生彼。但论其先后之序，则当如此耳。横渠云："神为不测，故缓辞不足以尽神；化为难知，故急辞不足以体化。"因说雷斧，举横渠云："其来也，几微易简；其究也，广大坚固。"阔祖。

二、〇、二（三）

正蒙中"地纯阴，天浮阳"一段，说日月五星甚密。阔祖。

按：正蒙云：地纯阴，历聚于中天，浮阳转旋于外，此天地之常体也。恒星不动，纯系乎天与浮阳，运旋而不穷者也。日月五星逆天而行者，并系乎地者也，在气中虽顺天左旋，其所系辰象随之少，逆则反，移徙而右其间有缓急不齐者，七政之性殊也，月阴精及乎阳者也，教其右行最速日为阳精，然其质本阴故，其右行虽缓，亦不纯系乎天，如恒星之不动，金水附日，前后进退而行者，其理精深存乎物感而已矣。锁星地类，然根本五行虽其行最缓，亦不纯，系乎地也。火者，亦阴质为阳萃焉，然其气此日而微，故其迟，倍日惟木乃岁一盛一衰，故岁历一辰，辰者，日月一交之次，有岁之象也。

二、〇、三（四）

论五峰说极星有三个极星不动，殊不可晓。若以天运譬如轮盘，则极星只是中间带子处，恐所以不动。若是三个不动，则不可转矣！又言："虽形器之事，若未见得尽，亦不可轻立议论。须是做下学工夫。虽天文地理，亦须看得他破，方可议之。"又曰："明仲尝畏五峰议论精确，五峰亦尝不有其兄，尝欲焚其论语解并读史管见。以今观之，殊不然。如论语管见中虽有粗处，亦多明白。至五峰议论，反以好高之过，得一说便说，其实与这物事都不相干涉，便说得无着落。"

二、〇、四

居甫问："上蔡谓北极为天之机也，以其居中，故谓之北极。以其周建于十二辰之舍，故谓之北辰，不知然否？"曰："以其居中不动，众星环向为天之枢轴。天形如鸡子，旋转极如一物，横亘在中，两头枰定。一头在北上，是为北极，一头在南下，是为南极。"又问太一。曰："太一是帝座，即北极也。以星辰位言之谓之太一以其所居之处言之，谓之北极，太一如人主，北极如帝都也。"道夫。

二、一

二、一、一一

天文有半边在上面，须有半边在下面。渊。

二、二

二、二、一二

如何见得天有三百六十度？什么人去量来？只是天行得过处为度。天之过处，便是日之退处。日月会为辰。节。

二、三

二、三、一三

有一常见不隐者为天之盖，有一常隐不见者为天之底。节。

校勘记

（一）古写本本卷错简，第27页应转至第19页，第26页应转至第28页。

（二）古写本此条与八七、九二少异，互有详略。

（三）古写本此条与九九、一四少异，互有详略。

（四）古写本此条与一〇一、一九二少异，互有详略。

（五）古写本此条与二三、一〇少异，互有详略。

宋儒义理之学的再诠释

朱汉民（湖南大学岳麓书院）

什么是义理之学？历史上，人们把那些讲求儒家经义、探究名理的学问称之为"义理之学"。在中国学术思想史上，宋代义理之学是一种独特的学术形态，代表了儒家义理之学发展的最高阶段。

在人们的思想或印象中，义理之学似乎就是一种对抽象道理的思辨、对空虚德义的体悟。义理之学成为脱离实际、空疏无用的知识学问。这和历史上义理之学的本义以及后来的思想发展是完全相脱离的。本文试图对宋儒的义理之学重新做一诠释，以求得对义理之学的合理理解。

一 "义理"的本义

当清代学者将宋学定义为"义理之学"时，是为了与他们心目中的"汉学"区别开来。他们主要是以知识学意义上的学术范式差异来理解"义理之学"的"宋学"，即将"宋学"视为一种以道德义理的诠释、思辨为重点的义理之学，用来区别于以文字、文献和典章制度为重点的考据之学。但是这与宋儒自己所理解的"义理之学"有很大区别。当宋儒称自己的学说为"义理之学""理学"时，其意义首先是指学术的社会使命与文化功能意义上的，即他们旨在恢复原始儒学的社会文化功能，旨在恢复与建构一种"有体有用之学""内圣外王之学""圣学"，以解决社会的人心世道、经邦治国的问题。其次，"义理之学""理学"当然也是学术范式、知识形态意义上的，"义理之学"的目的是要恢复这种"明体达用之学""圣学"的文化功能，故其学术范式才必须采取以道德义理的诠释、思辨为重点的义理之学的学术形态。

要从社会功能、学术范式的双重意义上考察宋儒"义理之学",我们必须首先厘清:这个在文献典籍上耳熟能详的"义理之学"的历史意义是什么?所以,我们必须进一步探讨"义理之学"中"义理"的历史含义。

"义理之学"是宋代出现的,而"义理"或者"理义"则在先秦文献中已大量出现;同时在双字词"义理""理义"出现之前,就已经出现了"理""义"的单字词,并且有了确切的哲学含义;至于单字"理""义"组合而成的"义理""理义",则是其哲学含义的深化。

在先秦文献中,"义"是一个出现频率很高的词,其词义也较丰富,但是,其主要意思则是与正义、道义、德义相关的道德概念,涉及的是与人的道德价值相关的精神世界。人们既可以把它看作是诸多道德准则、道德规范的一种,如仁义礼智信"五德"之一;也可以将其看作是诸多德行、规范的根本准则。如郭店楚简《性自命出》所说:"义,群善之蕝也。"①

在先秦文献中,"理"也是一个大量出现的词,与"义"主要是一种道德意义的价值概念不同,"理"最初就是一种法则意义的客观规律概念。据学者邓国光考证,"理"最早见于典籍是动词"整理""治理"的意思,"与治国的'疆理天下'的重大事件相关"②。由动词的"理"转化出名词的"理",就具有了客观法则的意义。对于古人来说,客观法则的"理"可以是自然法则,即所谓"物成生理"③"万物殊理"④"凡理者,方圆、短长、粗靡、坚脆之分也。故理定而后可得道也、故定理有存亡,有死生,有盛衰"⑤;也可以是社会法则,即所谓"仁人以其取舍是非之理相告"⑥"故礼者,谓有理也"⑦。

① 《郭店楚墓竹简》,文物出版社,1998年,第179页。
② 邓国光《经学义理》,上海古籍出版社,2011年,第6页。
③ 《庄子·天地》。
④ 《庄子·则阳》。
⑤ 《韩非子·解老》。
⑥ 《墨子·非儒》。
⑦ 《管子·心术》。

在先秦文献中，当独立的"义"字、"理"字出现以后，又产生了将"义"和"理"连用的"义理"或"理义"。这种连用的"义理"的结合一般形成三种词组结构，并形成三种不同的含义。其一，是"理"与"义"并列义，如《墨子·非儒》有"不义不处，非理不行"，就是一种"义"与"理"的并列。所以《管子·形势解》说："国主之动静得理义，号令顺民心。"同时又指出："乱主之动作失义理，号令逆民心。"这里分别出现"理义"和"义理"，说明其"理"（法则）与"义"（道义）的并列关系。其二，是以"理"定义"义"的偏正结构。如孟子向来重视道义，多讲"义"，但偶尔也说"理义"，他说："心之所同然者，何也？谓理也，义也。圣人先得我心之所同然耳，故理义之悦我心，犹刍豢之悦我口。"①孟子所说的"理义"，旨在强调"义"的内在必然性，故以"理"修饰"义"。其三，是以"义"修饰"理"的偏正结构。《管子·心术》说："理也者，明分以谕义之意也。故礼出乎义，义出乎理，理因乎宜者也。"《管子》重"理"，故而他说的"理"是社会法则，他特别强调"理"的法则必然决定"义"的道义应然。

在先秦诸子中，大多都要讲"义""理"或者"义理"。但是，先秦儒家重道义故而主要讲"义"；而先秦道家、法家重自然法则或社会法则，故而主要讲"理"。一般而言，那些重视人文理想的学者、学派偏重道义（义）的重要性，而重视现实功利的学者、学派则偏重法则（理）的重要性。

对于以典籍知识为职业的读书人来说，读书、写书的目标就是探求和表达"义理"，即确立道义与法则。至于古人留下来的经典，其根本要旨就是承载、传播"义理"。所以，在"义""理"观念形成的同时，如何以经典中寻求义理就是其读书人的首要目标。《周易》是群经之首，先秦儒者就是希望探求圣人表达的"义理"，故而提出圣人作《易》时，"和顺于道德而理于义，穷理尽性以至于命"②，孔颖达《疏》

①《孟子·告子》。
②《周易·说卦传》。

云："以治理断人伦之正义。"这确实体现出了儒家的义理观，即以"正义"的道德价值去"治理"现实的政治秩序。所以，两汉时期确立了儒家经典在国家意识形态的地位以后，如何以经典文献中探寻义理观就成为儒家经学的使命。这时，与经学相关的概念大量出现，诸如：

"夫儒生之业，五经也。南面为师，旦夕讲授章句，滑习义理，究备于五经，可也。"①

"世儒说圣人之经，解贤者之传，义理广博，无不实见。"②

"其明经各试所习业，文、注精熟，辨明义理，然后为通。"③

汉唐时期的儒家经师、学者，以研究经典的文辞章句为业，但他们也意识到，通过经学的训诂章句的研习，旨在"辨明义理"，即探明"义"的应然道义与"理"的必然法则。

正是由于儒家的"义理"包含着"义"与"理"的法则，因此尽管"义理之学"的兴起本身是一种学术范式的重要转折，即由汉唐的章句训诂之学转换成两宋的义理之学，但这种学术范式的发生转换的内在动力、思想根源是复兴儒学的文化功能、政治使命。这种文化功能、社会使命是双重的：一方面要阐发儒学的道义价值内涵，激励儒家士大夫追求"道"的文化理想；另一方面，则是要推动儒学治理社会的实用功能，能够指导儒家士大夫在治国平天下活动中建功立业。

二　宋儒义理之学的双重目标

"宋学"所具有的"义理之学"形态，绝不是被许多学者所批评的那样，是一种空谈义理的学说，相反，它从产生就是旨在创建一种明体达用、内圣外王的学说。宋儒从儒家经典中阐发义理，一开始就是包含着创通经义与革新政令、世道人心与经邦济世的双重目标。

① 王充《谢短》，《论衡校注》卷十二，上海古籍出版社，2010年，第256页。
② 王充《书解》，《论衡校注》卷二十八，第556页。
③ 李林甫等《唐六典》卷二，中华书局，1992年，第45页。

　　从历史事实来看，那种将宋学等同于宋代理学的传统看法显然是不够的，因为在两宋时期的学术思潮中，涌现出各种不同学术主旨的观点与流派，以"道学""理学"自命的伊洛之学只是诸多学派中的一派，其他还有荆公新学、苏氏蜀学、永嘉之学、永康之学等。不仅是这些诸多的学者、学派均活跃于宋代学术思想界，而且他们的学术旨趣、思想观念具有"宋学"的"义理之学"共同特点，就是所谓明体与达用、创通经义与革新政令、世道人心与经邦济世统一的特点。

　　首先，宋学学者均希望通过对儒家经典的义理探求，建构一种道德性命之道，以解决世道人心的价值体系问题。其实，宋学学者的不同派别均重视义理之学，他们之所以强调经典的义理重于训诂章句，就在于义理是解决人心世道的价值建设。在宋学的义理之学中，"义"的儒家道义价值重振，一直是宋学学者所普遍关注的核心问题。推动宋学初兴的范仲淹，即是一位执着于复兴儒家道义价值的士大夫，他们"慎选举，敦教育"，主张"宗经则道大，道大则才大，才大则功大"，[1]他倡导"举通经有道之士"，在科举中将经义置于章句之上，均是为了整顿士风、重振儒家道义。被称之为宋学奠基人的"宋初三先生"，即胡瑗、孙复、石介，均是在宋初主张重振儒家道义的著名学者。胡瑗主张学术、教育应该坚持"有体、有用、有文"，其有体就是"君臣父子、仁义礼乐"的儒家伦理、道义的价值信仰。孙复研究《春秋》学以求本义、大义，此"义"也就是仁义礼乐的道义价值，他希望在宋初能够重振儒家道义。石介倡道统论，这个"道"也就是儒家推崇的道义价值，所谓"道于仁义而仁义隆，道于礼乐而礼乐备，道之谓也"[2]。另外，王安石所创立的荆公新学，同样一直是以复兴"先王之道德"为己任，重振儒家道义价值作为其学术的根本。他说："先王之道德，出于性命之理，而性命之理出于人心。诗书能循而达之，非

----

① 范仲淹《上时相议制举书》，《范文正公文集》卷十，《范仲淹全集》，四川大学出版社，2002年，第237页。
② 石介《移府学诸生》，《徂徕石先生文集》卷二十，中华书局，1984年，第245页。

能夺其所有而予之以其所无也。"① 他主张儒家道义价值的"性命之理"是人心本有的，从而为复兴"先王之道德"确立形而上的前提。与荆公新学同时崛起的洛学、关学等"道学"学派，更是以重振儒家道义价值为己任。他们重新诠释儒家经典，建构性与天道相通的义理之学，其目的就是重振儒家伦理，推动仁义礼智信的道义价值建构。如朱熹特别推崇《大学》《论语》《孟子》《中庸》四部书，就在于这四部书包括了儒家伦理的核心价值，他说："秦汉以来，圣学不传。儒者惟知章句训诂之为事，而不知复求圣人之意，以明夫性命道德之归。"② 由此可见，在宋学学者群体中间，无论是哪一派学者，他们希望复兴三代先圣、先秦儒家道德思想、价值信仰似乎完全是一致的。

其次，宋学学者均有很强的经世致用追求，无论是通过经典诠释而建构义理之学，还是直接从历史、现实中探讨经世之学、治世之方，宋学均十分关注并希望最终解决宋代政治、经济、军事、教育、法律问题，包括革新政令、抗击外辱、民生日用的治国平天下问题。宋学作为一种纠正汉唐以来"惟知章句训诂之为事"的学术思潮，他们与那种纯知识化的章句之学有完全不同的学术旨趣，就是更加关注社会现实，更加注重经世致用。前面所述的那些复兴儒家学说、推崇道义价值的宋学学者，恰恰也是有着强烈的经世济民追求、致力于革新政令事务的士君子。宋学的开拓者范仲淹就是北宋"庆历新政"的推动者，他的经义创发、师道推崇、士风重振的道义关怀，其实均是与改革弊政、富国强兵、选拔人才的经世致用目的联系在一起。范仲淹在《答手诏条陈十事》提出黜陟、抑侥幸、精贡举、择官长、均公田、厚农桑、修武备、减徭役、覃恩信、重命令十项新政，所表达的正是宋学革新政令的经世追求。宋学开创之初的"三先生"胡瑗、孙复、石介，其创发经义的道义关怀，也是与革新政令的经世追求是一体的。

---

① 王安石《虔州学记》，《临川先生文集》卷八十二，中华书局，1959年，第859页。
② 朱熹《中庸集解序》，《朱文公文集》卷七十五，《朱子全书》第24册，上海古籍出版社，2002年，第3640页。

胡瑗强调"明体达用"，其"用"就是"举而措之天下"①的经世追求，他在湖州时创"经义""治事"二斋分科的教学，其"治事"斋要求"治民以安其身，讲武以备其寇，堰水以利田，算历以明数是也"②。孙复的《春秋》大义其实就是基于现实的经世追求，即如欧阳修所说，是"明于诸侯大夫功罪，以考时之盛衰，而推见王道之治乱，得于经之本义为多"③。在北宋时期，在创发经义、革新政令方面产生巨大影响的无疑是王安石。王安石的"经术"与"经世"是统一的，他对神宗说"经术正所以经世务"④，他由此推动的"熙宁变法"，恰恰是他创就经义的目的。应该说熙宁新政是继庆历新政之后一场更加重大的革新政令的运动，充分体现了宋学所具有的强烈经世追求。同样，宋学中其他学派诸如关学、洛学、闽学等，虽然他们对经义道德、心性修养、形而上思辨方面更加关注，并且更加标榜自己的学说是"内圣之学""义理之学"，但是他们作为宋学的最重要力量，仍然表现出十分强烈的经世追求。张载著名的"为天地立心、为生民立命、为往圣继绝学、为万世开太平"恰恰是道义情怀与经世追求的统一，他所希望的恰恰是长治久安、太平之世的"三代之治"。二程反对王安石变法，其实只是他们的政治主张与王安石不同，但他们均主张以经术经世务，以治国平天下为学术的最终目的。

所以说宋学所追求的"义理之学"，其"义理"的含义正好包括了道义关怀的"义"与治理天下的"理"。几乎所有宋学学者、宋学学派，其实均是内圣与外王、明体与达用、经义与治事、道与治、道义与事功、世道人心与经世致用、创通经义与革新政令的统一。当然在宋学内部，形成了许多不同的学派与学者，他们除了对经义有不同理解，对政令有不同主张外，还有一个重大区别，就是在内圣与外王、

---

① 黄宗羲《安定学案》，《宋元学案》卷一，《黄宗羲全集》三册，第57页。
② 同上书，第56页。
③ 欧阳修《孙明复先生墓志铭》，《居士集》卷二十七，《欧阳修全集》，中华书局，2001年，第458页。
④ 脱脱《王安石传》，《宋史》卷三百二十七，中华书局，1977年，第10544页。

明体与达用、道义与事功关系上，更加偏重于将某一个侧面看得更为重要。也即是在他们所共同追求的"义理之学"中，究竟是"义"的道义决定"理"的政治治理，还是"理"的政治治理统摄"义"的思想道义？两宋时期最大学派之争，就有北宋王安石新学与二程洛学之争，还有南宋朱熹的考亭学派与陈亮永康学派之争。他们的分歧并不是"明体达用""内圣外王""义理之学"，而是道义价值、政治事功两者中谁最根本、更优先。二程、朱熹重道义价值、内圣修养，认为必须首先解决道义价值、内圣修养的问题，然后即可实现经世治国、外王事功，前者是后者的充分条件。而王安石、陈亮则相反，他们特别强调注重经世治国、外王事功，强调经世治国、外王事功才是思想道义的前提与目的，道义价值、道德理想最终只能通过治国安邦、外王事功方能得以实现。朱熹和陈亮的学术争辩，就触及了这个问题的核心层面。朱熹认为只有三代时期的内圣道德与外王事功才是统一的，秦汉以来尽管出现了汉高祖、唐太宗等杰出的英雄豪杰，能够治国安邦，创造事功，但是他们均无内圣道德。他说："但以儒者之学不传，而尧、舜、禹、汤、文、武以来转相授受之心不明于天下，故汉唐之君虽或不能无暗合之时，而其全体都只在利欲上。此其所以尧舜三代。自尧舜三代，汉祖、唐宗自汉祖、唐宗，终不能合而为一也。"[1] 三代君主皆是由内圣而外王、由道德而事功，故而才是合乎儒家理想的王道政治、三代之治。但是陈亮的看法恰恰不一样，他肯定汉祖、唐宗的治国安邦之政治事功的道义价值，他说汉祖、唐宗"终归于禁暴戡乱，爱人利物而不可掩者，其本领宏大开廓故也。……此儒者之所谓见赤子入井之心也"[2]。朱熹等理学家坚持道义价值、内圣修养是义理之学的根本，三代王道理想的实现首先就在于诸位圣王坚守了道义的价值与内圣的修养，至于治国安邦、外王事功，则只是内圣道德的自然结果。而陈亮则把治国安邦、外王事功作为根本，认为"赤子入井

---

① 朱熹《答陈同书》，《朱文公文集》卷三十六，《朱子全书》第21册，第1558页。
② 陈亮《陈亮集》卷二十八《又乙巳春书之一》，中华书局，1987年，第346页。

之心"必须依托、呈现在这种治国安邦、外王事功之中。由此可见，尽管朱熹、陈亮均追求内圣外王之道、有体有用之学，均属于义理之学为学术旨趣、学术形态的"宋学"，只是他们在内圣与外王、明体与达用、道义与功利方面的不同起点与侧重，从而构成宋学内部的学派之争。虽然程朱学派在当时及后世被称之为"理学"，其实他们所推崇的"理"主要是道义的价值，故而是"以义为理"；而荆公新学、浙东学派则强调治理国家的功利目标及现实法则，即所谓"教人就事上理会，步步着实，言之必使可行，足以开物成务"①。他们的义理之学应该是"以理为义"。

三　宋儒义理之学的学术领域

宋学的义理之学追求明体达用、内圣外王，故而宋学学者、学派显然不仅仅是宋代理学家、理学学派，而是包括宋代各儒家学者与学派，而且其所涉及的学术研究领域当然是十分多样化的。宋学学者的著作分布在经史子集的不同知识部类中，涉及哲学、宗教、伦理、政治、法律、军事、经济、教育、文学乃至农、林、医、艺等不同学科。所以，许多学术史叙述将宋学窄化为理气心性的抽象义理，其实不是宋学学者的学术视野狭窄，而是后来学人的学术偏见。

宋学首先体现为对儒家经学诠释的学术创新。在中国学术史上，人们往往将宋学理解为宋代经学，这种理解，其实与经学是中国传统学术的基础与核心有关。在古代中国，一切思想演变、学术发展、文化转型，均要体现为儒家经学的变革与创新。宋学作为一种新兴的学术思潮和重要的学术形态，首先体现为一场经学的变革。正如清学者钱大昕所评述的："当宋盛时，谈经者墨守注疏，有记诵而无心得，有志之士若欧阳氏、二苏氏、王氏、二程氏，各出新意解经，蕲以矫学

---

① 黄宗羲《艮斋学案》，《宋元学案》卷五十二，《黄宗羲全集》五册，第 56 页。

究专己守残之陋。"① 欧阳修、苏轼苏辙兄弟、王安石、程颢程颐兄弟等均是宋学的开拓者，他们的共同特征是"各出新意解经"，这一"新意"也就是经学史上反复称谓的"义理之学"。他们特别重视儒家经典《诗》《书》《礼》《易》《春秋》，但他们与汉唐诸儒专攻于经典的章句训诂不同，而是特别重视对经典的义理探寻。上述的欧阳修、二苏、王安石、二程等宋学开拓者，其实均是以义理解经而获得突出成就者，他们的经学著作，如欧阳修专注"六经"，"长于《易》《诗》《春秋》，其所发明多为古人所未见"②，故而是宋代义理之学的开拓者。王安石也是如此，南宋赵彦卫说："王荆公《新经》《说文》，推明义理之学。"③王安石《三经新义》包括《周官》《尚书》《诗经》三部经典的义理之学。二程亦是以义理解经的大家，程颐的《伊川易传》是宋学以义理解《周易》的代表作。

宋学学者不仅通过对传统"五经"的创发，建立了新的学术范式的义理之学，同时他们也是新的经典体系的创建者，建立了以《大学》《论语》《中庸》《孟子》为中心的新经典体系，并对这四部经典做了系统的诠释，使宋学的哲学观念、政治思想、修身工夫等理学思想与"四书"经典紧密联系而成为一个整体。经过宋学学者的经典建构，中国传统经典体系就不仅有"五经"体系，还有一个与之并列，甚至地位更高的"四书"体系。

宋学作为一种为强化儒学明体达用、内圣外王文化功能的新兴学术思潮，推动了宋代以义理之学为学术范式的知识建构，但其最终目的仍然离不开推崇道义价值、经世事功两个方面。首先，宋学强调经典在奠定人的道义情怀、价值信仰方面的根本作用。宋代学人对汉唐经学的不满，首先就在于汉唐学人将经学看成是一种纯粹知识性的章句训诂之学，经典在塑造个体道德心灵、建构社会伦常秩序、奠定价

---

① 钱大昕《重刻孙明复小集序》，《潜研堂文集》卷二十六，《嘉定钱大昕全集》第九册，江苏古籍出版社，1997年，第411页。
② 欧阳修《神道碑》，《欧阳修全集》附录卷三，中华书局，2001年，第2713页。
③ 赵彦卫《唐宋史料笔记丛刊》，《云麓漫抄》卷八，中华书局，1996年，第135页。

值信仰的根本宗旨被忽略了。所以，宋学的开拓者将学术重心放在重新诠释经典上，就是希望发挥经学在塑造个体道德心灵、维护社会伦常秩序、重建道德价值信仰上发挥重大作用。他们在经典中所阐发的义理，首先就是这种道德及其性命之理，王安石认为："先王所谓道德者，性命之理而已。"①王安石的"性命之理"的内容和二程所讲的一样。程颐阐发《周易》的义理之学就是社会道义价值，他在为《艮卦·象传》作传时说："不失其时，则顺理而合义。在物为理，处物为义。……夫有物必有则，父止于慈，子止于孝，君止于仁，臣止于敬，万物庶事莫不各有其所，得其所则安，失其所则悖。"②所以，宋学从经典中阐发的"义理之学"特别强调社会伦理的道义价值。其次，宋学还对经学的经世功能特别追求，他们希望从经典中建构起一种能够对经世治国有实际作用的义理之学，所以，所有宋学学派、学者无不是将经学视为经世致用之学。那些以改革政令、经世治国为主导的范仲淹、王安石、陈亮、叶适，通过经典的义理诠释，以为现实的政治改革、经世致用服务。同样，那些强调身心修养、道德义理的理学家们，也是将治国平天下作为义理经学的目标。如南宋初年胡安国、胡宏父子均为二程理学传人，但是，他们研究经学、建构宋学义理之学的目标就是经世致用。胡安国终生从事《春秋》学研究，著有理学家治《春秋》的代表著作《春秋传》，他就是主张"《春秋》经世大典，见诸行事，非空言比"③。而胡宏也强调"学"与"治"是体的，他说"学者，所以学为治也。讲之熟，则义理明；义理明，则心志定；心志定，则当其职，而行其事无不中节，可以济人利物矣"④。正由于所有宋学学者均强调明体与达用、内圣与外王的统一，故而宋代的经学就是一种将道义价值与功利价值、人格修养与经世致用统一起来的义理之学。

① 王安石《临川先生文集》卷八十二，中华书局，1959年，第858页。
② 程颢、程颐《周易程氏传》卷四，《二程集》，中华书局，1981年，第968页。
③ 脱脱《胡安国传》，《宋史》卷四百三十五，第12913页。
④ 胡宏《与丁提刑书》，《胡宏集》，中华书局，2009年，第128页。

　　宋学不仅是指宋代的经学，同时还包括宋代的史学。陈寅恪认为"中国史学莫盛于宋"①，宋代史学的发达繁荣，同样与宋学学者追求的道义价值、经世目的有密切关系。义理之学的价值理想是宋学推动经学发展的精神动力，同样是他们推动宋代史学繁荣的精神动力。那些具有开拓精神的宋学学者们，往往既是经学家又是史学家；即使有很多学者完全是历史学者，但他们的史学观念仍属于宋学，其从事史学研究的思想基础、精神动力仍是宋儒义理之学的价值理想与文化功能。宋代学者热衷史学研究，著有大量史学名著，其动力之一就是探讨历史治乱盛衰的规律，为当代政治人物提供治理社会国家的原则、方法、策略。司马光的《资治通鉴》是宋朝也是中国历史上最重要的史学著作之一。然而从这部著作的书名上看，就表明这部史学著作的目的是供当代朝廷"资治"之用。司马光将历史看作是"叙国家之兴衰""著生民之休戚"，而其目的则是总结历史治乱兴衰及生民休戚的经验，满足当朝人物提供取鉴资治的执政需要。他最终编撰成的《资治通鉴》就是一部提供当代朝廷资治的著作。所以，该书很快就得到当朝皇帝神宗的肯定与赞誉，他认为这部书的重大价值就是："其所以载明君、良臣，切摩治道，议论之精语，德刑之善制，天人相与之际，休咎庶征之原，威福盛衰之本，规模利害之效，良将之方略，循吏之教条，断之以邪正，要之以治忽，辞令渊源之体，箴谏深切之义，良谓备焉。"②司马光这种希望通过史学而探寻治乱之原、提供治国之鉴的想法，在宋代历史学家那里是十分普遍的。那些以理学为主导的学者也是这样，如与司马光同时代的宋学大家程颐将史学看作是探讨治乱、安危、兴衰、存亡的学问，他说："凡读史，不徒要记事迹，须要识治乱安危兴废存亡之理，且如读《高帝》一纪，便须识得汉家四百年终始治乱当如何，是亦学也。"③程颐以义理经学见长，而他的史学观与

① 陈寅恪《陈垣明季滇黔佛教考序》，陈美延编《陈寅恪集·金明馆丛稿二编》，生活·读书·新知三联书店，2001年，第272页。
② 司马光《资治通鉴序》，《资治通鉴》，中华书局，1956年，第29页。
③ 程颢、程颐《程氏遗书》卷十八《二程集》，第232页。

司马光等历史学家相同，即希望从史学著作中满足当朝执政的需求。另外，那些专门从事史学研究的宋学学者，亦普遍是这种史学观。如南宋婺学学派吕祖谦以历史文献研究见长，他的史学观同样如此，他说："大抵看史见治则以为治，见乱则以为乱，见一事则止知一事，何取？观史当如身在其中，见事之利害，时之祸患，必掩卷自思，使我遇此等事，当作如何处之，如此观史，学问亦可以进，知识亦可以高，方为有益。"[①]可见，吕祖谦以历史文献研究见长，其动机目标也是希望通过史学来探讨治乱之原，为现实政治提供借鉴。

　　宋代史学还有一个突出的特点，就是对儒家伦理的道义价值的重视。宋代史学探讨治乱兴衰的原因和规律时，特别强调儒家伦理之道能够影响、决定国家的治乱兴衰，这样，宋学学者在史学领域特别关注价值与政治的结合。儒家政治理论的基础本来就是德治、仁政，将天下国家的治乱兴衰归之于道义人心。所以，宋儒的史学著作特别强调道义人心对历史治乱兴衰的决定性作用，他们希望通过写史以对朝廷、百官起到一种劝诫的作用。如北宋唐史名家孙甫的史学观就是如此，他以《尚书》《春秋》为史，认为："《尚书》记治世之事，使圣贤之所为传之不朽。为君者、为臣者，见为善之效，安得不说而行之？此劝之之道也。其间因见恶事致败乱之端，此又所以为戒也。"[②]以历史人物的道德善恶来说明政治治乱兴衰，以强调道义的正面价值和历史影响，最后达到对当朝君臣、士大夫的劝诫，是宋代史学的重要特点。这一特点在宋儒那明显得到进一步强化。司马光作《资治通鉴》，其特点就是："专取关国家盛衰，系生民休戚，善可为法，恶可为戒者。"[③]他明确将历史的国家盛衰、生民休戚与当朝君臣的善恶诫劝结合起来。吕祖谦的婺学偏重史学，与考亭学派以性理见长不同，但其史学仍然将"择善""儆戒"置之首位。他说："看史须看一半便掩卷，料其后成

① 吕祖谦《门人集录史说》，《丽泽论说集录》卷八，《吕祖谦全集》第二册，浙江古籍出版社，2008年，第218页。
② 孙甫《唐史论断序》，《文津阁四库全书》第685册，第620页。
③ 司马光《进〈资治通鉴〉表》，《资治通鉴》，中华书局，1956年，第9607页。

败如何，其大要有六：择善、儆戒、阃范、治体、议论、处事。"[1]

宋学的学术领域除了经学史学之外，文学亦是一个重要的领域。中国传统的"文学"比现在仅仅作为艺术形式之一的文学的外延更大，它是指以文字、文章及典籍为载体而表达作者的观念、思想、情感的学科，既包括塑造形象、表达情感的艺术类文学，也包括通过思想陈述、逻辑推理以表达思想观念的论说类文章。宋学的兴起，与文学领域的一场重要转型或革命的发生是同步的，即唐宋之间发生的古文运动。宋学的形成和发展是承唐中叶以后的儒学复兴运动发展而来，同样，宋代的古文运动亦是承接唐中叶以来的韩愈、柳宗元的"文以载道"的古文运动而来。韩愈、柳宗元为抵御唐初文学的"六朝淫风"，力倡"修其辞以明其道"[2]"文者以明道"[3]以复兴儒学家之道在政治上、思想上的主导地位。北宋时期推动宋代义理之学的领袖人物，恰恰均是古文运动的领袖人物。可见复兴原始儒学的宋学思潮，是推动古文运动的根本力量。从晚唐五代至北宋初年，其文坛出现了"古道息绝，不行于时已久"的局面。一大批古文运动领袖，如王禹偁、穆修、范仲淹、孙复、石介、欧阳修、苏轼等重倡"文以载道"的文学主张，他们希望通过古文运动的推动，以复兴儒家之道。其实，宋代古文运动领袖所倡导的"文以载道"的追求，与宋儒所追求的明体达用、内圣外王的义理之学精神是完全一致的。

古文运动倡导"文以载道"，主张以新文体取代旧文体，其新文体包含的"道"恰恰体现为道义关怀与经世追求、内资修德与外济经世的统一，而这正是宋学所追求的学术精神。古文运动领袖欧阳修说："君子之于学也，务为道。为道必求知古，知古明道，而后履之以身，施之于事，而又见于文章而发之，以信后世。其道，周公、孔子、

---

① 吕祖谦《门人所记杂说二》，《丽泽论说集录》卷十，《吕祖谦全集》第二册，第257页。

② 韩愈《争臣论》，《韩昌黎全集》卷十四，《杂著》四，世界书局，1935年，第219页。

③ 柳宗元《答韦中立论师道书》，《柳河东集》卷三十四，上海人民出版社，1974年，第542页。

孟子之徒常履而行之者是也。其文章，则六经所载，至今而取信者是也。"① 无论是学者学术追求的"道"，还是文章所要表达的道，均是必须能够"履之以身，施之于事"的明体达用之道、内圣外王之道。其实，这一观念，恰恰是宋代学者文人的共识。譬如胡瑗主张为文、为学均得"以体用为本"，他坚持："君臣父子，仁义礼乐，历世不可变者，其体也"，"举而措之天下，能润泽其民，归于皇极者，其用也"。② 他认为一切文所载之"道"就是这种"仁义礼乐"的道义信仰与"措之天下"的经世之具。石介推崇的"文"也是如此："必本于教化仁义，根于礼乐刑政，而后为之辞。"③ "教化仁义"是明体之事、内圣之德，"礼乐刑政"是达用之功、外王之业，但均要通过文辞而表达、传播。又如李觏也认为："贤人之业，莫先乎文。文者，岂徒笔札章句而已，诚治物之器焉。其大则核礼之序，宣乐之和，缮政典，饰刑书。"④ 他推崇的这种"文"也是包含着明体达用、内圣外王之道。

---

① 欧阳修《与张秀才第二书》，《居士集》卷四十七，《欧阳修全集》，第 978 页。
② 黄宗羲《安定学案》，《宋元学案》卷一，《黄宗羲全集》三册，第 25 页。
③ 石介《上赵先生书》，《徂徕石先生文集》卷十二，中华书局，1984 年，第 135 页。
④ 李觏《上李舍人书》，《李觏集》卷二十七，中华书局，1981 年，第 288 页。

对牟宗三谈朱熹孟子诠释的方法论平议

杜保瑞（台湾大学）

一 前言

本文将讨论牟宗三先生在《心体与性体》第三册中的第六章《以中和新说与"仁说"为背景所理解之孟子》。第六章中，牟先生所处理的是朱熹对于《孟子》文本诠释的讨论意见，笔者认为，牟先生所理解的朱熹，就是建立在他对朱熹"中和新说、旧说"的诠释意见，以及朱熹"仁说"的诠释意见两个重点上，之后谈对朱熹《大学》及《孟子》的著作文本诠释，其实就是以朱熹的"中和说"和"仁说"为基础而讨论的，至于再接下来对朱熹的"心性情"和"理气"的形而上学的讨论，依然是依据"中和说"和"仁说"的基础而以概念范畴为对象所进行的讨论。"中和说"中牟先生把朱熹的工夫论视为横摄认知系统，"仁说"中牟先生把朱熹的理气论视为横摄静涵系统，横摄静涵与横摄认知认为朱熹哲学谈不上本体宇宙论和本体工夫论，只是静态的存有论概念解析，只是做了一些知识性的功能而已。以此为基础，于是朱熹之理只存有不活动，朱熹之工夫是外在他律，接下来以著作体系讨论朱熹而举《大学》《孟子》两书，再接着以概念范畴解析朱熹而举"心性情"和"理气"。其实，以著作研究和以概念范畴研究的理论立场都是一样的，并未能有新说于其中，只是讨论的题材集中于以著作文本或是概念范畴而已，由此可知，牟宗三先生进入朱熹学思体系的脉络，就是"中和说"和"仁说"两路。"中和说"是工夫次第问题，被牟先生审入先知后行、知而不行的错解中，"仁说"是存有论问题，被牟先生结合入理气论的只存有不活动型之形上学理解里。本文之讨论，将针对牟先生对朱熹孟子诠释的讨论意见，举出其中牟先生刻意歪解的部分做澄清和对比，这就包括对孟子"情、才"概念的解读和对孟子"性、命"概念的解读两段。

二 牟先生对朱熹《孟子》诠释的讨论脉络

牟先生讨论朱熹的《孟子》诠释观点，集中在三个《孟子》文句段落中，其一为：

《孟子告子篇》："孟子曰：'乃若其情，则可以为善矣，乃所谓善也。若夫为不善，非才之罪也。恻隐之心，人皆有之；羞恶之心，人皆有之；恭敬之心，人皆有之；是非之心，人皆有之。恻隐之心，仁也；羞恶之心，义也；恭敬之心，礼也；是非之心，智也。仁义礼智，非由外铄我也，我固有之也，弗思耳矣。故曰："求则得之，舍则失之。"或相倍蓰而无算者，不能尽其才者也。'"

其二为：

《孟子尽心下》："口之于味也，目之于色也，耳之于声也，鼻之于臭也，四肢之于安逸也，性也。有命焉，君子不谓性也。仁之于父子也，义之于君臣也，礼之于宾主也，智之于贤者也，圣人之于天道也，命也。有性焉，君子不谓命也。"

其三为：

《孟子尽心上》："尽其心者，知其性也。知其性，则知天矣。存其心，养其性，所以事天也。夭寿不贰，修身以俟之，所以立命也。"

第一句为情才关系，涉及朱熹对于"心性情才理气"等概念范畴的解释与讨论，是朱熹的存有论哲学部分，第二句为性命关系，也是涉及朱熹谈理气心性情的存有论问题部分，以上两段文句，牟先生都是以动态的"道德的形上学"进路来批评朱熹的思路，笔者以为，牟先生的批评失之偏颇，笔者将提出讨论意见。至于第三句部分，笔者认为，确实是朱熹有诠释上的过度，过度运用先知后行的工夫次第思路来诠释孟子的本体工夫之文句，故而牟先生的批评有理。

三 牟先生对朱熹解释孟子"情、才"概念的讨论

以下先讨论"情、才"概念的朱熹诠释及牟先生的批评意见。朱熹针对《孟子》第一句谈"乃若其情"，提出讨论意见，以下，先看朱熹的意见：

"问：乃若其情。曰：性不可说，情却可说。所以告子问性，孟子却答他情。盖谓情可为善，则性无有不善。所谓四端者，皆情也。仁是性，恻隐是情。恻隐是仁发出来底端芽，如一个谷种相似。谷之性是性，发为萌芽是情。所谓性只是那仁义礼智四者而已。四件无不善，发出来则有不善，何故？残忍便是那恻隐反底，冒昧便是那羞恶反底。"

"问：孟子言情、才皆善，如何？曰：情本自善，其发也未有染污，何尝不善。才只是资质，亦无不善。譬物之白者，未染时只是白也。"

"孟子论才亦善者，是说本来善底才。"

"孟子言才，不以为不善。盖其意谓善，性也，只发出来者是才。若夫就气质上言才，如何无善恶！"

"问：孟子论才专言善，何也？曰：才本是善，但为气所染，故有善、不善，亦是人不能尽其才。人皆有许多才，圣人却做许多事，我不能做得些子出。故孟子谓：或相倍蓰而无算者，不能尽其才者也。"①

朱熹的意见，就是对孟子文句中涉及概念范畴的部分，进行理论的创造，思路的要旨在于建立主体实践结构的存有范畴，以心性情才

---

① 《朱子语类》卷五十九，《孟子九》。另亦参见：牟宗三《心体与性体》第三册，台北正中书局，1981年，第410页。

为主体结构的概念范畴，以理气为基本范畴。心性情才特论于人，理气就遍一切存有物而为言，孟子主要谈主体实践的本体工夫，对于主体的心性情才等概念做了流畅的使用，可以说想到就用，依据一般文字使用意义而用，尚未进行更抽象的普遍原理的讨论。朱熹不然，为因应时代哲学课题，为与道佛辩，为澄清儒家实践哲学的概念使用，故而针对实践主体进行范畴意旨的约定，此即心性情才等概念的定义及关系的讨论。这类问题，笔者以存有论述之，这是就概念做定义的思辨哲学进路的讨论，有别于本体论的讨论，笔者使用本体论概念时，主要用于传统中国哲学说天道实体之为本体的意旨，首先是价值意识，其次是有天道实体的意涵，但后者之意旨就在存有论哲学中讨论会更贴切问题。两义若都要用同一词汇处理亦无不可，但做出上述区分更有益于讨论的清晰。即抽象思辨的存有论谈概念定义及关系，具体实践的本体论谈价值意识及实践活动。就此而言，朱熹就是进入概念定义的讨论，以心性情才作为道德实践主体的存有论范畴，从而进行道德实践主体的结构性讨论，现在的问题是，牟先生心目中的儒学是去讲道德实践的，以及讲天道之大化流行的，而孟子正是儒家哲学讲道德实践的原型以及典型，牟先生不是不知道朱熹的思路以及朱熹理论的合理性，而是不看重这个思路，同时要贬抑这个思路。

牟先生的讨论重点有二，一是虚化了孟子的情、才两概念，二是反对朱熹说才发于性的诠释[①]。首先，朱熹认真地将情才概念放在理气论的架构下做定义，而以心统性情为主要架构，心是主体的主宰，有理有气，理的部分即性，谈人的性善依据，气的部分由情概念谈其状态，有善有恶。才是性情结构中的个人特殊性，人人才殊，各有气禀，但也必有天命之性在，故人皆性善，此孟子及牟先生所重，但人亦各有不同之气禀，而有不同的呈现善性的能力，此即才在说的，这便是朱熹所发挥的。所以，朱熹是在谈存有论，谈主体实践结构，但是，牟

---

① 牟先生在引用朱熹在《朱子语类》相关的文句之后，说有四点要旨，但又规约为三点讨论，不过，实际上只有上述两项重点。参见《心体与性体》第三册，第416页。

先生只重工夫实践义，故而不只刻意忽略气禀义，甚至贬抑气禀进路的才概念界定，以及将情概念的使用从气禀呈现状态中拖走，于是，才和情两个概念被虚化了，牟先生根本不认为这是两个重要的存有范畴概念了。参见牟先生言：

> 孟子并非就可说之情推证不可说之性者。"乃若其情"之情非性情对言之情。情，实也，犹言实情（real case）。"其"字指性计，或指人之本性言。"其情"即性体之实，或人之本性之实。落在文句的关联上说，当指"人之本性之实"说。"乃若其情，则可以为善"云云，意即：乃若就"人之本性之实"言，则他可以为善（行善作善），此即吾所谓性善也。……朱子注云："才犹材质，人之能也。"说材质尚不离，说"人之能"则歧出，泛而不谛。盖人之能与直指性而说性之能并不同一。人之能可以很广泛，可指一般意义之才能，而不必即是性之能。故孟子所说之才若有动态的"能"义，此能即是其所说之"良能"。良能单是指性之能言。故在孟子，心性情才是一事。心性是实字，情与才是虚位字。性是形式地说的实位字，心是具体地说的实位字。性之实即心。性是指道德的创生的实体体言，心是指道德的具体的本心言。心性是一。情是实情之情，是虚位字，其所指之实即是心性。实情即是心性之实情。……故情字无独立的意义，亦非一独立的概念。孟子无此独立意义的"情"字。若恻隐之心等就是这独立意义的情字，则此情实只是心（良心、本心），亦即是性，是以"本心即理"言的情，是以"性即心"言的情，是具体言之的心性，是即活动即存有的，是存在与存有为一，即有即在的，非如朱子性情异层对言之情，非是以气言之情，非是"只为存在之然而不是实有之理"之情。而"乃若其情"之情则总不是此独立意义的情。至若才亦是虚位字，即指性言。"非才之罪也"，"不能尽其才也"，"非天之降才尔殊也"，此三个才字皆直指性以为质地言，复直指本心即性之生发言，即指良能言。……故才字即指此质地言，其实义即是

心性，故无独立的意义，亦非一独立的概念，非一般意义之才能
也。朱子视情字与才字俱为有独立意义的独立概念，非是。①

　　牟先生透过语句解读，制止了朱熹从存有论进路进行主体结构的
范畴解析，亦即借由心统性情的架构去谈理气论和气禀说，以及对才
概念的气禀解读。就情而言，它不是一个存有范畴，至少在"乃若其
情"一句话中，它就是性之实情之义而已。至于才，还是性。非才之
罪也就是说得非性之罪也。牟先生的文本解读不为无理，但是，汉字
的使用中，在情与才两概念上，本来就可以有情状以及才能的意思，
就孟子的使用义上，本来就是借由情状与才能的情才概念来说的，牟
先生限缩其义为仍是性之实与性本身，在解读上并无不可。但是，就
孟子哲学的需要而言，去发挥道德实践主体的存有论结构的哲学讨论
更是合理的，也是需要的，亦即，若夫为不善，不能只是骂人家自暴
自弃就完了，而是要去存有结构上找出形上学的理由，说明人之所以
为恶的存有论结构，这里说清楚了，对于人之所以为善的可能性及如
何实践，才能说得更清楚。这就是存有论思路的理论功能以及朱熹哲
学的贡献之处，就是说清楚情是心的活动状态，性是心的天命之理，
故人性是善，但因有气禀，有耳目口鼻之需，故而有过度为恶的可能，
这是自张载及程颐不断在说明讨论的问题，是心统性情、气质之性、
理气不离不杂等观念在面对的问题。至于人应该去实践，并且在纯粹
实践的状态中，心性理情才皆是一于天道诚善仁义之体的说法，也是
对的，这正是孟子的强项，也是孟子的创发，更是牟先生为孟子彰明
的意旨，这就是本体工夫以及境界功力的状态。但是，牟先生都把它
当作一种特殊的形上学在建构了，故而只重心在实践时的情才皆天性
天理之发皇的状态之一义而已，不见牟先生在讨论张载时的性心合一
之五义说？于是收情为性之实情，收才为性之本身，以这样的形态解
读孟子文本固无不可，但是以朱熹的方式去发挥孟学的涵幅更是必须。
笔者认为，牟先生就是本体工夫进路的思路，而朱熹是存有论进路的

―――――――――――

① 牟宗三《心体与性体》第三册，台北正中书局，1981年，第416～418页。

思路，就孟子文本解读言或许皆可，但就孟子哲学发展而言，朱熹的理论是必要的，而非不能把握孟学本旨的。

牟先生讨论朱熹孟子诠释的第二个重要议题，就是才之发于性的问题。这个问题就朱熹而言，反而是一发字的简单用法，亦即说气禀之后的人之材质状态，是同时来自理气两边的，就其来自理而言谓其出于性、发于性，就其来自气而言，亦得说出于气、发于气。依此，当论于实践活动时，就其遵守天命之理而言此才之发于性出于性，就其依着气禀的需求且过度之时，亦是说其发于气、出于气，总之，朱熹说此才之出于发于性或出于发于气，就是在理气说的存有论架构下，同时可说存有者的特殊性出于发于理气，以及存有者的实践活动之如理或不如理是出于发于性或是气的。这就是存有论的概念解析之功，存有范畴界定清楚，则谈形上学（存有论）清楚，谈工夫论也清楚。然而，牟先生却不许朱熹说此才是出于性的说法，牟先生替朱熹写论文，认为在朱熹哲学的概念使用系统下，朱熹的才概念是不可能由性而发的，亦即，朱熹的性是在实践活动的工夫论上不作用的，性既不活动，才就不出于性，那么，朱熹哲学中的道德活动有可能谈吗？牟先生就说，不是自发自律的，而是他律的；不是意志决断的，而是知识界说的。参见其言：

> 此进一步的规定便是朱子所理解的孟子所言之才是"出于性"，是"专指其发于于性者言之"，"出于性"而"发于性"者谓之"本然之才"。但如何"出于性"而"发于性"呢？于此，立见朱子之说统与孟子原意有距离。"出于性""发于性"，此语大路本不错，是合乎孟子的意思。但因其分性情，则此语须有别解，即与孟子本意不合，而有距离。是则辞语表面是，而其实义则不合。"出于性"并不是性体即心、本心即理之自出，"发于性"亦不是性体即心、本心即理之自发。在朱子，性只是理，是不能自出自发者。然则"出于性"者是依性理而出来之意，"发于性"者是依性理而发出之意。性本身是无所谓出不出，发不发者。性只是理，

只是实有，其无所谓出不出，发不发，亦犹其无所谓在不在。出不出、发不发、在不在，是属于情与才者。依是，"性之发用"，"只发出来者是才"，诸辞语皆是佻侗不谛之辞语。严格言之，性不能"发用"，亦不能"发出来"。故依朱子之意，实当如此说：依性而发出来的是情（本然之情），会或能依性而这样去发的是才（本然之才）。发不发之情是属于心气之造作营为（事造），会发不会发是属于心气乃至体气造作营为之善巧不善巧。依理而发者是善情（本然之情），依理而会发能发者是善才（本然之才）。而依理不依理全在工夫决定，情与才自身不能自定，而理自身亦不能决定之必依理，盖理自身不能发用故也。……简言之，有端必有理，无理必无端，但却不能说：有理必有端。盖理只实有而不活动，并不负责必有端也。无"端之发"，理亦自存。理虽自存，而不必有端。理所能负责者，只是端之发依之而为善。而依不依，情自身不能决定，理自身亦不能决定，只靠工夫决定。……故存有论地说明地言之，可以说：有理便有气，无理亦无气；有性便有情，无性亦无情：有之即然，无之不然。但因这理只存有而不活动，故创生地或道德地言之，有这理，便不一定能有这气，有这性亦不一定能有这善端之发。①

在这一大段的谈话中，其实牟先生替朱熹所说的性情才的关系还是很切中的，问题只是，不许其有活动义，其中缺了工夫义，它只是存有论，没有工夫论意味在其中，关键就是，朱熹三分心性情，性只是理，心只能认知，情才是气禀下的存有。牟先生解读下的孟子、周敦颐、张载、程颢诸人，他们的心即理，心不只是认知心，更是道德实践的心，且是即性的心，故而即是能做道德实践的心，实践之时，性在心，心即性，心即理，所以心性是一义的，心性合情才也是一义的，所以才可以发于性，因为性是会发动道德实践意志的。依笔者的解读，牟先生就是借由概念意旨的约定谈孟子的哲学和朱熹的诠释问

① 牟宗三《心体与性体》第三册，台北正中书局，1981年，第420～422页。

题的，说心性情才是一的时候是在谈本体工夫论，这是在说孟子的哲学，说心性情三分、理气二分的时候是在谈存有论，这是在说朱熹的哲学。依照牟先生这样对朱熹的定位，牟先生于文中说，依不依理全在工夫决定，然而情与才不能自定，理也不能决定必依于理，关键就是理自身不能发用。这样的说法就是，若不另有一番工夫，依朱熹的理气心性情才的概念界定之系统，那就只成了一套说概念的空头理论，但依孟子的系统，心性情才是一，心即理，成就了本体工夫以及境界展现，甚至是本体宇宙论的天道流行的理论模式。但是，牟先生论述的进路却是，孟子心性情才是一，朱熹心性情三分理气二分。牟先生从概念约定上谈问题，笔者却认为，这根本是不同的哲学问题，是存有论概念解析还是本体工夫论或本体宇宙论的不同问题。而就两种不同问题而言，根本没必要有理论的冲突对立，甚至说差异也是多余的。关键在于，朱熹谈存有论，孟子、陆、王都不细谈存有论，但仍预设存有论。不过，朱熹也谈本体工夫论，也谈本体宇宙论，只是这些已经在周敦颐、张载处谈过了，朱熹继承北宋儒学，再多加发挥程伊川擅长的存有论哲学，而共构儒学体系。因此牟先生认定的心性情才是一的理论意旨也在朱熹哲学中存在，而心性情理气概念分析式的讨论，也在陆王哲学系统中，是牟先生刻意别异两种学问，并且把孟子归属于陆王一系，实则，孟子的本体工夫传统以及性善论的形上学传统，是朱陆的共同源流，朱陆固有文人之争，孟学不应两分进路。这也正是唐君毅先生诠释程朱、陆王时的模式。

　　然而，牟先生却是借由心性情理气概念的约定关系两分孟子和朱熹的思路，认为朱熹之理论与孟子不类，认为朱熹的情才概念若不透过一种工夫则心不即理，其实，这真正是哲学基本问题的错置。朱熹本来就是如牟先生所说的存有论的进路去说情才概念的理气定位，存有论本来就是在说存有范畴的意义约定及范畴概念之间的关系。至于工夫论，朱熹从未少讲，亦从不说异于陆王，笔者有专文讨论朱熹的工夫论，其一为牟先生所刻意别异的工夫次第论，即先知后行，未发涵养已发察识，知性而能尽心诸说者，牟先生却都以之为只是认识的工夫，不及性体的逆觉体证。此一套论辩被牟先生结合朱熹的存有论而作为牟先生口中的横摄静涵认知型，以有别于纵贯动态体证型。其实，横摄纵摄只是问题的不同，横摄为存有论，纵摄为本体工夫论或本体宇宙论，两者互相需要，互不对立，实际上共同发生在程朱陆王的系统中，只是程朱特色在存有论，陆王特色在本体工夫论，但陆王预设存有论，程朱也谈本体工夫论，即是笔者所说的朱熹的第二型[①]。因此，是牟先生忽视朱熹的本体工夫论，只拿朱熹的存有论来谈，故而说这种存有论若无工夫论则才情无法使心即理，其实，说心性情、说理气只是要说存有范畴的结构关系，关系说清楚了，就可以谈工夫论了，牟先生直接拿孟子陆王谈工夫论的语句，说这些语句中的心性情才是一，是动态的，而朱熹的心性情理气才是分说的，是静态的，这真是特别的曲解，刻意的歪曲，对朱熹的学说最不公允。

牟先生经由前说之讨论梳理，他一如讨论周、张、明道、五峰等人的做法，建立了朱熹和孟子不同的两型理论，其言：

> 由以上两步规定以明孟子所说之才无不善（非才之罪，非天之降才尔殊）实则不合孟子原意。此自是心性情三分、理气二分、致知格物、知以决定行之主智主义（泛认知主义）下之他律道德之说法，非言孟子性体即心、本心即理、才即指性言、能即是性之能（良能）之自律道德之本义。在孟子之本义下，倒真可以说性之发用、心之发用，但无所谓发出来是情，会或能这样发是才，亦无所谓发与不发之所以然之理是性。性体即心、本心即理之心或性，它自身即是要不容已地呈现见起用的。才是虚位字，即指性言，并无独立的意义。象山理解不误。详见《明道章·生之谓性篇》附识三。此不容已地要呈现起用的心或性是体，此体之引发道德行为之相续不已用。有此体（心即性之体）必然地有此用，非如朱子之有此理不必有此端之发，亦非就理与端之发分性情、

---

① 参见杜保瑞《南宋儒学》，台湾商务印书馆，2010 年。

分体用。乃是就心性与道德行为分体用（但不是分性情）。工夫惟在"求放心"，不在致知格物。此两系统显然有异也。①

说朱熹是认知主义和他律道德者，笔者不赞成，但已讨论于他处多矣，此暂不多论。牟先生说孟子之性与心才有可发之可说，而朱熹则不必然会有此发之可说。这就是，把朱熹谈存有论的语句当工夫论而来批评其不活动，把孟子谈工夫论的语句说它必能即心即理，至于朱熹的工夫就只是认知活动而已，这都是牟先生自己的错解所致。实际上，朱熹谈概念范畴时重点不在其活动，朱熹谈活动的专文牟先生弃之不顾，偶尔同时谈存有论及工夫论，牟先生又会说这些句子固然很好，但不是朱熹的本意。这在第七章谈心性情的形上学解析时就有文字案例。

四　对孟子论"性、命"概念的解读

针对孟子讲"性也有命焉"及"命也有性焉"的句子，牟先生把朱熹讲气质之性的理论建立了一套特殊的说法，认定朱熹是理气合说，性中就是天地之性与气质之性合一，如此，朱熹论性便无道德义，这样的说法，是牟先生自己刻意曲解朱熹说性的理论的诠释结果。首先，朱熹针对孟子文句做了以下讨论：

> 敬之问："'有命焉，君子不谓性也。''有命焉'，乃是圣人要人全其正性。"曰："不然。此分明说'君子不谓性'，这'性'字便不全是就理上说。夫口之欲食，目之欲色，耳之欲声，鼻之欲臭，四肢之欲安逸，如何自会恁地？这固是天理之自然。然理附于气，这许多却从血气躯壳上发出来。故君子不当以此为主，而以天命之理为主，都不把那个当事，但看这理合如何。'有命焉，有性焉'，此'命'字与'性'字，是就理上说。'性也，君子不

① 牟宗三《心体与性体》第三册，台北正中书局，1981 年，第 422 页。

谓性也；命也，君子不谓命也'，此'性'字与'命'字，是就气上说。"①

朱熹的讨论当然很多，这只是牟先生援引的其中一条，但牟先生却依此大作文章，首先，主张讲性的层面应有三个，一是自然本能之性，二是个别特殊性，三是道德心性。其言：

气之凝聚结构而成形躯，直接发于此形躯者，为一般之动物性。生物本能、生理欲望、心理情绪等皆属之，此可曰形躯层，亦曰基层。此一般之动物性，如果可以说普遍性，当是生理形躯的普遍性，尚不是精神生命中或理上的真正普遍性，此可曰后天的、经验的普遍性。就人类言，有此形躯，即有其自然生命中之种种殊特性，此即气质之殊是也。故气质之殊是属于生命层的，此是个个不同的，此是属于差别性、特殊性的。所谓气性、才性皆属此层。再进即为道德的心性，此方是真正的普遍性。自两汉以来言气性、才性，言有善有恶，言善恶混，言性分三品，宋儒自濂溪言"性者刚柔善恶中而已"，自张横渠正式提出"气质之性"一词，下届二程，普通似皆以为气质之性即是就气质之殊（气性才性之殊）而说一种性。气质之性与义理之性（天地之性）相对而言，"之"字皆是虚系字。气质之性即是就气质之殊而说一种性，义理之性即是就义理之一（或本源之一）而说一种性。如此而言，性便有两种性，再加上动物性之性，便有三种性。人之生命本有此不同之层面，故论性亦可就各层面说，难作划一说也。②

牟先生要怎样说性的层次本来无妨，重点是在面对什么问题。牟先生这样三分其性的做法，其实是要独立出来道德心性，亦即义理之性，此性，即心、即理、即天道、即诚体、即神体、即仁，此说有何困难，问题是人如何在面对邪恶艰难中建立此价值自觉并坚持不为恶？这就需要把人之所以为恶的原因找出来，说恶是自暴自弃，就是

①《朱子语类》卷六十一《孟子十一》，第430页。
② 牟宗三《心体与性体》第三册，台北正中书局，1981年，第431页。

说本性是善的，这等于说出了天地之性、义理之性，但这并没有说明为何会为恶，这是孟子理论的边界。要说为恶，就是个别殊性及自然本性之无法自制故而过度为恶，但这并不妨碍义理之性仍然实存心中，这就需要做工夫了，把价值意识挺立起来即是道德自觉，有此道德自觉，而后为社会服务，并找到正确的服务方法就是格物致知，然后诚正修齐治平。这就是朱熹的理论。问题不在如何说性，不在说性是一是二是三？而在清楚正在谈什么问题，若是谈工夫，就是主体心把义理之性挺立起来，就是将自然本能性及个别特殊性的自我适当地约束，不使过度，因此工夫论中必须有对本能之性和个别殊性的正确认识及正确处置，若不能正视此二种性，就等于没有谈到工夫了，最多就是理想完美的境界之自我套套逻辑而已了。笔者以为，牟先生在谈的道德的形上学，就是把工夫论中应该注意的自然本性与个别殊性直接忽略，直接以义理之性说心说理说天道，说诚体、仁体、神体等，高则高矣、美则美矣，但是，失去谈做工夫的艰苦面。也因为牟先生谈道德的形上学是收本体工夫论和本体宇宙论一起来谈的，故而性中只有义理之性之纯善无恶义，于是对朱熹解性气关系之说，便有了特殊的错解，牟先生认为，朱熹说性，就是一性而非三性，性中包含自然本性、个别殊性以及义理之性，如此一来，气性混杂，如何能有纯善无恶的道德心性呢？此说，真混淆乱搅之言。参见其言：

> 惟至朱子，依其经常之表示，视性只为一性（只为一只是理之一性），视气质之性为只是一性的那本然的义理之性之在气质里面滤过，气质之性者只是气质里面的义理之性也。不在气质里面滤过的，便是那本然的义理之性之自己。如是，性只是一，并不就气质之殊说一种性，只说气质，不说气质之殊是一种性，而"之"字亦不一律。如是，气质之性与义理之性两词只成一性之两面观，自其自身而观之曰本然之性（义理之性），自其杂在气质里面而观之，便为非本然的性，此便曰"气质之性"（意即气质里面的性）。此种解法，虽可自成一义，然既不合通常说此词之意，亦

有一种滑转，即由以气质之偏殊为主者滑转而为以性理为主。①

朱熹有理气论，且理气关系不离不杂，故说理时即气在焉，故而牟先生认为张载的天地之性、气质之性之二分，在朱熹就是气质之性是义理之性在气质里面滤过，不滤过的是义理之性，滤过的是气质之性。然后，牟先生便认为朱熹就是要就着这气质之性去推证那所以然的本性之理，于是本性之理就有义理之理，也有气禀之理，还有本能之理，如此之本性、之理、之道德性即被减杀，如其言：

> 如此说性理、说天理，只成就一个"口之欲食"，此岂有道德的意义耶？此岂是原初言性善以为道德实践所以可能之先天根据之本义耶？此所谓于义理有碍也。然而朱子之就泛存在的实然而推证其所以然以为性理，亦必有此归结。就道德的实然（如恻隐之心等）固可推证道德性的性理，就"口之欲食"等之实然，则所推证者亦只是一中性无色的性理而已，此只是一无色的存在之"存在之理"而已。有"道德性的"存在之理，亦有无所谓道德不道德之"非道德性的"存在之理。而朱子皆混同视之而为一性，此即为原初言"性"义之减杀，不管是孟子就内在道德性言性，或是《中庸》《易传》就于穆不已之天命言性。然而此却是朱子之泛认知主义之即物而穷其理，就存在之然以推证其所以然以为性理，所必有之归结。此非孟子就内在道德性言性之义也，亦非《中庸》《易传》就于穆不已之天命言性之义也，亦非濂溪、横渠、明道言太极、诚体、神体、性体之义也。②

牟先生自己要建立纯善无恶的天理天性之性，此性是即心、即理、即天道、诚体、神体、仁体的，于是涵本体宇宙论和本体工夫论的功能于一概念中，于是就认为朱熹的气质之性中之即物穷理之下，所推证得到的只是气禀与天理混杂的概念，绝非纯善无恶的天道义理，此说真混乱问题。首先，朱熹论气质之性是就气质在义理中滤过而为一

① 牟宗三《心体与性体》第三册，台北正中书局，1981年，第431～432页。
② 同上书，第433～434页。

种性还是气质本身就是一种性，这样的区分是只有牟宗三先生一人之所为，这两种区分还是要看是用在谈什么问题而定，若就牟先生之说，三种性一刀划分，论说时只要义理之性，这样说气质本身是一种性的生之谓性解，用意何在？就是严将气与理隔开，而不混杂在一起，于是留下一种纯粹至善的义理之性，而与生之谓性的殊别之性分开，也和自然本能之性分开，至于朱熹，就被牟先生诠释为义理之性夹洽气质之性，结果二而一之，理气不分，这样就无法得到纯善无恶的义理之性了。问题是，朱熹论气质之性是理气不分吗？是气质在义理里面滤过而为一种性吗？这其实都是牟先生的铸辞，都是牟先生为区隔朱熹言于气质之性是和张载之使用意义不同的特铸之辞。依笔者之见，朱熹谈气质之性，本来就是由张载之说而来者，张载何义朱熹就是何义，朱熹有理气说，一切存有物都是有理有气，就其理而言，主要说的就是天地之性、纯善无恶的，然而，就气质之性而言，就是存有物的物理、化学形式因个物原理，如大黄热、附子寒、阶砖有阶砖之理等，要说它是气质之作为一种性也好，依然另有天地之性；要说它是气质在义理中滤过而为一种性也好，依然还有没被滤过的义理之性。而义理之性就是主体实践必可成圣的保证，只要做工夫，提起义理之性，减少气质之性的影响，就是成圣之途。因此，气质在义理中滤过，还是气质本身是一种性，这根本不是问题，这只是语意约定的问题，重点还是存有论的范畴解析和本体工夫论的实践操作，而不是某些个别概念应如何解读的问题。因此不是气质之性的朱熹、张载如何解读的问题，而是牟先生自己建立了孟子学的特殊形态的问题，在孟子学的道德形上学意旨中，不论做工夫的艰难面，只论做工夫已成就的境界面，故而只说纯善无恶的义理之性，明分自然本性和甄别个性之后，就把这两种性给丢下不管了，可以说是用后即丢，再也没有在牟先生的体系里面有重要的理论地位。至于朱熹，就根本没有纯善无恶的义理之性，说性就是义理之性和气质之性二而一地混同在一起，于是道德义减杀，没有了濂溪、横渠的神体诚体道体诸义了。笔者要说的是，这都是牟先生自己的混乱与造作，混乱问题，而造作观点。

　　牟先生对朱熹谈孟子还有针对尽心知性知天的一段讨论，此段文义在朱熹的诠释中确有牵强之处，牟先生批评有理，笔者便不再讨论。以上对牟先生谈朱熹孟子诠释部分到此暂告一段落。

"理"之现代开展与发扬

李承贵（南京大学）

　　"理"是儒学史上一个关键性概念或范畴，它取代了天、天命而成为宋明理学的核心概念或范畴，而经由宋明新儒家之手，其内涵越发丰富深邃，负载着情感、价值与理想，从而为多向度诠释创造了巨大空间，现代中国哲学研究者正是很好地利用了这种空间，从而使"理"呈现出多姿多彩之气象。

一　理性之"理"

　　对于儒学而言，"理"的伦理意涵是其基础性的。比如，朱熹言"理即诸般道德的总体"，"理"即"善"，"理"即"德"，而陆九渊、王阳明主张"心即理即良知"。王国维（1877～1927）对此并不否认，他明确肯定朱熹、戴震关于"理"的论述具有伦理意义。他说："唯朱子与国朝婺源戴氏之说，颇有可味者。朱子曰：'有个天理，便有个人欲。盖缘这个天理，须有个安顿处，才安顿得不恰好，便有人欲出来。'又曰：'天理人欲，分数有多少。天理本多，人欲也便是天理里面做出来。虽是人欲，人欲中自有天理。'戴东原氏之意与朱子同，而颠倒其次序而言之曰：'理也者，情之不爽失也。'又曰：'天理云者，言乎自然之分理也。自然之分理，以我之情，絜人之情而无不得其平是也。'朱子所谓'安顿得好'，与戴氏所谓'絜人之情而无不得其平'者，则其视理也，殆以'义'字、'正'字、'恕'字解之。于是'理'之一语，又有伦理学上之价值。其所异者，唯朱子以理为人所本有，而安顿之不恰好者，则谓之欲；戴氏以欲为人所本有，而安顿之使无爽失者理也。"①但王国维指出，这个具有伦理意义的"理"，同时还是客观的、本体的。他说："观吾中国之哲学，则理之有客观的意义，实自宋人始。……程子则曰：'在物为理。'又曰：'万物各具一理，而万理同出一原。'此'原'之为心为物，程子不言，至朱子直言之曰：'盖人心之灵，莫不有知，而天下之物，莫不有理。唯于理有未穷，故其知有不尽。'至万物之有理，存于人心之有知，此种思想，固朱子所未尝梦见也。于是理之渊源，不得求诸外物，于是谓：'天地之间，有理有气。理也者，形而上之道也，生物之本也；气也者，形而下之器也，生物之具也。是以人物之生，必禀此理，然后有性；必禀此气，然后有形。'……万物之理，皆自此客观的大理出，故曰：'物物各具此理，而物物各异其用，然莫非理之流行也。'……故朱子之所谓'理'，与希腊斯多噶派之所谓'理'，皆预想一客观的理，存于生天、生地、生人之前，而吾心之理，不过其一部分而已。于是理之概念，自物理学上之意义出，至宋以后，而遂得形而上学之意义。"②如此，"理"是先于天地人而存在的，具有超越性、绝对性。这样，"理"就从物理意义"升格"为形而上学意义。因此，宋明理学中的"理"既有伦理意义，又有形而上学意义，王国维说："于是'理'之一字，于形而上学之价值（实在）外，兼有伦理学上之价值（善）。"③不过，在王国维看来，"理"的特性应该是主观的，有"理由"和"理性"两层含义。王国维说："'理'之为义除理由、理性以外，更无他解。若以理由言，则伦理学之理由，所谓动机是也。一切行为，无不有一物焉为之机括，此机括或为具体的直观，或为抽象的概念，而其为此行为之理由，则一也。由动机之正否，而行为有善恶，故动机虚位也，非定名也，善亦一动机，恶亦一动机。理性亦然。理性者，推理之能力也。为善由理性，为恶亦由理性，则理性之但为行为之形式，而不足

---

① 王国维《释理》，《王国维学术经典集》（上），第 29 ～ 30、25 ～ 26、29、32、27 页。
② 同上。
③ 同上书，第 29 页。

为行为之标准，昭昭然矣。惟理性之能力，为动物之所无，而人类之所独有，故世人遂以形而上学之所谓真，与伦理学之所谓善，尽归诸理之属性。不知理性者，不过吾人知力之作用，以造概念，以定概念之关系，除为行为之手段外，毫无关于伦理上之价值。"①就是说，人们之所以将哲学之真、伦理学之善归于"理"概念之下，乃是因为理性为人类所独有，是人类创造、确定概念并成为人们行动的手段，但其本身并不具有伦理价值。由于"理"的两个基本含义"理由"与"理性"在本质上都是主观的，因而将"理"确立为哲学本体并不符合"理"概念之为人类思维产物的实情，因而"理"的形而上学意义不过是一种幻影。王国维说："夫以充足理由原则中之因果律，即事实上之理由，独全属吾人主观之作用，况知识上之理由，及吾人知力之一种之理性乎。要之，以理为有形而上学之意义者，与《周易》及毕达哥拉斯派以数为有形而上学之意义同，自今日视之，不过一幻影而已矣。"②质言之，无论是作为"充足理由原则中的因果律"言，还是作为"人智力之一种之理性"，"理"都不具有形而上学意义，因为这就好比《周易》与古希腊毕达哥拉斯派以"数"为有形而上学意义一样，不过是一种幻影。

二　通心物之"理"

开出科学与民主，即开出"新外王"，既是现代新儒家的重大困境，也是他们的时代使命。这种学术理想表现在他们对传统哲学概念或范畴的理解与诠释上。熊十力（1885～1968）认为，儒家思想蕴含了自然科学思想的种子，他说："儒学与西学有不同者，亦只是形而上学部分，西学于此，似犹徘徊歧路，并非西学别异吾儒，而自有一条路可通也。吾不主张中西学术与文化为根本不同路向者，盖不可

---

① 王国维《释理》，《王国维学术经典集》（上），第32页。
② 同上书，第27页。

得若何证明，容作是说。六经广大，无所不包通。科学思想，民治思想，六经皆已启其端绪，如符号推理，及辩证法，《大易》发明最早。树其宏规。六经言德治或礼治，实超过西洋民治思想甚远。如《周官》法度，亦含有民治之法制，但精神迥别。科学方法，六经虽未及详，而孔子已注重实测术，则不容否认。"[1] 根据这样的思路，熊十力将目光投向"理"这个范畴。在宋明理学中，"理"之流行便是万物的呈现，便是用、相，而用、相既包括"物"，也包括"心"。可是，在宋明儒那里，或者说"心即理"，或者说"物即理"，各执其偏。熊十力说："关于理的问题，有两派争论。一，宋代程伊川和朱元晦等，主张理是在物的。二，明代王阳明反对程朱，而说心即理。……所谓理者，本无内外，一方面是于万物而见为众理燦著；一方面说吾心即是万理该备的物事，非可以理别异于心而另为一种法式，但为心上之所可具有，如案上能具有书物也。唯真知心境本不二者，则知心境两方面，无一而非此理呈现，内外相泯，滞碍都捐。如果遍说理即心，是求理者将专求之于心，而不可征事物。这种流弊甚大，自不待言，我们不可离物而言理。如果遍说理在物，是心的方面本无所谓理，全由物投射得来，是心纯为被动的，纯为机械的，如何能裁制万物、得其符则？我们不可舍心而言理。二派皆不能无失，余故说理无内外。说理即心，亦应说理即物，应无边执之过。"[2] 就是说，"心"和"物"都不过是"理"的呈现，从事物看，物物皆理，从吾心看，万理皆备，所以，"理"无所谓内外；如果只说"心即理"，那就意味着离开事物求索"理"，这是不可能的；如果只说"物即理"，那就意味着"心"是被动的，"心"不可能规划万物、把握事物的律则。因此，既不能像陆、王那样偏执于"心即理"，也不能像程、朱那样偏执于"物即理"，而应将二者加以肯定。因为这样一方面可以肯定"心"的先天认知能力，使"心"能够规划、把握事物之律则；另一方面可以确定"心"

---

[1] 熊十力《熊十力全集》第三卷，第 752 ～ 753 页。
[2] 同上书，第 44 页。

的认知对象，使"心"的先天认知能力有所施展。熊十力说："若如我义，理固即心，而亦即物。是以心知之行于物也，而见斯理之澈内外，通心物而无间焉。离心而言物，则此心何可寻物则耶？否认物，而偏言理即心，则但冥心于无用之地，而万物之理不待推征而自著。"① 显然，熊十力肯定"物即理"，就是要肯定"心"有所作为，肯定"心即理"，就是要肯定"心"本有理则，而言"心""物"乃"理"之发用流行，就是以"理"贯通"心""物"，由"天理"开出"物理"，从而为探求"物理"开辟了路径，从而满足了科学知识之要求。

三　平等之"理"

与王国维发现"理"之伦理内涵不同，胡适（1891～1962）发现了"理"所内含的平等观念。胡适说："'君之视臣如手足，则臣视君如腹心。君之视臣为犬马，则臣视君如国人。君之视臣如土芥，则臣视君如寇仇。'从这类的讨论中，我们不禁要觉察到人文主义的精神、合理的精神以及自由政治批判的精神。这种精神，就使孟子成为人类历史上民主政治的最早也许是最大的哲学家。"② 所谓"君之视臣如手足，则臣视君如腹心。君之视臣为犬马，则臣视君如国人。君之视臣如土芥，则臣视君如寇仇"，这段话放在宋代新儒学中也就是"理"，而胡适从这个"理"中觉悟到了人文主义的精神、合理的精神以及自由政治批判的精神。顺着这样的思路，宋代新儒学中的"理"自然可获得积极意义的理解。胡适说："宋儒之学，以天理为根本观念。大程子说：'吾学虽有所传授，天理二字却是自家体会出来。'程子以下，一班哲学家把理看作'不生不灭'，看作'如有物焉，得于天而具于心'（朱子说，'理在人心，是谓之性。心是神明之合，为一身之主宰。性便是许多道理，得之天而具于心者'）。于是这个人静坐冥想出来的，也自

---

① 熊十力《熊十力全集》第八卷，第 354 页。
② 胡适《中国思想史纲要》，《胡适学术文集》，第 518 页。

命为天理；那个人读书附会出来的，也自命为天理。因此宋明的道家又称为理学。理学的运动，在历史上有两个方面，第一是好的方面。学者提倡理性，以为人人可以体会天理，理附着于人性之中；虽贫富贵贱不同，而同为理性的人，即是平等。这种学派深入人心之后，不知不觉地使个人的价值抬高，使个人觉得只要有理可说，富贵利禄都不足羡慕，威武刑戮都不足畏惧。理既是不生不灭的，暂时的失败和压制终不能永远把天理埋设了，天理终有大白于天下的一日。我们试看这八百年的政治史，便知道这八百年里的智识阶级对政府的奋斗，无一次不是掮着'理'字的大旗来和政府的威权作战。"① 对胡适而言，"理"负载了宋代新儒家的信念，这个信念就是人人平等，肯定个人的价值。因而这个"理"自然成了新儒家反抗专制的武器。胡适说："天地间唯理与势最尊，理又尊之尊也。庙堂之上言理，则天子不得以势相夺。即相夺，而理则常伸于天下万世。(《语录》，焦循《理说》引）我们试想程子、朱子是曾被禁锢的，方孝儒是灭族的，王阳明是廷杖后贬逐的，高攀龙是自杀的，——就可以知道理学家在争自由的奋斗史上占的重要地位了。在这一方面，我们不能不颂赞理学运动的光荣。"② 不过，"理"也有反人文的一面，胡适说："理学家把他们冥想出来的臆说认为天理而强人服从。他们一面说存天理，一面又说去人欲。他们认人的情欲为仇敌，所以定下许多不近人情的礼教，用理来杀人，吃人。譬如一个人说'饿死事极小，失节事极大'，这分明是一个人的私见，然而八百年来竟成为天理，竟害死了无数无数的妇人女子。……八百年来，'理学先生'一个名词竟成为不近人情的别名。理与势战时，理还可以得人的同情；而理与势携手时，势力借理之名，行私利之实，理就成了势力的护身符，那些贞屈含冤的幼者弱者就无处伸诉了。八百年来，一个理字遂渐渐成了父母压儿子，公婆压媳妇，男子压女子，君主压百姓的唯一武器；渐渐造成了一个不人道、不近人情、

---

① 胡适《戴东原哲学》，《胡适学术文集》，第 1025 页。
② 同上书，第 1026 页。

没有生气的中国。"① 可见，胡适不仅发掘了"理"所内含的人文主义元素，而且分析了"理"与人文主义精神相悖的一面，从而使"理"的人文内涵得以更全面地呈现。

四　共相之"理"

冯友兰（1895～1990）的学说被称为"新理学"，足以反映其思想与"理"的密切关系。问题是，冯氏关于"理"的认知和理解，与程朱理学的"理"究竟是什么关系呢？根据冯友兰的著述，其关于"理"含义的解释主要有：第一，"理"是共相，是抽象、普遍的概念。他说："伊川所谓之理，略如希腊哲学中之概念或形式。以后道学中之理学一派，皆如此主张。此派如此主张，似受所谓象数之学之影响。在希腊哲学中，柏拉图受毕达哥拉斯学派之影响，立其概念说。盖数为抽象的，离具体的事物而有独立的性质。柏拉图受此暗示，以概念亦有其独立性质。除具体的世界外，尚有概念之世界，离时空而永存。"② 在冯友兰看来，对照柏拉图的概念学说由于受毕达哥拉斯学派"数"学说影响而形成，可以认为程颐至朱子道学一派的"理"乃是受象数学的影响。这种概念是与具体世界相对应的另一个世界，是抽象的，是离时空而永存的。就是说，"理"作为普遍性、抽象性概念，与西方哲学中的共相、形式等是相同的，但其认为西方哲学中的共相、形式易引起误解。他说："此所谓理，在西洋哲学中，名为共相、形式或概念。此诸名最易与人以误解，使人误以想象个体者想象形式，以为超乎个体之上，另有一似乎个体者。所以然之理一名词，则无此弊。"③ 第二，"理"是实际事物所以然之根据。他说："上文谓'有方'之言，有两所指，一指有方之理；一指有方之类。所谓有方之理，即

①　胡适《戴东原哲学》，《胡适学术文集》，第 1026 页。
②　胡适《戴东原哲学》，《胡适学术文集》，第 1026 页。
③　胡适《戴东原哲学》，《胡适学术文集》，第 1026 页。

指有方之所以为方者，即有方之所以然之理也。凡方的东西，必皆有其所以为方者，即皆有得于方之所以为方者，皆有得于方之所以然之理也。一方的东西所得之方之理，即其'德'或'性'。性即一具体的东西之所得于理者，亦即理之表现于具体的东西者。凡依某所以然之理而成为某物之某物，即表现某理，即有某性。理之表现于物者为性。故程朱谓'性即理'也。"①冯友兰认为，"方"有两层含义，一是"方的理"，一是"方的类"，所谓"方的理"，就是"方"之所以为"方"的根据。就是说，任何"方"的东西，都是根据"方的理"而来。既然任何物都根据"理"而来，也就意味着"理"在任何事物中都有所体现，这个体现于事物中的"理"，冯友兰名之为"性"，而这就是朱熹所谓"性即理"所要表达的思想。第三，"理"并不仅有自然的含义，更有社会的含义，他说："二程和张载所说的气都是自然的产物，如空气之类。在说明自然界的具体事物的时候，这种'气'也就足够用了。但道家所讲的'理'并不是专就自然界讲的，自然界中的具体事物固然各有其理，社会中的事物，人造的事物，也都有其'理'，'理'的实现要靠'气'。在道学的体系中，'气'是和'理'相对立的一个范畴。这样的范畴就不能限于自然界的产物了。举一个例子说，鸟和飞机都是能在空中飞行的东西，但鸟是自然的产物，飞机是人造的机器，二者各有其'理'，也各有其'气'。但鸟的'气'是自然的产物，而飞机的'气'就不是自然的产物了。所以作为和'理'相对立的'气'就必须有更广泛的意义。"②一般来讲，"气"主要是研究自然的范畴，但冯友兰指出，道学家们讲的"理"并不仅有自然的含义，更有社会的含义、人生的含义，如此，与"理"对立的"气"，也就成为超出自然意义的范畴了。所谓"理"超出自然之含义，实际上是指朱子他们的"理""蔽于人而不知天"，冯友兰说："朱熹没有讲得这样清楚。他是分人和物两大类，这是因为朱熹和道学家们在讲这一类问

---

① 胡适《戴东原哲学》，《胡适学术文集》，第1026页。
② 冯友兰《三松堂全集》第十卷，第148～149页。

题的时候，着重于其伦理的意义，不注重其逻辑的意义。他们着重于讲人之理和人之性，至于物之理和物之性不过是附带提及而已。"① 朱子他们讲人之理、人之性，而少讲或不讲自然之理、自然之性。诚哉斯言！那么，道学家们所言人之理、人之性又表现在何处呢？冯友兰说："朱子之哲学，非普通所谓之唯心论，而近于现代之新实在论。惜在中国哲学中，逻辑不发达，朱子在此方面，亦未著力。故其所谓理，有本只应为逻辑的者，而亦与伦理的相混。如视之理，如指视之形式而言，则为逻辑的；如指视应该明而言，则为伦理的。朱子将此两方面合而为一，以为一物之所以然之理，亦即为其所应该。盖朱子之兴趣，为伦理的，而非逻辑的。柏拉图亦有此倾向，特不如朱子为甚耳。中国哲学，皆多注重此方面也。"② 冯友兰不无遗憾地表示，朱子哲学的"理"本应是逻辑的，可偏偏是伦理的，而且和柏拉图相比有过之而无不及。由此亦可感觉到冯友兰诠释"理"的方向：将伦理的改变成逻辑的。第四，"理"是事物发展的规律和本质。这种解释虽然与将"理"视为普遍、抽象的概念解释之间存在一定的差距，但在冯友兰这里却可以相安无事。他说："理就是事物的发展规律和本质，它们都是真实的，但是，它们只能是在事物之中，而不能超乎事物之上。这一点，正是程朱理学的根本错误之所在。戴震批判说：举凡天地人物事为，求其必然不可易，理至明显也。从而尊大之，不徒曰天地人物事为之理，而转其语曰'理无不在'，视之'如有物焉'，将使学者皓首茫然，求其物不得。(《孟子字义疏证》卷上)程朱所说的超乎事物之上的理本来是不可能有的，当然是求之不得的。"③ 在这里，冯友兰关于"理"的认识可以说是出现了彻底的转弯，因为他既然推崇王夫之、戴震等人"理在事中"的观点，并对程朱理学给予批评，认为他们的错误根本所在就是将"理"视为超乎事物之上，而这本是冯氏关于"理"最

---

① 冯友兰《三松堂全集》第十卷，第 165 页。
② 冯友兰《三松堂全集》第三卷，第 247 页。
③ 冯友兰《三松堂全集》第十卷，第 322 ~ 323 页。

为基本的观点。总体上看，冯友兰明明知道程朱的"理"不是逻辑的而是伦理的，但他却将"理"做逻辑的解释，从而将"理"定义为共相或一般，"理"成为逻辑学、知识论概念，却丧失了其伦理的意义。

五　生生之"理"

唐君毅（1909～1978）认为，宋明理学之"理"主要涉及两方面内容：性理与天理。他说："宋明理学之言理，主要者是言性理，由此以及于天理。"[1]因为宋明儒所讲"天理"，是由心性之理通上去而后发现之而贯通内外之人我及心理之理。这个"理"至少有如下含义：第一，当然之理。唐君毅说："仁乃是一当然之理，非只属于已有事物之实然之理。吾人言物理，是属于已有之物之实然。文理之理，亦可姑就实已有之社会文理以说。以至佛家说妄执之本性空，亦可是说人实已有之妄执说。然说人之当然之理，则可不从人所实已有者上说。说人有当仁之理，不是说人实已全仁，却恒因人尚未全仁，仁尚未全实现于存在，方说当仁。"[2]既然"仁理"能隐能现，而隐现取决于诚敬，所以是当有的、未来的，就是说，"仁理"不是已在，不是客观事实，而是当在，是理想，是尚未落实或实现、即需努力的存在。第二直接命令之理。唐君毅说："我觉此当仁之理时，此理即能命我去行此仁存此仁，我亦愿去行此仁存此仁。则此天理兼对我显为天命，而为对我有实作用之理。"[3]"仁理"对人即显为天命，可命令人实践仁、保存仁，此即对人有实际的作用，也就是"理能生气"之意。因此，由于性理即是仁理，因而具有直接命令人的能力，这种能力是天之所命，而仁是通人、天的，所以性理也具有直接命令的能力。第三，尽人性之理。唐君毅说："我实现仁之天理而尽我之人性，我之改变已成之我，而逐

① 唐君毅《导论篇》，《中国哲学原论》，中国社会科学出版社，2005 书，第 32 页。
② 同上书，第 34 页。
③ 同上。

渐超凡入圣，正所以完成我之所以为我。此仁理日实现于我后，此仁理不特不空，且更显其有，人亦更须思其真实而不虚。此理一直是正面的显示于我，故不须就其能空妄执一面，而先名之为空理，而须直下即视为实理。"① 就是说，性理与空理虽然有类似的地方，但还是存在差异，因为"性理"所强调的是每个人将其本有的善性彰显出来、发挥出来，改变人而使之趋善，使人由凡入圣。因此，性理不是空理，而是实理。第四，兼心物之理。唐君毅说："在朱子之意，一切理虽原为吾人之内在的性理，然此内在的性理，不只为吾一人所具，亦为一切人与一切物之所具。如仁义忠信之理，生成变化之理，即我与人及他物所同具。如吾人由格物，而知他人有此仁义忠信，知草木之能生成变化；则当吾人之有此等之知之时，吾人固自显吾人心中原具之此诸理，然此诸理，原同时为他人他物所自具者。则此诸理应兼说为物之理。"② 就是说，朱子所讲"性理"不只为某人所有，也为他人他物所有，因为"性理"只有兼说为物，才有着落，孝悌而无父兄，如何去孝悌？如此才能使对物之实然之理之知，可与人之所以应物之当然之理之知相连而起。概言之，"性理"是当然之理、命令之理、尽性之理兼心物之理。

不过，本体意义上说，"性理"核心含义则为"生生之理"。唐君毅说："在本体论，则当说，则物先有生起事象之理而后有事象生起，与对事象生起之理之认识。此生起事象之理，即自然中生生不息之理，此生生不息之理，为任何事象所以能生之根据，故为宇宙间最普遍之理，亦肯定任何事象之生起，所必须肯定之理。"③ 就是说，从本体论上讲，有生起事象之理，才有事象生起与对事象生起之理的认识。这个"理"就是所有事物能生的根据，这个能生的根据，就是生生之理。唐君毅说："朱子之所论，既近承周张二程之言生生之理生生之道，远本于易传之言生生之易，与中庸之言天之生物之道，而亦遥契孟子之

① 唐君毅《导论篇》，《中国哲学原论》，中国社会科学出版社，2005 年，第 34～35 页。
② 唐君毅《原教篇》，《中国哲学原论》，中国社会科学出版社，2006 年，第 177 页。
③ 唐君毅《中国文化之精神价值》，广西师范大学出版社，2005 年，第 66 页。

言'生则恶可已',与孔子之言天道之见于'四时行百物生'之旨。朱子之所论,其影响于今者,又历八百年而未已。故吾人不可以轻心视之。"[1]唐君毅认为,儒家重生生有其传统,而朱熹继承光大了这个传统。那么,"理"之为"生生义"又表现出哪些特殊内涵呢?唐君毅分析、阐述了三个方面:首先,"理"之生生乃宇宙万物之创化未济处。唐君毅说:"细观此以生生之道生生之理,说明万物之所以生生不已之原之论,如以西方宗教及形上学思想,为较论之资,此实无异是西方三位一体思想中之第二位之道为主,以涵摄第一位之上帝于其中之说。依西方之说上帝为全有,则道应为全有之本质,而表现于其创造万物之事业,此事业乃迄今未已者。故无论上帝之化为耶稣之救赎事业,及创生万物之事,皆未已者。而在中国思想,则尤重此宇宙万物之创造、生化,或流行之历程之未济而未已,天德之流行与圣贤之德泽之流行而未已处。"[2]西方"三位一体"思想内容为:上帝是一个有意志、智慧和感情的人格化的神,但这个神圣的实体存在于圣父、圣子和圣灵之中,圣父上帝至高无上,圣子耶稣是救世主,圣灵把圣父与圣子联系起来,三者为一,是为三位一体。圣子是圣父意志的代言人、执行人。就创造事业而言,耶稣并未完成,无论是救助,还是创造万物,都没完成,因而从不停息。"理"之生生也正关心、重视宇宙万物创生之未济、流行之未已者,因此,"性理"生生自然是生生不已、生生不息的。其次,"理"之生生乃自由原则。唐君毅说:"由是而中国思想中,所谓物之性,非一必然原则,而正是一自由原则、生化原则。所谓天命之谓性,非天以一指定命运规定人物之行动运化,而正是赋人物以'多多少少不受其自己过去之习惯所机械支配,亦不受外界之来感之力之机械支配,而随境有一创造的生起而表现自由'之性。而一物之由创造的生起以表现自由,又非在其与他物感通时不显。且物必愈与他物感通,而后愈有更大之创造的生起。则是而此自由生化之

---

[1] 唐君毅《导论篇》,《中国哲学原论》,中国社会科学出版社,2005年,第282页。
[2] 同上。

原则，非依附于物之一个体之力量，亦非依附于一个体之任意之意志，而是依附于个体所得于天之生生之机、生生之理，亦即个体之能贯通他物之德量。个体之德量，由其与他物感通，新有所创造的生起而显；亦由时时能自觉的求多所感通，求善于感通，并脱离其过去之习惯之机械支配，及外界之物之力之机械支配，而日趋宏大。但此非一般物之所能，唯人乃能之耳。"[1] 什么是自由原则？唐君毅认为，天命之谓性，就是天赋予人物以自由之义，具体言之，就是不受外界、不受习惯等的机械支配，而随境有一创造的生起而表现自由。而一物只有与他物感通时才会有创造的生起或更大的创造的生起。不过，这种自由生化原则，既不是依靠个体力量，也不是依靠个体意志，而是依附个体所得天之生生之机之理。这个"理"就是个体贯通他物的德量，此德量在与他物感通中，创造新物，并脱离习惯、外力之支配而日趋宏大，这就是"理"之生生之自由原则。第三，"理"之生生乃实现原则。唐君毅说："朱子之所以重理，即重其为一实现原则。……一物所具之理或一事一物之极至之理。此可为就一事一物之特定之形式构造相状而言之理，而相当于西哲之形式之理者，于此可说物有许多，理亦有许多，物各有其理或律则，而各有其极。朱子所谓格物穷理，亦初重在分别就物之不同，以知其不同之理。然朱子所归宗之理，则又为一统体之理。此统体之理，即一生生之理生生之道，而相当于西方哲学所谓实现原则者。"[2] 就是说，朱子所言"理"是统体之理、生生之理，即所谓实现原则。之所以做如此判断，乃是因为此生生之理、生生之道是使新事物得生而得存者，是先一物而有者，是自己有者，是潜在者。而且，与西方哲学之实现原则依赖于上帝意志相较，"理"之生生之实现原则完全由其自己。唐君毅说："在朱子之思想中，其言统体之生生之理生生之道，固亦为先天地万物而自有者。然朱子唯直

----

[1] 唐君毅《中国文化之精神价值》，广西师范大学出版社，2005年，第66～67页。

[2] 唐君毅《导论篇》，《中国哲学原论》，中国社会科学出版社，2005年，第285～286页。

言天地万物之依此道此理而生。至对物之形式之理，则视为后于物之生而有，以为人所知者。故《朱子语类》卷九十四谓：'未有一物时，是有天下公共之理，而未有一物所具之理。'则朱子无形式之理先在之说，亦无形式之理先为上帝所知，由其意志加以实现之说。其以人物直依此道此理而生，此道此理亦即直接为人物之所以生之理由或实现原则。故此道此理，即可视为人物所以生之性，而直接内在于人物者。此亦无碍于自此道此理之为不同人物之公共之本原，而称之为天道天理。……此即由于吾人前所说：中国思想素不重上帝或天之创生物之型模或计划，及其创生者之为如何如何 What，与中国思想重此天之创造性之本身；方发展出此朱子之直以此道此理，为人物之生生之原，以说天命流行之思想也。"① 朱子所言"理"之生生与西方宗教类似，但又有差别，最根本的差别是，朱子没有形式之理先在说，也没有形式之理先为上帝所知而由其意志加以实现的观念，而是人、物直依此道此理而生，此道此理直接为人、物所以生之理或实现原则，也就是说，程朱理学之"理"之实现原则，是内在于人、物，而为人、物所以生之性，但这并不影响其为公共之理。

六　事物之"理"

张岱年（1909 ～ 2004）晚年说过这样的话："二程之理有三重意义，理是自然规律、最高本体、道德的最高规范。"② 但张岱年对于"理"的终极定义，却是事物之理。可由三方面观之：一是何谓"宇宙之理"？张岱年认为，在中国哲学中，"理"包括"形式""规律""秩序""所以""至当"五种意谓，但无论哪种意谓的"理"都是宇宙之理，即都是"物理"。张岱年说："凡理莫不表现于事物，然理之表现有

---

① 唐君毅《导论篇》，《中国哲学原论》，中国社会科学出版社，2005 年，第 286 页。
② 张岱年《略论中国哲学范畴的演变》，《张岱年全集》第五卷，河北人民出版社，1996 年，第 586 页。

其界域，凡理不必表现于一切事物，而常仅表现于一些事物。"① 二是何谓"伦理之理"？张岱年指出，五种意谓中的"至当"之理，就是"人伦之理"。张岱年认为，"理"之作为人伦之理，主要表现在宋明时期。他说："朱熹曾讲所谓理之内容道：'气则为金木水火，理则为仁义礼智'（《朱子语类》卷一），……仁义礼智等封建道德标准是理的主要内容。"② 概言之，道德伦理是程朱之"理"的主要内容。三是何谓"本体之理"？五种意谓中的"所以"之理，其含义是事物的根据或根源，也可谓"本体"，即所谓本体之理。张岱年认为，"理"成为"本体"义，乃是宋明时期发生的事情——"宋明时期经二程提倡，理成为最高范畴"③。具体而言，"理"在二程思想中即是本体概念，张岱年说："二程子所谓理，则以总一言，认为万物唯有一理，此理乃究竟本根。二程子以理为宇宙本根，认为理是事物之根本。明道以为事物之最根本的常则是宇宙本根。伊川认为凡事物皆有其所以，一切事物之究竟所以，是宇宙本根。"④ 这种"理"为本体的思想，在朱熹那里得到了继承。张岱年说："程颐认为'理'是本体。朱熹发展了程颐的思想，提出了'天理自然之本体'的观念。如说：'天道者，天理自然之本体，其实一理也。'"⑤ 而朱熹的"理"最本质的意义就在于其是"本体"。张岱年将"理"分出五种意谓，在此五种意谓基础上特别讨论了"宇宙之理""伦理之理"和"本体之理"，而此三种"理"的共同性质是：永远离不开事物，是"事物之理"。对于这样的认知与判断，张岱年还有具体的阐述。首先，没有内在于心的"理"。张岱年认为，所有"格式"都不在心内，而在心外；所有条理都附于事物，而不在人心；他说："第一，此说不过是把问题由外界移到内界来，试问，人心

---

① 张岱年《天人五论》，《张岱年全集》第三卷，第195页。
② 张岱年《中国古代哲学中若干基本概念的起源与演变》，《张岱年全集》第五卷，第93页。
③ 张岱年《略论中国哲学范畴的演变》，《张岱年全集》第五卷，河北人民出版社，1996年，第586页。
④ 张岱年《中国哲学大纲·宇宙论》，《张岱年全集》第二卷，第86页。
⑤ 张岱年《中国古代哲学中的本体观念》，《张岱年全集》第五卷，第4912页。

怎么会有格式呢？这恐怕很难解说。而且承认内心有格式，有什么生理学的根据？现在已知道知识的基础可由制约反应来说明，因而用不着所谓内在格式了。第二，有时条理的发见乃是精细考察外界现象的结果，正如戴东原所谓'事物之理必就事物剖析至微而后理得'。如果认为条理乃是内心格式投射在外物上，何以在先此种格式不发生作用，必就事物剖析至微之时才发生作用呢？总之，如果以为承认外界有条理是迹近独断，那么，承认内心有先验格式更是独断，更无根据。"①因而张岱年不能接受陆九渊、王阳明"理在心中的主张"。其次，没有先于事物而在的"理"。张岱年指出，世界上不存在先于事物而有的"理"，他说："在'理'的形式、规律、秩序三种意谓下，说'未有甲物之前已有甲物之理'是不可能的。然则'未有甲物之前已有甲物之理'这句话就根本不可能吗？是亦不然。在'理'的另一意谓，即把理当'所以'解时，则可以这样说。在未有甲物之前已有甲物之所以，即已有甲物所根据之规律；更精确点说，已有甲物所根据并将来亦遵循之规律，而无甲物所只遵循之规律。"②这就是说，从形式、规律、秩序三种意谓言，"理"是不可能在没有相应事物之先而存在的。既然"理"只存在于事物之后，那么程朱"理先气后"的观点自然会遭到张岱年的批评与否定，他说："事实上并没有离开事物而独立的理。程朱所讲的作为阴阳之所以然、在事物之先的理，是实际不存在的，而只是人的观念而已。程朱以这种意义的理为世界的根源，也就是以观念为世界的根源，应该说是一种客观唯心主义的学说。"③第三，没有时空之外的"理"。张岱年认为，"理"虽然是观念形式，但并不是超时空的。张岱年说："'理'并不是不在时空之中，而是不限于在特定的时空之中。'理'可以说有时是不随时空而俱易者，时空转易而仍可以常住不变者。可以说，理的在时空与物的在时空有异：物是限于在某

①　张岱年《中国古代哲学中的本体观念》，《张岱年全集》第五卷，第4912页。
②　张岱年《谭"理"》，《张岱年全集》第一卷，第99页。
③　张岱年《中国古代哲学中若干基本概念的起源与演变》，《张岱年全集》第五卷，第93页。

特定的时空之中，理则可以不限于在某特定的时空之中。似乎可以说，理并不是潜在，而只是相当的泛在。我们似不可把不限于在特定时空中认为超越时空，认为在时空之外。"① 因而张岱年对那种认为"理"不受时空限制而无处不在的观点也是持否定态度的。他说："我对所谓超时空而有，不知是怎么一回事。我觉得有即在时空之中，超时空的有是不存在的。说不在时空而有，我觉得不仅不可能，而且毫无意义。我又觉得，宇宙即时空物之域。说在时空之外，就是说在宇宙之外，而在宇宙之外是不可说的。"② 可见，在张岱年看来，与"心"而言，"理"在心外，与"物"而言，"理"在物身，与"时空"而言，"理"在时空中。这也就是说，"理"虽然是观念的、精神的，但永远是事物之"理"。他说："理是实有的，外界有理，共相是外界本来有的，不因我们的认识而始存在。且外界本有之理，我们可以知之；外界虽有理，但无独立自存之理，理依附于个别的事物，并没有理的世界，理只在事物的世界中；理有生灭，大多数的理是非永存的，也许有一二最根本的理是永存的。"③ 这样，"理"或许可以像孙悟空那样在宇宙中任性地跳跃，但它永远逃不脱如来佛的手掌心（事）。

七　"理"之概说

如上陈述了六种关于"理"的解释，每一种解释中的"理"之意涵都有不同，所谓理性之理、通心物之理、平等之理、共相之理、生生之理、事物之理等，"理"似乎是可以被任意打扮的小姑娘，想扮成什么样就扮成什么样。那么，这样一种学术实践给我们怎样的启示呢？

第一，"理"之内涵被多向度呈现，承负着不同的价值诉求。没有疑问，即便在被确立为最高本体的宋明理学中，"理"的内涵仍然是丰

---

① 张岱年《谭"理"》，《张岱年全集》第一卷，第 100 页。
② 同上书，第 102 页。
③ 同上书，第 98 页。

富多彩的。但我们还是发现，进入20世纪，"理"之意涵被丰富的脚步并没有停歇。所谓理性之理、通心物之理、平等之理、生生之理等，"理"愈加气象万千。然而何以发生这样的情形？因为它是价值的诉求，是生命的呈现。所谓"理性之理"，不仅是王国维对"理"内涵的哲学觉悟，更是其对"理"之"理由义"与"理性义"的认知与信奉，即其对逻辑与知识理性的追求。所谓"通心物之理"，当然不是熊十力要在"心"与"物"之间搭建一座桥梁的游戏，而是熊氏基于对中西哲学的洞见而对"理"做出的独具慧眼的诠释，是熊十力对科学的深情向往。所谓"平等之理"，也并不是要求取消社会上的一切差别，而是希望每个人在政治、经济、文化等方面能够获得同样的权利，这正是胡适释"理"为"平等之理"的初衷。所谓"生生之理"，此意虽在宋明儒观念中已经存在，但若唐君毅对"理"生生范围的规定（无物不济）、对"理"生生原则的说明（自由生化）、对"理"实现原则阐发（人物自生）等，不仅反映了唐氏在哲学上的创造性，更是其对"理"的价值期待。因此说，"理"所呈现的多样内涵，正是不同价值诉求的反映。

第二，"理"之诠释归约两个向度，显示了时代民族主题。如果将上述"理"的六种诠释做大致的分类，那么很容易分为科学与人文的两个向度，即科学、逻辑、知识的向度与人文、哲学、道德的向度。就是说，"理"虽然表现为六种内涵，但归纳起来，便不难发现，本文所列举的王国维、熊十力、冯友兰的解释，都是偏科学、逻辑、知识的解释，而胡适、唐君毅、张岱年的解释都是偏人文、哲学、道德的解释，这正反映了20世纪中国哲学的追求。随着中欧交战中中国实力的暴露，随着西方学术思想文化的进入，中国人发现自己之外还有另一个精彩的世界，还有所谓科学、民主等好东西，救亡图强的时代命运迫使他们放下身段、低头学习和思考西方。就是说，"理"的解释所呈现的两个向度，正是时代民族主题的反映。而且，在对"理"进行科学与人文两个向度的诠释过程中，还表现出处理二者关系上的纠结，即：既希望发展出科学，以帮助中国强大，又希望对科学有所约束，以限制科技可能带来的消极后果。因此，"理"之诠释的多样性，又反映了中国哲学学者处于传统与现代、中学与西学之间的焦虑心理。

第三，"理"在解释中被赋予新意，透显了事实与价值差异。与宋明理学中的"理"相比，"理"的内涵在 20 世纪无疑得到了极大丰富与发展，许多新的意义被赋予了"理"。比如，"理由义"与"理性义"之赋予，将"理"之作为"观念"的性质开发出来；"通心物义"之赋予，将"理"之作为"发生"的性质开发出来；"平等义"之赋予，将"理"之作为"公共"的性质开发出来；"自由义"之赋予，将"理"之作为"意志"的性质开发出来；等等。就是说，"理"之任何新意的赋予，都能找到它的"前身"或者"基因"，即"理"之新意的出现，都不是毫无根据的，都是基于"事实的"。但是，那些在解释中被赋予的"新意"，所谓"理由""理性""通心物""平等""无物不济""自由""实现"等，都是与原意有"距离"的，都是新的思想的生成。质言之，上述关于"理"的六种解释，相对于宋明理学的"理"本义而言，虽然存在理解上的偏差，但正是这种偏差的存在，显示了解释的活力与生命。

朱熹说："'理一分殊'，合天地万物而言，只是一个理；及在人，则又各自有一个理。"（《朱子语类》卷一》"理"只是一，但因而人、物而分殊、而为万。一方面，"理"之分殊而使人、物获得其规定性，而成为其自己；另一方面，正是分殊为人、物之"理"，将"理"的生命气象做了充分而多彩的呈现。由此而论，"理"之在王国维、熊十力、胡适、冯友兰、唐君毅、张岱年等人那里所获得的解释，既是他们思想生命的规定与限制，也是他们思想生命的丰富与超越。

略论朱熹社会管理思想在同安、漳州的形成与实践

陈支平（厦门大学）

一　朱子学包含道德倡导与社会构建两个部分的内容体系

　　自清代以来，以朱熹为代表的宋代理学，逐渐被一部分人们认知为高谈空言、无补于世的迂腐之学，与此相对应，有些学者提出了所谓"实学"的概念，以弘扬那些被认为是对于社会历史发展有着积极作用的"经世之学"。

　　宋代以朱熹为代表的道理之学，之所以被后世一部分人们认知为高谈空言、无补于世的迂腐之学，主要原因有二：一是到了明清两代，政府出于政治统治的需要，对宋代理学进行了改造利用，如畸形地极力倡导贞洁、孝道等，试图通过对这种畸形的贞节、孝道的提倡，强化人们对于皇权统治、官僚统治的盲目遵从；[①] 二是明清以来的学者在讨论宋代朱熹以及其他理学家的学术时，基本上关注于他们的"义理"和"性命"之学。特别是到了 19 世纪末至 20 世纪以来，欧洲等西方的人文社会科学被引进到中国，随着近现代西方人文社会科学的引进，"理学"的研究被划入"哲学"研究的专业范围，"理学"的形而上思维成了哲学家们思考和探究的核心内容，从理学家们的"文本"到研究者们的哲学结论，似乎成了现当代对于"理学"研究的必经之路。哲学家的思考忽视了朱子学、理学的历史实践。在学者们的推动之下，宋代以朱熹为代表的道理之学，似乎理所当然地被理解为仅供学人把玩，乃至可以探索微言大义的"圣贤之学"，以及与之针锋相对的"迂腐之学"。

---

① 参见陈支平《唐宋变革与明清实践——以朱子学、理学为例》，《厦门大学学报》（哲学社会科学版），2014 年第 2 期。

　　事实上，宋代理学的出现，是建构在知识分子对于唐代后期以来社会道德的沦丧与宋代现实政治的堕落而兴起的一种"经世之学"，建构宋代道理之学的主要学人们，无不把对现实政治的担忧与社会道德的关怀放在自己思考的首位。

　　朱熹的学术思想体系更是如此。从完整的意义上说，宋代"理学"应该包含道德倡导与社会构建两个部分的内容体系。现当代宋明"理学"研究的"哲学化"，学者们过分注重理学家们形上思维的"义理"之辩，恰恰又冷落甚至丢失了宋代"理学"的另外一个重要组成部分，即关于基层社会设计与管理的方面。事实上，宋代理学家们所倡导的"理学"，并不完全只是道德与政治的上层意识形态方面，他们还极力为民间社会的行为礼仪和社会组织重新进行了构建。

　　众所周知，唐宋时期社会转型及其变革的一个重要方面，是整个社会的"平民化"或"市场化"程度的推进，汉唐及之前的诸侯门阀士族的社会结构已经不复存在，与之相适应的"宗法"世袭体制也分崩离析，失去了其存在的社会基础。面对宋代以来这种新的社会重构组合历程，宋代许多有着强烈社会责任感的知识分子特别是理学家们，根据这一新的时代特征，对宋代的社会重构和组合设计出了一系列的蓝图。这其中最具代表意义的莫过于民间的宗族制度与乡族组织了。根据冯尔康等先生的研究，宋明时期的宗族、家族制度是从上古时期的"宗法制"演变而来，汉晋时期则演变为门阀士族制度。这种深具统治特权的制度演化至宋代，已经失去了它的社会基础，基本衰败。随着宋代科举制度进一步完善，其成为最主要的选官制度，大批平民通过科举改变其社会地位。官僚成为社会的中坚力量，以官僚和士绅为主体建立起了新的宗族制度。[①]

　　在唐宋的社会变迁过程中，宋代许多士大夫和知识分子，如张载、程颐、程颢、欧阳修、苏洵、范仲淹、司马光、陆九韶等，都积极参与其间，适时提倡建构具有平民色彩的民间宗族制度与乡族组织。宋

---

① 参见冯尔康等著《中国宗族社会》，浙江人民出版社，1994年。

代的社会现实，使家族制度的重建不可能与古代守法制度完全相同，因此，重建必须因地因时制宜地对古代礼制有所更新。朱熹以其对古代礼制的深入研究为基础，结合当时的民俗，为宋代社会礼仪特别是重建家族制度设计了新的规范。他在《朱子家礼》的开篇位置，就阐明了建立祠堂的最具创造性的举措。朱熹说："今以报本反始之心，尊祖敬宗之意，实有家名分之首，所以开业传世之本也。故特著此，冠于篇端，使览者知所以先立乎其大者。"① 在倡导敬宗收族的同时，朱熹在《家礼》中对于民间社会的诸如婚丧嫁娶等各个方面习俗规范都进行了比较详尽的描述，以期社会有所遵行。

朱熹和宋代理学家们的努力，在宋代以及后世产生了重大与深远的影响。张载、程颐、朱熹等人极力倡导的重建民间家族制度和建立祠堂的主张，在宋以后的社会里已经成为推行家族制度的理论依据；欧阳修、苏洵等人创立了民间私家修撰族谱、家乘的样式，为后代所沿袭；《朱子家礼》的设计，至今还在不少地方影响着我们的日常行为。宋代所提倡的敬宗收族、义恤乡里以及"义仓""义学""义冢"等，一直为后人所津津乐道。笔者曾经对闽台一代的民间族谱进行过统计分析，朱熹所撰写的族谱序言，至少在三十个不同姓氏的族谱中出现过。② 在宋以后的许多民间族谱与相关文献的记载中，时时可见朱熹等宋儒们对于这些家族制度及其组织的影响，所谓"冠婚丧祭，一如文公《家礼》"，"四时祭䘵，略如朱文公所著仪式"。③ 可以说，到了明清时期，宗族制度与乡族组织已成为中国民间最为重要和坚固的社会结构形式。

到了现当代，特别是新中国成立以后，有些学者从阶级演变与社会进化的角度来讨论中国的宗族制度与乡族组织，指摘了不少关于中国宗族制度与乡族组织的负面因素，并且预示中国的宗族制度与乡族

---

① 朱熹《家礼》卷一《通礼·祠堂》。
② 参见陈支平《福建族谱》第五章《族谱的装饰与炫耀》，福建人民出版社，2009 年。
③ 参见冯尔康等著《中国宗族史》第三章第二节，上海人民出版社，2009 年，第 172～177 页。

组织必将随着社会的进步而逐渐衰落消亡。我却认为学者们的这种预
测未免过于脱离中国的实际情况。当前中国乡村社会的发展出现的两
种倾向值得注意，一方面，不少地方的家族组织和乡族组织得到不同
程度的恢复甚至有所发展；另一方面，在许多传统宗族制度和乡族组
织受到严重破坏又一时未能寻找可以与之替代的社会组织的乡村里，
普遍出现了一种道德混乱以及社会无序的现象。这两种倾向的出现，
正好从两个不同的角度说明了宋明以来中国宗族制度与乡族组织长期
存在于民间基层社会的文化合理性。

宋代朱子学、理学演变到近现代，往往被人们讥讽为迂腐不堪、
毫无实用的道德标榜，而注重实用的学人们，对于明清以来的所谓
"经世致用"之学甚为欣赏。实际上，宋以来中国思想界所出现的"经
世致用"之学，说到底仍然是一种形上思维，并没有真正实施的内涵
与可能性。倒是宋代朱熹及其他理学家们所提倡的重构社会基层组织
的设计与实践，在近千年的中国大地上，得到全面的实施与推广，甚
至延伸到海外的华人群体之中。因此，抛开学术与政治上的偏见，如
果要在宋以后中国的思想家里寻找真正实施于世的"经世致用"之学，
那么，大概就只能是朱熹等宋儒们的这一主张了。

二　从书生自许到道德经世的转变

朱熹的青少年时期，在其父亲以及崇安五夫刘氏等前辈的教育督
导下，经历了十分严格而又坚实的儒家文化的学习。复因为朱熹聪颖
过人，天资卓越，在全面系统研读儒家经典的同时，他涉猎了道家、
禅家的诸多著述，并理解精到。年轻人的活跃思想，往往又是与天马
行空式的浪漫主义色彩联系在一起的。因此，年轻时期的朱熹，当他
在融会贯通儒、佛、道各家学说之后，却对于自在缥缈的道学和禅学
产生了偏好。然而，朱熹最终走上了倡导道德教化、关怀社会的儒家
之道，这是与他从书斋走上社会、经历了在同安和漳州的地方官之任

所不能分开的。换言之，朱熹在同安、漳州的地方官任上的社会实践经历，促使了他在社会管理思想上的重要转型。

绍兴二十三年（1153，癸酉），朱熹 24 岁。春天时，他写下《牧斋记》，总结他三年师事道谦和以儒、老（道）、佛（释）谦谦自牧的心学修养和收获，标志着他的思想出入佛老盛极的高潮。五月，朱熹接到任命，动身前往泉州同安任主簿。途经南剑即现在南平的时候，遵照父亲朱松的遗愿，拜会了福建理学的二传弟子李侗。面对年轻气盛的朱熹，李侗虽然感觉朱熹学识广博，但发现他有浮躁而玄虚的学风。他规劝朱熹，日后要"去'圣经'中求义理"，要多看"圣贤言语"，从日用工夫处去理会"道"。对于李侗的规劝，朱熹似乎并没有十分在意。

六月底，朱熹到达同安县，安顿在主簿廨西北的斋屋。他把自己燕居的西斋更名为"高士轩"，并作《高士轩记》。可以说，从这时起，年轻的朱熹从书斋走进了社会。朱熹除担任本职事务外，还参加修建城池的工程监工。从日常的政务中，他也逐渐见识了官场及社会的真实情况。深秋的一天，朱熹受知县之命督建同安城四角城楼。在秋风萧瑟的郊原里，看到隶役们个个饥饿不堪，身体瘦弱，他深感惭愧并产生思乡之念。为此写下诗歌《督役城楼》，体现仁者关怀社会的胸怀。

朱熹刚到同安，初涉仕途，颇想有一番作为，决心遵循先儒教诲，涉足清流，力避官场丑恶风气，写下诗歌《濯足万里流》以自勉。十二月，朱熹听闻永春县事治理极佳，亲自前往，向县令黄瑀取经，得其"敦礼义、厚风俗、戢吏奸、恤民隐"的经验。回来后，朱熹将县署的"佑贤堂"改名"牧爱堂"，体现他关心民瘼、爱护百姓的用心。

上任半年以来，朱熹已经对于下层社会的症结有所了解。为了缓和社会矛盾，他极力主张推行"正经界"，即理顺田地的占有关系，但遇到很大阻力，无法施行；又主张减免经总制钱，亦施行不得。他开始深切地感觉到书本的理想与现实社会存在巨大差距，因此感到苦恼。虽然如此，他还是在力所能及的范围内，反对税收与征调上的巧立名目、横征暴敛，尽可能减轻民众的负担。

朱熹自己是个饱学之士，因此对于同安任下的教育格外重视。他发现当地生员学风不正，以习举子业为主，于是主动向知县请求兼领县学事，请任教谕。"莅职勤敏，苟利于民，虽老无惮。选秀民，克弟子员，身加督励。"（《朱子行状·实录》）接手同安县学后，立即对其进行整顿，颁布《谕学者》《谕诸生》《谕诸执事》等文告，以规章制度严格管理生员。绍兴二十四年（1154）五月，朱熹在县学设立讲座，亲自讲授《论语》，作《讲座铭》。拨币重新修建四斋，分别取名为志道、据德、依仁、游艺。他还通过考试增补县学弟子人员，亲自制定策试方法。在他的主持下，当地学风有了明显的好转。这一年，他写下《四斋铭》《鼓铭》《策问》《论语课会说》《讲礼记叙说》等文章。绍兴二十五年（1155），朱熹在同安明伦堂左侧倡建"教思堂"，在文庙大成殿后侧倡建"经史阁"，收集县衙府中所有书籍，归置阁中，共藏书1212卷，供学者和执事们观览。

朱熹参考典籍中的释奠仪式，考订形成全新的祭孔仪式，绘成《释奠仪图》，供县学执事、诸生观览。期间，朱熹在公务之余还考正《礼书》，编订《牧斋净稿》，作品有《臣民礼议》《绍兴纂次政和民臣礼略》《苏丞相记》《射圃记》《泉州同安县学官书后记》等。为了更进一步地激励同安县及周边的学子，朱熹倡立故相苏公相祠于学宫教思堂后，以彰显北宋名相、乡贤苏颂，令学宫弟子岁时拜祀。绍兴二十六年（1156），朱熹在县学建赵忠简祠，以祀故相赵鼎。当时同安县所属的金门岛僻处海上，文教相对滞后，是年五月，朱熹一行在地方文士和学者的陪同下，往金门视察。他参谒了金门妈祖庙，并为之题写壁诗和对联。回程中在海上遇到风浪，有惊无险，给朱熹留下深刻的印象。回来后，作《五月五日海上遇风雨作》诗。金门至今仍保留多处朱熹的手迹。朱熹的金门之行，为金门后世文教的传承和发展，起到了无可替代的作用。在这段日子里，朱熹还到邻近的南安、晋江等县考察教化，数度走访石井、安海一带的书院和泉山书院等，为这些地方的文教事业做出了积极的贡献。

经过在同安县主簿任上的磨炼，朱熹逐渐意识到儒家关怀社会的伟大意义。朱熹此时熟读《孟子》，收获甚大，自称"方寻得本意"，开始动笔作《孟子集解》。期间，他从陈黯处得到《裨正书》，为之点校并作序；又从谢良佐处得到《上蔡语录》，潜心研读。这一年，朱熹写下《漳州教授厅壁记》《一经堂记》《芸斋记》和《至乐斋记》等文。

绍兴二十七年（1157），朱熹在同安县任满。在等待接替官员期间，住在陈良杰（北溪）之馆数月，将其居室命名"畏垒庵"，并邀请朋友、学生中好学者同住，共同研究学问。这一年，朱熹除撰《畏垒庵记》外，还著述《论语》笔札十篇（《论语要义》和《论语精义》稿本）。

朱熹在同安历时四年五个月，政绩良好，官民口碑极佳，"士思其教，民怀其惠，相与理祠于学宫"（《朱子行状》）。时至今日，在同安一带依然流传着许多关于朱熹德政的故事。至于朱熹过化的其他地方，也无不留下难以磨灭的历史印记。①

朱熹在同安的四年县主簿生涯，固然为同安县及周边地方做出了诸多贡献，而对于他自己而言，作为一个潜心于书斋的学人，在思想上进行了一次极为重要的升华，从而奠定了他理学的基本世界观。也是通过这次难得的经历，使他真正认识到李侗的真知灼见。在泉州整整半年的读经反思，终于从佛老中自拔出来走向儒者的觉醒。后来他曾对自己的长孙婿、弟子赵师夏谈到在泉南佛国读经反思的朦胧觉醒说："余之始学，亦务为笼侗宏阔之言，好同而恶异，喜大而耻于小，于延平之言，则以为何多事若是，心疑而不服。同安官余，反复思之，始知其不我欺矣。"② 因此，当他从泉州卸任回到闽北之后，最要紧的事情就是重新向李侗拜师。朱熹自拜李侗为师之后，可谓经历了一次他

① 以上见陈长根《朱子行迹传》，海潮摄影艺术出版社，2007年。又见陈荣捷《朱熹》，生活·读书·新知三联书店，2012年。
② 赵师复《跋延平答问》。

自称"尽废所学"的自我否定，完成了逃禅归儒的思想升华，世界观豁然开朗。从此他以一个儒者的道德情怀，坚持着对于"道统"的永恒追求。

朱熹在此期间思想升华的另一个方面，是他通过官场的磨炼和社会的实践经历，认识到书斋之学必须与社会现实相互联系，才能更好地发挥其教化社会、匡正社会的积极作用。朱熹在穷荒蛮远的南国振兴儒学教育，表现出他对整个传统儒学文化的现实地位和危机的一种敏感和深思，是在传统文化的初步历史反思下对士大夫直至整个民族的文化心理结构深层的一种朦胧透视和觉醒，开始意识到要重建儒家的人学以挽救封建衰世的人心，所以他在主持县学教育中特别注重"四书"中的《论语》和"五经"中的《礼经》。一部《论语》包含了孔子仁学的人学，朱熹特别要借它来向利欲熏心的一代学子宣扬学在"为己"的理学说教，在繁忙的簿书生活中，他还抽空到县学把二十篇《论语》从头到尾讲授了一遍。但朱熹认为，南宋所以人心败坏，世风日下，不在于人们不识孔子的为己的仁学，而在于对这种仁学的人学知而不行，诵习而不践履，所以他又要借重《礼》来补充《论语》，弘扬儒家失落的实践理性，为诸生建立起一种实践的儒家仁学，也就是理学的人学。

朱熹在同安主簿的经历中，已经认识到端正社会风气，必须以儒家的"礼"作为准绳。他把"礼"解为"履"，所谓："博学而详说之，将以反说约也。何谓约？礼是也。礼者，履也，谓昔之诵而说者，至是可践而履也。故夫子曰：'君子博学于文，约之以礼。'颜子称夫子亦曰：'博我以文，约我以礼。'礼之为义，不其大哉！"① 正是他独特的礼学思想，使礼不仅成为调整人际关系的规范，而且更是自我实践"仁"的现实之路，借助于礼，知与行得到了统一。南渡以来礼学的败落废弃超过他经，其中《周礼》《礼记》几乎无人问津。朱熹在县学大力推行礼学教育，主要目的就是要用礼学来整顿泉南穷乡僻壤的士风

---

① 《朱文公文集》卷七十四《讲礼记序说》。

和民风。他发布了《申严昏礼状》，严禁地方上的"奔诱"之风。县学的释奠仪不全，他便取《周礼》《仪礼》《唐开元礼》《绍兴祀令》相互参考，自己订定写成《释奠仪图》，颁行于县。[①]

朱熹在同安县主簿任上所试行的把儒家经典进行社会践行的尝试，不仅使他的思想从一个意气风发的书生理想升华为经世致用的道德寻求，同时也为他后来重新建构基层社会的道德与礼仪，建构民间家族组织等，进行了初步的尝试，无疑起到了引导性的作用。

三 社会管理思想体系的形成与实践

朱熹从同安主簿卸任之后，由于其独立的人格与道德的坚持，不能与堕落的官场同流合污，因此其仕途甚为不顺。这反而更激发了他对道德体系的宣扬和社会管理思想的建构。在长期的读书、著述、讲学以及接触基层社会的过程中，他对于社会的观察与理解日臻深刻，终于到了乾道六年（1170）朱熹41岁的时候，撰写完成了对于后世乃至日本、韩国等地影响深远的《家礼》一书。朱熹本人在《家礼》序中这样写道：

> 凡礼有本有文。自其施于家者言之，则名分之守、爱敬之实其本也，冠、昏、丧、祭仪章度数者，其文也。其本者有家日用之常体，固不可以一日而不修；其文又皆所以纪纲人道之终始，虽其行之有时，施之有所，然非讲之素明，习之素熟，则其临事之际，亦无以合宜而应节，是不可以一日而不讲且习焉也。三代之际，礼经备矣。然其存于今者，宫庐器服之制、出入起居之节皆已不宜于世。世之君子虽或酌以古今之变，更为一时之法，然亦或详或略，无所折衷。至或遗其本而务其末，缓于实而急于文，自有志好礼之士，犹或不能举其要，而困于贫窭，尤患其终不能

---

① 以上见束景南《朱子大传》第四章《儒家心态的迷失与复归》，福建教育出版社，1992年。

有以及于礼也。熹之愚盖两病焉，是以尝独观古今之籍，因其大体之不可变者而少加损益于其间，以为一家之书。大抵谨名分、崇爱敬以为之本，至其施行之际，则又略浮文、敦本实，以窃自附于孔子从先进之遗意。诚愿得与同志之士熟讲而勉行之，庶几古人所以修身齐家之道、慎终追远之心犹可以复见，而于国家所以敦化导民之意亦或有小补云。①

从这篇序文中可以看出，朱熹之所以撰写《家礼》，就是为了使上古的礼制得以传承，但是在宋代的现实社会里，又要有所更新，得以符合社会的实际而施行之。只有这样，才能达到"敦化导民"的真正效果。可以说，《朱子家礼》的问世，标志着朱熹关于社会管理思想建构的形成。

从同安主簿任上对于社会管理、敦化风俗的初步实践，到十余年后《朱子家礼》的问世，朱熹完成了对于社会管理思想体系的探索与建构，到了绍熙元年（1190）朱熹61岁出知漳州时，他又利用在这里一年的时间，对他的社会管理思想进行了一次比较深入的社会实践。虽然在此之前，他也曾经在江西南康、浙东一带担任过短期的官员，施行过诸如社仓、劝农的措施，又不时引导"乡人父老岁时集会，讲信修睦"等进行有利于基层社会敦化风俗的实践，但是毕竟受到其他公务的限制，未能有进一步的实践。而到了漳州之后，他在任上实行了一系列的敦化风俗、重建基层社会道德的措施。

绍熙元年（1190）五月，即朱熹到漳州赴任的第二月，他就针对当时漳州民风健讼的恶习，发布了《漳州晓谕词讼榜》，榜文略云：

本州近准提刑行司判下词状，计二百四十三道。其间官吏违法扰民，事理彰著者，即已遵依送狱根治。其有关系一方百姓公共利害，而非一旦所能遽革者，亦已广行咨询，别行措置讫。其余词状，亦有只是一时争竞些少钱米田宅，以致互相诬赖，结成

① 《朱熹集》卷七十五《序》（郭齐、尹波点校），四川教育出版社，1996年，第3940页。以下所引均出自此版。

仇雠，遂失邻里之欢，且亏廉耻之节。甚则忘骨肉之恩，又甚则犯尊卑之分。细民如此，已足伤嗟。间有自称进士学生、官族子弟，而其所诉亦不免此。此邦之俗旧称醇厚，一旦下衰至于如此，长民者安得不任其责？又何忍一切徒以柱后惠文为事，而不深求所以感发其善心者哉？……右今榜州门张挂晓谕，各令知悉。更请深自思惟，所诉事理或涉虚伪，或无大段利害，可以平和，即仰早生悔悟，降心相从，两下商量，出官对定。庶几有以复此邦忠厚醇朴之俗，革比年顽嚚偷薄之风，少安病守闵恻惭惧之心，仰副明使者循行荒远、宣布诏条之意。①

六月，为了端正民间丧礼，朱熹特晓谕所属吏员，率先示范守孝：

此邦僻远，声教未洽，乃有居父母之丧而全释衰裳，尽用吉服者。见之骇然，良用悲叹。自惟凉薄，无以愈人。然幸身际盛时，目睹圣孝，今又得蒙误恩，使以承流宣化为职，敢不明布，以喻士民？自今以来，有居父母之丧者，虽或未能尽遵古制，全不出入，亦须服粗布黪衫、粗布黪巾，系麻绖、着布鞋，不饮酒，不食肉，不入房室。如是三年，庶几少报劬劳，勉遵礼律，仰承圣化。②

八月，朱熹颁布了《劝女道还俗榜》云：

本州日前官司失于觉察，民间多有违法私创庵舍，又多是女道住持……。盖闻人之大伦，夫妇居一，三纲之首，理不可废。是以先王之世，男各有分，女各有归，有媒有娉，以相配偶，是以男正乎外，女正乎内，身修家齐，风俗严整，嗣续分明，人心和平，百物顺治。降及后世，礼教不明，佛法魔宗乘合窃发，唱为邪说，惑乱人心，使人男大不婚，女长不嫁，谓之出家修道，妄希来生福报。若使举世之人尽从其说，则不过百年，便无人种，天地之间，莽为禽兽之区。而父子之亲，君臣之义，有国家者所

---

① 《朱熹集》卷一百《公移》。
② 《朱熹集》卷一百《公移·晓谕居丧持服遵礼律事》。

以维持纲纪之具皆无所施矣。……今复详思，与其使之存女道之名以归父母兄弟之家，亦是未为了当，终久未免悔吝。岂若使其年齿尚少、容貌未衰者各归本家，听从尊长之命，公行媒娉，从便昏嫁，以复先王礼义之教，以遵人道性情之常，息魔佛之妖言，革淫乱之污俗，岂不美哉！如云昏嫁必有聘定费送之费，则修道亦有庵舍衣钵之资。为父母者随家丰俭，移此为彼，亦何不可？岂可私忧过计，苟徇目前，而使其男女孤单愁苦，无所依托，以陷邪僻之行、鞭挞之刑哉？凡我长幼，悉听此言，反复深思，无贻后悔。①

其后，朱熹对敦化漳州地区的民间风俗，进行了较为全面的劝谕。他在《揭示古灵先生劝谕文》中写道：

为吾民者，父义，能正其家；兄友，能养其弟；弟敬，能敬其兄；子孝，能事父母。夫妇有恩，贫穷相守为恩。若弃妻不养，夫丧改嫁，皆是无恩也。男女有别，男有妇，女有夫，分别不乱。子弟有学，能知礼义廉耻；乡闾有礼，岁时寒暄，皆以恩意，往来燕饮，序老少坐立拜起。贫穷患难，亲戚相救，借贷财谷，昏姻死丧，邻保相助，无堕农桑，无作盗贼，无学赌博，无好争讼，无以恶凌善，无以富吞贫，行者逊路，少避长，贱避贵，轻避重，去避来。耕者逊畔，地有畦，不相争夺。班白者不负戴于道路，子弟负重执役，不令老者担擎。则为礼义之俗矣。

以上同保之人今仰互相劝戒，孝顺父母，恭敬长上，和睦宗姻，周恤邻里，各依本分，各修本业，莫作奸盗，莫纵饮博，莫相斗打，莫相论诉，莫相侵夺，莫相瞒昧，爱身忍事，畏惧王法。保内如有孝子顺孙、义夫节妇，事迹显著，即仰具申，当依条旌赏。其不率教者，亦仰申举，依法究治。自余禁约事件，仍已别作施行。各宜遵守，毋至违犯。②

---

① 《朱熹集》卷一百《公移》。
② 同上。

朱熹在自己撰写的《劝谕榜》中，更加细化了对于敦化风俗的条文：

今具节次施行劝谕事目如后：

一劝谕保伍互相劝戒事件：仰同保人互相劝戒，孝顺父母，恭敬长上，和睦宗姻，周恤邻里，各依本分，各修本业，莫作奸盗，莫纵饮博，莫相斗打，莫相论诉，孝子顺孙、义夫节妇事迹显著，即仰具申，当依条格旌赏。其不率教者，亦仰申举，依法究治。

一禁约保伍互相纠察事件：常切停水防火，常切觉察盗贼，常切禁止斗争。不得贩卖私盐，不得宰杀耕牛，不得赌博财物，不得传习魔教。保内之人互相觉察，知而不纠，并行坐罪。

一劝谕士民，当知此身本出于父母，而兄弟同出于父母，是以父母兄弟天性之恩至深至重。而人之所以爱亲敬长者，皆生于本心之自然，不是强为，无有穷尽。今乃有人不孝不弟，于父母则辄违教命，敢阙供承；于兄弟则轻肆忿争，忍相拒绝，逆天悖理，良可叹伤。宜亟自新，毋速大庚。

一劝谕士民，当知夫妇婚姻，人伦之首，媒妁聘问，礼律甚严。而此邦之俗有所谓管顾者，则本非妻妾，而公然同室。有所谓逃叛者，则不待媒娉，而潜相奔诱。犯礼违法，莫甚于斯。宜亟自新，毋陷刑辟。

一劝谕士民，乡党族姻，所宜亲睦。或有小忿，宜各深思，更且委曲调和，未可容易论诉。盖得理亦须伤财废业，况无理不免坐罪遭刑，终必有凶，切当痛戒。

一劝谕官户，既称仕宦之家，即与凡民有异。尤当安分循理，务在克己利人。又况乡邻无非亲旧，岂可恃强凌弱，以富吞贫？盛衰循环，所宜深念。

一劝谕遭丧之家，及时安葬，不得停丧在家及攒（歹）寄寺院。其有日前停寄棺柩灰函，并限一月安葬。切不须斋僧供佛，

广设威仪，但只随家丰俭，早令亡人人土。如违法，依条科杖
一百。官员不得注官，士人不得应举。乡里亲知来相吊送，但可
协力资助，不当责其供备饮食。

一劝谕男女，不得以修道为名，私创庵宇。若有如此之人，
各仰及时婚嫁。

一约束寺院，民间不得以礼佛传经为名，聚集男女，昼夜混杂。

一约束城市乡村，不得以禳灾祈福为名，敛掠钱物，装弄傀
儡。……①

漳州所属的龙岩县，地处偏僻山区，官民政令隔阂，教化不畅。
"龙岩一县地僻山深，无海乡鱼盐之利，其民生理贫薄，作业辛苦。州
府既远，情意不通，县道公吏又不究心拊摩，躬行教化，往往多差公
人下乡搔扰，及纵吏人因事乞觅，不遵朝制，不恤刑狱，不能分别是
非曲直，致使其民不见礼义，惟务凶狠，强者欺弱，壮者凌衰。内则
不知有亲戚骨肉之恩，外则不知有闾里往来之好，习俗薄恶，已足叹
伤。至其甚者，则又轻侮官司，公肆咆哮，把持告讦，无所不至。"为
此，朱熹还特地为龙岩先民撰写了《龙岩县劝谕榜》，以敦化这里的民
间风俗，该榜文略云：

右今榜龙岩县管下，遍行晓谕上户豪民，各仰知悉。其有细
民不识文字，未能通晓，即请乡曲长上详此曲折，常切训诲。要
使阖县之人常切思念，既为王民，当守王法，自今以后，各修本
业，莫作奸盗，莫恣饮博，莫相斗打，莫相论诉，莫相侵夺，莫
相瞒昧，爱身忍事，畏惧官司，不可似前咆哮告讦，抵拒追呼，
倚靠凶狠，冒犯刑宪。庶几一变犷悍之俗，复为礼义之乡，子子
孙孙，永陶圣化。……"②

从以上所引可以看出，朱熹在漳州任上所推行的社会管理教化，
涉及国家与民间、官府与民众、乡党姻族、家庭父子兄弟夫妻、邻里

---

① 《朱熹集》卷一百《公移》。
② 同上。

互助等的关系，以及婚丧礼仪、务本安业、守正祛邪、端正信仰等各个方面的风尚习俗问题。这些问题，基本涵盖了宋代民间社会的主要内容，同时也是他在《朱子家礼》中所要建构规范的主要内容。在漳州短短一年的时间里，朱熹把自己所建构的社会管理思想进行了实践，加上他一如既往地整顿学校，培育士人、士风，取得了良好的社会效果。朱熹离任后，他的漳州籍弟子陈淳描述他的这段经历时说：

> 先生在临漳，首尾仅及一期。以南陬敝陋之俗，骤承道德正大之化，始虽有欣然慕，而亦有谔然疑，哗然毁者，越半年后，人心方肃然以定。僚属厉志节而不敢恣所欲，仕族奉绳检而不敢干以私，胥徒易虑而不敢行奸，豪猾敛踪而不敢冒法。平时习浮屠为传经礼塔朝岳之会者，在在皆为之屏息。平时附鬼为妖，迎游于街衢而掠抄于闾巷，亦皆相视敛戢，不敢辄举。良家子女从空门者，各闭精庐，或复人道之常。四境狗偷之民，亦望风奔遁，改复生业。①

现代有些学者对于朱熹在漳州实践其社会管理思想的实际效果抱有怀疑态度，认为"这都是暂时的，一到朱熹离任北去，一切又向旧态复归了"②。其实，学者们的这种评述，忽视了朱子社会管理思想的深远历史影响。时至今日，在闽南等朱熹当年任职及游历所到之处，无不以当年"朱熹过化"而自豪，闽南等地区因而被世代民众称之为"朱子过化之乡"。朱熹在同安、漳州所实践的社会管理、敦化风俗的举动，其在闽南的影响所及，依然处处可见。我们突破闽南乃至福建的界限，宋代朱熹所建构起来的民间社会组织与礼俗，如乡族组织、家族制度、婚丧节日礼仪、待人接物礼仪，等等，也无不在相当程度上影响至今。虽然说，宋代朱熹及其他理学家们所建构的社会管理思想体系，有些已经不能适应于当今的社会，这也正如朱熹当年撰写《家礼》所指出的那样，上古的儒家礼仪，到了宋代也有继承和更新

---

① 《朱子语类》卷一〇六。
② 束景南《朱子大传》，第 813～814 页。

的必要。古今文化传统的继承和发扬，本来就是一种"扬弃"的过程。但是我们不能因此就忽视了宋代朱熹等理学家们对于中国社会管理及其礼仪规范建构的杰出贡献。假如我们今天还是把对宋代朱子学和理学的研究，局限在哲学的义理层面，那么这种学术研究不仅是片面的，同时也是脱离社会实际的。显然，全面系统地从道德倡导与社会构建两大体系来重新思考朱子学及宋代的理学，是今后深入推进朱子学研究的必经之路。

福建朱子文化的整体性保护研究

陈秀梅等（福建省艺术馆）

习近平总书记在 2014 年 9 月 24 日的《在纪念孔子诞辰 2565 周年国际学术研讨会暨国际儒学联合会第五届会员大会开幕会上的讲话》指出："儒家思想同中华民族形成和发展过程中所产生的其他思想文化一道，记载了中华民族自古以来在建设家园的奋斗中开展的精神活动、进行的理性思维、创造的文化成果，反映了中华民族的精神追求，是中华民族生生不息、发展壮大的重要滋养。中华文明，不仅对中国发展产生了深刻影响，而且对人类文明进步做出了重大贡献。"文化是国家民族的精神力量和生活方式，它和衣食住行一样须臾不可分离。中国文化的核心和主流是儒家思想。朱子在武夷山以儒学为主干融合佛、道之学，集濂洛关以至整个传统文化之大成，创立闽学（新儒学、理学），在闽浙赣之武夷山一带形成国家新的文化重心，从此以后，朱子文化成为中国乃至东亚世界的精神支柱和生活方式。朱子文化融入福建人民的日常生活之中，是宝贵的非物质文化遗产，对理解福建文化及风俗有着核心作用，所以对朱子文化的保护和传承的研究势在必行。

一 保护的理念

朱子文化内含着福建省非常重要的非物质文化遗产事项。非物质文化遗产的整体性保护理念应该是涵盖非物质文化遗产本体、相关环境和人这三项要素，从历时性和共时性（时间向度和空间维度）对非物质文化遗产进行的综合、立体、系统性保护。而朱子文化的核心精神是朱子学，这是对朱子文化整体性保护的本体，厘清朱子学里仍然有生命力而且日常生活中还活着的元素是必要的。所以朱子文化的保护应该先理解和把握朱子学基本精神，另外对朱子文化相关物质遗产和生态环境的保护也是整体保护中的重要部分。非物质文化遗产保护要求见人、见物、见生活，朱子文化本质就是民族文化心理结构，也是活生生地存在在福建人民的生活、性情、习俗和思想中的，所以朱子文化离开人就将不复存在。所以具体来讲，朱子文化的整体性保护理念包括以下三个层面。

1. 朱子学是保护的本体

朱子学是行动的哲学、实践的哲学。朱子学的全体大用、书院教育、身心修炼、家礼、社仓、文化谱系的承传等内容仍然有很强的生命力，与我们现在人的生命仍息息相关，具有成为全球化的生活方式的开放性[①]。"全体大用"就是明德，就是"心具众理而应万事"，就是仁爱。"全体大用"之思想是朱子思想的中心，朱子的政治和教育实践都是其"全体大用"思想的具体落实。所以朱子学本身就非常强调整体性，甚至可以说朱子学的核心精神就值得我们文化保护工作者借鉴。

2. 人是保护的关键

朱子文化本身就是以朱子哲学为依归的，整体性保护朱子文化离开学习和宣扬朱子学就是舍本逐末。而人是承续朱子文化和哲学的唯一载体。对朱子学乃至朱子文化的继承就是所谓的"道统"的延续，有两类延续途径：一种是师傅的代代相传，家族的代代相承，是狭义的传承人；一种是只要有学习领悟朱子学所谓的"道体"乃至学朱子学和朱子文化的一切人一切受众，比如潜下心研究其思想的朱子学人才、专家和学生甚至团体都算是朱子文化的广义传承人。狭义传承一般是朱氏家族的人，他们对朱子的家礼、祭礼以及家族习惯风气都是代代传续，所以对朱子文化可操作部分的内容的传承保护得很好。对于这类传承人主要以保护保存为主。广义传承包括对可见和不可见的

---

① 朱人求《全球化视野中的朱子学》，《徐州工程学院学报》（社会科学版），2014年第2期。

内容的传扬，只要是对朱子文化有认同、学习、运用和归属的都是广义传承。对于这类传承人就要做好宣传和教育的工作。

3. 生态是保护的根本

朱子文化与其环境不可分割，如果将朱子文化从其生存的环境中分割出来，无疑是切断其进一步生存发展的营养和水分，必然会使其发生变异甚至丧失生命活力。朱子文化和其所处地区的自然环境、价值观念、宗教信仰、社会制度、道德伦理、科学技术以及经济体制形式等环境因素综合联系、彼此作用，共同组成了统一完善的文化生态系统。[①]朱子文化与特定的民俗、礼仪结合成为朱子家礼，这同时也是人们生产、生活知识、社会实践等内容的表现；朱子的书院教育也正是流传千年的书院传统和社会救济传统的传承和延续。朱子文化要获得良好的生存发展空间，必须依托于整体、协调发展的文化生态系统。

二　一个核心：福建朱子文化生态保护实验区

福建朱子文化生态保护实验区是进行福建朱子文化整体性保护的核心内容，为使朱子文化继续存活在当地人们的生活之中，设立保护实验区是比较理想的路径。《文化部关于加强国家级文化生态保护区建设的指导意见》中强调："在文化生态保护区的建设工作中，应坚持以保护非物质文化遗产为核心的原则，坚持人文环境与自然环境协调、维护文化生态平衡的整体性保护原则，坚持尊重人民群众的文化主体地位的原则，坚持以人为本、活态传承的原则，坚持文化与经济社会协调发展的原则，坚持保护优先、开发服从保护的原则，坚持政府主导、社会参与的原则。"因此，我们通过对文化生态保护区的整体性、相关性文化的保护，保证文化生态保护区文化传承的可持续和完整性，从而使区域内的文化形态，尤其是以非物质文化遗产为代表的文化形态得到全面、完整、可解读的保护。中国文化部非物质文化遗产司司

---

① 赵艳喜《论非物质文化遗产的生态系统》，《民族艺术研究》，2009 年第 1 期。

长李雄认为，建设文化生态保护区，是把非遗保护从单一项目保护推进到整体性保护的重要手段和举措，是中国非遗保护工作的一项创举。李雄说："非物质文化遗产保护要见人、见物、见生活，这是基本要求，绝不能让老街、老宅成为生活的遗址，要让居民自发地有效地参与到传统文化中来，相关部门不能自导自演。"总之要让朱子文化在居民的生活中体现出来，不可以遗世独立。所以若设立朱子文化生态保护实验区，对于更好地推进朱子文化品牌建设，加强朱子文化生态保护，将会是很大的推动力。创建朱子文化生态保护实验区是个系统工程，需要集合诸多社会力量，共同推进。

1. 领导机制：建立省、市、县朱子文化生态保护区工作领导小组

由福建省人民政府主管领导为组长，福建省文化厅、发展改革委、教育厅、民委、财政厅、建设厅、旅游局、宗教事务局、文物局、国土资源厅等相关部门负责人以及保护区范围内各级文化行政主管部门主要领导为成员，组成朱子文化生态保护区工作领导小组。负责研究朱子文化遗产保护工作中的重大政策措施，协调解决朱子文化生态保护区建设中涉及的重大事项，督促检查各县、各部门在朱子文化生态保护区建设工作中的执行情况。由保护区范围内各级文化行政主管部门主要领导为组长，其他相关部门负责人为成员，逐级成立保护实验区的专门工作机构。福建朱子文化生态保护区的常设机构为朱子文化生态保护区领导小组办公室。

2. 规划编制：成立专家委员会开展《保护区规划纲要》编制工作

凡事预则立，不预则废。规划是创建文化生态保护实验区的中枢神经，指引着保护实验区建设的方向和轨迹。因此，遴选省内外知名非物质文化遗产保护专家，组成《福建朱子文化生态保护区规划纲要》编制专家委员会，对保护区的工作进行全面的学术指导和智力支持，组建规划编制团队全面开展调研编制工作十分必要。从创建工作程序上来说，编制规划纲要也是获取各级政府部门批准的必需的一个步骤。

3. 重点区域: 以 武夷山、尤溪和建阳为重点, 兼及其他地区

武夷山、尤溪、建阳等地是朱熹当年的主要生长地, 朱子遗迹在这些地方最为集中, 朱子文化在这些地方的传承最为广泛, 朱子文化影响面也最为深广。因此, 应以武夷、尤溪、建阳为重点, 修复五夫历史文化名镇、尤溪朱子出生地、建阳考亭书院、寒泉精舍和黄坑朱子林等历史遗迹, 恢复朱子家礼等礼仪和生活事项, 传承朱子文化精神, 等等。除此之外, 保护的范围还要兼及闽北其他地区, 以及闽南的同安、漳州、厦门等地, 发挥重点区域的辐射影响力。

4. 提升等级: 提升朱子文化事项保护的等级

开展朱子文化遗存深度普查, 提升保护等级。现存朱子文化遗存的文物保护级别普遍偏低, 大部分为市级文物保护单位, 有的还只是文物点, 这与朱子文化这一"福建第一文化品牌"的地位不相符。同时, 还需进一步深入开展朱子文化遗存普查工作, 对全省朱子文化遗存进行一次彻底的普查, 对现存的书院登记造册, 对相关非物质文化遗产进行梳理, 并汇总到相关部门, 使之成为指导全省进行书院保护工作的指南, 对于濒危的书院及非物质文化遗产进行抢救性保护, 对于保存一般的书院及非物质文化遗产进行改善性保护, 对于保存较好的书院及非物质文化遗产进行提升性保护, 进一步依据各自情况完善基础设施建设。

5. 试点工作: 设立福建朱子文化传承试验点

选择传统文化气息比较浓, 地方也不是很大的社区或古村落, 打造一个朱子文化传承试验点, 由相关非遗保护机构、高校、团体等机构共同参与, 组成朱子文化传承志愿服务队伍, 推进试验点的传承工作。广泛征求各界意见, 接受各界人士和机构的捐赠和帮助, 组织对朱子文化擅长的老师, 对试点居民进行身体力行的免费教育, 教育的主要内容是朱子所作的经典《朱子家训》和《小学》。这个试点可以运行三年, 以观成果。

三　五大工程：朱子文化的全面推广

设立朱子文化保护实验区，不是传承与弘扬朱子文化的唯一途径和目的，而只是一个文化重建的载体。通过这个载体，我们可以发挥其示范和辐射作用。那么，在包括实验区在内的所有福建省内甚至省外开展朱子文化推广计划，则是朱子文化保护与传承的重要途径。

1. 保护工程：运用多种手段保护朱子文化

朱熹遗留的足迹，是当今可以触摸的历史，也是无法复制的历史，更是推广朱子文化的硬件。对遗迹进行抢救性保护，建立档案，提升保护等级，是保护工程的一个重要方面。对于一些朱子文化遗存进行创意衍生产品的生产制作，让普通民众在生活之中了解接触到朱子文化，也是一种重要的保护手段。定期普查及复查，推进朱子文化遗迹保护等级工作；定期举办朱子文化创意产品设计大赛，推进朱子文化衍生产品工作。

2. 传习工程：成立传习试点延续朱子文化

朱子文化富有载道化人的内涵和功能，推广朱子文化从根本上说也是为了传道教化。成立朱子文化传习馆或传习所，注重发掘和阐发朱子思想文化中有助于当今社会主义精神文明和核心价值观建设的精华和智慧，加以创造性转化、应用和传习推广。传习馆或传习所试点开设讲坛，带动全民躬行践履，知行合一，提高全民道德修养，复兴礼仪名邦的荣耀。另外向学校和社会教育推广道德教育，可在小学开设"朱子故事"、中学开设"朱子格言"、大学开设"朱子文选"等阶梯式课程。在各单位道德讲堂和继续教育机构举办学习和宣传朱子家训的文化讲座。

3. 研究工程：聚合学术资源研究朱子文化

学术研究是阐发朱子学说的价值意义、提升朱子文化建设水准和影响力的关键工程。研究工程首先要制定朱子学研究专项规划，选准主攻方向、重点项目和系列研究课题，予以重点和持续支持，并以发布指南、公开招标或委托承担的方式组织实施。其次借重和引进海内外名家支持我省的朱子学研究，依托厦门大学、福建师范大学、省社科院等组建高水平团队，整合力量，培育新人。建设研究基地，支持厦门大学的朱子学会、福建师范大学的闽学研究中心、省社科院与武夷学院共建的宋明理学研究中心等机构的学术建设与分工协作，使之成为福建省乃至全国的朱子学研究重镇和人才培养基地。

4. 宣传工程：结合具体遗迹宣扬朱子文化

朱子文化的宣传传扬是朱子文化建设的必要部分。要精心考究宣传的内容和成效，要综合调动各种媒体，结合当地的朱子遗迹，尽力讲好朱子故事，使之家喻户晓、深入人心。宣传工程要辩证地把握普及与提高的关系，首先要深入浅出地向全民普及朱子的思想精华，科学阐发朱子学说的有益价值和现实意义。宣传要敬重文化品性，提升各式宣传的品位，不可把朱子文化简单化、神圣化、商业化和庸俗化。各种媒体要以各自的特色优势和精品节目形成宣传的合力，协同宣传好朱子文化，不断扩大其影响力。

5. 交流工程：重走朱子之路交流朱子文化

积极开展两岸和全球的朱子文化研究与传播的大合作大交流，充分发挥世界朱氏联合会等民间社团的积极作用，密切联系海内外朱子学研究专家，携手促进朱子文化在港澳台地区和世界各地的传播。承办每年的朱子学高端论坛、朱子公祭活动、朱子文化节和朱子夏令营等常规活动，并建立朱子文化两岸交流基地和国家性访学基地，尽力畅通各种交流合作的渠道。组织建立武夷山、尤溪、建阳、厦门、漳州等地区的朱子文化交流学习线路，形成一条"朱子之路"，并使之成为福建朱子文化交流的主要形象品牌。

朱子文化深刻地影响着福建人民乃至中华民族的文化心理结构和生活习惯，对朱子文化的整体性保护是对我们自己的未来负责，是对自己的生命负责，也是对中国几千年的优秀传统文化负责！

仁义礼智是"性"还是"德"

——以伊藤仁斋《语孟字义》为核心的展开

蔡家和（台湾东海大学）

一 前言

伊藤仁斋（维桢，1627～1705）乃明清之际的日本学者[①]，属古学派，其学说主张，较为重气[②]，而常以反对程朱理学为主，主要认为程朱学者受佛老的影响，而不是儒家本义，其所谓的儒家古义，乃是以孔、孟为主，著述甚多，吾人以《语孟字义》一书为主轴来论述之，其书中以字义的方式，对先秦古籍的概念做一介绍，虽书名是《论》《孟》，但内容却不只于《论》《孟》，如《易传》《中庸》等书亦及之[③]，认为宋明理学的见解不合于古义，特别是程朱学，是偏差之始。至于汉唐之学，则虽不中，亦不远矣，较宋代为优。[④]《语孟字义》之作，乃是以字义的方式，对程朱学的见解做一反对，如《北溪字义》。《北溪字

---

① "伊藤仁斋是十七世纪古学派的大师，宽永四年生于京都堀川，十一岁开始从师句读及作诗，宽永十九年十六岁，始读朱子《四书集注》《朱子语类》《四书或问》等宋明理学，颇为尊崇宋儒。"见黄俊杰《东亚儒学史的新视野》，台湾大学出版中心，2004年，第126～127页。此乃介绍伊藤早年治朱子学，宋明理学，而尊宋儒，但之后的发展，则为驳斥朱子学。

② "伊藤仁斋和上述四位（王廷相、吴廷翰、颜元、戴震）人物相同之处是很容易看得出来的：他们都反对程朱陆王，都反对越的理之概念，都主张元气论。"杨儒宾《异议的意义——近世东亚的反理学思潮》，台湾大学出版中心，2012年，第257页。

③ 伊藤认为《大学》一书不能用以诠释《论语》，是有谬误之书，因为《大学》论及心不在焉，食而不知其味，而孔子三月不知肉味，等于是不用心，故有矛盾，其选择《论语》，而不要《大学》一书。

④ "孔孟以后，能识仁者鲜矣，盖非知见之不及，特无其德也，汉唐儒者，议论虽浅，犹未失古意，去仁未甚远，为其不用意见也，至于宋，守以仁为理，于是离仁之德益远矣。"伊藤仁斋《语孟字义》，选自《日本儒林丛书》第6册，东洋图书刊行会，1929年，第31页。此乃认为汉唐距古义不远，而宋代远之。

义》大致是根据朱子《四书集注》的诠释，归纳收集后所做成的字义，然朱子学对于训诂的功力虽强 [1]，但却是一种创造性的诠释，乃是一种以义理领导训诂的方式，以程朱理学中的理气论，作为引导纲领，以此为首，成就其字义训诂。然这方法学，伊藤仁斋不同意，而改以字义的方式，回到古义重新训解。在中国清代乾嘉学派，亦有如此的方法学之运用，如戴震的《孟子字义疏证》，若检视此书，则发现其与伊藤之说有高度的相似性，而伊藤较戴震约早了近百年。然这也不能说明是谁模仿谁，而该如此言，在当时东亚圈中，学者交流甚密，明清之际，重气学者甚众 [2]，其间的相互影响，使作品之间有其相似性，这些学者同样面对一个问题，即检讨程朱学与孔孟之间的关系，视其是否合于古义。[3]

　　于孔孟之学中，"仁义礼智"常被提及，在《论语》中"仁义礼智"这些概念虽都出现过，但未四字连用，到了孟子把"仁义礼智"连用。故象山认为，孔子言仁，孟子十字打开，其中的十字打开，即是如同十字架式的撑开，把仁开而为仁义礼智四德。孟子首先把"仁义礼智"四字连用，其言："君子所性，仁义礼智根于心。"故伊藤仁斋认为，若要认识清楚"仁义礼智"的原意，要回到孟子。其所针对者，乃是宋儒，特别指程朱学派（其误从伊川开始），认为他们受佛老影响，不是原始儒学，而是杂禅之儒，有阳儒阴释之意味。而仁斋之古学便是要回到孔孟。

　　伊藤对于"仁义礼智"所特别要争辩者，乃认为在程朱学派的伊川，把仁义礼智视为性，虽也视为德，然此四者，本该只是德而非性。

---

[1] "尊兄最号为精通诂训文义者，何为尚惑于此？无乃理有未明，正以太泥而反失之乎？"参见《宋元学案》卷五十八《象山学案》，收于〔清〕黄宗羲著，沈善洪主编《黄宗羲全集》第5册，浙江古籍出版社，2005年，第302页。此乃反讽，但还是可看出，朱子以训诂专长而出名。

[2] 吾人认为船山的重气思想，也许影响了仁斋，然船山躲身于山林，是否真的影响，亦难考证，且船山大仁斋八岁，作品早晚亦不易考据。但船山与仁斋之间的相似性是有的，两者皆重气，都反对佛学的一即一切等说法，有其相似性。

[3] "其次为伊藤仁斋（1627～1705）。他开始是服膺宋学；后以宋儒体用理气之说，皆系佛、老之绪余，又以《大学》非圣人之遗著，遂走入古学一派。"徐复观《日本德川时代之儒学与明治维新》，收黎汉基、李明辉编《徐复观杂文补编》第1册，"中央研究院"中国文哲研究所，2001年，第84页。

程朱学把仁义礼智、性、德，三者混而为一，视为相通者，性也者，生也，生而有德，有其"仁义礼智"之德，因着伊川视仁义礼智为德，而发展到朱子，故有"学以复其初"之说。[①] 即对程朱学派而言，仁义礼智即是性，也是德，三者相同。但在伊藤而言，其认为性与德是不同的。仁义礼智是德，而不是性，故其于《语孟字义》中，有"德"条，有"仁义礼智"条，其所辩者，乃伊川之说是不合于孔孟的，仁义礼智是德，德虽有本有之德，但还不是真德，还要修德以完成之，此乃后天学习以作成之，而不是如程朱者所认定学习回复其初[②]，其初者，仁义礼智之全德，已道义全具于其中[③]。此可视为程朱学与反程朱学者之争论，或是理学与气学之争，宋学与汉学之争，以下，吾人试着对伊藤仁斋的见解，做一诠释与说明，并于最后评判二派之争议的分际与差异。以下一一言之。

二　性与德之比较

在伊藤仁斋而言，性与德是不同的，性乃生而有之，而德有二种，一是本有之德，但此不是伊藤认为的重点所在，其所谈较多者，乃是修为而后有之德，圣人完具之德，此乃不只是天生具足者，还要后天修为始能有之，一方面要其先天与后天的相加才有。在此仁斋如此言之：

> 仁义礼智四者，皆道德之名，而非性之名。道德者，以遍达

---

① "学之为言效也。人性皆善，而觉有先后，后觉者必效先觉之所为，乃可以明善而复其初也。"见〔宋〕朱熹《四书章句集注》，鹅湖出版社，1984年，第47页。朱子言大学明德时，亦言学以复其初。此李翱的复性思想先发之，而宋明从之。

② 吾人在此所要澄清者是，伊川虽视仁义礼智为德，但非不用扩充而为圣；至于朱子，则与程子的方向不完全相同，而有复初之说，即回到本有，道义全具之德。程子何以与朱子不同呢？证据在，伊川有一文为《颜子所好何学论》，或曰："圣人，生而知之者也。今谓可学而至，其有稽乎？"曰："然。孟子曰：'尧、舜，性之也；汤、武，反之也。'性之者，生而知之者也；反之者，学而知之者也。"又曰："孔子则生而知也，孟子则学而知也。后人不达，以谓'圣本生知，非学可至'，而为学之道遂失。"见程伊川《颜子所好何学论》，引自《宋元学案》卷十六。

③ 朱子的复其初，与船山的见解不同，船山认为性善只是端，而不是全部，还要后天扩充，从善人，做到信人，做到美大圣神。此为后天，而在朱子，亦解孟子的扩充义，其扩充义是扩充回本然之量，还是复初之说。

于天下而言，非一人之所有也；性者，以专有于己而言，非天下
之所该也，此性与道德之辨也。《易》曰："立人之道曰仁与义"，
《中庸》曰："知仁勇三者，天下之达德也"，《孟子》曰："既饱以
德，言饱乎仁义也"。仁义为道德之名彰彰矣。自汉唐诸儒，至于
宋濂溪先生，皆以仁义礼智为德，而未尝有异议。①

在此仁斋把"道"与"德"两字连用，视仁义礼智是道德，而不
是性，此道德乃儒家之道德②，非老子《道德经》中的道德。且在仁斋
而言，道德与性是有区别的，其区别为何？其认为道德是达于天下而
言，非个人独有；而性则是专于己而言，此乃普遍与个别之不同。然
仁斋之说，可经得起孔孟原文之检验乎？《易传》言"干道变化，各
正性命"，不同个体有不同性命，似乎可说。但在孟子与告子的"生之
谓性"之辩中，孟子诘告子："然则人之性犹犬之性，犬之性犹人之性
乎？"性者，生而有之，若定之以《论语》③，则性是相近，不至于相
同。人性者皆善，此乃孟子之说，人性有其相似处，就其善而言，人性
善，犬牛则无有。故性是专于己之说，则除了谈的是人性外，还包括于
气质，若性是专于己，人人皆殊。人这一类的性善，似难成立，亦是说
在孟子而言，性似不只是个别，也有普遍，如人性皆善。故可见伊藤此
说，有其自己的诠释④，《论》《孟》未必真如此。至于其定义道德为遍达
于天下者，大致可以接受，其举例：《易传》言"立人之道曰仁与义"，
照理谈，应是立人之德，而不是道，故仁斋此条本该谈"德"，却加入

---

① 伊藤仁斋《语孟字义》，选自《日本儒林丛书》第 6 册，东洋图书刊行会，1929 年，
　第 24～25 页。
② 可参见韩愈之说，其认为"仁义为定名，道德是虚位"。见韩愈《原道》。儒道两
　家都可言道德，儒家的道德则是仁义。
③ 对伊藤而言，《论》《孟》两书是可互释的。
④ 伊藤仁斋《语孟字义》论性是如此的："性生也，人其所生而无加损也，董子曰：
　性者生之质也，周子以刚善刚恶，柔善柔恶，不刚不柔中焉者为五性是也，犹言
　梅子性酸，柿子性甜，某药性温，某药性也，而孟子又谓之善者，盖以人之生质
　虽有万不同，然其善善恶恶，则无古今无圣愚一也，非离乎气质而言之也。"伊藤
　仁斋《语孟字义》，选自《日本儒林丛书》第 6 册，东洋图书刊行会，1929 年，第
　34 页。此意思是，性者人之生质，人人生质不同，但都好善恶恶。故伊藤的见解
　有其一致性。

了"道"字,"道德"连言,也因为《易传》有"立人之道",此道者,亦是德,故其视仁义为道德。其又举《中庸》之说,《中庸》言:"知仁勇三者,天下之达德也。"此乃证明,知仁勇是德,且是通达于天下者,此如同孟子引曾子之言曰:"子好勇乎?吾尝闻大勇于夫子矣:自反而不缩,虽褐宽博,吾不惴焉;自反而缩,虽千万人吾往矣。"[①]道德者,如同大勇之德,则能得天下人心之同然,故能行于天下,千万人吾往矣。除此之外,仁斋还引了孟子之言,孟子曰:"既饱以德,言饱乎仁义也。"[②]其视仁义为德。又孟子认为义是正路,也是达道的意思。[③]

其认为汉唐之儒者,未有认错,如韩愈认为"仁义是定名,道德为虚位",乃老子亦能谈道德,但非吾儒家之道德,吾儒之道德,定其名而曰仁义,曰道德容易让人误认,不如曰仁义,而吾儒之仁义者,即是道德。依此,伊藤认为汉唐之儒,并未认错。甚至到了周敦颐,亦视仁义礼智为德,而不是性。在《通书》中,周子言:"诚,无为,几,善恶。德:爱曰仁,宜曰义,理曰礼,通曰智,守曰信。"[④]这里谈到仁义礼智是德。至于性者,周子认为是"刚柔善恶中"而已矣,故此性,类似于人之个性、气性,与伊藤之说相近。故伊藤认为,就古义而言,性不是德,性是生而有之,德是本有者加上后天的学习以成就出的德性,是为仁义礼智,此二者有别,不可混淆之。

至于认错者、混淆之者为谁呢?其认为伊川为始作俑者,其言:

> 至于伊川,始以仁义礼智为性之名[⑤],而以性为理,自此而学

---

① 《孟子·公孙丑上》。
② 孟子曰:"欲贵者,人之同心也。人人有贵于己者,弗思耳矣。人之所贵者,非良贵也。赵孟之所贵,赵孟能贱之。《诗》云:'既醉以酒,既饱以德。'言饱乎仁义也,所以不愿人之膏粱之味也。令闻广誉施于身,所以不愿人之文绣也。"(《孟子·告子上》)
③ "仁,人之安宅也;义,人之正路也。旷安宅而弗居,舍正路而不由,哀哉!"(《孟子·离娄上》)
④ 〔宋〕周濂溪《通书·诚几德第三》。
⑤ 伊藤仁斋认为,从伊川开始以性为仁义礼智,其实不然,例如郑玄注《中庸》的"天命之谓性"处言:"命木神则仁,金神则义,火神则礼,水神则信,土神则知。"《十三经注疏分段标点》第12册,新文丰出版社,2001年,第2189页。此乃对于性者,以五行,及仁义礼智信规定之。故以伊川始认性是仁义之说,是不准的。

者皆以仁义礼智为理、为性，而徒理会其义，不复用力于仁义礼智之德，至于其功夫受用，则别立持敬主静致良知等条目，而不复狗孔氏之法，此予之所以深辨痛论，繁词累言，聊罄愚衷，以不能自已者，实为此也，非好辨也。①

其认为伊川始认错，且只是会义，而不践德。当然说程朱不践德也许批评过当，但伊川之错认是可以说的。伊川有"性即理"之说，朱子认为此说大有功于圣学。而伊川又有"性中只有仁义礼智"之说，在此吾人举其原文，在朱子注《论语·学而》"孝弟也者，其为仁之本欤"处，朱子引了程子之说，其认为：

> 程子曰："孝弟，顺德也，故不好犯上，岂复有逆理乱常之事。德有本，本立则其道充大。孝弟行于家，而后仁爱及于物，所谓亲亲而仁民也。故为仁以孝弟为本。论性，则以仁为孝弟之本。"或问："孝弟为仁之本，此是由孝弟可以至仁否？"曰："非也。谓行仁自孝弟始，孝弟是仁之一事。谓之行仁之本则可，谓是仁之本则不可。盖仁是性也，孝弟是用也，性中只有个仁、义、礼、智四者而已，曷尝有孝弟来。然仁主于爱，爱莫大于爱亲，故曰孝弟也者，其为仁之本与！"②

伊川之重点在于"为仁，以孝弟为本，论性，则以仁为孝弟之本"。在《论语》，并未区分"为仁"与"论性"；而且伊川的"为仁"是指"行仁"的意思。因为在程朱的建构体系中，仁为理、为性，是形而上，最为根本，不能在仁之上，还有一个孝弟，故为仁只能释为行仁，指实践仁时，从孝弟开始做起。至于论性，性是体，孝弟是发用，而不是体，体是仁，孝弟是用，故论性时，仁是孝弟之本。在此伊川与朱子的《论语》诠释，其中的理气、体用论之体系，已包含于其中矣。这也是伊藤仁斋所要批评者，因为伊藤认为要回到古义，且

---

① 伊藤仁斋《语孟字义》，选自《日本儒林丛书》第 6 册，第 25 页。
② 〔宋〕朱熹《四书章句集注》，鹅湖出版社，1984 年，第 48 页。

不该有体用论行于其中，因为在《论语》而言，并无所谓的体用论。[①]
船山先生亦曾对朱子诠释"礼之用"，释之为体用之用，予以批评，船
山虽有体用思想，但于《论语》此章则不取体用义。船山解为礼之行
于天下，以和顺人心为主。

　　第二段，程子回答问者之语，则可看出，其释"为仁"是"行
仁"，孝弟可为行仁之本，却不可说成"是仁"之本，因为仁是体，孝
弟只是用，只是仁体发用于外的其中一事，而不是体之全。性中只有
仁义礼智，何尝有孝弟，乃因为性是体，是理，是形上，形而上者，
只有仁义礼智，没有孝弟，孝弟是用，是形下。故两者不可相混。这
也是伊川的体系之建构，也影响了朱子。

　　回到仁斋所批评伊川之说，伊藤认为把仁义礼智视为性，此误从
伊川而生，不只如此，而且他们只从义理上理会，而不从实践修行处
下手。[②]且功夫入路已不同于孔孟，在程朱而言，乃从格物下手，格
物释之为穷理。且涵养用敬，进学在致知。而伊藤认定《大学》是伪
书。[③]因为《大学》言"心不在焉，视而不见，食而不知其味"；而

---

① 仁斋认为："大凡体用之说，本起于近世，圣人之书无之，唐清凉国师《华严经疏》
　曰：'体用一源，显微无间'，从伊川用此二句入于易传序中，儒者视以为至珍至宝，
　而不知其说本自禅学来，夫佛者以寂灭为吾真体，而不能悉灭人事，故说真谛说假
　谛，自不能不立体用之说，殊不知一阴一阳，天道之全体，仁义相行，人道之全体，
　外此无所谓体，亦无所谓用，不可以体用说圣人之学如此，若立体用，则理为体事
　为用，体本而用末，体重而用轻。"参见伊藤仁斋《语孟字义》，选自《日本儒林丛
　书》第 6 册，东洋图书刊行会，1929 年，第 19 页。其认为程朱体用论从佛教而来。
② "后世儒者，专以议论为主，而不以德行为本，其势自不能不然。"伊藤仁斋《语孟
　字义》，选自《日本儒林丛书》第 6 册，东洋图书刊行会，1929 年，第 17 ～ 18 页。
③ 《论》曰：'大学曰，心不在焉，视焉而不见，听焉而不闻，食而不知其味'，先
　儒会其义以为人心之应物，各会其境，事过即平，不固滞住着，犹镜之照物，应
　而无迹也，然圣人之所以异于众人者，不在心之住不住，而在好善之笃与否焉，
　盖其好善也笃，故其心之住于善也亦深，故圣贤之取人也，专称其好善好学而未
　尝问心之住不住也，韶者，乐之尽美尽善者也，使众人闻之，固非不悦也，而其
　好之之不笃，故其感之之不深，唯夫子愿见圣人之心，不啻如饥之于食，故及闻
　其乐，心醉神怡，至三月之久，不自知其味，此所以为圣人也，夫方食肉，则食
　为主，而闻韶之心，余念未化，不知其味，若以正心说律之，则不免为心不正也，
　先儒嫌其此章相盭，迁就牵合，欲会于一，然彼此杆格，无奈其终不相入何，
　予故谓，大学盖齐鲁诸儒所撰，而与孔门之旨异矣。"参见伊藤仁斋《论语古义》，
　合资会社六盟馆，1909 年，第 133 ～ 134 页。

孔子于《论语》中记载，"在齐闻韶，三月不知肉味"，岂孔子不用心乎！故《大学》与《论语》有其冲突。而仁斋取《论语》，而不取《大学》。一方面也是因为《大学》是程朱学的建构起始点，而仁斋是反程朱的。

而程朱的功夫，乃静时涵养，动时省察，敬贯动静；阳明有致良知之说，周子谈主静等，仁斋认为都与孔孟不类，其认为孔孟的功夫次第是智仁勇①，而不是如程朱所言之功夫。故伊藤仁斋深切辩之，乃因为认为程朱与孔孟古义不类，而且加入了佛老的思想，而佛老外人伦等，对人伦没有帮助，这是伊藤所担心者，故著书以论辩之，以维护道统之纯粹性。

然而伊藤虽然对于伊川有所批评，认为他的讲法非孔孟之说。然伊川之说，在《论》《孟》之中，似乎亦有其根据，此乃伊藤必须回答者，伊藤言：

> 或曰："伊川何以谓仁义礼智为性耶？"盖观孟子"仁义礼智非由外铄我也，我固有之也"，及"仁义礼智根于心"之语，以为仁义礼智是性，而不再推到孟子之意所在，殊不知其所谓固有云者，固与谓之性不同，盖孟子之意以为人必有恻隐羞恶辞让是非之心，是四者人之性而善者也，而仁义礼智天下之德，而善之至极者也，苟以性之善，而行天下之德焉，则其易也，犹以地种树，以薪燃火，自无所窒碍，故扩充恻隐羞恶辞让是非之心，则能成仁义礼智之德，而虽四海之广，自有易保焉者矣，盖人之性不善，则欲成仁义礼智之德而不得，唯其善，故得能成仁义礼智之德，故谓仁义即吾性可也，谓吾性即仁义亦可也，但以仁义为性中之名，则不可也，所谓固有者意盖如此，其理甚微，所谓毫厘千里之差，实在于此，学者不可不反复体察焉。而其所谓根于心者，

---

① 《中庸》曰：'智仁勇三者，天下之达德也'，可见外此更无可成德达材者也，故圣人举此三者而使学者由此而行之，盖本于知，全于仁，决于勇，固为学之次第，成德之全体，始终本末尽矣，先儒专以《大学》篇，为古人为学之次第，而《论》《孟》次之者，误矣。"伊藤仁斋《论语古义》，第190～191页。

本对霸而言，夫霸者之行仁义也，皆假之以济己之欲，而非己之真有也；王者之行政也，非惟外由仁义而行，实根柢于中心，而无往而不在仁义礼智，故曰根于心，其义岂不明哉。①

伊川所言，仁义礼智是性，真的没有孔孟之言为根据乎？伊藤自己其实也找到相近之语，在孟子而言，有二段近似之语，第一段谈道：

恻隐之心，人皆有之；羞恶之心，人皆有之；恭敬之心，人皆有之；是非之心，人皆有之。恻隐之心，仁也；羞恶之心，义也；恭敬之心，礼也；是非之心，智也。仁义礼智，非由外铄我也，我固有之也，弗思耳矣。故曰：求则得之，舍则失之。②

恻隐之心为仁，羞恶之心为义，此人人本有，孟子曰固有之，非由外铄我。原文里，谈到仁义礼智为固有，且不是外铄，依此而言，似乎证成伊川的说法，而不是仁斋的说法。因为仁斋认为，本有者为性，性者，生而有之；至于德者，乃是要再后天以完成之，而学以扩充之，涵养之而成，而不是生而具圣人体段。生而有者，再到成就圣人之德，还要一连贯奋斗。至于孟子言固有者，乃生而有之，此是性，这段话对伊川有利。

但在此若仁义礼智是圣人学成之德，而赤子未用工夫时，已本然完具，岂是人生性善，又是德备，岂不太容易了吗？还要用功乎？在程朱而言，还是要用工夫，因为赤子之完备，却早已受到染污，故工夫是学以复其初。观朱子诠释《大学》言"明德"时可知，朱子注"明德"时言："明德者，人之所得乎天，而虚灵不昧，以具众理而应万事者也。但为气禀所拘，人欲所蔽，则有时而昏；然其本体之明，则有未尝息者。故学者当因其所发而遂明之，以复其初也。"③人生而道义全具，仁义礼智备于其中，为何又要做工夫呢？乃因在朱子而言，人虽道义全具，但大部分人而言，都是学者，而不是圣人，也都或多或

---

① 伊藤仁斋《语孟字义》，选自《日本儒林丛书》第6册，东洋图书刊行会，1929年，第25页。
②《孟子·告子上》。
③〔宋〕朱熹《四书章句集注》，鹅湖出版社，1984年，第3页。

少受到染污，故要下工夫，工夫不是扩养，而是去蔽，去蔽则能复初，复其为本有之圣人。

　　然程朱之理学建构，真的合于孟子原意乎？在伊藤仁斋同时代的船山，船山早仁斋八岁，反对程朱之说，其认为程朱的"学以复其初"之说，是一种类于佛性论、如来藏之说的建构，船山言：

> 　　孟子亦止道"性善"，却不得以笃实、光辉、化、不可知全摄入初生之性中。《中庸》说"昭昭"之天，"无穷"之天，虽无闲别，然亦须分作两层说。此处漫无节奏，则释氏"须弥入芥子""现成佛性"之邪见，皆繇此而生。愚每云"性日生，命日受"，正于此处分别。[1]

船山认为，孟子言性善，是生而有之之善，是仁之端，而不是仁之完成；故善人，还要后天修为，以作为美、大、圣、神等，此非生而有，而是要性日生日成以成就之，要后天学习之，要博学审问以明之，昭昭之天与无穷广大之天，亦要分别，部分不是全部，认昭昭之天为全部者，是阳明、龙溪所做成，而这是受有华严宗的六相圆融之说所造成，六相者，总、别、同、异、成、坏，其言总相，认为椽即是舍[2]，然椽是栋梁，不是房子，何以说成是房子呢？因为在华严而言，在因陀罗网下，缘起相即，一即一切，在佛学体系下可说，然而却不可用来谈儒家，儒家的性善也不是如来藏的全部，惠能要人回到"不思善不思恶的本来面目"，而儒家性善不是全部，也不是本来面目全具一切，儒家本有者，只是恻隐等心，此是善之端，此端要扩而充之，以至于美大圣神，这要后天修为，要工夫历程的，要积累的。孟子谈养、

---

[1] 〔清〕王夫之《船山全书》第 6 册，岳麓书社，1996 年，第 1017 ～ 1018 页。

[2] "问：'何者是总相？'答：'舍是。'问：'此但椽等诸缘，何者是舍耶？'答：'椽即是舍。何以故？为椽全自独能作舍故。若离于椽，舍即不成。若得椽时即得舍矣。'问：'若椽全自独作舍者，未有瓦等，亦应作舍。'答：'未有瓦等时，不是椽，故不作。非谓是椽而不能作舍。今言能作者，但论椽能作，不说非椽作。何以故？椽是因缘，由未造舍时无因缘故，非是椽也。若是椽者，其毕全成。若不全成，不名为椽。'"《华严一乘教义分齐章》，《大正新脩大藏经》第 45 册，第 1866 页。

谈扩充、谈积累者，亦甚多，如："浩然之气是集义所生"，此集者，要累积，如孟子认为"水盈科而后进"，亦是累积；认为要左右逢源，则要"深造之以道"，这也要积累。孟子之书，甚多后天渐教工夫，而与佛教的见解，不见得可兼容。船山认为这种部分即全部，乃芥子纳须弥之说①，《维摩诘经》言："须弥藏芥子，芥子纳须弥。"②此乃一花一世界，现成佛性之说，不可以此诠释儒家。船山要人日新其德，故言性日生日成，天天都要在德性上努力不已，在《论语》，即是这种精神。《论语》谈到"德之不修，学之不讲"，而要人学修，又认为"十室之邑必有忠信如丘者，不如丘之好学"，又言"学而时习之"，这都重学，重后天的修为，本有是不足的。

　　而船山的这种讲法，其实与伊藤仁斋的见解相似，然而二人相差八岁，船山躲于山中著书，二人之间的互动已不可考，然却有着高度的相似性，如重气，重后天之学习，都反对程朱的复其初之说。

　　而伊藤也认为仁义礼智我固有之者，非指生而具足一切的意思，在孟子而言，虽有"恻隐之心仁也"之说，但也有"恻隐之心，仁之端也"之说，孟子原文谈道：

　　　　恻隐之心，仁之端也；羞恶之心，义之端也；辞让之心，礼之端也；是非之心，智之端也。人之有是四端也，犹其有四体也。有是四端而自谓不能者，自贼者也；谓其君不能者，贼其君者也。凡有四端于我者，知皆扩而充之矣，若火之始然、泉之始达。苟能充之，足以保四海；苟不充之，不足以事父母。③

这里谈到恻隐之心，不是仁，只是仁之端，恻隐者乃生而有之，也是性善；性善作为开端还不是德性的完成，还要扩充。若真如程朱所言，是学以复其初，其初者，道义全具者，不扩充，还是具足，岂不能事

---

① "万象森罗四字，多见佛书，盖即维摩所谓芥子纳须弥之理也，维摩之室，设三万二千狮子座，亦即此理，譬犹悬镜室中，人畜器用，皆历历可见。"伊藤仁斋《语孟字义》，选自《日本儒林丛书》第6册，东洋图书刊行会，1929年，第19～20页。
②《维摩诘经·不思议品第六》。
③《孟子·公孙丑上》。

父母、畜妻子呢？①

　　至于伊藤仁斋面对"仁义礼智，我固有之"者，如何回应呢？因为这是关键处，正好抵触到伊藤的见解，伊藤认为仁义礼智是德，不是性，德者不是天生具足，而是就天生本有，再加后天扩充而成。故伊藤势必要对此做一说明解释，伊藤认为，"固有"与"谓之性"不同，"固有仁义礼智"者，不代表仁义礼智全体具足，"谓之性"，才可称为仁义礼智天生完具、生而有之。当然这是诠释，是非对错，尚难断定。仁斋认为，何者可以称之为"谓之性"呢？乃仁之端、恻隐之心、性善等，可以称之为"谓之性"，此乃生而有之，生而有者，只有德之一端，而不是全部，只是恻隐之心，还不是德性全备，此性善，还只是善人、信人程度，而不到美、大、圣、神。至于仁义礼智是德，不是性，乃是就本有之性，再加后天工夫，扩充至极而成。其认为，以性之善，行天下之德，如同以地种树，以薪燃火，其势容易，而无所难。此种讲法，在孟子似有原文根据，孟子言"若火之始然、泉之始达"，火之燃，由薪而起，树之种，由地而起。若种树在水，或以石燃火，则有其困难。人性之善，乃是指人有成德之根据，此根据者为四端，恻隐等四端，仁义礼智之发端，依此端而行，可以坐大，而至美大圣神，若性不善，如同种树于海，则欲成就德性，则不可。

　　以上乃伊藤仁斋面对文献的困难，而以诠释之方式以回应之，似乎亦能得到孟子文献的证成。然伊川之说，亦非可轻视之，在孟子的文献中，还有可以证成伊川的"仁义礼智是性"之说，如：孟子所言"君子所性，仁义礼智根于心"一段，孟子原文谈道：

　　　　广土众民，君子欲之，所乐不存焉。中天下而立，定四海之民，君子乐之，所性不存焉。君子所性，虽大行不加焉，虽穷居不损焉，分定故也。君子所性，仁义礼智根于心。其生色也，睟

---

① 当然在朱子而言，巧妙地解释孟子的"扩充"之说，解释为扩充回"本然之量"。此朱子在其体系下所做成。然在朱子看来，"圣人生而有之，且无所失去"，故不必扩充回本然之量，圣人生而完具，不待后天学习以恢复之，这是讲法与《论语》本意不合，孔子自言"学而不厌，诲人不倦"，是要后天学习的。

然见于面、盎于背。施于四体,四体不言而喻。①

原文谈到"君子所性,仁义礼智根于心",对于伊藤仁斋的讲法不利,伊斋势必要做出一合理诠释,以强化他的见解。君子以何为性呢?君子生而有之者为何呢?君子生有具有者,有身、有心,心者,从心善证性善,以仁义礼智为主。若依着原文表面的诠释,正好是伊川的讲法,即君子生而有者,仁义礼智,故性中有仁义礼智,且是道义全具,德性本具。而伊藤对于此段的诠释是"根于心者",乃是面对"霸道"而言;的确,若依着孟子原文,孟子谈所性者,与所欲之,所乐之不同,君子也希望能贵之富之,而成为上位者。然此乃欲之,而不是乐之。君子所乐者,乃能为国家尽心力,为人民服务,然此乃乐之,还不是君子之所性。理由在于君子所欲之、乐之者,有命焉,如孔子周游列国而不得志,这不是求之在我。若总是如此,则君子不能掌握其命,君子无所可作为。但所幸者,君子所性,不以大行穷居而定其失败、成功;成败也不依于外在环境以断定之,此乃君子之居易俟命。

以上乃孟子的原文,而伊藤对此的解释是"仁义礼智根于心",乃是就君子而成王道者而言,面对者为霸道;霸道者,乃以力假仁,久假而不归者,此乃霸道。故君子者,就上位而言,上位者,即想要统领天下,上位者亦想要安定四海之民,然若只是霸道地为官,而只是"行仁义",非"由仁义行",只是杀一无辜而得天下者,真正的君子是不为的,因为君子是由仁义行,其仁义是根于心者;而霸道者,其仁义是假的,这里的仁义是就真仁义与假仁义而对言,真正君子乃由心而发其仁义,乃从仁义之端而发者,由恻隐之心而发者;至于霸道,则是假仁义而行,非根于心者。如此诠释之,亦顺势于孟子之语脉。

依于此,伊藤仁斋面对两处孟子之言,而以诠释的方式,反对伊川之说,以证成其己说。即性与德之间的关系,如同苗芽与大树的关系,苗芽不是大树,但也不离开大树,离开树种则无树可长成,然树之长成,不从苗芽亦不成。而此乃比喻,性者,恻隐等心是也,此乃

---

① 《孟子·尽心上》。

苗芽，但还不是树，要长成树，还要后天努力，浇水、施肥等，如同性善要成德，还要后天修为工夫，要扩充工夫，以至于从性善之端倪，扩充到美大圣神，由性到德，要不断涵养学习始成。故伊藤认为"故谓仁义即吾性可也，谓吾性即仁义亦可也，但以仁义为性中之名，则不可也"，仁义是德，德不是性，但也不离性，两者相即而不离，离开性善，所做成之仁义，是霸道之假仁假义。离开德，而只谈性善，亦只是潜藏之善，德性不成，还不是具体之真正德性。故如此而言，性不是德，德不是性，只是相即不离罢了，此乃伊藤仁斋面对伊川之说之论辩，用以回应程朱学派的见解。

　　然而伊藤仁斋认德不是性，但有时也可说成是性，伊藤有其反复乎？吾人认为还不至于，伊藤的意思是，德有两种，一种是本具之德，但此只是端，只是些微而已，只是部分之德，还不是全德①毕具的意思。伊藤言：

　　　　德字，及仁义礼智等字，古注疏皆无明训，盖非不能训之，以本不可训也，何者，学之所常识，而非字训之所能尽也。晦庵曰："德者得也，行道而有得于心也"，此语本出于《礼记》，但《礼记》作有得于身，晦庵改身字而作心字，然《礼记》所谓德者得也者，犹言仁人也，义宜也，天颠也，地示也，皆假音近者，以发其义，本非正训也，若以德为得之义，则德是待脩为而后有，岂足尽本然之德哉！《语》曰："据于德"，《中庸》曰："知微之显，可入德矣"，是等德字，皆有道字之意，便指仁义礼智之德而言，观其据字入字可见矣，又曰："由知德者鲜矣"，又曰："吾未见好德如好色者也"，夫有一物，而后谓之知，又谓之好，若宋儒之所谓，则知好二字，意义不通。②

---

① 朱子视性善，则为全德，而仁斋却不认可。例如：朱子注《论语》"仁以为己任"言："仁者，人心之全德，而必欲以身体而力行之，可谓重矣。"〔宋〕朱熹《四书章句集注》，鹅湖出版社，1984年，第104页。

② 伊藤仁斋《语孟字义》，选自《日本儒林丛书》第6册，东洋图书刊行会，1929年，第21页。

伊藤认为德字与仁义礼智皆难以训解，一方面古义未训，另一方面古人也难以训，因为都已体知，都在实践，而难以用语言形容之。而且伊藤批评朱子以"得"字释"德"，其实王弼对《道德经》的诠释，就已经以"得"字释"德"①。"上德不德"，所谓德者，乃行自然无为之道，而有所得于心者。同样的，朱子也以得字释德，此乃从《礼记》而来的改写，但伊藤认为德者得也，不是德字的正训②，只是假音也，如同仁者人也，天者颠也，义者宜也，都非正训。仁斋为何有如此想法呢？理由在于，德若为得，得与失相对，未有不称得，从无到有，才是得，那么德者，都是后天的，何以称先天之德？在此伊藤认为还有一个先天之德，但如此何以能批评伊川呢？其实其所谓的先天之德，亦只是性善，只是恻隐之心，只是仁之端，而不是仁之成。故可见德有两种，一种是本有之德，只是善端，尚不是全德之备；另一种是圣人达到的境界，是全其德。

然而伊藤对于本有之德的证据从何而来呢？其认为《论语》谈"据于德"，德若不是本有，如何依据呢？又其认为《论语》的知德、好德，若不先有其德，如何知之、如何好之呢？依此，其认为有本有之德，而批评朱子的"德者得也"之诠释。因为朱子的"德是得"之意思，未得时如何知、如何好呢？

三　简滥与抉择

以上吾人谈了伊川对于仁义礼智的见解，与仁斋不同，仁斋认为仁义礼智是德之完成，而不是性善之开始。伊川却认为仁义礼智是德也是性，既是性，则生而有之，道义全备。故其工夫论而言，是学以复初。二人差别在于，德者是生而全有，还是透过后天的修为而有

---

① 参见王弼注《道德经》第 38 章。
② 方以智对德字的训解是："'德'者，直心无不自得也。"方以智著，庞朴注《东西均》，中华书局，2001 年，第 165 页。德者，本写为"悳"。

呢？吾人认为，程朱之说，多少受有佛老的影响[①]，理由是，孔子自言，学而不厌，诲人不倦，孔子岂是生而知之，孔子自言："我非生而知之者，好古，敏以求之者也。"[②]孔子不是生知，也不是生而道义全具，而是好古以学，敏学而成者。故若依于孔子为准，伊川的诠释不合于《论语》。孩提之良知良能若具足，是否还要博学、深造之以道，学只是复初乎？复初，只是善人，而不是信人，美大圣神之人。大人不失赤子之心，大人却不是赤子。

而以上的这些讲法，或多或少地可以从戴震与船山思想中找到，戴震晚于伊藤，而船山早于伊藤，在明清之际，重气者多，都有其相互之间的影响。

此问题看似仅是"性者是否全体具足"的争议，其背后谈的是经典的诠释，是否受有佛老之影响，然若佛老的见解之好的，用之于儒家亦可。但若学只是复初，圣人不失，则不必复，容易启人有废学之说。如同老庄，老子的绝学无忧，庄子的生有涯，知无涯，不以生而随知。这些都容易废学，而与《论语》的重学之说背道而驰，吾人认为伊川之说不是古义，而伊藤较能近古义。然伊川之说亦不是没有价值，其作为儒释道的混合，吸收了各种优点，其学说亦不是要人废学，而是要做工夫，将儒学起死回生，面对时代，而回应了时代，开创新的纪元，此功劳伟矣。

[①] "复其初之云，见庄周书。《庄子·缮性篇》云：'缮性于俗学以求复其初，滑欲于俗知以求致其明，谓之蔽蒙之民'又云：'文灭质，博溺心，然后民始惑乱，无以返其性情而复其初'，盖其谓理，即如释氏所谓'本来面目'，而其所谓'存理'，亦即释氏所谓'常惺惺'（释氏书云：'不思善，不思恶，时认本来面目'，上蔡谢氏曰：'敬是常惺惺法'，王文成解《大学》'格物致知'，主捍御外物之说，其言曰：'本来面目，即吾圣门所谓良知，随物而格，是致知之功。'）"〔清〕戴震《戴震集》，上海古籍出版社，1980年，第279页。

[②]《论语·述而》。

民国时期贺麟的朱子学研究 [①]

——兼与冯友兰《中国哲学史》之比较

乐爱国　王治伟（厦门大学）

民国时期，贺麟以建立与冯友兰"新理学"相对的"新心学"而著称。然而，他推崇并研究朱子学，他的"新心学"并不是"反程、朱的陆、王之学"，而是"程、朱、陆、王得一贯通调解的理学或心学"[②]。因此，他不仅对于朱子学多有研究，而且，不同于冯友兰《中国哲学史》从本体论上把朱子学界定为"理学"而与陆王"心学"相对立，他的朱子学研究，从"理""心"合一的角度展开，形成自己的一家之言。

一　为宋儒辩护

民国时期，社会动荡，内忧外患，中国传统文化受到挑战。在这一社会背景下，新文化运动提出"打倒孔家店"，又对儒学造成了一定的冲击。对此，贺麟于1941年发表的《儒家思想的新开展》就新文化运动提出"打倒孔家店"对儒学造成的冲击提出自己的看法，指出："五四时代的新文化运动，可以说是促进儒家思想新发展的一个大转机。表面上，新文化运动虽是一个打倒孔家店、推翻儒家思想的一个大运动。但实际上，其促进儒家思想新发展的功绩与重要性，乃远在前一时期曾国藩、张之洞等人对于儒家思想的提倡。……新文化运动之最大贡献，在破坏扫除儒家的僵化部分的躯壳的形式末节，和束缚

[①] 本文系教育部哲学社会科学重大课题攻关项目"百年朱子学研究精华集成"（项目号：12JZD007）的阶段性成果。
[②] 贺麟《当代中国哲学》，胜利出版公司，1945年，第19页。

个性的传统腐化部分。他们并没有打倒孔孟的真精神、真意思、真学术，反而因他们洗刷扫除的工夫，使得孔孟程朱的真面目更是显露出来。"[1]在贺麟看来，新文化运动提出"打倒孔家店"虽然是为了推翻儒家思想，但恰恰是"儒家思想的新开展"；当然，同样也是作为儒学重要组成部分的朱子学的新开展。

1944年，贺麟发表《宋儒的评价》[2]，针对当时有人把宋朝国势的衰弱和宋明之亡于异族归罪于宋明儒，甚至于说宋学盛行时期，就是民族衰亡时期，贺麟提出不同观点。他说："宋朝之受制于异族，似乎主要的应该向军事和政治方面去求解释。"在贺麟看来，自宋太祖杯酒释兵权以来，立国的策略就是要削弱将臣的兵力，同时又对有功的武将进行猜忌并加以陷害；正是由于开国时的这一大政方针的错误，才导致国势积弱不振。贺麟还说："到了中期和南宋以后，以格物穷理为职志的道学家出来，有什么办法呢？他们没有政权，更没有兵权，而且他们所专门研究的问题，也只是宇宙人生文化心性方面的根本问题，对于军事、政治、财政并没有直接关系。把由开国时国策错误，所引起的危机，大政治家如范仲淹、王安石尚无法挽救的危机，强要程伊川、朱晦庵这些道学家负责，恐怕走错了门道罢。"贺麟赞同王夫之对于这一问题的看法，指出："船山指出宋代重文轻武，贬抑武臣，致酿成靖康之祸，追溯均开国时国策有误，而与道学无关，似乎是很正确平允的看法。"所以他明确指出："宋代之衰弱不振，亡于异族，主因是开国时国策有错，宋儒责任甚轻。"并且还说："今欲以宋代数百年祸患，而归罪这几位道学家，不惟诬枉贤哲，抑且太不合事实，太缺乏历史眼光了。"

与此同时，贺麟进一步认为，宋明时期的理学家是具有民族气节和民族责任感的学者。他说："平心而论，这些宋明道学家当国家衰亡之时，他们并不似犹太学者，不顾祖国存亡，只知讲学。他们尚在那里提倡民族气节，愿意为祖国而死，以保个人节操，民族正气。"又

① 贺麟《当代中国哲学》，胜利出版公司，1945年，第19页。
② 贺麟《宋儒的评价》，《思想与时代》，1944年第34期。

说："他们虽在田野里讲学论道，但他们纯全为尽名分，为实践春秋大义，为实现治国平天下的王道理想起见，他们绝没有忘记过对民族的责任。他们对民族复兴和民族文化复兴有了很大的功绩和贡献。"

至于宋明道学家的思想学说，贺麟说："他们思想学说里，暗寓尊王攘夷的春秋大义，散布恢复民族、复兴文化的种子。试看宋以后义烈彪炳民族史上的大贤，如文天祥，如方孝孺，如史可法，皆是受宋儒熏陶培植的人才。""宋儒哲学中寓有爱民族、爱民族文化的思想，在某意义下宋明儒之学，可称为民族哲学，为发扬民族文化复兴民族所须发挥光大之学。"而且，贺麟还针对当时有人抨击程颐"饿死事小，失节事大"一语，指出："今日许多爱国之士，宁饿死甚至宁被敌人逼害死而不失其爱国之节，今日许多穷教授，宁贫病致死，而不失其忠于教育和学术之节，可以说是都在有意无意间遵循着伊川（程颐）'饿死事小，失节事大'的遗训。"显然，贺麟《宋儒的评价》更为在意于从弘扬民族气节的角度，解说程朱理学。

除此之外，贺麟还针对所谓宋儒之学是虚玄空疏无用之学的说法提出批评，指出："宋儒格物穷理，凡事必深究其本源，理论基础甚深厚，虽表现上似虚玄空疏，而实有大用，故发生极大之影响。说宋儒不切实用，大都是只就表面立论，而不明程朱学说之全体大用者。"

贺麟为宋儒辩护，表现出他对于程朱理学的推崇。或许正是由于这一原因，他对朱子学以及宋代儒学有深入的研究。除了《宋儒的评价》，他还发表了《朱熹与黑格尔太极说之比较观》（1930年）、《宋儒的思想方法》（1936年）、《与张荫麟先生辩太极说之转变》（1938年）等论文，阐述了他对于朱子学的独特观点。

二　对朱熹"心与理一"的诠释

贺麟"从小深受儒学熏陶"，"特别感兴趣的是宋明理学"。[①]　1930

---

① 贺麟《康德黑格尔哲学东渐记》，《中国哲学（第二辑）》，生活·读书·新知三联书店，1980年，第376页。

年，他在翻译美国鲁一士（Josiah Royce）《黑格尔学述》的基础上，于
8月撰写了《朱熹与黑格尔太极说之比较观》，通过与黑格尔"绝对理
念"的比较，阐释朱熹"太极"的内涵，并于当年11月3日发表于
《大公报·文学副刊》第147期。后来，贺麟在论及该文时说道："我
是想从对勘比较朱熹的太极和黑格尔的绝对理念的异同，来阐发两家
的学说。这篇文章表现了我的一个研究方向或特点，就是要走中西哲
学比较参证、融会贯通的道路，在文中我强调了'太极'（Absolute亦
译绝对）是古今中外客观唯心论哲学家最基本的范畴，有的哲学家强
调太极是心，有的则强调太极是理，而我认为朱熹、黑格尔却是强调
'心与理一'，而且他们认为，要达到心与理一的最高境界，非要经过
千辛万苦、长途跋涉、辩证发展的过程才能完成。"①

　　朱熹讲"理"。民国初期不少学者都认为，朱熹的"理"是客观的
宇宙之本体，与"心"是截然对立的。王国维早在1904年发表的《释
理》中就指出："朱子之所谓理与希腊斯多噶派之所谓理，皆预想一客
观的理，存于生天、生地、生人之前。……对朱子之实在论，而有所
谓观念论者起焉。"②显然，王国维把朱熹的"理"看作客观实在，并
将朱熹实在论与观念论相对立。1916年，谢无量《朱子学派》认为，
在朱熹那里，"太极"即是"理"，"即是宇宙之实体，一切世界万物发
生之根本，非仅是空理也"③。1929年，周予同《朱熹》在比较朱陆异
同时指出："就本体论言：朱为理气二元论之主张者；以近代哲学术语
言之，可称为一实在论者，即以为一切现象界之背后有所谓理气二元
之实在者在。陆为心即理说之主张者；以近代哲学术语言之，可称为
一唯心论者，即以为一切现象皆自心生，离心则一切现象无存在之可
能。"④在周予同看来，朱熹讲理气，为实在论者；陆九渊讲心即理，为

---

① 贺麟《康德黑格尔哲学东渐记》，《中国哲学（第二辑）》，生活·读书·新知三联
　书店，1980年，第378页。
② 王国维《释理》，《静庵文集》，辽宁教育出版社，1997年，第43页。
③ 谢无量《朱子学派》，中华书局，1916年，第64页。
④ 周予同《朱熹》，商务印书馆，1929年，第86页。

唯心论者，二者是相互对立的。

与以上这些观点不同，1930 年，贺麟《朱熹与黑格尔太极说之比较观》^①通过比较朱熹的"太极"和黑格尔的"绝对理念"的异同，认为朱熹的"太极"实含有三种不同的意思：第一，"朱子的太极就是他'进学在致知'所得到的理，也就是他格物穷理，豁然贯通所悟到的理。这个太极就是'道理之极至'，就是'总天地万物之理'……这个理就是朱子形上学的本体（宋儒称为道体），就是最高范畴"。第二，"朱子的太极又是'涵养须用敬'所得来的一种内心境界。朱子前说释太极为理，大都用来解释周子的太极图说，建立他的宇宙观，而此说认太极为涵养而得之内心境界，则目的在作对人处事的安心立命之所"。第三，"朱子于其诗歌中不知不觉地把他的太极具体化作一种神仙境"。为此，贺麟说："朱子有时认心与理一，有时又析心与理为二。有时理似在心之外，如'人心之灵莫不有知，而天下之物莫不有理'等语的说法。有时理又似在心之内，如'心统性情'（性即理，情属气）及'所觉者心之理也'等处。"所以，贺麟明确认为，朱子"介乎唯心与唯实、一元与二元之间"。

与贺麟强调朱熹"心与理一"不同，1934 年，冯友兰《中国哲学史》认为，在朱熹那里，"理"与"心"是完全不同的，"心亦是实际的有，亦系'形而下'者。若理则只潜存，故为'形而上'者"^②。又说："盖朱子以心乃理与气合而生之具体物，与抽象之理，完全不在同一世界之内。心中之理，即所谓性；心中虽有理而心非理。故依朱子之系统，实只能言'性即理'，不能言'心即理'也。"^③"惟依朱子之系统，则理若不与气合，则即无心，心虽无而理自常存。虽事实上无无气之理，然逻辑上实可有无心之理也。若就此点谓朱子析心与理为二，固亦未尝不可。"^④

---

① 贺麟《朱熹与黑格尔太极说之比较观》，《大公报·文学副刊》第 147 期，1930 年 11 月 3 日。
② 冯友兰《中国哲学史》，商务印书馆，1934 年，第 927 页。
③ 同上书，第 939 页。
④ 同上书，第 955 页。

对于冯友兰《中国哲学史》的以上观点，贺麟并不以为然。在1938年的一篇论文中，贺麟说道："七八年前，当我作《朱子黑格尔太极说比较》一文时，我即指出朱子之太极有两义：（一）太极指总天地万物之理言，（二）太极指心与理一之全体或灵明境界言。所谓心与理一之全，亦即理气合一之全（但心既与理为一，则心即理，理即心，心已非普通形下之气，理已非抽象静止之理矣）。"① 在这里，贺麟不仅继续强调朱熹的"心与理一"，而且明确认为，朱熹讲"心与理一"，即"心即理，理即心"。

朱熹讲"性即理"，但是又讲"心具众理"②，"一心具万理"③，甚至还说："心固是主宰底意，然所谓主宰者，即是理也。"④ "理不是在面前别为一物，即在吾心。"⑤ "仁者心便是理。"⑥ 因此，朱熹又讲"心与理一"，说："心与理一，不是理在前面为一物。理便在心之中。"⑦ "仁者心与理一，心纯是这道理。"⑧ 并以此与释家相区分，指出："儒、释之异，正为吾以心与理为一，而彼以心与理为二耳。"⑨ 又说："吾以心与理为一，彼以心与理为二，亦非固欲如此，乃是其所见处不同。彼见得心空而无理，此见得心虽空而万物咸备也。"⑩ 虽然在朱熹那里，"性"与"心"不同，但是，朱熹既讲"性即理"又讲"心与理一"，表明他并不在意于"性"与"心"的不同。因此，贺麟强调朱熹讲"心与理一"可以成为冯友兰《中国哲学史》强调朱熹言"性即理"的相互补充。

① 贺麟《与张荫麟先生辩太极说之转变》，《新动向》，1938年第1卷第4期。
② 〔宋〕朱熹《晦庵先生朱文公文集》卷三十二《问张敬夫》（三十六），朱杰人等编《朱子全书》第21册，上海古籍出版社、安徽教育出版社，2002年，第1395页。
③ 〔宋〕黎靖德《朱子语类》（一）卷九，中华书局，1986年，第154页。
④ 〔宋〕黎靖德《朱子语类》（一）卷一，中华书局，1986年，第4页。
⑤ 〔宋〕黎靖德《朱子语类》（一）卷九，中华书局，1986年，第155页。
⑥ 〔宋〕黎靖德《朱子语类》（三）卷三十七，中华书局，1986年，第985页。
⑦ 〔宋〕黎靖德《朱子语类》（一）卷五，中华书局，1986年，第85页。
⑧ 〔宋〕黎靖德《朱子语类》（三）卷三十七，中华书局，1986年，第985页。
⑨ 〔宋〕朱熹《晦庵先生朱文公文集》卷五十六《答郑子上》（十四），朱杰人等编《朱子全书》第23册，上海古籍出版社、安徽教育出版社，2002年，第2689页。
⑩ 同上书，第2691页。

三　对朱熹"格物"的诠释

"格物"一词，在《大学》中为修身的途径和方法，所谓"欲修其身者，先正其心；欲正其心者，先诚其意；欲诚其意者，先致其知。致知在格物"。然而，朱熹《大学章句》注"致知在格物"曰："致，推极也。知，犹识也。推极吾之知识，欲其所知无不尽也。格，至也。物，犹事也。穷至事物之理，欲其极处无不到也。"① 又说："所谓致知在格物者，言欲致吾之知，在即物而穷其理也。……是以《大学》始教，必使学者即凡天下之物，莫不因其已知之理而益穷之，以求至乎其极。"② 仅就"格物致知"而言，"格物"显然是"致知"的途径和方法。

胡适于1917年完成的博士论文《先秦名学史》指出："程氏兄弟及朱熹给'格物'一语的解释十分接近归纳方法，即从寻求事物的理开始，旨在借着综合而得最后的启迪。"③1919年，胡适在《北京大学月刊》上发表《清代汉学家的科学方法》（后更名为《清代学者的治学方法》），明确认为朱熹《大学章句》"补格物传"所言"即物而穷其理"是通过研究具体事物而寻出物的道理来，"这便是归纳的精神"，还说："'即凡天下之物，莫不因其已知之理而益穷之，以求至乎其极'，这是很伟大的希望，科学的目的，也不过如此。"④ 该文还说："宋儒的格物说，究竟可算得是含有一点归纳的精神。'即凡天下之物，莫不因其已知之理而益穷之'一句话里，的确含有科学的基础。"⑤

与此不同，冯友兰《中国哲学史》在阐述朱子哲学时，以"道德及修养之方"为题对朱子的格物说做了分析，指出："就朱子之哲学系统整个观之，则此格物之修养方法，自与其全系统相协和。盖朱子以

① 〔宋〕朱熹《四书章句集注·大学章句》，中华书局，1983年，第4页。
② 同上书，第6～7页。
③ 胡适《先秦名学史》，《胡适全集》第五卷，安徽教育出版社，2003年，第8页。
④ 胡适《清代学者的治学方法》，《胡适全集》第一卷，安徽教育出版社，2003年，第366页。
⑤ 同上书，第367页。

天下事物，皆有其理；而吾心中之性，即天下事物之理之全体。穷天下事物之理，即穷吾性中之理也。今日穷一性中之理，明日穷一性中之理。多穷一理，即使吾气中之性多明一点。穷之既多，则有豁然顿悟之一时。至此时则见万物之理，皆在吾性中。……用此修养方法，果否能达到此目的，乃另一问题。不过就朱子之哲学系统言，朱子固可持此说也。"① 可见，冯友兰是把朱子的"格物"仅限于道德修养方法加以阐释。为此，他还明确指出："朱子所说格物，实为修养方法，其目的在于明吾心之全体大用。即陆、王一派之道学家批评朱子此说，亦视之为一修养方法而批评之。若以此为朱子之科学精神，以为此乃专为求知识者，则诬朱子矣。"②

　　1936 年，贺麟发表《宋儒的思想方法》③，反对胡适《清代汉学家的科学方法》将朱熹的"格物"诠释为科学方法，指出："本文的主旨即在于消极方面指出宋儒的思想方法不是科学方法，积极方面指出宋儒，不论朱陆两派，其思想方法均依我们所了解的直觉法。换言之，陆王所谓致知或致良知，程朱所谓格物穷理，皆不是科学方法，而乃是探求他们所谓心学或性理学亦即我们所谓哲学或形而上学的直觉法。"关于直觉，贺麟说："直觉既是一种经验，复是一种方法。所谓直觉是一种经验，广义言之，生活的态度，精神的境界，神契的经验，灵感的启示，知识方面突然的当下的顿悟或触机，均包括在内。所谓直觉是一种方法，意思是谓直觉是一种帮助我们认识真理，把握实在的工具或技术。"贺麟对直觉方法做了较多的阐述，并进一步讨论朱熹"格物"的直觉方法及其与陆九渊的异同。

　　因此，贺麟在反对胡适将朱熹的"格物"诠释为科学方法的同时，也不赞同冯友兰《中国哲学史》所谓"朱子所说格物，实为修养方法，……若以此为朱子之科学精神，以为此乃专为求知识者，则诬朱

① 冯友兰《中国哲学史》，商务印书馆，1934 年，第 919～920 页。
② 同上书，第 920 页注。
③ 贺麟《宋儒的思想方法》，《东方杂志》，1936 年第 33 卷第 2 号。

子矣"，并且指出："若芝生先生此处之意，系指朱子所谓格物不是科学方法，则实为了解朱学上一种进步，亦我之所赞同。因为谓朱子的格物非科学方法，自是确论。但谓朱子的格物全非科学精神，亦未免有诬朱子，盖以朱子之虚心穷理，无书不读，无物不格的爱智精神，实为科学的精神也。但他又肯定朱子的格物只是修养的方法而非求知识的方法，则我却又不敢苟同。"为此，贺麟还说："依我的说法，朱子的格物既非探求自然知识的科学方法（如实验方法、数学方法等），亦非与主静主敬同其作用的修养方法，而乃是寻求哲学或性理学知识的直觉方法，亦称体验或体认的方法。直觉方法乃是寻求哲学知识的主要方法，虽非科学方法，但并不违反科学违反理智，且有时科学家亦偶尔一用直觉方法，而用直觉方法的哲学家，偶尔亦可发现自然的科学知识。"认为朱熹的"格物"是一种哲学家和科学家都能够运用的直觉方法，而不只是单纯的道德修养方法。当然，贺麟又说："直觉方法虽与涵养用敬有别，不是纯修养的方法，但因直觉既是用理智的同情以体察事物理会事物的格物方法，故并不是与情志、人格或修养毫不相干。"

四　对朱陆异同的辨析

朱陆关系问题是宋明理学最重要的问题之一，民国时期不少学者都对朱陆的异同有过论述。1916 年，谢无量《中国哲学史》对朱陆异同做了全面的分析。就朱陆的差异而言，谢无量说："朱子尝作书与学者云：'陆子静专以尊德性诲人，故游其门者多践履之士，然于道问学处缺了。某教人岂不是道问学者多了些子？故游某之门者，践履多不及之。'此可为二家异同之定评。"① 又在对朱陆学术差异做出概括时指出："陆学尚简易直截，朱学重学问思辨；朱学在'即物穷理'，陆学

_____

① 谢无量《中国哲学史》第三编上《近世哲学史（宋元）》，中华书局，1916 年，第 71 页。

言'心即理'。一主于经验，一主于直觉；一主于归纳，一主于演绎。此其所以卒异也。"[1]然而，谢无量又在《朱子学派》中认为，陆九渊"心即理"与朱熹讲"心、性、理之一贯"以及"理在心中"，"亦无以异矣"[2]。

1931年出版的吕思勉《理学纲要》对朱陆异同多有讨论，指出："朱陆之异，象山谓'心即理'，朱子谓'性即理'而已。唯其谓'性即理'，而'心统性情'也，故所谓性者，虽纯粹至善；而所谓心者，则已不能离乎气质之累，而不免杂有人欲之私。惟其谓'心即理'也，故万事皆具于吾心；吾心之外，更无所谓理；理之外，更无所谓事。一切工夫，只在一心之上。二家同异，后来虽枝叶繁多，而溯厥根源，则惟此一语而已。"[3]但是又说："然二家谓理在心之内外虽异，而其谓理之当顺则同。"[4]所以，在吕思勉看来，陆子之说，"与朱子初无以异。此其所以途辙虽殊，究为一种学问中之两派也"[5]。

1932年，冯友兰发表《宋明道学中理学心学二派之不同》，从本体论的层面对朱陆做出区分，指出："朱陆之不同，实非只其为学或修养方法之不同；二人之哲学，根本上实有差异之处。……若以一二语以表示此种差异之所在，则可谓朱子一派之学为理学，而象山一派之学，则心学也。""朱子言'性即理'，象山言'心即理'。此二言虽只一字之不同，而实代表二人哲学之重要的差异。"[6]在冯友兰看来，朱陆的差异在于朱熹讲"性即理"为理学、陆九渊讲"心即理"为心学之根本不同。这一观点后来被纳入《中国哲学史》，对民国时期乃至后来的朱子学研究产生重大影响。

贺麟的《宋儒的思想方法》反对冯友兰《中国哲学史》从本体论

① 谢无量《中国哲学史》第三编上《近世哲学史（宋元）》，中华书局，1916年，第72页。

② 谢无量《朱子学派》，中华书局，1916年，第119页。

③ 吕思勉《理学纲要》，商务印书馆，1931年，第117页。

④ 同上书，第126页。

⑤ 同上。

⑥ 冯友兰《宋明道学中理学心学二派之不同》，《清华学报》，1932年第8卷第1期。

上将朱陆对立起来，并且较多地从工夫论的层面上，把朱陆的思想方法都看作直觉的方法，进而分析朱熹直觉法与陆王直觉法的异同，指出："同一直觉方法可以向外观认，亦可以向内省察。……一方面是向内反省，一方面是向外透视。认识自己的本心或本性，则有资于反省式的直觉，认识外界的物理或物性，则有资于透视式的直觉。朱子与陆象山的直觉方法，恰好每人代表一面。"认为朱陆的思想方法是同一直觉方法的"向外透视"与"向内反省"的两个方面。贺麟还说："陆象山的直觉法注重向内反省以回复自己的本心，发现自己的真我。朱子的直觉法则注重向外体认物性，读书穷理。但根据宋儒所公认的'物我一理，才明彼，即晓此，合内外之道也'这一原则，则用理智的同情向外穷究钻研，正所以了解自己的本性；同样，向内反省，回复本心，亦正所以了解物理。其结果亦归于达到心与理一，个人与宇宙合一的神契境界，则两者可谓殊途同归。"在贺麟看来，朱熹的"格物"直觉法虽然"注重向外体认物性"，但最终是要达到"心与理一"，而与陆九渊"注重向内反省"的直觉法殊途而同归。

因此，对于冯友兰《中国哲学史》强调朱熹言"性即理"为理学、陆王言"心即理"为"心学"二者相互对立，贺麟在1945年出版的《当代中国哲学》中认为，冯友兰"对陆、王学说太乏同情，斥之为形而下学，恐亦不甚平允。且与近来调和朱、陆的趋势不相协合"①，并且还认为，"讲程、朱而不能发展至陆、王，必失之支离；讲陆、王而不能回复到程、朱，必失之狂禅。冯先生只注重程、朱理气之说，而忽视程、朱心性之说，且讲程、朱而排斥陆、王，认陆、王之学为形而下之学，为有点'拖泥带水'"，因而会被人批评是"取其糟粕，去其精华"。②为此，贺麟提出要建立"程、朱、陆、王得一贯通调解的理学或心学"③。

① 贺麟《当代中国哲学》，胜利出版公司，1945年，第23页。
② 同上书，第36页。
③ 同上书，第19页。

五　余论

显然，贺麟对于朱子学的研究，较多地讲朱熹的"心与理一"，并诠释为"心即理"，实际上是从"心学"的角度讨论朱熹的本体论、格物论和朱陆异同，因而不同于冯友兰《中国哲学史》提出的朱熹言"性即理"而为"理学"、陆王言"心即理"而为"心学"二者相互对立的观点。重要的是，冯友兰《中国哲学史》之后，一直有学者从"心学"的角度阐释朱熹的学术思想。

1935 年，高名凯发表《朱子论心》，指出："朱子的性即是他所说的理，朱子的情就是他所说的气。在个体方面说，人有性、有情。在整个宇宙说，宇宙有理、有气。宇宙有'心'，这'心'就是主宰宇宙的东西，宇宙之所以能运行，宇宙间理气之所以能结合都是因为有'心'。这'心'也可以说就是整个的宇宙本身。'心'就是能够使性（理）与情（气）结合的主动力。"[1] 该文还说："他不但认人有心，即其他一切万物也有心。一切自然界中的任何东西都有心。这样说起来，朱子的心并不是在万物以外的具体的实有，朱子的心并不仅指有意识的心，却是非常明白的道理。人的心不外是宇宙之心的一个部分，万物之心也是宇宙之心的部分。既都是同一的绝对心的部分，可知人的心与一切万物的心是连接的。"[2] 认为在朱熹那里，性（理）之上还有更为根本的"主动力"，这就是"心"。

张岱年于 1937 年完成的《中国哲学大纲》赞同冯友兰《中国哲学史》的观点，指出："朱子本伊川，言性即理；象山本明道，言心即理。"[3] 对于朱熹的"心与理一"，则只是从境界论的角度予以阐释，认为朱熹以"心与理一"，即"心中天理流行"为修养之最高境界。[4] 但是，张岱年又对朱熹的心说予以充分肯定，指出："秦以后的哲学家中，

---

① 高名凯《朱子论心》，《正风半月刊》，1935 年第 1 卷第 16 期。

② 高名凯《朱子论心》（续），《正风半月刊》，1935 年第 1 卷第 18 期。

③ 张岱年《中国哲学大纲》，商务印书馆，1958 年，第 196 页。

④ 同上书，第 359 页。

论心最详者，是朱子。朱子综合张、程之思想，成立一精密周详之心说。"① 又说："朱子论心的话甚多，可总为四点：一，心之特质是知觉，乃理与气合而后有；二，心是身之主宰；三，心统性情；四，人心与道心。"② 并且还说："朱子之说，条理实甚缜密，乃张、程心说之大成。"③ 显然，张岱年虽然认为朱熹讲"性即理"为理学、陆王讲"心即理"为心学，但仍然肯定朱熹在心说上的贡献，而且甚至认为，"象山虽是心学开山，与朱子之为理学宗师相对立；但象山论心，实不若朱子之详备"④。

1945 年，张东荪发表《朱子的形而上学》，明确认为，朱熹既讲"性即理"又讲"心即理"，同时又认为，在朱熹的学术思想中，"性即理"与"心即理"是相互联系的。该文还引朱熹所言"心与理一，不是理在前面为一物，理便在心之中"，指出："心之所以能具理，只是由于性使然。须知性即理也。由理造成的性则当然可使心能与理打通。……故明心即是尽性；尽性即是穷理；穷理即是理之自己完成。说心、说性、说理乃完全是一回事。因而有'心即理'与'性即理'之言。"⑤

1948 年，钱穆发表《朱子心学略》⑥，开宗明义便说："程朱主性即理，陆王主心即理，学者遂称程朱为理学，陆王为心学，此特大较言之尔。朱子未尝外心而言理，亦未尝外心而言性，其《文集》《朱子语类》，言心者极多，并极精邃，有极近陆王者，有可以矫陆王之偏失者。不通朱子之心学，则无以明朱学之大全，亦无以见朱陆异同之真际。"既大致同意冯友兰从理学与心学对立的角度阐述朱子学，又不满意于此，而强调要从研究朱熹"心学"入手，特别研究朱熹学术思想中关于"心"与"理"的关系问题。于是，钱穆通过大量引述朱子所

---

① 张岱年《中国哲学大纲》，商务印书馆，1958 年，第 253 页。
② 同上。
③ 同上书，第 256 页。
④ 同上书，第 257 页。
⑤ 张东荪《朱子的形而上学》，《中大学报》，1945 年第 3 卷第 1～2 合期。
⑥ 钱穆《朱子心学略》，《学原》，1948 年第 2 卷第 6 期。

言，以证明朱子不外心言理，不外心言性，而且还引朱熹所说"心与理一，不是理在前面为一物。理便在心之中"，认为朱熹"明言心即理处尚多"。该文最后得出结论："我尝说，一部中国中古时期的思想史，直从隋唐天台禅宗，下迄明代末年，竟可说是一部心理学史，个个问题都着眼在人的心理学上。只有朱子，把人心分析得最细，认识得最真。一切言心学的精彩处，朱子都有；一切言心学的流弊，朱子都免。识心之深，殆无超朱子之右者。今日再四推阐，不得不承认朱子乃当时心理学界一位大师。"

由此可见，民国时期，既有冯友兰《中国哲学史》从朱熹"性即理"入手，从"理学"的角度阐释朱熹的学术思想，也有贺麟等一些学者从朱熹"心与理一"入手，从"心学"的角度阐释朱熹的学术思想。由于种种原因，今天的朱子学研究大都接受冯友兰《中国哲学史》的观点，从"理学"角度研究朱子学，而很少关注甚至轻易否定从"心学"角度的研究。然而，从学术发展的角度看，对于朱子学的研究并不是为了探究一个最终的答案，而是要通过对于朱子学不同面向的研究，在多种不同的答案中展现出朱子学的整体。从"理学"角度对于朱子学的阐述固然是一个重要方面，然而这并不是朱子学的全部；而从"心学"角度的阐述，正是对于从"理学"角度的阐述的重要补充。从这个意义上说，民国时期贺麟的朱子学研究对于当今的朱子学研究仍具有重要的学术价值。

两种道德要求的分疏和转换

——朱子的"诚""信"之别及其对当代诚信道德建设的启示

萧仕平（集美大学）

作为指称个人德行或社会道德的一个词语，"诚信"在现代话语体系中被广泛使用。不过，中国历史上的儒学家在探讨思想范畴时，"诚""信"二字通常是被分别使用的。先秦以来的许多重要的儒家人物都曾对"诚""信"有过思考，朱子更是在继承前人思想的基础上，对"诚""信"的内涵做了细致的阐释，为儒学史上对"诚""信"的探讨做了极好的总结，也为我们思考时下的诚信道德建设提供了有益的启发。

一 朱子的"诚""信"观

朱子的"诚""信"观建基于"四书"的相关思想，在认同先秦儒学"诚""信"思想的基础上，朱子进一步深化和拓展了对它们的认识。我们先看朱子的"诚"。

儒家言"诚"始自《中庸》和《孟子》，《中庸》的核心观念就是"诚"，《中庸》称：

> 诚者，天之道也，诚之者，人之道也。
>
> 天地之道，可一言而尽之，其为物不贰，则其生物不测。

在《中庸》看来，"诚"作为道德品质首先是被赋予"天"的，天"为物不贰"，亦即其自然运行时所显示出的真实无妄特点就是"诚"，"诚"是"天之道"。人未能有"诚"，故须求如天一般的"诚"，合于天道。对于《中庸》将"诚"首先赋予"天"，并要求人效仿天之

"诚"的说法，朱子非常认可，他在解答弟子对《孟子·离娄上》"诚者，天之道"的疑问时是这样描述"天之诚"的："天无有不实，寒便是寒，暑便是暑，更不待使它怎地。"①在注《中庸》时他又说："天地之道，可一言而尽，不过曰诚而已。不贰，所以诚也。"②这里，朱子不仅直接点出天"为物不贰"的特征就是"诚"，而且更进一步把"天地之道"单单归结为一个"诚"字，主张"诚"就是天的最本质特征，把"诚"提到一个无以复加的高度。

除了顺着《中庸》的原意做引申外，朱子又以自己特有的"理"思想范畴推高"诚"的地位：

诚者，真实无妄之谓，天理之本然也。③

这就是说，天的"真实无妄"就是天理的本来面貌。"诚"是天理的本性，是万物所应禀受之理。

《中庸》的本旨在于指明道德践行之途，所以在将"诚"赋予"天"后，《中庸》由天道转向人事，强调人当效仿天之"诚"，《中庸》说："诚者，不勉而中，不思而得，从容中道，圣人也。"此即言，合于天之"诚"，因此造就出"诚者"，即圣人，他们拥有"不勉而中，不思而得，从容中道"这样一种圆融透彻、无所滞碍的心灵境界。《中庸》接着说："诚之者，择善而固执之也。"就是说，圣人之外的普通人也要通过择善固执的方法去达到"诚身"，使自己思行合一，实现"诚"。这里，《中庸》实际上指出了"诚"之于人的意义：圣人已天然地拥有如天之"诚"，而凡人可通过个人修为最终达到如天之"诚"，这个"诚"使人成为拥有独特心灵境界的生命超越者。

对于《中庸》这样一条由天道转向人事的逻辑理路，朱子毫无异议，全盘继承，所以，朱子弟子总结"诚者，天之道也，诚之者，人之道也"一语时说："……圣人与天如一，即天之道；未至于圣人，必择

善，然后能实明是善；必固执，然后实得是善，此人事当然，即人之道。"在朱子看来，"择"善、明"善"和得"善"就是凡人实现如天之"诚"全过程。朱子弟子的这个解释同《中庸》的思路是一致的，故朱子称："如此见得甚善。"①认为这个说法符合己意。由此可见，也如同《中庸》，朱子认为，无论对圣人还是普通人来说，都当有如天之"诚"。

不过，作为理学家的朱子既然以"天理"言"诚"，他是不会拘泥于《中庸》之说的，对同样的结论，朱子又从"天理"论角度论证。朱子释《中庸》"诚者，天之道"时说："诚者……天理之本然。……圣人之德，浑然天理。"②答弟子问时朱子说得更明确："诚是天理之实然，更无丝毫作为，圣人之生，其禀受浑然，气质清明纯粹，全是此理，更不待修为，而自然与天为一。若其余，则须是'博学、审问、慎思、明辨、笃行'。如此不已，直待得仁义礼智与夫忠孝之道，日用本分事无非实理，然后为诚，有一毫见得与天理不相合，便于诚有一毫未至。"③这就是说，"诚"即天理，圣人所禀受的全是天理；朱子注《中庸》"唯天下至诚，为能尽其性"曰："尽其性者德无不实，故无人欲之私"④，而普通人则是"理"与"气"，"天理"被"人欲"遮蔽，"人只有个天理人欲，此胜则彼退，彼胜则此退，无中立不进退之理，凡人不进便是退"，"人之一心，天理存则人欲亡，人欲胜则天理灭"⑤。所以需要通过不断努力灭除"人欲"，去掉"气质之性"，达到如天之"诚"。总之，"诚"是"天理之本然"，圣人生来已具，凡人后天习得。不过，尽管圣凡有别，无论何种情况下，在朱子眼里，"诚"都意味着人从肉体的欲望中超拔出来，摆脱物欲之限，获得了合于天道的超越境界，达到彻底的道德自为。

我们再看朱子的"信"。

---

① 《朱子语类》，中华书局，1998年，第1567页。
② 《四书章句集注》，中华书局，1983年，第31页。
③ 《朱子语类》，中华书局，1998年，第1563页。
④ 《四书章句集注》，中华书局，1983年，第33页。
⑤ 《朱子语类》，中华书局，1998年，第224页。

　　儒家创始人孔子未直接谈到"诚"，对"信"却言之甚多。因此朱子得以缘孔子之说展开不少关于"信"的论述。

　　孔子相当重视"信"，《论语·述而》称："子以四教：文、行、忠、信。""信"为孔子"四教"的科目之一。朱子对此评论："教人之道，自外约入向里去，故先文后行，而忠信，又立行之方。"①这就是说，在孔子"文、行、忠、信"四教中，"文"在先，"行"在后，习得的"文"要转化为"行"，"忠"和"信"则是"行"的准则。可见，在朱子的理解中，人的"行"是关键，而"行"之与否又须以"信"为准则，故"信"非常重要。那么这个重要的"信"是什么呢？

　　孔子对"信"本身的解释，在《论语》中出现了三处。朱子也借对它的注解，厘清"信"的含义。

　　孔子说："信近于义，言可复也。"朱子注："信，约信也。"这就是说"信"就是要约之信。②由此可见，朱子注意到"信"涉及的是要约，是人与人的关系。孔子又说："以实之谓信。"朱子注："信是信实，表里如一。"③在答问时朱子又进一步解释："'循物无违'，即是'以实'。""'循物无违为信'，循此事物，无违其实即是。"④信是实实在在的理，遵守信实，做到表里如一，就是信。孔子还说："信者，言之有实也。"朱子注："信是言行相顾之谓。"⑤指出言说必须有根有据，不说假话空话，做到言行相符，信守承诺。综合朱子的这三处注释可见，与作为天理的"诚"的界定不同，朱子对"信"的解释更多是从人际关系的意义来理解的，他注意到的"信"存在于人与人的交往关系之中，人际交往时的表里如一、言行相顾是它的具体表现。

　　在话语上，朱子也会把"信"和天道联系起来，如，朱子弟子答"天之所命者，果为何物也"？朱子称"仁义礼智信"。⑥在这里，

①《四书章句集注》，中华书局，1983年，第99页。
② 同上书，第52页。
③ 同上书，第48页。
④《朱子语类》，中华书局，1998年，第492页。
⑤《四书章句集注》，中华书局，1983年，第49页。
⑥《朱子语类》，中华书局，1998年，第2381页。

朱子把"信"同仁、义、礼、智并列为天理，但细究起来，朱子的这种理解应当是从周敦颐等北宋理学家所延续下来的一种思想方式。北宋自周敦颐开始就把"仁义礼智信"五常与天道挂搭在一起，其后的理学家们继承了这一理论传统，朱子也莫能外之。不过，朱子固然有把"信"与仁义礼智一起归属于"天理"，但在许多场合下朱子又是把"信"同仁义礼智区隔开，只把仁义礼智看成"天理"，而不包括"信"。如朱子说："所谓天理，复是何物？仁义礼智岂不是天理？"[1]"须知天理只是仁义礼智之总名，仁义礼智便是天理之件数。"[2]这段话可以看作是朱子对自己思想的重要阐释，所以全祖望将该语纳入《宋元学案·晦翁学案》。[3]由此可见，在谈论"信"时，朱子并不特别在意是否将"信"归属于"天理"。另外，朱子弟子陈淳的《北溪字义》强调两种意义的"信"的区别："忠信之信与五常之信如何分别？五常之信以心之实理而言，忠信之信以言之实而言。"[4]这里的前一种"信"是与天道、心性联系在一起的，而后一种"信"则是人在人际交往中的品格，是经验性的。在朱子那里，"信"也是有这样两种意义的，但通观朱子所谈到的"信"，朱子常讲的恰是"忠信"之信，他注重在经验性意义上领会"信"。

二　朱子的"诚""信"与"义务的道德"和"愿望的道德"

朱子对"诚""信"有着不同的理解思路，两种不同的思路也正体现着两种互有差异的道德要求。

美国法理学家朗·富勒（Lon Luvois Fuller）认为，道德包含两个层次的内容，此即"义务的道德"（morality of duty）和"愿望的道德"（morality of aspiration），前者是社会得以维系的基本条件，它规定了人

①《朱子文集》，四川教育出版社，1996年，第3045页。
② 同上书，第1885页。
③ 黄宗羲《宋元学案》，中华书局，1986年，第1528页。
④ 陈淳《北溪字义》，中华书局，1983年，第27页。

们在社会交往中的基本义务和行为的最低底线，如果我们的行为不符合"义务的道德"，则会受到指责，因此履行"义务的道德"对我们来说是理所应当的。不同于前者，后者指"善的生活的道德、卓越的道德以及充分实现人之力量的道德"，它具体体现为人们的价值观念，精神层面的追求。^①因此，它不是人们所必须遵循的，而是许多普通人很难实现的道德要求。总之，"义务的道德"规定着人们在社会交往中的基本义务，而"愿望的道德"不是人际交往中的规范，它强调的只是个人的精神超越。所以富勒干脆简捷地把两种道德要求看作是道德的两端，他说，道德的"最低点是社会生活的最明显的要求，向上逐渐延伸到人类愿望所能企及的最高境界"^②。

借助富勒对两种道德的分疏，我们来领会朱子的"诚"和"信"。首先就朱子的"信"看。

上文言及，在谈论"信"时，朱子并不刻意将"信"归属于"天理"，他注重的是"信"自身的经验性意义，借助对《论语》的注释，朱子将"信"看成是人际交往时的表里如一，言行相顾。不同于"愿望的道德"，"义务的道德"着眼的是人际交往中的规范，它规定着人际交往中的义务，朱子的这个"信"正是如此，《论语·为政》中孔子曾说："人而无信，不知其可也。大车无輗，小车无軏，其何以行之哉？"朱子借注释指出：

车无此两者，则不可行，人而无信，亦犹是也。

朱子答弟子时说得更明确：

若人无信，则语言无实，何处行得？处家则不可行家，处乡党则不可以行于乡党。^③

这就是说，对普通人来说，"信"是须臾不能脱离的。朱子注《论语》"民无信不立"时说：

①〔美〕朗·L.富勒《法律的道德性》，郑戈译，商务印书馆，2005年，第8页。
② 同上书，第12页。
③《朱子语类》，中华书局，1998年，第595页。

无信则虽生而无以自立，不若死之为安，故宁死而不失信于民，使民亦宁死而不失信于我也。①

这就是说，就主体而言，从常人的处世立身到统治者治理社会都需要依靠"信"，"信"是社会应普遍遵守的人际规范；就社会价值和意义而言，人际的协调、社会的维系是离不开"信"的，只有借助社会上下层面、同一层面内部之间成员的互信，社会才能得以正常运转，要之，朱子把"信"看成社会得以维系的基本条件，恪守"信"是对每一个人提出的道德义务。对照富勒的分疏，可以说，朱子的"信"给人们提出的是一种"义务的道德"。

再看朱子的"诚"。

朱子首先循序着《中庸》的思路，认定人之"诚"作为德性有着存在于人之外的形而上源头，人应该对之加以体悟从而确立自我之"诚"，从而实现生命超越。其后，朱子又从理学立场出发，视"诚"为"天理之本然"，要求人们去除"气质之性"，从肉体的欲望中超拔出来，摆脱物欲之限，从而合于天道的超越境界，达到彻底的道德自为。朱子在谈到这个"诚"时并不考虑人与人、人与社会的外在秩序的维持，"有一毫见得与天理不相同，便于诚有一毫未至"。而是要求人们通过对天道的体悟，去实现生命超越，获得理想境界。对照富勒的分疏，愿望的道德是"人类愿望所能企及的最高境界"，可以说，朱子这样的"诚"无疑相当于富勒的"愿望的道德"了。

三　朱子的"诚""信"观对当前诚信建设的启示

立足于分别"义务的道德"和"愿望的道德"的研究范式，审视朱子对"诚""信"的观点，有助于我们思考当前诚信建设的问题。

第一，"义务的道德"提示我们应以公共法规进行诚信制度的建设，确保人们达到朱子所谓"凡事都著信"之境。

①《四书章句集注》，中华书局，1983年，第253页。

前文言及，朱子注重"信"，认为人际的协调、社会的维系离不开"信"，《朱子语类》曾记：

> （朱子）曰："无信，如何做事。如朝更夕改，虽商鞅之徒亦不可为政……。"
>
> 木之："如此，凡事都著信，不止与节用相系属。"
>
> 曰："固是。"①

这里的"凡事都著信"的说法非常简洁，概括地表达出了朱子对整个社会从上到下都恪守"信"这种局面的期待。的确，作为一种"义务的道德"，"信"是社会成员的基本义务和最低要求，需要人人遵守。但如何确保社会成员履行"信"这基本社会义务，实现全社会的诚信呢？

通观朱子的文句，对如何做到"信"，朱子从"体信"和"言行相顾"两个方面做过细致而深刻的阐发②，不过，总的来说，朱子的这些认识基本上还局限在个体的道德修养范围内，缺乏伦理社会学的宏观视野。应该承认，对当代的诚信建设来说，朱子的这些认识是具有启发性的，当前为实现全社会诚信，确实离不开个体对"信"的培育，但确保个体的"信"并不能决定他人有"信"与否，因此也未必能造成诚信社会的全面建立。事实上，如果我们以伦理社会学的宏观视野出发，思考在现实社会系统之下如何保障"信"的真正有效贯彻，这对确保人们"凡事都著信"倒更为重要。而在这一点上，"信"作为"义务的道德"这样一种道德要求恰恰能带给我们深刻的启发。

就现实看，不同于朱子所处的时代，目前我们处在传统社会向现代社会转型的时期，当前的诚信道德建设也正立足于这一背景。自然经济条件下的传统社会属于乡土社会，乡土社会的伦理停留在君臣、父子、兄弟、夫妇、朋友五伦关系上，除了君臣一伦外，父子、兄弟、夫妇、朋友四伦都属于亲人、熟人的圈子。按费孝通先生的观点，乡土社会以熟人为交往对象，是"'熟悉'的社会"，是"没有陌生人的

---

① 《朱子语类》，中华书局，1998 年，第 496 页。
② 王玲莉《朱子论"信"》，《燕山大学学报》，2005 年第 2 期。

社会"①。这样的社会里，任何关系的处理离不开人情，费孝通先生说，乡土社会下的"道德和法律，都因之得看所施的对象和'自己'的关系而加以程度上的伸缩。……因为在这样的社会中，一切普遍的标准并不发生作用，一定要问清了，对象是谁，和自己是什么关系之后，才能决定拿什么标准"②。如果以"诚信"道德的视角看，乡土社会的"信"是建基于亲缘、地缘关系上的，信用的范围局限于亲戚、朋友、熟人之间，因为超过亲戚、朋友、熟人之外的交往并非经常，所以，在陌生人之间也谈不上人情，"信"不针对超于亲友、熟人范围外的陌生人。可以说，在传统社会背景下，是人情，更进一步说是人情背后的人们之间交往的经常性和无选择性保障着人际之间的"信"。

现代社会是一个开放的社会，这样的社会里，市场经济通过市场交易打破了家庭、朋友、熟人的藩篱，创生出不属于任何人的却又属于所有人的公共领域，与以往乡土社会不同，"凡人对于社会之义务，绝不徒在相知之朋友而已"③。乡土社会具有的支撑"信"的基础不存在了，但在当今时代，乡土社会遗留下来的集体无意识仍残留在不少人身上，对他们来说，"信"依然随亲疏不同而有别，由此会看到近年来在商业上、行政上乃至社会生活等各方面发生了种种触目惊心的不诚信现象，那么，如何改变这种状况，发展出足以支持现代开放社会的诚信贯彻的一套机制呢？

富勒提到的"义务的道德"是维持人与人、人与社会的外在秩序的道德，它基于社会秩序维护向人们提出了起码不应该做什么的要求，正如朱子所谓"若人无信，则语言无实，何处行得？"④这意味着"义务的道德"作为规范，对人具有普遍的适宜性，其自身又有一定程度的强制性和惩罚性，"义务的道德"具备法律化的充分条件。无论在现代社会还是在传统社会，"信"所面对和解决的都是人际间的问题，不

---

① 费孝通《乡土中国》，北京大学出版社，1998年，第9页。
② 同上。
③ 梁启超《新民说》，中州古籍出版社，1998年，第62页。
④《朱子语类》，中华书局，1998年，第595页。

同的只是，两种社会下，人们经常面临的人际关系是不同的，在传统社会下，人际的"信"依靠存在于人情背后的人们之间交往的经常性和无选择性加以保障，"信"的要求没有、也不必要被赋予法律的形式加以确定，但在人际交往多元化、广泛化的今天，我们则可以利用"信"作为"义务的道德"所具有的类法律的性质，以当事人之间的协议缔结代替"人格担保"；以法律、法规的清晰厘定代替世故规矩，从而通过法律法规将人际之间的承诺、守诺置于法的约束之中，通过公共法规，以法律义务的确立和法律责任的承担为材料浇筑社会"信用"大厦的社会基石。要言之，"义务的道德"提示应依靠公共法规进行社会的诚信制度建设，实现朱子所希冀的人们"凡事都著信"。

第二，"愿望的道德"提示我们回味朱子"'诚之者，人之道也'，便是信"，借助信仰力量夯实个体的诚信道德的基础。

谈到"义务的道德"，富勒认为，这种道德所谴责的行为一般来说就是法律所禁止或应当禁止的行为。不同之处仅在于，法律在禁止这些行为时应区别行为本身的严重程度和危害大小。例如，道德和法律都禁止赌博，在道德方面，区别大赌和小赌意义不大；在法律方面，则区分小赌和大赌。这样一来，法律和道德似乎已经画上了等号，它们面对的问题在质的方面是相同的，所不同的只是量。

将信用施行于开放社会中的不特定人，对传统社会诚信道德做适于现代开放社会的转换，我们固然可以通过法律道德化的方法，辅信用伦理以制度建设，不过，问题在于，正如富勒所察觉的那样，随着法制的发展和完善，"义务的道德"与法律的重叠部分会愈益增多，它们两者之间的界限随之变得模糊。在这种情形之下，恪守信用作为显现出来的特定现象事实，就可能出自不同当事人的不同思想动机——既可能是源自对信用道德的心悦诚服，也可能是出于慑于法律的他律，它们引起的结果是一致的，但一个是道德作为，一个是守法行为。守法虽然也带来了对信用的维护，问题在于，法律的完备性永远只是一种趋向，法律的滞后性使法律总有不能照顾之处，光靠法律的慑服，信用还是无法保证的。对这一问题该如何解决呢？以"愿望的道德"这一道德要求为视角领会朱子的相关见解值得我们回味。

前文言及，按照"义务的道德"和"愿望的道德"的不同区分，朱子的"诚"是一种"愿望的道德"，朱子将"诚"视为天理，认为圣人天然禀受天理，普通人通过细致的格物致知工夫达到"日用本分事无非实理"，从而回复天理。经过此番功夫，朱子认为，普通人也同样合于天道，摆脱物欲之限，达到了彻底的道德自为。这也就是说，有了这种如天之"诚"，人便从肉体的欲望中超拔出来，获至超越的境界，实现了"愿望的道德"。在朱子等古代心性学派的儒者看来，这种达于"天理"的超越的境界为人们构筑了安身立命之所，也赋予了人们道德履行的自觉性。联系到构建信用伦理的问题上看，"信"作为一种"义务的道德"，我们同样可以借助"愿望的道德"的树立来夯实其基础，朱子说：

"诚之者，人之道也"，便是信。①

此语即表明，朱子一方面分别"诚"和"信"之后，另一方面又对两者加以连接，他认为，"信"是"诚"这个本体世界向人伦日用的实践层面的转化与落实。一个人有了对超越的天理的自觉，"信"就自然流溢而出，也就是说，有了"诚"，自然就有了履行"信"的道德自觉性，"信"是内在之"诚"的必然实现。

当代人受过科学教育，然科学教育并不必然使人具备对精神世界的向往和超越的情怀。前文言及，人与人之间的诚信不能系于法之约束，而无信仰者泛工具化地权衡利益，这当然使其无从获得足以支持自己道德践履的精神内力，诚信原则的自觉奉行对他们来说乃无从谈起。朱子断定"'诚之者，人之道也'，便是信"，如果褪去朱子"诚"的天理论外衣，朱子连接"诚"和"信"的思想理路实际上告诉我们，超越物质的精神信仰是造就"信"的不竭源泉。基于此，当前推

---

① 《朱子语类》，中华书局，1998 年，第 103 页。

进信用伦理的建设需要有一项基础性工作,这就是,珍视富含人文精神内涵的传统中外文化,倡导和引领人们"仰望星空",在私人空间建立安身立命的精神信仰,体会心灵境界,使人具有内在之"诚",进而为建立诚信提供精神之源。由内心之"诚"达到外在之"信",实现内"诚"外"信"。

儒家实践智慧的礼学演绎

——论朱子的礼学实践观[①]

冯兵（华侨大学）

一　朱子对礼的实践性的认识

陈来先生指出："中国哲学的传统非常重视实践智慧，可以说，实践智慧一直是中国哲学的主体和核心。儒家自孔子以来，更是强调哲学作为实践智慧的意义。"[②] 而儒家的礼学则可以说是其实践智慧的集中凝练与体现。礼起源于中国上古先民的日常生产与生活实践，同时也在后世的日常生活中逐步得到发展与革新。[③] 因此，礼本身就是一种实践性很强的专门之学，[④] 其在不同时代的实践即构成了我国礼学发展史的主要内容之一。朱熹不仅是北宋以来理学的集大成者，也是两宋经学尤其是礼经学领域的翘楚，在礼学发展史上占有重要的地位。他对礼的实践性特质同样有着深刻的认识，从他在《论语集注》中对《论语·述而》"子所雅言，诗、书、执礼，皆雅言也"一句的注释即可看出。朱熹对其注曰："雅，常也。执，守也。诗以理情性，书以道政事，礼以谨节文，皆切于日用之实，故常言之。礼独言执者，以人所执守而言，

---

① 本文系福建省 2014 年度新世纪高校优秀人才支持计划项目及教育部哲学社会科学重大课题攻关项目"百年朱子学研究精华集成"（项目编号：12JZD007）的阶段性成果。
② 陈来《论儒家的实践智慧》，《哲学研究》，2014 年第 8 期。
③ 冯兵《生存智慧、人文理性与中和精神——中国礼乐起源与发展的内在理路》，《学术月刊》，2010 年第 2 期。
④ 如《礼记·经解》在谈及礼的功能时说："以奉宗庙，则敬；以入朝廷，则贵贱有位；以处室家，则父子亲，兄弟和；以处乡里，则长幼有序。""奉""入""处"等字词便形象地描绘出了礼的实践与运用情况，同时也说明，实践性是礼成之为礼的基本属性。此外，《论语·学而》中说："礼之用，和为贵"，《礼记·燕义》道："和宁，礼之用也"，一个"用"字，亦充分证明礼的实践性特质，等等。

非徒诵说而已也。"① 他认为，诗、书与礼都"切于日用之实"，即与实践紧密相关。其中唯有礼强调"执"，则是因为礼尤重实践，而非仅仅是讲说，这便敏锐地指出了礼与其他诸经的区别所在。因此，他强调说："礼者，履也。谓昔之诵而说者，至是可践而履也。"又道："所谓礼之实者，皆践而履之矣。"② 由此可见，在朱熹那里，礼的实践性实为礼的根本特征之一，礼是诗、书等诸经之微言大义在日常生活中的贯彻与实践。

与此同时，朱熹也以儒家的实践工夫作为儒学与佛老之学的区别之一，并以之为针对二氏的主要批判武器。而这一实践工夫的核心便是礼。如他曾批评佛教的"克己"之说道："所以不可行者，却无'复礼'一段事。既克己，若不复礼，如何得？"③ 但随着时间的推移，许多理学家一方面抵拒佛老之学，另一方面却又出于受到佛老潜移默化的影响等因素而导致"接着出现的问题是，抽象的天理得到强调，但却忽视了作为理的具体外化与落实的礼文，失去了下学的功夫，这样也就无法真正与佛道划清界限"（牟坚）。即使是朱熹至为推崇的二程（尤其是程颢），也难免有这方面的问题。朱熹曾指出："明道谓：'克己则私心去，自能复礼；虽不学文，而礼意已得。'如此等语，也说忒高了。孔子说'克己复礼'，便都是实。"④ 朱熹强调，孔子的"克己复礼"重在落于实处，将高妙之理贯通于具体的礼文的实践，即"下学"的工夫。程颢之说强调"自能复礼"，"不学文"而自得"礼意"，相对忽略了"下学"实践的重要性，当然不能令朱熹满意。而他对二程的弟子如谢良佐、范祖禹、游酢、杨时等人更是于此多有批评，如曰："大抵谢与范，只管就见处，却不若行上做功夫。只管扛，扛得大，下稍直是没着处"，⑤ 认为他们只顾讲论与求索"上达"之"理"，缺乏贯通上达与下学的践履精神。因此，"只说理，却空去。这个礼，是那天理

---

① 《朱子全书》第 6 册，上海古籍出版社、安徽教育出版社，2002 年，第 125 页。
② 《朱子全书》第 24 册，上海古籍出版社、安徽教育出版社，2002 年，第 3585 页。
③ 《朱子全书》第 15 册，上海古籍出版社、安徽教育出版社，2002 年，第 1460 页。
④ 同上书，第 1453 页。
⑤ 同上书，第 1476 页。

节文，教人有准则处"①。强调必须认真践行"克己复礼"，注重礼在实践中的"准则"作用。

在淳熙二年（1175）的鹅湖之会上，朱熹与陆九渊兄弟就"道问学"与"尊德性"的为教与为学路径展开论辩。据陆九渊门人记载："鹅湖之会，论及教人。元晦之意，欲令人泛观博览，而后归之约。二陆之意，欲先发明人之本心，而后使之博览。"②陆九渊认为"圣人教人，只是就人日用处开端"③。强调于日常实践中"切己自反，改过迁善"④，故以朱熹的为教与为学乃"支离事业"，有流于空谈而轻忽道德践履之嫌。朱熹则认为陆氏兄弟的主张过于"易简"，"似闻有脱略文字、直趋本根之意"⑤，会导致为学者疏于学问、不求穷尽义理之微，恐沦入佛禅。但朱熹此后也由陆九渊的批评对自己的教学主张做了反思，他在与学者论学时说道："陆子静专以尊德性诲人，故游其门者多践履之士，然于道问学处欠了。某教人岂不是道问学处多了些子？故游某之门者践履多不及之。"⑥因此，朱熹中年以后分外强调礼的"下学"实践工夫，并"于经学中，于礼特所重视"⑦，且对前贤与时人于此处多有批评，这除了朱熹对儒家礼学一以贯之的实践精神与实践智慧的抉发之外，恐怕也是受到了陆九渊重视日常践履的思想的影响。

二 "因人之情"：朱子礼学实践的情感原则

人类生活中的情感因素是礼乐得以产生和发展的前提，如《礼记·乐记》道"乐统同，礼辨异，礼乐之说，管乎人情矣"，《礼记·坊记》也说"礼者，因人之情而为之节文，以为民坊者也"，等等，

---

① 《朱子全书》第 15 册，上海古籍出版社、安徽教育出版社，2002 年，第 1454 页。
② 《陆九渊集》，中华书局，1980 年，第 491 页。
③ 同上书，第 432 页。
④ 同上书，第 400 页。
⑤ 《朱子全书》第 22 册，上海古籍出版社、安徽教育出版社，2002 年，第 2190 页。
⑥ 《陆九渊集》，中华书局，1980 年，第 400 页。
⑦ 钱穆《朱子新学案》第 4 册，三民书局，1971 年，第 112 页。

都说明礼乐的产生有很大一部分都是源于对人类情感表达的合理引导与控制的需要。而在礼之于人类生活实践的过程中，作为实践主体的人的情感同时也是影响礼之实践的重要因素。朱熹与其弟子吕焘有过一段讨论，就谈及了情感作为"人心之用"对于礼的实践的影响：

> 问："'林放问礼之本'一章，某看来，奢、易是务饰于外，俭、质是由中。"曰："也如此说不得。天下事，那一件不由心做。但俭、戚底发未尽，在奢、易底发过去了，然都由心发。譬之于花，只是一个花心，却有开而未全开底，有开而将离披底。那俭、质底便犹花之未全开，奢、易底便犹花之离披者。且如人之居丧，其初岂无些哀心，外面装点得来过当，便埋没了那哀心。人之行礼，其初岂无些恭敬之心，亦缘他装点得来过当，便埋没了那恭敬之心……"①

《论语·八佾》里，林放问礼之本，孔子赞曰："大哉问！礼，与其奢也，宁俭；丧，与其易也，宁戚。"朱熹对这一段格外重视，从他与其弟子繁复的相关讨论即可看出。而在上述对话中，对照朱熹的论说，我们可以将吕焘的观点理解为：俭、戚作为礼之本，显然是由人心所发，然后体现于礼的实践；而奢、易则是"务饰于外"，只是人的外部行为，并非人心的发显。朱熹却指出吕焘的说法有问题——"天下事哪一件不由心做？"认为在礼的实践中人所体现出的或俭、戚，或奢、易的态度均源于"心"，即"人心之用"，亦即"情"，只是如同花开的样态而有着"未全开"与"离披"的不同。当他讨论人于居丧行礼活动中的"哀心"与"恭敬之心"，在"心"之前加上"哀""恭敬"等表示情感的形容词时，则更是一种对人的情感状态的直接表述。

朱熹认为人的主观情感在礼的日常践履中有着重要的依据作用，尤其是在古礼今用时，"人情"更是一个主导性因素。如他指出："某尝说，古者之礼，今只是存他一个大概，令勿散失，使人知其意义，要之，必不可尽行。如始丧一段，必若欲尽行，则必无哀戚哭泣之情。

① 《朱子全书》第14册，上海古籍出版社、安徽教育出版社，2002年，第886页。

何者？方哀苦荒迷之际，有何心情——如古礼之繁细委曲。"①他主张古礼只可行个大概，不能尽行，主要是因为古礼繁缛，如若完全依其礼仪规范行事，则人内心的真实情感就难以完整表达。特别是人在初临亲人离世这一人生大变故时必然"哀苦荒迷"，悲伤到极致，正常情况下很难一一按照古礼的规定行事。所以，他强调礼的施行最重要的是使得情感得以完整与合理地表达出来，"但使哀戚之情尽耳"②，而不仅仅是关注礼的外在形式。其中不只礼仪是如此，礼器的设计与使用也同样如此："礼器出人情，亦是人情用"③，便是这个道理。

然而，朱熹又说："感于物者心也，其动者情也，情根乎性而宰乎心，心为之宰，则其动也无不中节矣。"④情为心之发动，而心则为情的主宰，他此处的"心"似乎主要是指认知、思辨之心，"心为之宰"强调的是道德理性对于情感的控制。针对心与性、情的关系，朱熹曾有过详尽的解说，如曰："性者，心之理也；情者，心之用也；心者，性情之主也。"⑤陈来解释朱熹"性为心之理"的观点道："性之为理不仅在于它是心所禀受的一种实体（天地之理），而且在于性就是人的内心原则、本质和规律。"⑥由此看来，性是人心的"原则、本质和规律"，情显然就是其外在表现与运用。朱熹道："及其发而用，则仁者为恻隐，义者为羞恶，礼者为恭敬，智者为是非。随事发见，各有苗脉，不相淆乱，所谓情也。"⑦情作为性的发用，按照朱熹的说法自然是井然有序的，但这只是一种理想的境界，现实生活中的情感表现有时是无序的，无序则有害于情感的正常表达，这又正是礼得以产生和发展的主要动因。如《礼记·问丧》就说："礼义之经也，非从天降也，非从地出也，人情而已矣。"礼以替人类合理安排情感的表达方式为首要功能，因此，

---

① 《朱子全书》第 17 册，上海古籍出版社、安徽教育出版社，2002 年，第 3013 页。
② 《朱子全书》第 14 册，上海古籍出版社、安徽教育出版社，2002 年，第 3014 页。
③ 同上书，第 2962 页。
④ 《朱子全书》第 21 册，上海古籍出版社、安徽教育出版社，2002 年，第 1395 页。
⑤ 《朱子全书》第 23 册，上海古籍出版社、安徽教育出版社，2002 年，第 3254 页。
⑥ 陈来《朱子哲学研究》，华东师范大学出版社，2000 年，第 185 页。
⑦ 《朱子全书》第 24 册，上海古籍出版社、安徽教育出版社，2002 年，第 3589 页。

礼的实践也就以此为重要的标准和原则。这样一种标准和原则，我们或可称之为"情感原则"，它是指在礼的实践中充分尊重和重视人的主观情感与心理体验，同时又以道德理性引导和规范人之情感的实践原则。

具体而言，朱熹关于礼之实践的情感原则主要有以下几点。

（一）"敬"

"敬"作为一种重要的道德心理与道德情感元素，被朱熹视为礼之实践的主要伦理与心理原则之一。朱熹的门人叶贺孙曾问祭礼的实践问题，道："祭礼，古今事体不同，行之多窒碍，如何？"朱熹便答曰："有何难行？但以诚敬为主，其它仪则，随家丰约……"①叶贺孙强调，随着时代的变迁，古礼已难以尽用于今。朱熹则指出，祭礼的实践以"敬"为主，只要心存"诚敬"，具体仪则可以依照家庭的贫富情况量力而行。他并以北宋司马光的《书仪》为例，认为对于贫苦家庭而言，自无可能先行建造如《书仪》所载之堂室等处所后再来行礼，这就说明了礼的实践主要取决于主体情感与态度的"敬"，而非尽在外在的仪节形式。

又如朱熹在《家礼序》中所言："凡礼有本有文。自其施于家者言之，则名分之守、爱敬之实，其本也；冠昏丧祭仪章度数者，其文也。……大抵谨名分、崇敬爱以为之本，至其施行之际，则又略浮文、务本实，以窃自附于孔子从先进之遗意。"②孔子对于"正名"十分重视，认为其乃治理民众和国家的根本大法。朱熹在制定《家礼》时，便也强调"正名"对于理家的重要意义，以使家庭内部的等秩伦常然有序。"敬爱"则是协调人际关系，让"名分之守"不至于因为太过生硬而造成亲人之间感情的疏远，从而使得家人融洽和睦的礼仪实践的基本情感原则。并且他还特别要求"略浮文、务本实"，告诫人们在具体实践中必须认真把握礼的文、质关系，不得因礼之"浮文"而忽略了其"崇敬爱"的重人情之"本实"。

---

① 《朱子全书》第 23 册，上海古籍出版社、安徽教育出版社，2002 年，第 3048 页。
② 《朱子全书》第 7 册，上海古籍出版社、安徽教育出版社，2002 年，第 873 页。

可见，无论是祭礼中的"诚敬"还是日常人际交往礼仪中的"爱敬"，其核心都在于"敬"，"敬"构成了朱熹礼学实践的情感原则的核心要素。

（二）"礼宜从厚"

"礼宜从厚"是朱熹在日常讲论与实践礼的过程中，面对一时无法考证其源流而难以决断是非的具体仪则时，依据礼"出于人情"的发生论所提出来的实践原则。它充分展现出了朱熹的礼学实践观中所蕴含的充满温情与善意的情感因素，是另一种典型的情感原则。如弟子叶贺孙问"改葬，缌"之礼道："'改葬，缌。'郑玄以为终缌之月数而除服，王肃以为葬毕便除，如何？"朱熹答曰："如今不可考。礼宜从厚，当如郑氏。"[①]"缌"指缌麻，乃五种丧服（斩衰、齐衰、大功、小功、缌麻）中最低的一等，服期三个月，本为族曾祖父母、族祖父母、族父母、族兄弟，以及妻之父母、舅、甥、婿等外亲所服。所谓"改葬，缌"，原文出自《礼记·丧服》，是指为已故亲人改葬之后所服之丧。郑玄为之做了详细的注解："谓坟墓以他故崩坏，将亡失尸柩也。言改葬者，明棺物毁败，改设之，如葬时也。其奠如大敛，从庙之庙，从墓之墓，礼宜同也。服缌者，臣为君也，子为父也，妻为夫也。必服缌者，亲见尸柩，不可以无服，缌三月而除之。"[②]改葬的情况发生于坟墓因自然力等原因而崩坏之时，[③]按郑玄所说，此时必须为死者服缌的有三种情况：臣为君，子为父，妻为夫，而且需要服满三个月。但魏晋学者王肃却认为改葬之礼毕即可除缌服。针对前代学者间的上述分歧，叶贺孙有些无所适从。朱熹在难以准确考证双方论据的情况下，便强调"礼宜从厚"的情感原则，坚持以郑说为准。

从朱熹上述以情释礼的解经与实践的方法论来看，在丧祭礼的制定和施行中采取"从厚"的原则，不仅可以更充分地表达在世亲人对

① 《朱子全书》第17册，上海古籍出版社、安徽教育出版社，2002年，第2097页。
② 《仪礼注疏》卷三十四，第643页。
③ 如贾公彦说："云他故者，谓若遭水潦漂荡之等，坟墓崩坏，将亡失尸柩，故须别处改葬也。"（《仪礼注疏》卷三十四，第643页）

死者的悼念哀思之情，而且对已故亲人的神魂也有着更好的慰藉作用。这就体现出了一种温厚朴质的情感伦理。当然，朱熹"礼宜从厚"的主张也并非没有节制，而是必须"无嫌于僭"，只能在礼制所允许的范围内进行，不得违背礼义。如李继善在书信中指出，《礼记·檀弓》说在举行祔祭之后只须于每天的早、晚两个时段哭祭，并行朔奠之礼；而张载认为三年丧期之内都不能撤除祭奠用的供桌，因此有每日祭的要求；司马光则主张三年中每日早晚都应当行馈食礼。张载与司马光的看法均与礼经不相吻合，故而李继善问朱熹该如何处置。朱熹回信说："此等处，今世见行之礼，不害其为厚，而又无嫌于僭，且当从之。"[①]他认为两者所言都是当今比较通行的礼制，只要不妨害"礼宜从厚"的原则，又没有僭越礼制的嫌疑，姑且遵照施行，并无不妥。虽说疑经惑传之风在两宋经学中较为盛行，朱熹"礼宜从厚"的情感原则的提出也与这一学术背景不无关系，但由此例可见，至少对朱熹而言，其中还是有一个基本的底线，那就是"无嫌于僭"，不得违背礼经一以贯之的基本精神。

三 "经权相济"：朱子礼学实践的辩证智慧

"敬"与"礼宜从厚"等是朱熹在礼的实践中提出来的情感原则，其对于礼的实践主体之情感与心理体验的尊重和重视，体现了朱子礼学实践观强烈的道德属性。而针对礼的具体实践，朱熹又提出了"经权相济"的辩证法则，亦展现出了较高的理论思辨水平。经、权作为一组相对待而生的概念，往往是并列出现的。综合朱熹对经、权之含义及关系的阐述，我们大致可以归纳如下。

首先，经是大经大法，为事物之生灭运行的根本规律——"常行道理"的恒常体现；而权则是对"道"在某些复杂的"精微曲折处"（如"嫂溺，援之以手"等）做出的变通和补充，并非常态，但二者均

①《朱子全书》第 23 册，上海古籍出版社、安徽教育出版社，2002 年，第 3048 页。

为"道"在日常实践中的运用。如他说："经者，道之常也；权者，道之变也。道是个统体，贯乎经与权。"①又道："盖经者只是存得个大法，正当底道理而已。至精微曲折处，固非经之所能尽也。所谓权者，于精微曲折处曲尽其宜，以济经之所不及耳。"②便是如此。

其次，经与权既"自是两物"，又"相干涉"，体现为一种辩证关系。朱熹说："若说权自权，经自经，不相干涉，固不可。若说事须用权，经须权而行，权只是经，则权与经又全无分别。观孔子曰'可与立，未可与权'，孟子曰'嫂溺援之以手'，则权与经须有异处。虽有异，而权实不离乎经也。"③朱熹认为，经、权是紧密联系在一起的，"权实不离乎经也"。但二者之间又必须"有个界分"，因为权毕竟只是偶一为之，并非经的所有实践运用都须借助于权才行，因此，"伊川所谓'权便是经'，亦少分别"④。

朱熹强调经、权不相离，经为纲，权为经之变，同时也是对经在实践中的补充，其实质就正是一种"经权相济"的思想。尽管朱熹并没有明确提出"经权相济"一说，然元代学者郑玉道："呜呼！圣人既为经以定天下之常，复为权以尽天下之变，于是经权相济，若体用然，而天下事无不可为者矣。"⑤郑玉十分尊崇朱学，⑥在此他不仅明确提出了"经权相济"的概念，而且指出经、权为一种体用关系，可谓深得朱熹之遗意。但在具体的礼的实践中，朱熹"经权相济"的思想又是如何体现的呢？笔者认为它主要体现在"中"与"时"两个方面。

（一）"中"

在《孟子·离娄章句上》中，孟子针对淳于髡"嫂溺，则援之以手乎"做了精妙的回答："男女授受不亲，礼也；嫂溺，援之以手者，权

---

① 《朱子全书》第15册，上海古籍出版社、安徽教育出版社，2002年，第1378页。
② 《朱子全书》第23册，上海古籍出版社、安徽教育出版社，2002年，第1381页。
③ 同上。
④ 同上书，第1378页。
⑤ 《师山集》卷二，第9页。
⑥ 如陈荣捷道："至若郑玉之尊朱，尤为明确。"陈荣捷《朱学论集》，华东师范大学出版社，2007年，第212页。

也。"朱熹对此一句中的经权之辨十分重视,曾在多种场合予以反复讨论。在《孟子集注》中,他对"权"的解释则很明确地提及了"中"之于礼学经权之辨的关键性地位:"权,称锤也,称物轻重而往来以取中者也。权而得中,是乃礼也。"① 朱熹于此强调"权而得中"便是礼之经。那么,何谓"中"?他解释说:"中者,不偏不倚,无过不及之名。"② "中"强调的是事物的发展不仅完全合乎规律,而且恰到好处,处于最理想的状态。在中国传统哲学里,"中"的实质主要乃是一种高妙的思辨与实践智慧,同时也是一种至高的道德境界,"中庸"与"中和"是其集中体现。"中庸"一词最早出现于《论语·雍也》:"子曰:中庸之为德也,其至矣乎!民鲜久矣。"但孔子对于中庸之道的直接论述并不多,到了子思,其《中庸》一篇则对孔子的"中庸"说做了系统发挥,然其核心思想却是"中和":"喜怒哀乐之未发谓之中,发而皆中节谓之和。中也者,天下之大本也;和也者,天下之达道也。致中和,天地位焉,万物育焉。""中庸"与"中和"同源于"中",但两者之间仍有着区别:前者更多的是倾向为一种方法论的认识,常被人们作为思辨与实践智慧运用于具体实践之中;后者更侧重为一种理想的道德境界,它是由个体的情感与行为的中正和谐推衍至人类社会与自然万物间的合理与有序的合伦理状态。

朱熹对此有着深刻认识,他对"中庸"与"中和"的区别与联系做了细致的分疏:"以性情言之,谓之中和;以礼义言之,谓之中庸:其实一也。以中对和而言,则中者体,和者用,此是指已发、未发而言。以中对庸而言,则又折转来,庸是体,中是用。如伊川云'中者,天下之正道;庸者,天下之定理'是也。此'中'却是'时中''执中'之中。以中和对中庸而言,则中和又是体,中庸又是用。"③ 按朱熹的说法,对于个体而言,"中和"主人之性情,"中庸"则关涉礼义,

---

① 《朱子全书》第 6 册,上海古籍出版社、安徽教育出版社,2002 年,第 346 页。
② 同上书,第 32 页。
③ 《朱子全书》第 16 册,上海古籍出版社、安徽教育出版社,2002 年,第 2056 页。

二者本为一物，即都是"中"的运用，只是所涉层面和范围不同。而"中和"与"中庸"之间又是体用关系，"中和"谓人之性情的实质，"中庸"乃礼义（在朱熹处亦即天理）在生活中的具体实践，二者的体用关系也就体现出了朱熹礼学实践观中作为道德实践主体的人的道德品性与情感的本体意义。同时，也正由于这一层体用关系的认识，在礼的实践原则的讨论中，朱熹所常言之"礼贵得中"之"中"就多是指"中庸"。① 而《礼记·丧服四制》说："贤者不得过，不肖者不得不及，此丧之中庸也。"可见"中庸"作为礼的实践原则，在早期礼学中就已得到了明确运用。到了朱熹这里，则对之做了进一步的肯定和理学化的形上升华。

如他对"中庸之中"的"已发""未发"问题的解释便是如此：

> 至之问："'中'含二义：有未发之中，有随时之中。"曰："《中庸》一书，本只是说随时之中。然本其所以有此随时之中，缘是有那未发之中，后面方说'时中'去。"

> "中庸"之"中"，本是无过无不及之中，大旨在时中上。若推其中，则自喜怒哀乐未发之中，而为"时中"之中。未发之中是体，"时中"之中是用。中字兼中、和言之。②

朱熹的"已发""未发"其实质乃是一种直觉式的心理体验，描述的是道德心理的不同阶段或状态。陈来曾指出："理学家因出入于佛教禅宗，也注意到这一心理体验，然而与佛教不同，他们企图把这种内心体验作为提高人的品格境界和心性修养的手段。"③ 而"按照朱熹己丑反复综合程颐各种说法所得的理解，'已发'是指思虑已萌，'未发'是指思虑未萌"④。因此，对于中庸之"中"而言，朱熹将之分为"未发之中"和"时中之中"，"时中之中"显然便是"已发之中"了。而前者是体，

---

① 换言之，朱熹对礼乐的哲学内涵及形上学依据的讨论，显然就是以"中和"为主，而非"中庸"。
②《朱子全书》第 16 册，上海古籍出版社、安徽教育出版社，2002 年，第 2004～2005 页。
③ 陈来《朱子哲学研究》，华东师范大学出版社，2000 年，第 158 页。
④ 同上书，第 175 页。

后者是用，由"未发之中"生发出"时中之中"。他讲"中字兼中和言之"，"中和"当是指"未发之中"，"中庸"更多的时候则落脚于"时中之中"，"大旨在时中上"。所以，朱熹主张"礼贵得中"，"中"作为礼的实践的重要原则，在具体运用当中人们关注最多的仍是"时中之中"，即"中庸"的方法论意义。

　　而朱熹之所以反复强调"中"的"已发""未发"，其主旨就在于提醒人们在具体的道德涵养和礼的实践活动里必须注意解决好"未发之中"和"时中之中"的关系。譬如他在《答刘平甫》的书信里指出："古礼庙无二主"，祭祀先祖必须由宗子于庙中主持进行。春秋战国时代，国别较多，常有宗子身处国外而不得不由庶子代祭的情况，然庶子不得入庙，只能对着祖宗墓地筑坛而祭。但在宋代，宗子或奉仕于朝，或游宦四方，通常不出一国之内，因此不得不主祭，却又离家庙甚远。这时即可施行俗礼中的"二主"之法——"今有祠版，又有影，是有二主矣"，而"别宗子所在，奉二主以从之，于事为宜"；同时，"支子所得自主之祭，则当留以奉祀，不得随宗子而徙也"。目的就是要"上不失萃聚祖考精神之义，二主常相依，则精神不分矣。下使宗子得以田禄荐享，祖宗宜亦歆之"。让仕宦在外的宗子和留守在家的庶子（支子）各有所祭，以使先祖"精神不分"并从而"歆之"后人。这样做的依据和原则就是"中"，"处礼之变，而不失其中"，在古今异礼之两端取一折中方式，以"酌其中制，适古今之宜"。①

　　从方法论来看，朱熹在此强调于"古礼庙无二主"和"奉二主以从之"之间"酌其中制"，则是"时中之中"；就本体论而言，若要"适古今之宜"，就必须坚守礼之本义，既能安顿萃聚祖考的精气与魂魄，也抚慰和满足了宗子荐享祖宗的孝敬之情，确保宗法伦理之大本，这一番周详细密的思虑显然又是出于"未发之中"。在此，礼的实践中"未发之中"和"时中之中"有机结合在一起，即完美地展现了朱熹

---

① 《朱子全书》第 22 册，上海古籍出版社、安徽教育出版社，2002 年，第 1795 ～ 1796 页。

"经权相济"的实践智慧。今天当我们仔细揣摩朱熹的这一套礼学实践观时，亦不得不为其思辨的周密与完整而深感叹服。

（二）"时"

朱熹认为"中"有"未发之中"和"时中之中"两义，"中"便蕴含了"时"的意蕴。实际上，"礼贵得中"，"时"也是得"中"的一个必要条件。"时"乃中国哲学里十分重要的概念，古人无论是从事生产实践，还是在具体的日常生活中都有着很强的"时"的观念。《尚书·尧典》中说："（帝尧）乃命羲和：钦若昊天，历象日月星辰，敬授人时。"作者认为人类的"时"由尧命羲和所定，人类生活中的一切事务都要依时而行，即所谓"百揆时叙"。具体而言，又如舜在给禹、后稷等人分配任务时所说："禹，汝平水土，唯时懋哉！""汝后稷，播时百谷"（《尚书·舜典》），等等，都强调了"时"在生产与生活中的重要性。《左传·文公十八年》道："舜臣尧，举八恺，使主后土，以揆百事，莫不时序，地平天成。"显然作者在《尚书》所论的基础上也是认为遵守"时序"是使得天地安泰、人事顺遂的基础。此外，对于个人情感的表达来说，同样也有着"时"的规定。郑伯会见虢叔时便指出："寡人闻之：哀乐失时，殃咎必至。"（《左传·庄公二十年》）而在《左传·隐公十一年》中，作者则直接将"时"与礼结合起来："礼，经国家，定社稷，序民人，利后嗣者也。……度德而处之，量力而行之，相时而动，无累后人，可谓知礼矣。""相时而动"成了"知礼"的重要表现。到了《易传》，作者在总结前人对"时"的哲学与伦理的种种思考之上，进一步引申并提炼出了"与时偕行"的概念，它随后即成为"时"在中国哲学范畴里最基本和最典型的内涵。"与时偕行"，实际上应当包含两个层面的含义：一、指的是天地自然以及人类社会的发展规律，即都是随"时"而变，这也是"易经"之"易"的本义，与古希腊哲人赫拉克利特所言之"人不可能两次踏进同一条河流"表达的是同样的历史辩证法思想；二、人当顺"时"而变，顺应自然与社会发展变化的规律"相时而动""量力而行"。这两层含义中，前者是对规律的揭示，具有理论价值；后者是对人类社会实践的指导，更具实践意义。《左传》将懂得"时"的观念视为"知礼"，可见古人早已熟知"与时偕行"的实践智慧在礼的实践活动中有着重要的价值。到了《礼记·礼器》，就更是十分明确地指出："礼，时为大"，将"时"看作礼的重要实践原则。因此，"时"的观点在朱熹礼学实践观中也就得到了广泛的运用，如他说"是圣人固用古礼，亦有随时之义"①，便强调古礼在现实生活里的具体实践应当坚持"时"的原则。

朱熹向来强调《仪礼》中的丧葬制度难以尽行，理由便是在未殡之前逝者的亲人往往悲痛难抑，无法按照仪节规定一一施礼。这也是朱熹缘情释礼的一个典型例证。其缘情说礼的解经方式又是和他强调"时"的礼学实践论一脉相承的，二者都以宋人疑经改经的学术风气为背景。在礼的具体实践活动中，他认为即使是圣人也会依循当世风俗来重新诠释与制定礼法，而礼的发展本身也就是"逐时增添"起来的，这就体现出了"与时偕行"的理念。又正因为礼随着时代发展而不断增添内容，有愈加烦琐的趋势，学者必须参酌古今时势对之加以修订和简化，使之易于施行。如他在和弟子关于"丧礼制度节目"的讨论中就说："礼，时为大。某尝谓，衣冠本以便身，古人亦未必一一有义。又是逐时增添，名物愈繁。若要可行，须是酌古之制，去其重复，使之简易，然后可。"②不过，其底线则是"不碍理"，即以"理"为最基本的标准。《孟子·离娄下》说："非礼之礼，非义之义，大人弗为。"朱熹解释道："察理不精，故有二者之蔽。大人则随事而顺理，因时而处宜，岂为是哉？"③他认为孟子所谓的"非礼之礼，非义之义"即源于人们对"理"的辨识不清，这个"理"便是经或经之根本，乃行礼时的大本大原。所以人们必须"顺理""处宜"，其原则就是"随事"与"因时"，这正是"时"的观念的两个方面。而"时"所体现的则是

---

① 《朱子全书》第 17 册，上海古籍出版社、安徽教育出版社，2002 年，第 2947 页。
② 同上书，第 3002 页。
③ 《朱子全书》第 6 册，上海古籍出版社、安徽教育出版社，2002 年，第 355 页。

权，其与"理"（或曰经）的有机结合即充分体现出了朱熹"经权相济"的礼学实践智慧。

"经权相济"是朱子礼学运用于实践中的一个重要原则，它所体现出的是儒家以其德性主义本质为基础的辩证的实践智慧，闪现出了耀眼的理性光辉。它与前文所述的"因人之情"的情感原则一起，共同构成了朱熹的礼学实践哲学体系。礼的产生与发展本就有一个从人类生活体验上升到生命体验的过程，朱熹礼学实践论的成熟，更是体现出了他对礼学之于生活体验与生命体验的总结与认识，并为儒家的实践智慧提供了一个可靠的理论样本。

四　余论

关于儒家的实践智慧，陈来在肯定"儒家哲学思想的特点是：突出人的实践智慧，而不突出思辨的理论智慧"的基础上，总结出了这样几个特征："儒家的实践智慧始终是强调以道德为基础，从不脱离德性；同时，儒家的实践智慧又突出体现在重视修身成己的向度，亦即个人内心的全面自我转化；最后，儒家哲学思想总是强调实践智慧必须化为实践的行动，达到知行合一的境界。"[1]而从朱熹的礼学实践观来看，儒家的实践智慧也还有着重视实践主体的情感与心理体验的情感性特征，以及较强烈的思辨理性色彩，可谓情理并重。当然，朱熹礼学实践观所具备的思辨理性特征并非出于完全自觉的体系性的理论建构，同样未能"突出思辨的理论智慧"，但作为我国中世纪最负盛名的哲学家、经学家之一，他对礼学的传承与推广则是功若丘山且有史可鉴的。朱子情理并重的礼学实践智慧，无论是在他《仪礼经传通解》《家礼》等礼学撰述中还是礼学的日常讲论与实践活动中，都有着淋漓尽致的展现，是朱子炳若日星的礼学成就的方法论基础，对于传统礼学的当代传播与实践也同样有着重要的启示价值。

---

[1] 陈来《论儒家的实践智慧》，《哲学研究》，2014 年第 8 期。

简论陈淳与"去实体化"路向趋势的开启

田智忠（北京师范大学）

由陈来先生所提出的"去实体化"路向，是元明之际理学内部出现的一种值得关注的发展路向。所谓"去实体化"，是理学内部所出现的，强调理不是以实体形式存在、理"非别有一物"的主张。"去实体化"路向是对程朱所明确主张的理实体论的一种修正。陈来先生认为，朱熹在处理理气同异问题上的矛盾，蕴含着导致"去实体化"路向出现的巨大可能性。而元明理学的实际发展历史，则是把这种可能性变成了现实。

具体来说，陈来先生指出：朱熹在处理理气同异问题[①]上，存在着一定的矛盾（既主张"气质蒙蔽"说，又主张"气异理异"说），并且认为这两种不同的思想涉及本体论与理气观两种不同的立场：

"如果说宇宙之间，理是作为气之中的一种实体存在的，那么就自然地汇出在人性论上的性之本体说和'气质蒙蔽'说。如果坚持'气异理异'说，那么推而上之，必然得出结论，即理并不是气之中的某种本体、实体，而只是气的属性、条理。而后一种论点就不是理学的本体论了，而近于气学的气本观点了。朱子虽然也强调'气异理异'之说，但他没有意识到，这一观点坚持到底，就要求在本体论上确立气本论，而他自己始终是一个理学的理本论者。"

"从理论的次序说，这里是强调人性论的'气异理异'说必然要求一种理的条理说为其基础。其实，反过来也是同样，存在论上的理的

---

① 陈来先生指出："'理气同异'问题，按其内容实即指人物之性的同异问题。因此这里的'理'是指性理，而不是指气之流行的所以然或事物的分理、伦理。"见陈来《朱子哲学研究》，华东师范大学出版社，2000年，第124页。从这个角度说，"理气同异"问题，并非是一个本体论层面的问题，而是个心性论层面的问题。

条理说也必然引导到只能承认气质之性说，而否定本然之性说。事实上，朱子以后，元明理学的理气论正是循着这样一条内在的理路走过来的。"①

　　这也就是陈来先生所提出的所谓"理学思维去实体化的路向"。

　　概言之，"气质蒙蔽"说又称"理同气异"说、"性本体"说，其立论基础是朱熹所一贯主张的"理一分殊"说和"万物各具太极"说。"气质蒙蔽"说认为，人与物从天所禀受的理没有什么差别（此即是性之本体），只是因为各自气禀的不同，才使得性之本体在其身上的呈现才会各不相同。数据显示，朱熹早年在其师李侗（李延平）的影响下，主张"气质蒙蔽"说。而"气异理异"②说，则是指"形气既异，则其生而有得乎天之理亦异"③，这一说法认为，由于气禀的差异，人和物从天所禀受的理就各自不同。显然，"气质蒙蔽"说基于理本论的立场，而"气异理异"说则更接近气本论的立场。在不同场合，朱熹对于上述这两种说法都有所表述。朱熹之所以在理气异同的问题上如此纠结，其深层的原因在于：虽然说"气质蒙蔽"说代表着理本论的立场，符合朱熹的一贯主张，但是这一说法却容易泯灭人与物之间在性理上的差别，从而与孟子的观点相冲突（犬之性不同于牛之性）；反之，虽然"气异理异"说能够避免上述冲突，但是又有走向气本论的趋势，这又是朱熹所不愿意看到的。陈来先生认为，在经过反复权衡之后，朱熹有逐渐走向"气异理异"说的趋势④。不过，朱熹始终明确将"气异理异"说限定在气禀层面，并态度鲜明地坚持理本论的立场，而且在其《大学章句》和《中庸章句》中，仍然保留了"气质蒙蔽"说和"性本体"说。

---

① 陈来《元明理学的"去实体化"转向及其理论后果》，载《诠释与重建——王船山的哲学精神》，生活·读书·新知三联书店，2010年。
② 朱子早年持"理同气异"说，晚年有转向"气异理异"说的趋势，关于"理同气异"说与"气异理异"说的关系及其转换，可参考《朱子哲学研究》一书。
③ 朱熹著、朱杰人等编《朱子全书》第22册，《朱子文集》卷五十《答程正思·所论皆正当确实》，上海古籍出版社，2002年，第2328页。
④ 详见《朱子哲学研究》一书。

　　总之，"去实体化"路向的首要特征，是对理气关系的重新定位：它不再视理为实体性的存在，而是视之为理则、条理和气之变化的原因、主宰等非实体性的因素。"去实体化"路向的第二个特征，是在处理"理气同异"的问题时，坚持以气禀为主导的立场。学界通常认为，直到元代儒者吴澄提出"自未有天地之前，至既有天地之后，只是阴阳二气而已。本只是一气……气之所以能如此者，何也？以理为之主宰也。理者，非别有一物在气中，只是为气之主宰者即是。无理外之气，亦无气外之理"①和"理在气中，元不相离"②的主张，才代表着"去实体化"路向的真正开启，而这也是朱陆之学合流的一个标志。我们则认为，在朱熹及门弟子陈淳那里，实际上已经开启了这一路向。

一　强调理的条理说，强调"在物之理"

　　陈淳是与黄榦齐名的朱熹的及门弟子，以因袭和坚守朱熹的一贯思想和反对陆九渊之学而著称。不过，陈淳在处理理气关系的问题上似乎并未严格坚守朱熹的主张，而是有所发展。我们知道，朱熹明确主张理本论，认为理以实体的形式存在，自根自本；理与气绝对是二物，气有生灭而理却无变动；理自身无情意，无计度，"莫实于理"等。同时，朱子明确主张理先气后说（这种先，是价值优先性上的先，而非时间上的先后），但也表达了理在气中，理不能离气而独立存在的观点。总之，朱熹在理气关系问题上的表述非常复杂，需要我们因时因地详细辨析。

　　陈淳对于理以及理气关系问题的诠释，在早年与晚年之间有一定的发展变化。在陈淳早期的文献中，有明显的理本论倾向，这与其严格遵守朱熹的教诲是分不开的。而在其晚年文献中，"去实体化"的倾

────────────

① 吴澄《吴文正集》卷三《答人问性理》。
②《吴文正集》卷三《答田副使第三书》。以上内容参考了陈来先生的《元明理学的"去实体化"转向及其理论后果》一文。

向尤其明显，这是其思想走向成熟的一个标志。虽然我们目前还缺少对于陈淳思想演变阶段的精确把握，不过大致可以把陈淳向朱子问学时的文字视为其早年思想的代表，而把《北溪字义》视为其晚年思想的代表（此书是由陈淳的学生王隽，根据陈淳晚年的讲学笔记整理而成的）。《北溪大全集》卷五之《书问》，卷六、卷七、卷八之《问目》，都是陈淳向朱子问学数据的汇编，可以视为是陈淳早年思想的代表：

> 天地间同此一理，同此一气。理所以统乎气，而人之心则又为理气之主，而精灵焉。随其所属，小大分限，但精诚所注之处恳切至极，则是处理强而气充。凡我同气类而属吾界分者，自然有相感通，随而凑集之。以此见实理在天地间，浑是一个活物，端若有血脉之相关者矣……①

从天的角度来说，陈淳主张"天地间同此一理，同此一气"，强调理气不离、理同气同；而从人的角度来说，则性理统乎气质，而心又是理气之主宰，呈现为一个浑然活物。值得注意的是，这条材料强调理强而气充，强调实理是一个活物。这与朱子主张气强理弱、理无情意、无计度和气动理不动的观点明显不同。这是对朱熹理本论思想的一种修正。

在理事关系上，陈淳的早期文献也有对于"理在事先"的强调：

> 理有能然、有必然、有当然、有自然处，皆须兼之，方于理字训义为备否……如恻隐者气也，其所以能如是之恻隐者理也。盖其中有是理，然后能形诸外为是事……当然亦有二意：一就合做底事上，直言其大义如此，如入井当恻隐，与夫为父当慈、子当孝之类是也。一泛就事中，又细拣别其是是非非、当做与不当做处，如视其所当视而不视其所不当视，听其所当听而不听其所不当听，则得其正而为理；非所当视而视与当视而不视，非所当听而听与当听而不听，则皆非理矣，此亦当然处也……又如动静者气也，其所以能动静者，理也。动则必静、静必复动，其必动

---

① 陈淳《北溪大全集》卷六《祷是正理》，四库全书本。

必静者亦理也。事至则当动，事过则当静，其当动当静者亦理也，而其所以一动一静，又莫非天理之自然矣……能然、必然者，理在事之先；当然者，正就事而直言其理；自然，则贯事理言之也。四者皆不可不兼该，而正就事言者尤见理直截亲切，在人道为有力，所以《大学章句》《或问》论理处，惟专以当然不容已者为言……（文公先生批云：此意甚备。《大学》本亦更有所以然一句，后来看得且要见所当然是要切处，若早见得不容已处，则自可默会矣）。①

陈淳的这条材料能够得到朱熹的首肯，足见其对于理这一范畴的诠释极为完备。陈淳所强调的理的这四种规定性，前两种所指的是本体层面的理（万物之所以能如是者），在事物之先；而后两种则与事物息息相关，更多指向的是"事理"和"在物之理"。

上述两条材料，陈淳还在坚持"理先于事""理为气之主宰"。不过我们也注意到，他所关注的重心，已经落在了"正就事言者"和当然之理上。这对于朱熹的观点而言，有一定的变化。

与之相对，在代表陈淳晚年思想的《北溪字义》中，对于理的诠释却完全变成了"事物上的当然之则"，即"理则说"，这也意味着陈淳在对"理"的理解上与朱熹有所差异：

……道字较宽，理字较实，理有确然不易底意。故万古通行者，道也；万古不易者，理也。理无形状，如何见得？只是事物上一个当然之则，便是理。"则"是准则、法则，有个确定不易底意。只是事物上正合当做处便是"当然"，即这恰好，无过些，亦无不及些，便是"则"……古人格物穷理，要就事物上穷个当然之则，亦不过只是穷到那合做处、恰好而已。②

理与性字对说。理乃是在物之理，性乃是在我之理。在物底便是天地人物公共底道理，在我底乃是此理已具，得为我所

---

① 陈淳《北溪大全集》卷六《理有能然、必然、当然、自然》，四库全书本。
② 陈淳《北溪字义》，中华书局，1983年，第42页。

有者。①

  理与义对说。则理是体、义是用；理是在物当然之则，义是所以处此理者，故程子曰："在物为理，处物为义。"②

上述材料，除了删除少数讨论理与道之关系的文字外，基本保留了陈淳对于理这一范畴的整体看法。其中值得注意的是，陈淳对于"理"字的基本理解，完全是指"事物上当然之则"和"在物之理"。如此形式的"理"，已经不可能以实体的形式存在了。

值得注意的是，在《北溪字义》中，陈淳又专门用"太极"一词来指称所谓"浑沦极至之理"：

  太极只是浑沦极至之理，非可以气形言……太极是以理之极至者而言。③

  太之为言，甚也。太极是极至之甚，无可得而形容，故以太名之。此只是说理虽无形状方体，而万化无不以之为根柢枢纽，以其浑沦极至之甚，故谓之太极。④

  理在中为之主宰，便自然如此。就其为天地主宰处论，恁地浑沦极至，故以太极名之。盖总天地万物之理到此凑合，皆极其至，更无去处。⑤

  太极只是总天地万物之理而言。⑥

"太极"是极至之理，是万化之"根柢枢纽"和"天地主宰处"，但"太极"本身是否是以实体的形式存在的呢？陈淳又特别强调太极不能离气而独立，太极绝非是独立空虚之物的观点：

  不可离了天地万物之外而别为之论。才说离天地万物而有个理，便成两截去了。⑦

---

① 陈淳《北溪字义》，中华书局，1983 年，第 42 页。
② 同上。
③ 同上书，第 43 页。
④ 同上书，第 44 页。
⑤ 同上。
⑥ 同上书，第 45 页。
⑦ 同上。

毕竟未有天地万物之先，必是先有此理。然此理不是悬空在那里。才有天地万物之理，便有天地万物之气；才有天地万物之气，则此理便全在天地万物之中……然则才有理，便有气，才有气，理便全在这气里面。那相接处全无些子缝罅，如何分得孰为先、孰为后？所谓动静无端，阴阳无始。若分别得先后，便成偏在一边，非浑沦极至之物。①

这里，陈淳虽然表面上在因袭朱子"理在气先"的观点，但却对其做出了很大的修正：虽然他不能不承认朱熹所主张的"理在气先"，但其论述的重心，显然已经落在了强调"理气不离"和"理在气中"上，这可以看作是陈淳在论理气关系上的一个显著变化。陈淳的这种变化与朱熹的另一及门弟子黄榦在此问题上的态度形成了鲜明的对比：

黄氏曰："'理气无先后'，谓有是理方有是气亦可，谓有是气则具是理亦可，其实不可以先后言。但舍气则理无安顿处，故有是气则具是理，理无迹而气有形，理无际而气有限，理一本而气万殊，故言理者常先乎气，深思之则无不通也。"②

这里，黄榦从解释"理气无先后"开始，却归结在了"理者常先乎气"上。这和陈淳从解释"理在气先"开始，最终落脚在"理气不离"和"理在气中"上正好相反。这恰恰体现出了陈淳在理气关系问题上较之于朱熹观点的变化。我们知道，"理在气先""理在气中"和"理气无先后"都出自朱熹之口，也并非是对立的关系，但是其所论述的侧重点则有所不同。"理在气先"，意在强调理为形而上者，气为形而下者，理是气之本；"理在气中"，强调"理在气中，如一个明珠在水里"，这还是强调理是理、气是气，二者决定是二物，不相混合。在此角度看，理必然是实体形式的存在；而"理气无先后"，则强调不存在离气而独立存在之理，理必然要在气上呈现自身。陈淳对"理气不离"和"理在气中"的诠释，弱化了对理与气异质性的强调，也不再视理

---

① 陈淳《北溪字义》，中华书局，1983年，第45页。
② 〔宋〕赵顺孙《四书纂疏·大学纂疏》，四库全书本，经部八，四书类。

为实体性的存在。

陈淳除了在理气先后问题上与朱熹的思想有所区别外，他还明确地提出了气为大本的说法：

> 天只是一元之气流行不息如此，即这便是大本，便是太极。万物从这中流出去，或纤或洪，或高或下，或飞或潜，或动或植，无不各得其所欲，各具一太极去，个个各足，无有欠缺。亦不是天逐一去妆点，皆自然而然，从大本中流出来，此便是天之一贯处。①

"天只是一元之气流行不息如此，即这便是大本，便是太极"，这很能让人联想到吴澄"自未有天地之前，至既有天地之后，只是阴阳二气而已。本只是一气"的说法。当然，无论是陈淳还是吴澄，都还在承认理为气之主宰的说法，不过他们都似乎不再认为理以实体的形式存在。

最后，我们有必要详细引述一段陈淳在回答后学提问时，对于理气关系问题的说明：

> 今实论其所以为根原底里，则理无形状，其为物是如何而解如此之灵且明哉！毕竟是理绝不能离气而单立，因人生得是气而成形，理与气合，便有如此妙用尔……其实灵与明处，非可专指气之自会如此，亦非可专指理之自会如此。要之，气非理主宰，则不会自灵且明；理非气发达，则亦不会自灵且明。理与气本不可截断作二物去。将那处截断，唤此作理，唤彼作气，判然不相交涉耶？粗一譬之：明德如烛之辉光灿烂，理则烛之火，而气则烛之脂膏者也。今指定烛之辉光灿烂处，是火耶？是脂膏耶？专以为火而不干脂膏事，不可也。专以为脂膏而不干火事，亦不可也。要之，火为之主而脂膏以灌注之，方有是发越辉光灿烂尔。此等处，须了了，岂可含糊？②

---

① 陈淳《北溪字义》，中华书局，1983年，第32页。
② 《北溪大全集》卷三十《书》《答梁伯翔三·所示大学疑》。

这段文字具体年代不详，不过既然是陈淳与后学的答问，则不大可能出自其早年之手。此文值得注意之处，是陈淳将理气关系比喻为蜡烛的脂膏与蜡烛之辉光，这很容易让人联想起魏晋之际围绕形神关系的论争中所提出的烛火之喻，联想起蜡烛的脂膏与蜡烛之辉光之关系本身就包含着体用一体不分的关系，包含着对理之实体地位的消解。陈淳明确提出"理与气本不可截断作二物去"，这也是在颠覆朱熹所一贯强调的理与气决定是二物的基本立场。

我们知道，陈来先生把吴澄提出"理在气中，元不相离"之观点，作为"在朱子学内，在理的问题上'去实体化'转向的开始"①。显然，吴澄的上述说法在陈淳那里都已经表达过了。因此，与其说吴澄是"去实体化"转向的实际开启者，不如说实际上在陈淳那里已经开启了这一转向。

二　重视探讨善恶所由来问题，强调"气异理异"说

"去实体化"路向，也必然会体现在心性论层面上。陈淳的心性论基本是对朱熹心性论的因袭，但也有稍许的发展。这种发展，就是明确强调"气异理异"说，而这也恰恰是"去实体化"路向的重要特征之一。

朱熹的心性论思想，分本源论和气禀论两个层面。在本源论层面，朱熹强调"性即是理"说和"性之本然"说，变化不大；而在气禀论层面，朱熹则长期徘徊在"理同气异"说与"气异理异"说之间，难以取舍。

陈淳明确赞同程朱主张的"性即理"说，认为自告子以来，历代学者在人性问题上的种种失误，归结到一点，就是"以气论性"，而"夫既以气为性，则仁义礼智之粹然者将与知觉运动之蠢然者相为混

---

① 《元明理学的"去实体化"转向及其理论后果》。

乱，无人兽之别，而且不复识天理人欲所从判之几矣"①。陈淳认为，完全以气论性，就难以说清楚性之本质，这是对儒家核心价值理念的背叛。

不过，陈淳本人更关心善恶所由来的问题，更注重讨论气禀之性。在此问题上，陈淳早年与晚年之间的观点同样也有所不同。

数据显示，陈淳早年对于理气同异的问题便颇为关注，并就此问题向朱熹提出疑问，朱熹的回答是"气异理异"说。对此，辅广并未感到满意，继续提出质疑，而朱熹的再次回答也颇为含混。②据此材料可知，辅广在早年并没有完全接受朱熹的"气异理异"说，甚至认为"气异理异"说和理本论难以统一。

而在陈淳晚年，他在理气同异问题上的态度，或许是受到了朱熹的影响，而明确主张"气异理异"说：

> 人与物同得天地之气以生，天地之气只一般，因人物受去各不同。人得五行之秀正而通，所以仁义礼智粹然独与物异；物得气之偏，为形骸所拘，所以其理闭塞而不通。人物所以为理只一般，只是气有偏正，故理随之而有通塞尔。③

陈淳认为，"天地之气只一般""人物所以为理只一般"，无法说明善恶所由来的问题。真正造成人与物之不同的，是人"仁义礼智粹然独与物异"，而这却是由气禀之不齐所造成的，这就是"气异理异"说。

> 天所命于人以是理，本只善而无恶。故人所受以为性，亦本善而无恶……盖人之所以有万殊不齐，只缘气禀不同……不是阴阳气本恶，只是分合转移齐不齐中，便自然成粹驳善恶耳。因气有驳粹，便有贤愚，气虽不齐，而大本则一……④

从天的角度说，天赋予人的理，本善而无恶，这一点并无不同。但从人自身的角度来说，每个人所禀受之气的差异，造成了其所获之

① 陈淳《北溪大全集》卷八《告子论性之说五》，四库全书本。
② 陈来《朱子哲学研究》，华东师范大学出版社，2000年，第130、131页。
③ 陈淳《北溪字义》，中华书局，1983年，第7页。
④ 同上。

理会有偏全不齐，这也是"气异理异"说。

那么，气禀又如何具体造成人善恶之不齐呢？陈淳又引入了对性情理气之关系的讨论来解决此问题：

> 性情理气……四字分看，须要界分极分明，不相凌夺；合聚作一处看，又须见得脉络不相紊乱。如性与情正相对底物：性是情底体，情是性底用；性是情底静，情是性底动，犹形影。然性无形状，非情无以见；情虽外见，非性无自而发。性本纯粹，至善无恶，见于情有中节、不中节，便有善恶之分。情之善，是从本性正面发来；其不善，是发处差了，是感物蹉了性之本位而然，非从本性中来也。若便以理与气合言之，则性即是天理，然理不悬空，必因气赋形生而寓其中。气形活物，不能不动，而发于情。情，则乘气而发者也。情之所以有不善者，由气有参差不齐。其发时，从气之偏胜处差去，故气强厉者多怒，柔弱者多笑，其怒与笑岂能一一皆中节？故气质之性有善恶，虽原于赋形已具之初，而亦于发而后见；天地之性本善，然在气质之中，亦未尝相混而无别。气质之性以气言，天地之性以理言，理固不离气，气固不离理……须就实事上聚作一处看，见得如何是理，如何是气，要十分明彻不乱，始于切已有力……①

就性情关系而言，性为体情为用，性属静情属动，性至善而情则有善恶之不齐。但反过来说，非性则情无以发，非情则无以见性，这恰恰说明了二者之间一体相依的关系。具体到善恶之由上来，陈淳一方面因袭了朱熹的说法，认为善既源于本然之性的至善无恶，也源于情的发而中节；而恶却是源于情在发动时"感物蹉了性之本位"，进而导致情之发处不能中节。而就理气关系而言，理（性理）必须寓于气（形）中，随气得以显现；情则是理（性理）乘气之动而发者，不复是性理之本然。正是由于气之不齐，导致情在发动时或有不善。

---

① 陈淳《北溪大全集》卷四十一《答陈伯澡问辨诸友情性之论》，四库全书本。

　　陈淳将理气性情合为一体，完全是在以"气异理异"说来解释善恶所由来的问题，明显地体现出"去实体化"的倾向。我们认为，实际上正是陈淳开启了理学"去实体化"的路向，这更接近于历史的本然面貌。

从"上帝"到"万神殿"

——以真德秀之青词祷告为例

陈晓杰（武汉大学）

一　绪论

　　真德秀（1178～1235）是朱熹再传弟子，南宋的著名理学家。其在世时很受宋理宗的赏识，向理宗献上的《大学衍义》一书对后世帝王之治的影响更是深远。但就是这样一位人物，在儒学内部并没有得到很高的评价，比较有代表性的就是全祖望所给出的总结：

　　　　近临川李侍郎穆堂讥其"沉溺于二氏之学，梵语青辞，连轴接幅，垂老津津不倦，此岂有闻于圣人之道者！"……西山则自得罪史弥远以出、晚节颇多惭德……虽讳其赣军知举之短，而于呵护郑清之一节，亦多微辞。然则端平之出，得非前此偶着风节，本无定力，老将知而耄及之邪。吾于是而致叹于保岁寒之难也……慈湖初见西山，因以其命讯日者，戒其须忘富贵利达之心……由今观之、西山未能终身践此言也，然则其不能攘斥佛、老，固其宜耳。[①]

　　李穆堂以及全祖望都是站在正统儒家的立场而做出如上之评判。但从另一个角度来说，从真德秀对于佛教、道教之态度，正可以看出南宋理学家对于佛老乃至民间信仰看法的多元化趋势[②]。中国大陆学者主要着眼于真德秀的思想或者哲学而言，而日本的宗教学、史学研究者很早就开始关注真德秀的宗教观以及祠庙祭祀问题等。由于观察问题角度的不同，中国大陆与日本的真德秀研究之焦点以及方法也自然呈现出很大的差异性。那么，是否可能同时结合上述两种视角来研究

---

① 《宋元学案》卷八一《西山真氏学案》，中华书局，1986年，第2708页。
② 在思想史研究中，朱熹、陈淳等对佛老之坚决抵制被视为南宋理学家的典型态度，但事实可能并非如此。

真德秀的思想呢？本文就是这样的一次尝试。

事实上，小岛毅早在 1991 年发表的《牧民官之祈祷——真德秀的场合》[①]一文中，就针对通常不为"思想研究"所重视的卷四十八至五十四所收录的总计 400 余篇"青词""疏语""祝文"进行了分析与整理。该文的关注焦点主要集中在真德秀"为民祈祷"的理念以及祠庙拜谒、祷告所牵涉的正统性问题，对于卷四十八、四十九的道教"青词"并没有进行详细的展开。在此之后，松本浩一对于真德秀的祝文、青词等进行了分析，在某种程度上可以说是对小岛毅论文的补充[②]。但该文仍然延续了"儒家正统与道教思想、民间信仰"的视角。松本浩一还列举了同时代的魏了翁、黄震以及陈淳等儒家对于民间道教的看法，由此指出：在当时已经无法完全扭转民间对佛教、道教信仰的情况下，像真德秀那样对于佛道进行统摄与吸收的做法可能是明智之举。

由小岛毅以及松本浩一等前辈之研究，我们已经可以大致看出真德秀所处时代的社会以及宗教背景，而本文试图将视角集中在真德秀的道教实践与其儒家身份之定位的问题上，考察对象则限定为《西山先生真文忠公文集》（以下简称"《文集》"）[③]的卷四十八、四十九的

---

① 小岛毅《牧民官之祈祷——真德秀的场合》，《史学杂志》第 100 号，1991 年。

②《宋代道教民间信仰》第一章第五节"祠庙の位置づけと知识人の贡献"，汲古书院，2008 年。

③ 关于《文集》，正如小岛毅所指出的，至少能列举出如下六种版本：a.四部丛刊正编本（明正德刊本影印），b.日本内阁文库藏"嘉靖"本，c.内阁文库藏万历二十六年福建巡抚刊本，d.内阁文库藏崇祯十一年刊本，e.东京大学东洋文化研究所藏康熙刊本，f.四库全书文渊阁影印版。以上除了 a 为五十一卷本之外，其他都是五十五卷本。五十一卷本没有卷四十八至五十一的"青词""疏语"。d 和 e 是 c 的重修本，f 的提要中也明确提及是以 c 为底本，因此 d、e、f 均属于 c 系统。而 b 和 c 版本之间也存在着若干文字差异，很难判断是否属于同一系统。小岛毅由此采用了 b 的嘉靖版本（《中国近世における礼の言说》，东京大学出版会，第 203 页）。笔者此前也沿袭了小岛毅而以嘉靖本为底本，但是近日笔者在撰写本文而对照各版本时，却意外发现与 c、d、e、f 相比，b 版本卷四十八少收录了 17 篇青词（从"太乙醮谢雨青词"开始至"十王表"）。除此之外，小岛毅也提到，五十五卷本的卷五十一的"疏语"仅存目录，而 b 版本不仅没有总目录，而且卷五十一的本文直接空缺。相比之下，c、d 版本有总目录，而且本文的卷五十一所抄录的实际上是卷五十二的祝文，造成了本文空缺卷五十二的假象。由以上几点来看，我们有理由相信，b 和 c 属于不同系统，而且至少就卷四十八、四十九两卷而言，c 版本也优于 b。因此本文的文献原则上以 c（以下简称"万历"）为底本，同时对校 d、e、f 与 b 版本。

"青词"。通过两卷青词的内容分析与整理，本文试图勾勒出真德秀的"神"观念的特色，简单地说，作为正统朱子学者的真德秀在坚持儒学"上帝"以及"天"为最高神的理念的同时，积极吸收道教的诸多要素与思想，形成了别具一格的思想体系。

以上，本文对于论述之背景以及对象进行了初步之介绍与交代。接下来的具体论述结构如下：第二章在简单介绍青词以及真德秀青词创作之后，对于真德秀青词书写中所出现的道教诸神进行介绍与分析；第三章分析青词中频繁出现的"上帝""天"及其儒家思想之内涵；在第四章中，本文将分析真德秀虽然力图调和儒学与道教，但在若干理论问题上确实存在着矛盾与疑问，不仅如此，对比真德秀对皇帝之进言的文本记载，我们也能发现真德秀思想内部的某种紧张感。

二 道教之"万神殿"

青词，又称青辞，产生于唐朝而盛行于宋、元、明时期，是道教斋醮时很重要的奏告文书之一。其句式为四六句式，很明显与唐代文坛盛行的四六骈文有关。青词之称最早出现于杜佑《通典》卷五十三《老君祠》："自今以后，每太清宫行礼官，改用朝服，兼停祝版，改为清词于纸上。"[①]"清"当取自"太清宫"之"清"，而太清宫所代表的老君信仰在唐代则为国教和最高信仰，故青词最初产生于皇室，唐玄宗规定青词只是指在太清宫内举行的国家斋醮并写在青藤纸上的词文。在宋代之后，由太宗开始崇尚道教，在真宗和徽宗朝达到登峰造极之地步。青词之书写也不限于朝廷而广泛流传到民间。根据张海鸥《唐宋青词的文体形态和文学性》一文统计，宋人留有青词作品 1423 首，远远超过唐代的 248 首[②]，可见青词创作之兴盛。其内容也逐渐多元化与日常化：例如秦观的《登第后青词》为祈求仕途，叶适的《代子

---

① 杜佑《通典》卷五十三《老君祠》，中华书局，1984 年，第 305 页。
② 张海鸥《唐宋青词的文体形态和文学性》，《文学遗产》，2009 年第 2 期。

设醮青词》则是为过世之亲人超度。尽管有如上之变化，唐宋之间的青词书写依然具有如下的连续性：其一，祷告对象往往是道教之最高神[①]，例如三清玉帝、玉皇大帝、北极大帝等；其二，书写要求严格[②]，祷告时设醮以及相应准备也绝不可有所怠慢。

其次，根据先行研究对宋人文集的青词数量统计，例如苏轼有 17 首，王安石 26 首，欧阳修 45 首，胡宿 125 首，周必大 90 首。[③]以上均为曾担任朝廷要职之高官，故青词之内容也多为国家祈福。而南宋叶适则有青词 6 首，内容都是设醮祭奠亡母。而作为本文之考察对象的真德秀，在《文集》卷四十八、四十九中所收录的青词则多达 139 篇，内容涵盖了小岛毅所分析的"为民祈祷"的"祷雨、祷晴、平安、超度"以及为家人或者自己所祈祷。另外目前为止的先行研究遗漏了一点，即《文集》卷二十三中收录了 31 篇青词祝文，但由祷告内容和形式即可看出与卷四十八、四十九有所不同，卷二十三的青词是传统的国家斋醮时所用，卷四十八、四十九则是真德秀作为地方官员或者个人所撰写的青词。由此，《文集》总计收录了 170 篇青词，其数量位居宋代之榜首。如果考虑到真德秀本人的正统朱子学之立场，不禁会让人有瞠目结舌之感。

既然青词是道教斋醮时敬奉诸神的文书，分析真德秀《文集》卷四十八、四十九所撰写的青词，自然有必要先阐明其道教要素。当然，这个问题可以从多种角度进行分析，例如对于道教"三元日"的意识，为家族乃至自身而进行祈祷，等等。不过，本文的探讨重点是真德秀的"神"观念，那么首先关注的就是：作为祷告，真德秀的祷告对象是谁？在 139 篇青词中，有不少青词并未直接指明祷告之对象，不过通过对文献的整理与分析，我们依然能够把握真德秀对道教思想是如

---

① 宋程大昌《演繁露》卷九曰："今世上自人主，下至臣庶，用道家科仪奏事于天帝者，皆青藤纸朱字，名为青词绿章，即为青词。"（《演繁露正续外三种》，台北新文丰出版公司，1984 年，第 260 页）
② 参看《赤松子·章历》，《道藏》第 11 册，第 182 页。
③ 张泽洪"道教斋醮史上的青词"，《世界宗教研究》，2005 年第 2 期，第 115 页。

何进行吸收和取舍的。下面即以两卷青词中出现频率最高的四种道教神为例，进行考察。

1. 太乙（或作"太一"）

《文集》中共收录"太乙醮祈雨青词"两篇，"太乙醮青词"三篇，"太一醮谢雨青词"（以上为卷四十八所载），"太乙青词"（卷四十九），总计七篇。太乙本为先秦自然宗教崇拜中的星辰，国家祭祀太乙始于汉武帝①，汉武帝在长安南郊建太一坛，后来道教吸收此信仰，尊为"天皇太乙"，加以奉祀。到了宋代，宋太宗敕命在京师东南苏存修太一宫，建成后太宗亲祀，撰《祭告太一宫词》，从此太一宫成为皇室的斋醮道场，历代皇帝都曾亲祀。皇室对太乙如此崇信，真德秀对太乙之祷告也就不难理解了。而《文集》卷二十三中也收录了一篇在太一宫祷告的青词（"太一宫申乞撰星辰不顺保国安民内中后殿设醮青词"）。对于"太一"，真德秀在给道士周道珍《太一天尊应验录》所撰写的介绍文中有如下之论述：

> 然则太一之在天，果何神耶。按司马迁书"中宫天极星，其一明者，太一常居"，又云"天神贵者太一，其佐曰五帝"，天位在中宫而佐以五帝，则太一者，其诸天帝之异名欤，道家所谓太一天尊者，其诸即此神欤。（《文集》卷三十五"太一天尊应验录"）

真德秀以儒家的"六天说"与其中最高神"昊天上帝"的定位，很明确地认为："天位在中宫而佐以五帝"的"太一"就相当于儒家之"昊天上帝"。

值得注意的是，卷四十八的"太乙醮祈雨青词"第一篇中有如下论述："殆立见饿莩流离之祸，敬陈宝醮，肃按冲科，瞻紫微太乙以输诚，为赤子黎元而请命。"而"太乙醮青词"第一篇中亦云："虽甘霖之屡沾，而大田之犹槁，肆涓良日，载演冲科。瞻紫微太乙以输诚，为赤子黎元而请命……赐以矜怜，雨施云行，愿丕臻于溥洽，家给人足，

---

① 《史记·封禅书》曰："古者天子三年一用太牢，祠神三一：天一，地一，太一。"索隐："天一，太一，北极神之别名。"

庶共乐于和平。"由于"太乙醮祈雨青词"一文中，在祈雨的同时对野外饿死之庶民的亡魂进行祷告，松本浩一据此认为，此处的"太乙"应是指"太乙救苦天尊"，而"紫微"则是"紫微大帝"。但如果"紫微"和"太乙"是不同的道教二神，则何以要捏合"紫微"和"太乙救苦天尊"[①]？"紫微北极大帝"，按照《上清灵宝大法》所载："北极大帝即紫微垣中帝座是也。按《天文志》云：南极入地三十六度，北极出地三十六度，天形倚侧，盖半出地上，半还地中，万星万气悉皆左旋，唯南北极之枢纽而不动，故天得以运转也。"而"太乙救苦天尊"的出典是《太一救苦护身经》："东方长乐世界有大慈仁者，太一救苦天尊化身如恒沙数，物随声应。或住天宫，或降人间，或居地狱……神通无量，功行无穷。"[②]"紫微"属于"北极"崇拜，在道教中地位极高，与"解忧排难，化凶为吉"的"太乙救苦天尊"实在是没有什么共通之处。

话虽如此，既然"太乙"是"中宫天极星，其一明者，太一常居"，而"紫微大帝"也同样是源自于古代对于"居中不动"之方位信仰的"北极"崇拜，那么捏合两者而称之为"紫微太乙"就确实是可能的。换句话说，真德秀将通常不可混为一谈的"太乙"和"（太乙）救苦天尊"视为同一最高神，因此"太乙"就同时具备了"居中不动"以及"超度亡魂"之二重性。"紫微"与"太乙"并称也是由于前者之共性所在（北极崇拜）。此点为卷四十八最后一篇"太乙救苦天尊青词"所证实：

> （前略）维下民之赋质，皆上帝之降衷。繇因物以有迁，致积愆而罔悟，一念颠迷之莫返，堕入九幽……仰太乙之至仁，实群

---

① 在《文集》卷五十三中"社稷以下祝文"一文："间者将用道家法，致祷于紫微太乙之尊，念蝼蚁之诚，未易上达也。则有谒于神，愿为请命昊穹，亟赐之雨……然旱干既久，渗漉未深，虽槁苗少苏，而沟塍之水，则洞竭犹昔也……危机交急，莫甚斯时。是用不避，渎烦复伸，恳请以神之仁，必不忍为，赐之不竟也，敢局蹐以俟。"因此真德秀对于"紫微太乙"的连用之用例共有三处。
② 以上转引自《中华道教大辞典》，中国社会科学出版社，1995 年，第 1465 页。

元之司命。愿垂慈悯，俯徇恳祈。(下略)

道教系统中并不受重视的"太乙救苦天尊"被称为"太乙之至仁，实群元之司命"，这显然是对天尊太乙的描述。

2. 北斗七元尊帝君

《文集》收录"北斗真武殿祈雨青词""告斗祈雨表""仙游告斗表文""告斗醮青词"，"仙游山谢斗青词"(以上均为卷四十九)，总计五篇。"北斗七元尊帝君"即道教"北斗七元星君"。"北斗居天之中，为天之枢纽，斡运四时，凡天地日月五星列曜六甲二十八宿诸仙众真，上自天子，下及黎庶，寿禄贫富，生死祸福，幽冥之事，无不属于北斗之总统也。"(《太上玄灵北斗本命延生真经注》)[1] 真德秀在青词中对北斗七元尊帝君之赞颂也与道教之解释相合："唯上圣之至仁，为群元之司命"("北斗真武殿祈雨青词")，"恭唯大圣北斗七元尊帝君，斟酌一元，纲纪七政"("仙游告斗表文")，"蠢蠢万民之命，实制于天，煌煌七政之枢，独尊者斗"("仙游山谢斗青词")。

值得注意的是，真德秀在青词中祷告最多的以上二神——(紫微)太乙以及北斗——都和星辰方位，特别是"居中""枢纽"之"中"的特性有关，此点本非道教独创，早在先秦时代既已有之。孔子曰："为政以德，譬如北辰，居其所而众星共之。"(《论语·为政篇》)这是进一步以天之"居中"来比拟人君之为政，朱熹注曰："政之为言正也，所以正人之不正也。德之为言得也，得于心而不失也。北辰，北极，天之枢也。居其所，不动也。共，向也，言众星四面旋绕而归向之也。为政以德，则无为而天下归之，其象如此。"[2] 事实上，"北辰"既然是"天之中央"，东汉马融又认为"太极"指称"北辰"[3]，那么反过来说，在朱子学中具有至高地位的"太极"也可以"北辰"之"居中"

①《中华道教大辞典》，第 1478 页。
②《四书章句集注》，第 53 页。
③《周易集解》卷八《经典释文》引马融语："易有太极，北辰是也。太极生两仪，两仪生日月，日月生四时，四时生五行，五行生十二月，十二月生二十四气，北辰居中不动。"

来理解。当然，因为朱子学坚持认为"太极"是"理"而非有一物，"盖极者，至极之理也。穷天下之物，可尊可贵，孰有加于此者，故曰'太极'也。世之人以北辰为天极，以屋脊为屋极，此皆有形而可见者。周子恐人亦以'太极'为一物，故以'无极'二字加于其上"（《文集》卷三十一《问太极中庸之义》）。但"极"的"枢纽"及"中央"之义与北辰、太乙、紫微确实是相通的，这一点可以从下文中得到验证：

> （前略）然缅瞻辰极，若在咫尺，则整襟肃容，而再拜曰："此吾先圣所谓'居其所而众星拱之'者也。按《天官书》'中宫天极星，其一明者，太乙常居，三公侍旁，藩臣环翊，璇玑玉衡，高揭衡峙，文昌泰阶，森布辉映。其垣为紫微，其象为枢纽……在人则九畿五服，庶邦庶尹之位，上之所赖，以干方而作屏也。昊穹无言，示人以象，在上者欲其宅心正德，秉纲执要，以为四方之极，在下者欲其叶恭和衷，并志壹虑，以同尊乎五位之极。（下略）（《文集》卷二十五"共极堂记"）

3. 三清

《文集》收录"玉皇三清殿祈雨青词""清源洞三清殿设醮青词""绍定三年庚寅正月，天庆观祈祷弭盗。告神疏文……生擒贼首，谨诣三清宝殿处，伸恳祷者"（以上均出自卷四十九），总计三篇。"三清"即"元始天尊、太上道君、太上老君"，此是为了对抗佛教之"三身"说而提出的三位一体说。朱熹对此就有明确说明：

> 道家之学，出于老子。其所谓"三清"，盖仿释氏"三身"而为之尔。佛氏所谓"三身"：法身者，释迦之本性也；报身者，释迦之德业也；肉身者，释迦之真身，而实有之人也。今之宗其教者，遂分为三像而骈列之，则既失其指矣。而道家之徒欲仿其所为，遂尊老子为三清：元始天尊，太上道君，太上老君。而昊天上帝反坐其下。悖戾僭逆，莫此为甚！（《朱子语类》卷一百二十五"论道教"）

唐代之三清信仰在宋代逐渐被玉皇大帝之信仰所取代，此前人已多有论及，不再赘述。但是作为玉皇大帝之信仰之产物而在各地兴建的"天庆观"[①]中，真德秀却祷告三清，而他也曾单独对玉皇祷告（卷四十九"立春日仙游安奉玉皇青词"），由此可见：真德秀对于道教内部之间的教派与教宗之对立并不感兴趣[②]，对于真德秀来说，只要是被广泛信仰的道教之神，就值得去拜谒和祈祷。

4. 十王真君

《文集》收录"黄箓十王表""十王表"（以上为卷四十八），"十王表"（卷四十九），共计三篇。"十王真君"并非纯粹的道教神。根据山田利明之介绍，道教之死后世界与死亡观念，是与佛教之传入以及"地狱"思想的发展同步进行的。在佛教有《十王经》，此伪经在唐宋时代传播甚广；在道教则有《太上救苦天尊说消愆灭罪经》[③]。上述三篇都是为死者亡魂超度祈祷，故祈祷对象也转为地府之神。另外，松本浩一也指出，不只是祈祷对象之佛道混合，真德秀本人对于众生普渡之观念也混合了佛教与道教的观念："暨于诸郡有隶名于黑簿，悉度命于朱陵，北都鬼群，无复久淹之系，西方净土，举为极乐之游。"（卷四十九"普度青词"）在这里，道教之酆都鬼城信仰与佛教的极乐净土被并举而言之。

以上就是两卷青词中涉及的主要祈祷对象之神。《文集》卷二十三虽然收录有 31 篇青词，但除了一篇明确题为"郊祀大礼礼毕奏谢昊天玉皇上帝圣祖天尊大帝元天大圣后表词"之外，其余各篇的祷告对象或未指明，或是儒家正统之"天地宗庙社稷"，均与本文之关注点无关，故不列。

---

① 此外，卷五十有"天庆观等处祈雨三清殿疏"。
② 这和北宋时代的欧阳修形成了鲜明的对比。欧阳修的青词对三清毫无提及，在文集中对三清更是颇有揶揄。参看砂善稔"欧阳修的青词について"，《东方宗教》第 81 号，日本道教协会，1992 年，第 9 ～ 12 页。
③《死の思想と道教》，《讲座道教第四卷　道教と中国思想》，雄山阁出版，1990 年，第 125 页。

三　"上帝""天"

1. "上帝"与道教诸神之关系

尽管上述诸神均属于道教信仰之谱系，但细读一番，我们便会发现，"上帝"以及"天"的出现频率要远甚于上述道教诸神：

皇矣上帝，本垂溥博之恩。（卷四十八"下元水府祈雨青词"）

六沴相乘，虽阴阳之定数，一民失所，岂天地之本心。（卷四十八"上元节设醮青词"）

伏以天为群物之祖，本覆育以无私。春者四时之先，乃发生之自始，敢为民而致请，冀锡福之惟均。惟江左之承平。（卷四十八"丁丑上元设醮青词"）

冀上帝之好生，悯下民之无告。（卷四十八"谢雨建醮青词"）

上帝至仁，忍弃生灵之命。（卷四十九"祈雨青词"）

但有祈哀而请命，皇矣上帝，仁恩普及于昆虫，今此下民，生意将危于丝发，当穷途而亟救，岂大造之所难。愿轸隆慈，嘿回哀眷，霈然甘霆，膏此大田稼事。（卷四十九"州治设醮青词"）

亢旱为灾，由下民之有罪。洪恩敷宥，仰上帝之至仁。（卷四十九"祈雨醮词"）

患深挤壑，属当饥馑之余，诚切吁天，愿赐丰穰之庆。嗟惟去岁，骤失有秋……皆人事之所感，夫岂天心之欲然。（卷四十九"天庆观祈祷青词"）

如前所述，不管青词之祷告内容如何多元化与日常化，祷告之对象永远是祷告者所认为的最高神灵。在未指明祷告对象的青词中，作为正统儒家士大夫之真德秀使用"上帝"或者"天""天心"，是很容易理解的。但问题是：在明确祷告对象为道教众神的情况下，真德秀依然在青词中频繁使用"上帝"与"天"：

倘非上帝好生之德，孰救下民阽死之灾。（卷四十八"太乙醮祈雨青词"）

伏以按冲科于黄箓，方藏殊因。瞻瑞相于青华，敬陈忱恂。维下民之赋质，皆上帝之降衷……仰太乙之至仁，实群元之司命。（卷四十八"太乙救苦天尊青词"）

惟好生者上帝之大德，而喜安者下民之至情。（卷四十九"立春日仙游安奉玉皇青词"）

皇皇后帝之仁，忍视涂炭之酷。（卷四十九"告斗祈雨表"）

窃以运行之数，岁无常丰，谴告之威，天有定命，所当恭听其可用陈。曾未越于浃旬，辄荐乾于霄极，盖诚有甚切，而势有至危。（卷四十九"仙游告斗表文"）

性均物则，本由帝之降衷。吏失威怀，致陷身而为贼。（卷四十九"告斗醮青词"）

那么，上述文本中的"上帝"或者"天"与道教之诸神是何种关系？松本浩一曾以《文集》卷五十三的"祭大仙祈雨祝文"为例，力图证明"佛教、道教是在上帝以下的众神之阶层，而并非个别之存在"[①]。该文如下：

呜呼！嘘风霆，喷雨雾，变化倏忽，莫如南台百丈之山。而普照灵泽，实以帝念，典司其间。夫以佛道之尊，仙道之大，固万灵之所听命……未尝有如今日之艰。岂佛与仙之仁无意于救此土之厄乎，抑天时之当尔而天意之未还……吾佛与仙之仁于此，而不亟救，则是置斯人于度外，而坐视其涂炭。昊穹至仁，必不忍以万物为刍狗。吾佛与仙，倘为斯人而力请，则天意一回，化骄阳而为霖雨，殆犹反掌之非难。（下略）

"上帝"主宰天候之变化（"以帝念，典司其间"），而佛道与仙道之神虽然也神通广大，但毕竟位列上帝之下，因此看到人间之生灵涂炭，则当告之于最高神上帝（"吾佛与仙，倘为斯人而力请，则天意一回"），说服上帝降雨而拯救苍生。就该文本之分析而言，松本的解读完全无误。但是否就能由此认为，在真德秀的宗教观中，儒家之上帝

---

① 《宋代道教民间信仰》第一章第五节"祠庙の位置づけと知识人の贡献"，汲古书院，2008年，第125页。

信仰是凌驾于道教、佛教信仰之上的最高神？答案恐怕未必如此。"祭大仙祈雨祝文"属于"祝文"，祝文之格式则可以上溯到《尚书》，其后也一直是作为国家祭祀祷告之文书而具有正统地位。考虑到祝文的公开性，真德秀在撰写时毫无疑问会更多地顾忌他人之看法或者正统意识之审视，这一点小岛毅早已有所提及。那么由祝文之书写而推导作者本人之思想，就更需要多角度地考察与验证。例如朱熹在淳熙十七年（1180）七月作"祈雨文"[①]，吹田安分析该文体现了最古老的祝文思想，亦即言语形咒术亦即行动咒术的两大要素，这种祝文的原型是《尚书·金縢篇》，朱熹的"祈雨文"中所体现的对神之胁迫、威吓之态度，与《金縢篇》如出一辙[②]。那么我们是否能说朱熹对"神"之态度便停留在咒术信仰阶段？答案显然是不能。

就真德秀之情形而言，从本文所列举的上述以道教诸神为题的青词中所出现的"上帝"或者"天"的用例来看，我们很难找到松本所说的"上帝＞佛道诸神＞龙王（司降雨）"这样统合三教、并明确以儒教之上帝为排他性最高神的层级结构。以《文集》卷四十九对北斗的祷告为例：

（A）蠢蠢黎元之命，殆几丝发之危。皇皇后帝之仁，忍视涂炭之酷。期黑回于造化，用哀吁于圣真。恭惟大圣北斗七元尊帝君，斟酌一元，纲纪七政，念此土灾伤之未久，而斯人疮痍之尚新。申敕群灵，大敷渥泽，使欲槁之禾复活，而垂成之谷获登。（"告斗祈雨表"）

（B）恭望大圣北斗七元尊帝君，黑运玑衡，潜移气数，乘立秋处暑之际，敕兴云致雨之神，敷降甘霖，俾成中熟。（"仙游告斗表文"）

在这里，"上帝"与"北斗七元尊帝"应当理解为儒道两系统中并

---

① 《朱文公文集》卷八十六，《朱子全书》第24册，上海古籍出版社，1992年，第4043页。

② 《朱熹〈祈雨文〉发想考》，《汉文学会会报》第36辑。

行不悖的最高神。何以见得？在称颂北斗之权威之后，真德秀希望北斗能命令诸神（"申敕群灵""敕兴云致雨之神"）降雨而拯救生灵。除此之外，对于天尊太乙（或者太乙救苦天尊）、玉皇大帝之祷告之青词也无法发现松本所说的层级结构。

事实上，道教很早就模仿人间之政治秩序而对诸神进行位阶之排列，在两卷青词中，真德秀同样沿用了道教的这一思想，认为诸神之间有上下之地位以及责任之区别，但是在具体的位阶划定上，并没有如松本所说，是将儒家之"上帝"直接置于道教诸神之上，而是与道教最高神不加区别而混用之。因此诸神之层级关系如下：

（儒家之）上帝、天＝道教之最高神（三清、玉皇、北斗、太乙）＞龙王、十王等

而松本的理解如下：

（儒家之）上帝、天＞道教之最高神（三清、玉皇、北斗、太乙）＞龙王、十王等

由于所依据的文本（青词与祝文）不同，本文得出了与松本截然不同的结论。

另外，在对十王真君的两篇青词中，真德秀很明确地指出，十王只是司职地府之神，但其德则合于"天心"[①]。这里就明确地将"十王"置于"天"之下，但是"十王"本身并非道教之最高神，因此并不构成对本文的反驳。

2. 青词书写中的儒家思想要素

在青词书写中，真德秀不仅完全将儒家之"上帝"与道教最高神等量齐观，而且进一步将儒家之价值理解的"上帝"或者"天"之观念进行普遍化。此又是一大特征。由上文列举的相关例子，可以总结出如下几点：

A. 上帝创生万物之生命（"伏以天为群物之祖，本覆育以无私"），

[①] "恭惟十王真君殿下，职司地府，德合天心。"（卷四十八"黄箓十王表"）"伏以十真列位，虽严地府之司，一德主生，实体天心之运。"（卷四十八"十王表"）

万物之本性亦由上帝所赋予（"性均物则，本由帝之降衷"）。

B. "仁"或者"好生"为上帝之德（"一民失所，岂天地之本心"）。

C. 上帝主宰万物之命运，但此主宰并非肆意，而有定数，或出于天谴（"运行之数，岁无常丰，谴告之威，天有定命"）。

作为造物主之上帝众所周知，不多赘述。"性均物则，本由帝之降衷"，此依据《尚书·汤诰》"惟皇上帝，降衷于下民"，《文集》卷三十答门人问曰："衷，谓无过不及，而至善之理也。上帝以此理畀付于人，人之所得以为性者也。"真德秀的解释源出朱熹：

> 德元问："《诗》所谓秉彝、《书》所谓降衷一段，其名虽异，要之皆是一理。"曰："诚是一理、岂可无分别。且如何谓之降衷。"曰："衷是善也。"曰："若然、何不言降善而言降衷。'衷'字，看来只是个无过不及、恰好底道理。天之生人物，个个有一副当恰好，无过不及底道理降与你。"①

简单地说，真德秀沿袭了朱熹的看法，将"帝之降衷"理解为上帝赋予万物各自之本性，人作为万物之灵，继承了天地生生之大德，故性善。

接下来看 B。"冀上帝之好生""上帝之至仁"，此类说法有很多，也出自儒家思想传统。《周易·系辞下》曰"天地之大德曰生"，"生生之谓易"。在宋代，"生生"又与"仁"结合起来，形成了"天地之德＝天地之心＝生生＝仁"的图式。朱熹在二程的基础上，进一步明确了"盖仁之为道，乃天地生物之心"②的宗旨。从下面的材料我们不难看出，真德秀对"生生"和"仁"的看法也完全继承了朱熹一派理学家的看法：

> 盖天地造化，无他作为，惟以生物为事。观夫春夏秋冬，往古来今，生意流行，何尝一息间断，天地之心于此可见。万物之

---

① 《朱子语类》卷十八。
② "天地以生物为心者也，而人物之生，又各得夫天地之心以为心者也……然一言以蔽之，则曰仁而已矣。请试详之。盖天地之心，其德有四，曰元亨利贞，而元无不统……盖仁之为道，乃天地生物之心。"（《朱文公文集》卷六七，《朱子全书》第23册，第3279～3280页）

生，既从天地生意中出，故物物皆具此理，何况人为最灵？宜乎皆有不忍人之心也。①

A 和 B 在朱子学体系中是统合一致的思想，换句话说，上帝创生万物，此"生生"之行动本身就体现了上帝之"仁"，上帝不仅赋予万物生命，还同时赋予万物各自之本性，因此人生而即性善，此即是继承了上帝之"好生"或者说"仁"之德的缘故。

最后看 C，即上帝对万物命运之主宰。在这里，本文以所谓"祈雨祈晴"文为例。依据小岛毅之统计，此类青词在两卷中共计 27+19=46 篇，占到 139 篇中的四分之一左右。在古代农业社会，天候在很大程度上能左右农业之收成。一旦出现旱涝等灾害性天气且持续不止，不仅农业经济会受到严重打击，粮食之匮乏会直接导致大范围的饥荒，甚至进一步引发社会动乱。故自古以来，作为统治阶级的儒家对于天候变化就极为关切，很早就形成了一整套天人互动的合理性解释和实践体系。对此，可以归纳出如下三点：

其一，旱涝（以及蝗灾等）灾害之出现，直接原因是为政者（在古代主要是皇帝，之后范围扩大为地方官）之失德所致，与一般庶民无关。

其二，上帝本心好生，但为了惩罚为政者之失德，就通过发动灾异现象来警告为政者。在阴阳五行理论兴起之后，也可以阴阳二气之失和进行解释，但阴阳之所以失和，其原因仍然是为政者之失德。天谴论与阴阳感应论在大多数情况下是并行不悖的解释。

其三，为政者见此灾异，必须反省自身之过错，一方面举行宗教仪式，祈求上天之宽恕，另一方面修德正心，推行各类政策以弥补过失。

由以上三点即可看出，在儒家看来，天降灾异绝非偶然，而是为了警示为政者，在更深层次的意义上，是上天对天下苍生之仁慈（上帝委托"天子"统治天下，天子失德直接违背了上帝的"好生"之德）。真德秀的祈雨、祈晴青词完全符合上述三点。

① 真德秀《大学衍义》，华东师范大学出版社，2010年，第 78～79 页。

农方望岁，幸早稼之告登。政有干和，致阴霖之为沴。洗心思咎，顿首祈恩。伏念臣再忝郡符，屡周月琯，曾微惠利俾民，瘝之昭苏，独有愆尤，烦天威之谴告，始则示常旸之罚，今焉召滛雨之灾，皆薄德之自贻，岂至仁之所欲……愿轸生灵之命，俯垂化育之恩，宣阳曜以破昏霾，扬清风而散蒸鬱，锡以兼旬之霁，保其终岁之功。若其狱讼之滋繁，与夫刑罚之乖戾，幽枉之情，岂无未达，叹愁之气，或有未伸。初非有众之辜，时乃微臣之罪。恐惧修省，誓殚朝夕之诚，覆载生成，永赖乾坤之造。（卷四十九"云榭设醮祈晴青词"）

在上文中，真德秀开篇即说"政有干和，致阴霖之为沴"，因为自己不德，作为执政官一上任即遭遇旱灾，之后又是阴雨连绵（"独有愆尤，烦天威之谴告，始则示常旸之罚，今焉召滛雨之灾"）。灾异之出现均为上帝对为政者之谴责，而与庶民无关①（"皆薄德之自贻，岂至仁之所欲""初非有众之辜，时乃微臣之罪"）②。

现在灾异已降，作为牧民官的真德秀诚惶诚恐，一方面设醮对天祷告，另一方面反省自己的为政之过失："若其狱讼之滋繁，与夫刑罚之乖戾，幽枉之情，岂无未达，叹愁之气，或有未伸。"值得注意的是"祈晴"与"狱讼刑罚"之间的联系③，这种"同类相感"思想古已有之，例如《礼记·月令篇》曰："季春行秋令，则天多阴沉，淫雨早降，兵革并起。"王充《论衡》第四十六章曰："人君亢阳致旱，沉溺致水。"董仲舒则进一步将阴阳五行、天人感应思想结合起来，认为天之阴阳

① 关于古代的祈雨、祈晴方面，先行研究有很多，例如吹野安《中国古代文学发想论》第三章"中国古代止雨祝·发想考"，笠间书院，1986年。
② 事实上，不仅旱涝之天灾，即便是对于起而造反的贼寇，真德秀也一再强调，人皆性善，"落草为寇"实为"官逼民反"而民不得不反，故直接责任仍在于官而不在民："性均物则，本由帝之降衷，吏失威怀，致陷身而为贼。"（卷四十九"告斗醮青词"）"绿林煽祸，嗟邻境之罹殃，黄箓荐诚，冀高穹之垂悯，属举告盟之礼，敢殚哀吁之辞，惟时汀邵之民，本非好乱，况值圣明之世，皆欲安生，祇缘牧御之乖，宜致使披猖而为患。"（卷四十九"黄箓建坛青词"）
③ 又如："嗟惟去岁，骤失有秋，始由积潦之过多，重以严霜之早陨，阴沴侵而阳弗竞，既以奸和，杀气盛而生不蕃，莫能遂物，兹皆人事之所感，夫岂天心之欲然。"（卷四十九"天庆观祈祷青词"）也同样是沿用了天人感应的同类相感原理。

失衡实际上是由人间秩序所致。若阴雨不断，则是阴盛阳衰。

> 天有阴阳，人亦有阴阳。天地之阴气起，而人之阴气应而
> 起。人之阴气起，而天之阴气亦宜应之而起。其道一也。明于此
> 者，欲致雨，则动阴而起阴，欲止雨，则动阳而起阳。(《春秋繁
> 露·同类相动》)

"阴主刑杀"，故为政者需要检点刑罚狱讼是否过重、是否有冤案冤狱
等。通过平反冤案以及量刑从宽等措施，扶阳抑阴，以求上天之感应。
真德秀的祷告也是如此。

四　儒道之间的调和论与矛盾

由以上之论述，不难得出如下结论：即便是采用道教的青词和斋
醮，在真德秀的青词书写中，儒家传统思想和要素依然清晰可见。尽
管如此，真德秀尊信朱熹，其学术思想之主干也毫无疑问属于朱子学。
即便排除儒家正统意识中的情绪成分，单纯就理论结构与主张而言，
朱子学形态的儒学与道教思想事实上也存在着难以逾越的鸿沟。

首先，天子以下的臣或者庶民是否能够祭祀最高神（上帝、玉皇
等）或者向最高神祷告？在古代，祭祀天地为天子之排他性特权。神
域既然与人间一样是具有等级体制，那么人间的祭祀与祈祷也应当与
之相应，用史华兹的话就是 "官僚制表象"[1]。朱熹确立了宇宙论规模
的理气思想，在理气论框架下，天与天子相关，诸侯与山川相关，人
祭祀与己不相关之神灵便是僭越：

> 叔器问："天子祭天地，诸侯祭山川，大夫祭五祀，士庶人祭
> 其先，此是分当如此否？" 曰："也是气与他相关。如天子则是天
> 地之主，便祭得那天地。若似其他人，与他人不相关后，祭个甚
> 么？如诸侯祭山川，也只祭得境内底……" 又问："如杀孝妇，天
> 为之旱，如何？" 曰："这自是他一人足以感动天地。若祭祀，则

---

[1]《古代中国的思想世界》，江苏人民出版社，2004 年，第 384 页。

分与他不相关，如何祭得？"又问："人而今去烧香拜天之类，恐也不是。"曰："……某说人家还醮无意思（一作'最可笑'）。岂有斟一杯酒，盛两个饼，要享上帝！且说有此理无此理？某在南康祈雨，每日去天庆观烧香。某说，且谩去（一作'且慢'）。今若有个人不经州县，便去天子那里下状时，你嫌他不嫌他？你须捉来打，不合越诉。而今祈雨，却如何不祭境内山川？如何更去告上帝？"①

包括祭祀祖先时候的"祖考来格"在内，朱熹的思考都属于本文第三章最后提及的"同类相感"原理。不同类的祭祀既是对礼法与社会秩序之破坏，也不会有真正的效果。朱熹讥笑道教之斋醮"岂有斟一杯酒，盛两个饼，要享上帝"，他认为，如果是地方性上祈雨，则应当祭祀该区域内的山川神灵，而不应当对上帝祷告。

作为朱子学者，真德秀对尊师的思想自然是了然于心的，在卷四十九"代周道珍黄箓普说"一文中，他预想了正统儒家以及朱子学者之攻击，而有如下之论：

① 世之辟道教者，或谓上帝至尊，惟国家可以郊祀，而以臣庶行之，则几于僭，或谓祸福有命，不可以求而致，不可以倖而免。今之斋醮，其名曰禳灾集福，是福可求，而祸可免也，则几于妄。此皆儒者正大之论，安得而非之。然非国家不可以祀天者，礼之正也。若臣庶之微，精诚迫切，有动于中，则往往吁天地、叩神明以自救。故曰"人穷则呼天"，又曰"恶人斋戒沐浴，则可以祀上帝"。道家醮法，特以伸臣庶哀吁之诚，而非郊祀之比也。

与此相类似的说法：

② 大哉天道之至仁也。书曰"号泣于旻天"，又曰"无辜吁天"。传曰"人穷则呼天"。天之为天，盖可以号而恕，可以吁而闻，可以嚬而答也。古今载籍所传，若五月飞霜，白虹贯日等事，不一而足，则知天道虽远，而民之嚬呻叹惜，未尝不亟闻，未尝

---
①《朱子语类》卷九十。

不亟应也。世徒见寻声赴感之号，出于道家者流，遂以为眇芒荒幻，无所究诘，而不知自昔圣贤已有是言。古今天下实有是理，特儒者言其常，道家纪其异，有不能同尔。（卷三十五"太一天尊应验录"）

在资料①中，真德秀首先肯定了"天子祭天地"的儒家正统说（"此皆儒者正大之论"）。但接下来他笔锋一转，强调在非常时期与时刻，臣民迫不得已而对天呼号祈祷，此并不构成天子祭天的排他性特权的威胁或者否定（资料②基本上就侧重于此），并以"号泣于旻天""人穷则呼天"的儒家古典之说法为证。事实上，在刚才所举朱熹与弟子义刚的问答中，义刚就问道："如杀孝妇，天为之旱，如何？"朱熹的回答是："这自是他一人足以感动天地。若祭祀，则分与他不相关，如何祭得。"换句话说，在儒家感应论体系中，一人之至诚或者相关行动能够打动天地，但并不能由此就推论任何人都与天相关，故只有天子才能祭祀天地。在朱熹看来，像道教那样臣庶皆可设醮对上天祷告，是荒唐无稽之事。对此，真德秀强调天人之感应的普遍性，这一点与朱熹相同，但是另一方面，真德秀强调臣庶之设醮祈祷是非常之举，故不属于"祭祀"范围，僭越也就无从谈起。

真德秀以上主张的最大依据，就在于"精诚迫切，有动于中，则往往吁天地、叩神明以自救"，亦即臣庶祈祷的非日常性与紧迫性。在祈雨、祈晴、包括家人患病而祈求安康等情况下，真德秀的说法确实很有说服力。不过问题就在于，真德秀本人的青词书写并非都出于"情非得已"而"人穷则呼天"。例如道教最重要的"三元日"，即正月十五上元日、七月十五中元日和十月十五下元日，是天、地、水三官"先于三会日考校罪福，至三元日上奏金阙，以降祸福"（《天皇至道太清玉册》卷七）①。在两卷青词中，在三元日进行祈祷的至少有 20 余篇，例如：

三元纪节，兹临锡福之辰。十国为连，适际牧民之始。敢殚

---

① 转引自《中华道教大辞典》，第 1507 页。

诚而有祷，冀蒙覆以均安。（卷四十八"潭州上元建醮青词"）

居官无补惧，获谴于幽明，赦过有期，敢投诚于穹昊。伏念臣猥惭愚劣，积冒清华，虽戒谨自将，粗守不欺之节，然操持或庚，岂无可录之愆。窃自省循，每深震惕，惟上圣以好生为德，而中元乃宥罪之辰。肃藏醮筵，敬陈忱祷，冀蒙覆护，俾逭忧虞，上奉亲慈，愿延眉寿，下将孥指，均遂燕宁，但无非意之灾，即是殊常之福，自余僭悃，不敢妄陈。（卷四十八"保安设醮青词"）

千里分符，存任宅生之寄。三元肇序，适当锡福之辰。端一意以致祈，为群黎而请命。（卷四十九"上元设醮青词"）

当然，在三元日所写的青词中，不少内容都强调生民之穷困与潦倒，祈求上天之垂恩与降福，但由此是否能认定所有元日的青词书写都属于"人穷而呼天"？这很值得怀疑。更何况，真德秀还有不少为自己生辰或者母亲生日所写的青词，此类书写一方面依据道教信仰对于时日之选择的理论，另一方面，由时日之固定化与日常化，祈祷也相应地具有日常化之特征。事实上，儒家祭祀也强调时令，例如皇帝祭祀天地的场合，就是夏至祭地，冬至祭天，在地方官，则在春秋祭祀社稷。

由此可见，真德秀强调道教斋醮的非日常性，以此规避儒家正统"非礼之正"的谴责，其说服力是很有限的。

另一方面，在祈祷风调雨顺时，不仅祈祷对象需要与祈祷者之身份地位相匹配，朱熹还很强调祈祷者之"诚"。所谓"大抵'诚'字在道为实有之理，在人则为实然之心"[1]，是一种"合内外之道""表里如一"[2]的状态。

问："'祭神如神在'，何神也？"曰："如天地、山川、社稷、五祀之类。"曰："范氏谓'有其诚则有其神，无其诚则无其神'，只是心诚则能体得鬼神出否？"曰："诚者，实也。有诚则凡事都有，无诚则凡事都无。如祭祀有诚意，则幽明便交；无诚意，便

①《朱文公文集》卷四十六《答曾致虚》，《朱子全书》第23册，第2123页。
②《朱子语类》卷二十三。

都不相接了。"曰:"如非所当祭而祭,则为无是理矣。若有是诚心,还亦有神否?"曰:"神之有无也不可必,然此处是以当祭者而言。若非所当祭底,便待有诚意,然这个都已错了。"①

在资料①的后半段,真德秀同样强调斋醮与祈祷者之诚敬的内外一致性。

> 盖诗有之,"上帝临女,无贰尔心"。又曰"皇矣上帝,临下有赫"。……凡此皆言上帝神明,近与人接,不可斯须之不敬,不可一念之不诚也。(A)道家则又推言居处宫殿之名,冠冕车服侍卫威仪之列,又谓众真百灵,皆有貌象,其为宫观,则拟而效之,至于醮事之修,俯伏拜跪,俨然如风马云车之来下,虽其说似与儒者异,然其为教,不过欲启人肃敬之心,使见者凛然知天地神祇之临其上,则邪意妄想,自然消弭,善端正念,自然感发,亦岂为小补哉。今者宝醮将成,伏愿斋官道众,凡预此会者,各体前圣垂戒之言,与道家设教之指,清净其身心,端一其志虑,毋谓高远为可欺,毋谓杳冥为可忽。(B)夫古人之于祭祀,必三日斋、七日戒者,盖非诚敬之极,不可以交于神明。所谓戒者,肃然警惧之谓也。所谓斋者,湛然纯一之谓也。故易曰"斋戒以神明其德",而宗元吴先生著《元纲论》,亦曰:"非斋戒则真不应。"今日但以不饮酒不茹荤为斋戒,而不知斋戒之义,非止于此。方其散斋七日,则肃然警惧,犹履薄临深之可畏,及致斋三日,则湛然纯一,心如止水,寂然不动,无思无为,如是而后为精诚之极,神之听之,介尔景福,庶乎其可必矣。

道教不仅设想了诸神的人格化和住所、侍从之具体形象等细节,在设醮祷告的具体仪式上也是大费周折。在 A 段落中,真德秀指出,道教的以上对外在化的形式、表现看似与儒家"对越上帝"之教不同,实则目的都是启发人的肃敬之心与诚意。接下来的 B 段落,真德秀以古代之三日斋、七日戒为例,指出儒家同样也强调斋戒之形式,同时

---

① 《朱子语类》卷二十五。

对"斋戒"进行了内在化的诠释("戒者，肃然警惧之谓也。所谓斋者，湛然纯一之谓也")，道教之斋醮仪式也同样如此。因此，儒家以及朱熹强调"诚"与道教的斋醮科仪并不矛盾，都要求祈祷者内则肃然警惧、外则设置宗教仪式与斋戒，由此达到内外相应一致的状态。

然而，从另一个侧面来看，真德秀一再强调道教斋醮的外在形式之隆重性与内在的一致性，这在某种程度上却更会引起儒家士大夫以道教斋醮为僭越之举的批判。就儒家的立场而言，在无法扭转民间崇信道教诸神以及相关之科仪的情况下，作为地方官而采取道教之斋醮仪式，是如孟子所说的"同民之好恶"，但如果进一步要求"表里一致"，那么"神道设教"式地表面承认道教诸神、内心则坚持儒家之信仰的做法就失去了相应的合法性。就最高神之信仰而言，尽管在《尚书》《诗经》等儒家古典中的"上帝"明显带有人格神之特征，但在宋代，尤其是程朱理学这里，一方面理学家对古典的上帝之人格化不予否认，另一方面，在进行正面论述时，他们便极力抹杀上帝或者天的人格神成分：

> 周问："'获罪于天'，集注曰'天即理也。'此指获罪于苍苍之天耶？抑得罪于此理也？"曰："天之所以为天者，理而已。天非有此道理，不能为天，故苍苍者即此道理之天，故曰'其体即谓之天，其主宰即谓之帝'。如'父子有亲、君臣有义'。虽是理如此，亦须是上面有个道理教如此始得。但非如道家说，真有个'三清大帝'着衣服如此坐耳。"[1]

在这里，朱熹明确地否定了天的道教式人格化与形象化（"但非如道家说、真有个'三清大帝'着衣服如此坐耳"）。事实上，在《文集》中，我们也不难找到真德秀继承程朱理学思想的材料："问文章性与天道……天者，指其理之自然而言（阴阳五行之理是也）"。（卷三十一）但在资料①中，真德秀所介绍的道教信仰对神之看法，就很明确地倒向了人格化，甚至可以说极端世俗化的方向："冠冕车服侍卫威仪之列，又

---

① 《朱子语类》卷二十五。

谓众真百灵，皆有貌象，其为宫观，则拟而效之，至于醮事之修，俯伏拜跪，俨然如风马云车之来下。"从前面所引用的资料来看，真德秀认为最高神具有人格与感情，故能通过祷告或者陈情而改变天意，例如："六沴相乘，虽阴阳之定数，一民失所，岂天地之本心"（卷四十八"上元节设醮青词"），又例如为母亲祈祷："天覆物以无私福，岂容于幸。致子为亲而有祷情，益出于可怜。愿垂临下之仁，俯察曲衷之恳"（卷四十八"为母醮星青词"）。而在对阴间超度的诸多黄箓醮青词中，真德秀对于死后世界之描绘更是完全超出了正统儒家所可能容忍的范围：

> 伏以十真列位，虽严地府之司，一德主生，实体天心之运。敢殚忱悃，冒渎威神。窃以民本秉彝，畴非好善，情因逐物，乃至失真。皆缘一念之差，致堕九幽之苦业。报虽由于自作，愚冥实出于无知。恭惟十王真君殿下，圣德高深，神功浩博，愿垂慈悯，俯徇恳祈，推上穹覆育之仁，拔下土沉沦之众。琼章宝箓，俾乘超度之缘，火翳剑林，化作清源之境。（卷四十八"十王表"）

在这里，我们需要换一个角度进行思考。正如小岛毅所指出的："作为地方官之第一任务是民政安定，由此肩负着确保粮食稳定的责任，他们对于饥馑之恐惧也是理所当然。"[1]对于真德秀而言，为了达到"民政安定"或者"超度众生"之目的，那么不管他是儒家、道教亦或是佛教之神灵，只要能够见效，就都值得拜谒与祈祷。在这里，"诚"所指向的应当是：

A. 救济众生与庶民之志愿，此中不掺杂任何私心杂念；

B. 只要相信某神有灵验，那么对该神祈祷之时就完全相信该神，而不管其是否属于佛老之异端。

嘉定十一年（1218），真德秀因"冲应善利灵济真人"（以下简称"蔡真人"）之灵验而上报朝廷，蔡真人得到朝廷之承认而获得"昭博"二字之封号追加。真德秀强调，同样是对道教之崇信，宋代以前的王

---

[1] 小岛毅《牧民官之祈祷——真德秀的场合》,《史学杂志》第 100 号，1991 年。第 61 页。

朝之皇帝都是为了一己之私而祈求长寿与幸福（"希长年、祈福应"），故受到后世之耻笑；而我宋朝之皇帝则不然，既然天子之位是上天委托自己治理天下之所赐，则当一心为天下苍生，故只要是能呼风唤雨、消除灾异之神，不管此神是儒家正统所承认的山川祠庙，还是佛教道教之众神，皆"有功于人"，皆当给予官方之承认与嘉奖。事实上真德秀的说法某种程度上可以视为是"夫子自道"。

> 臣窃观前世人主，崇尚道家神仙之说者，大抵以希长年、祈福应，往往受欺①方士，为百代嗤。惟我圣朝，受天眷命，以作神主，凡老氏浮屠氏、与山川祠庙之灵，惟能时雨旸、弭灾沴，有功于人者，乃始锡号名秩祀典，否则虽奇怪诡特，有不与焉。盖志在斯民，而不自为此，其所以夸绝前代也。又惟真人之清虚澹泊，未尝震耀威福，以警动世俗耳目，而民之归仰，自不能忘。朝廷褒封之典，自不能已。亦犹有道君子，为善于幽隐闃寂之地，不求人知而卒不可掩，岂不尤可贵也哉。（《文集》卷三十四"蔡真人诰碑"，1219 年所作）

站在近乎功利主义（边沁开创的功利主义本就是为最大多数人之幸福考虑，而不是现代人所理解的自私自利之算计）的立场，真德秀在宗教问题上最大程度地淡化了儒家，尤其是朱子学的正统意识。由此，我们也就不难了解真德秀的"儒道调和论"一再受到后儒诟病的缘由。

在结束本章讨论之前，还有一点需要考虑。尽管真德秀出于"为民祈福"而频繁写下青词并斋戒设醮，但事实上，如果我们对比《文集》前几卷中真德秀对皇帝的上奏文书，就会发现对于祷告设醮这一行为本身，真德秀的态度有非常大的不同。

> ③（A）天佑民而作之君，其爱之深，望之切，无异亲之于子，君之于臣也。故君德无愧，则天为之喜，而祥瑞生焉，君德有阙，则天示之谴，而灾异形焉。灾祥虽殊，所以勉其为善，一

---

① 万历本、嘉靖本均作"媒"，据四库本改为"欺"。

也……（B）而比者乾度告怨、星文示异、乃叠见于清台之奏……况今年虽告稔，民食仅充，然荐饥之余，公私赤立，如人久疾，甫获瘳而血气未平，筋力犹惫，药败扶伤，正须加意朝廷之上，未可遽忘矜恤之念也。（C）恭闻间者内廷屡藏醮事，固足以见陛下畏天之诚，然而修德行政者，本也，禬禳祈请者，末也。举其末而遗其本，恐终不足以格天。矧今冬令已深，将雪复止。和气尚郁，嘉应未臻，此汉人所谓天有忧，结未解，民有怨望未塞者也。臣愚不佞，（D）伏望陛下体昊天仁爱之意，思星文变动之由。延访近臣，勤求阙失，推行惠政，以活斯民，则愁叹销于下，而休证格于上矣。（卷二"辛未十二月上殿奏札一"（时为著作佐郎），1211 年所作）

④（A）昔人有言，凡举大事，必顺天心。（B）夏秋以来，积阴多雨，阳泽弗竞，而乾文示异，数见于清台之占。因人事以推天心，殆有甚可惧者。（C）臣是以复进祈天永命之说也，然所谓祈者，岂世俗小数诏渎鬼神之谓也……（D）敬者德之聚，能敬必有德。近世大儒，皆谓敬者，圣学之所以成始成终也。陛下圣学高明，固尝以"毋不敬"之言，揭诸坐右，朝夕仰视，如对神明，然所以害我敬者，则不可不察也。仪狄之酒，伐德乱性，此害吾敬者也。南威之色，荡心惑志，此害吾敬者也……陛下于此心肃然自持，曰："优笑在前，贤才在后，昔人之所以取亡也，其可不戒乎。"……然召公既曰"敬德"，又必以"小民"参之，何耶。盖天之时听，即民之视听，民之向背，即天之向背也。（卷十三"召除户书内引札子一"（九月十三日选德殿），1234 年所作）

两篇奏札之间时隔二十余年，但在内容与结构上具有一致性：首先论述人事与天意相互感应之理论（A），其次陈述今日天下之形势与隐患（B）（资料③："今年虽告稔，民食仅充"，"星文示异"资料④："夏秋以来，积阴多雨"，"阳泽弗竞，而乾文示异"），再次，批评皇帝大举斋醮，而不重修德行政（C），最后，要求皇帝修德居敬，积极推行各种仁政，以合天心（D）。

对比先前所分析的祈雨、祈晴青词，在奏札之主张与两卷青词所体现的思想之间，主要是 C 部分存在着重要差异。例如在资料③中，真德秀并未完全否认举办斋醮之必要性，因为这正说明皇帝有"畏天之诚"，但是与此相比，更重要的是"修德行政"，此为"本"，"禬禳祈请者，末也"。在资料④中，真德秀则用更加强烈的语气，否定自己在端平新政时期向宋理宗所提出的"祈天永命"之说与斋醮敬拜鬼神的关系（"岂世俗禬禳小数诒渎鬼神之谓"）。从以上两则材料我们可以看到，真德秀反复强调皇帝本人之道德修养以及具体政治措施之实践的重要性，尽管整个论述的框架依然是围绕古代天人感应和灾异说[①]的框架进行，重点则很明显放在"人事"上。这一点与两卷青词中频繁出现的"人力不胜天意"的说法形成了鲜明对比：

　　顾人力驱扑之甚难，惟天意转旋之孔易。（卷四十八"丙子芒种谢麦禳蝗青词"）

　　遗粟散缗，曾无虚日，虽勉修于人事，终未弭于天灾。（卷四十八"为民祈安设醮青词"）

　　惟化工之是赖，匪人力之可能。（卷四十八"潭州上元建醮青词"）

　　虽为仁由已，而成功则天。（卷四十八"湘春堂建醮青词"）

　　生灵何辜，重罹猛兽之害……仰祈造化之恩，亟拯黎元之命，神功嘿运，遂除南山白额之妖，害气自销，不待东海赤刀之祝。（卷四十九"上元设斗醮禳虎青词"）

　　伏以足食安居，实民生之至愿。弭灾销患，岂人力之可能，僭乾造化之仁，庶保黔黎之命。[卷四十九"仙游设醮青词"（八月十二日常山寇破江山迫近乡邑九月十一日设醮）]

――――――――――――――

[①] "忠臣之心，惟恐人君不畏灾异。魏相之以逆贼风雨告宣帝是也。奸臣之心，惟恐人主知畏灾异，国忠谓霖雨不害稼，以欺明皇是也。盖人主知畏天灾，必求己过，必更弊政，必去小人，此忠臣之所乐，而奸臣之所不便也。故其操术不同如此。近世王安石，遂有天灾不足畏之语。吁！莫大于天，莫神于天，而犹不足畏，则尊居人上，复何所惮耶？嫚天欺君，其罪不在国忠下可胜诛哉。"（《大学衍义》，第 324 页）

不仅旱涝蝗灾，即便是面对贼寇或者猛兽，真德秀也设醮祈祷，反复强调"人力"之有限与"天意"之超越。由此看来，真德秀的行为与其主张似乎出现了"表里不一"的矛盾。不过，此矛盾并非不可解决。

其一，真德秀在青词中虽然主张"成功则天"，但并不意味着其放弃"为仁由己"。换句话说，其自身也重视修德与行政，先前分析过的"祈晴"与"狱讼刑罚"就是一例。

其二，在气的关系上，天与天子是直接相关的，因此相对于臣庶而言，天子通过修德内省与改善行政能更直接地影响天意。

其三，虽然斋醮祷告是"末"，但在实践此宗教仪式时，必然要求全身心之投入与虔诚，不能因为此事为"末"而轻视之。

由以上三点可知，真德秀频繁设醮祷告上帝，与他对于宁宗和理宗的进言中贬低斋醮祷告的事实并不矛盾。在面对皇帝时，真德秀需要强调皇帝的主体性，故以斋醮为"末"。而作为地方官，其自身之实践能扭转天意的可能性要小很多，因此在"尽人事"之基础上，更侧重于对上帝祷告之虔诚。这种侧重点的差异性，在某种程度上同样也是由于书写之目的、对象以及潜在限制所决定。

五 结论

以上，本文以南宋朱子学者真德秀的青词书写为研究对象，考察了真德秀的宗教思想。首先，本文统计和分析了《文集》卷四十八、四十九两卷青词中作为祷告对象的四种道教之神，并指出，其中出现频率最高的"太乙"和"紫微"均与"天之中央"的星辰方位崇拜信仰相关，此信仰自古有之，与儒家的"北辰"乃至朱子学的"太极"思想均有密切联系。

虽然真德秀所撰写的139篇青词均为道教祷告之文书，但是在青词中频繁出现"上帝"和"天"的说法很值得注意，在真德秀看来，"上帝"和道教诸神之间有何种关系？与松本浩一通过对卷五十三的"祝文"的分析，指出真德秀以儒家思想统摄三教的结论不同，在两卷青词中，真德秀在沿用道教的诸神之上下位阶理论的同时，并未将儒家之"上帝"直接置于道教诸神之上，而是与道教最高神不加区别而混用之。因此诸神之层级呈现出如下关系：（儒家之）上帝、天＝道教之最高神（三清、玉皇、北斗、太乙）＞龙王、十王等。其次，两卷青词中所出现的与"上帝"或者"天"之描述均符合朱子学的正统观念，亦即：上帝创生万物并赋予万物以本性；上帝有"好生之德"而"至仁"；上帝主宰万物之命运。本文以出现频率较高的"祈晴文"为例，认为其文本结构逻辑与思想均与古代儒家的天人感应论以及政治观念相符合，唯一不同的只是祷告之对象从地方之山川换成了道教诸神，祷告仪式也是道教之斋醮而已。

从上述分析中，我们可以很清楚地看到真德秀所撰写的青词中所体现的儒家思想与要素，而且从宏观的比较思想史而言，与佛教相比，道教思想与儒家有很多相近之处，但要调和道教与儒家依然很困难——尤其是站在一个正统朱子学者的角度来看。本文设定了三个问题：其一，臣庶是否能够祭祀最高神（上帝、玉皇等）或者向最高神祷告？朱熹依据传统儒家之祷告与身份相符合的理论，对此明确加以否定，而真德秀在预想到儒家正统之反对的情况下，以祷告之非日常性和紧迫性为由，试图避开此诘难。但是本文指出，真德秀所撰写的青词多以"三元日""入宅""生辰"等道教重要节日为背景，这显然不符合"非日常性"的条件。其二，真德秀与朱熹一样，都认为祷告应当"内外如一"，但若如此，"外"即以道教之仪式与方式进行祷告，则此时祷告者之内心是否也必须与"外"而一致，亦即是说、信仰道教之神？在真德秀看来，此不成为问题，重要的是祷告之目的纯粹至善（"为民"或"为公"）以及祷告对象本身之灵验，至于此神是否是道教或者佛教的"异端"之神，这并不重要。其三，真德秀在对皇帝进言之时，强调面对灾异时，皇帝必须以修德勤政为"本"，设醮祈祷为"末"，这是否与两卷青词所反映出的真德秀对祈祷之笃信态度构成某种矛盾？本文认为，一方面由于天人感应理论中皇帝与天之直接感通性，与地方官相比，皇帝之举动更容易改变天意；另一方面，既然本文的分析对象是"青词"，那么在祷告时对神之虔诚（以及对"人力"之自我贬低），均可归于修辞性质。

以上即是本文之主要结论。在结束本文之前，另有两点值得一提。第一，研究对象之文体对书写乃至思想表达之限制问题。作为道教祷告之文书的"青词"，和古老的儒家"祝文"一样，其书写本身就有一定的预设与相应的规范，因此我们在以此类特殊文本作为对象进行研究时，必须对此加以注意：例如松本浩一依据"祝文"而指出真德秀以儒家之上帝统摄佛道诸神的分析，与本文以"青词"为考察对象而得出的儒道调和说之结论，以及第四章最后提到的对皇帝进言时极力贬低设醮祈祷与真德秀的祈祷之频繁与虔诚的态度之间的鲜明反差问题，就文本分析本身而言，不存在谁对谁错的问题。但由此就得出"真德秀依然是以儒家思想为本"或者"真德秀之门派立场已经很模糊"的结论，却未必成立。因为思想家本身在不同场合下，完全可能因诸种主客观之限制而写出思想上大相径庭的文本，我们不能就此简单地认为这是思想家的"人格分裂"或者"表里不一"。作为思想史研究之范式，我们固然需要预设"文本"（text）与"作者"（author）之根本一致性，否则思想史研究就无从谈起。但承认此大前提，并不意味着在任何情况下的任何文本均直接反映作者本人之思想，这也是本文强调"文本"本身的限制性的意义所在。

第二，与第一点直接相关，在"文本"之间出现不相一致甚至自相矛盾的情形下，我们能否对何者是"作者"之本意而做出判断，还是说如后现代思想那样，直接判定"作者已死"，我们所能理解与分析的只是"文本"？这牵涉到思想史研究最根本的方法论问题，在此无法详细展开。就本文的研究对象真德秀而言，他长期受到儒学内部之批评与指责，李穆堂的"出沉溺于二氏之学"是很典型的说法，这种批评预设了真德秀的青词书写以及祷告行为与其思想是完全一致的。在近年的思想史以及史学研究中，不管是小岛毅还是松本浩一，均强调真德秀是站在"牧民官"之立场而"为民祈祷",这种理解的潜在前提可能是"神道设教"。事实上,前川亨在分析与比较真德秀与权相史弥远的宗教政策之相似性的论文中,更明确地表达了这种理解:

> 对于佛教、道教,他(笔者按:真德秀)的态度保持了一贯性:一方面强调作为"人治"的朱子学立场,另一方面,作为"人治"无法企及的领域而存在的佛教、道教的咒术性,采取保存或者保护之态度,以维持对人民的政治支配为目的,将其(佛教与道教的咒术信仰)作为手段而加以利用。正如 Max Weber 所指出的那样——为了维护家产官僚制,对民众所信仰的"咒术之园"(Zaubergarten),采取仿佛自己也对咒术崇信的态度来进行保存,并由此达到延续传统主义之支配之目的的存在,这正是儒教合理主义之特性(Konfuzianismus und taoismus. Gesammelte Aufsätze zur Religionssoziologie, Band Ⅰ)——以上结论就朱子学而言,对从真德秀开始的(笔者按:朱子学官学化)典型形式是完全妥当的。[①]

撇开对韦伯的"儒教合理主义"之评价问题,前川亨对真德秀本人的宗教思想之把握,就上述引文中即可看出是"神道设教"之理解。但是,即便不参照《文集》《大学衍义》等其他文本,就卷四十八、四十九两卷而言,真德秀留下了 10 篇"生日设醮青词"以及 9 篇为母亲祷告的青词,这些青词显然不属于"为民祷告"之范畴,如果真德秀本人并不相信道教之诸神以及斋醮祷告之有效性,他为什么还通过这种形式来为自己以及家人祈祷,便完全不可解。讨论真德秀本人的宗教思想[②],仅以《文集》最后几卷的青词、疏语以及祝文为研究对象,

---

① 《真德秀の政治思想——史弥远政权期における朱子学の一动向》,《驹泽大学禅研究所年报》第 5 号,1994 年,第 78 页。

② 事实上,相对于同时代的其他理学家,例如陈淳、黄榦,包括其挚友魏了翁、真德秀本人的非合理主义的倾向要强很多。例如孙先英就曾统计过,与真德秀有往来的各种术数之人、道士不下二十人(《真德秀学术思想研究》,上海人民出版社,2008 年,第 56~59 页)。其相信阴阳五行以及占星术,大概是没有疑问的。就两卷青词而言,例如卷四十八"立冬日祈禳青词"的标题左边就有双行注"十月七日也至十七夜有紫微垣宫室之梦",又如同卷的"为母醮星青词"中,真德秀写道:"比诹日者之言,载考星缠之运,谓不无于屯否,当豫致于祈禳。重以微踪,属将满秩,计其行役之际,必在祁寒之时。"均可为旁证。

或者由于其正统朱子学之立场而预设"神道设教"之前提，都存在片面性与局限性，这也正是本文引用《文集》中真德秀对皇帝的两篇上奏的原因所在。

综上所述，在不导入元理论、元批判的情况下，我们至少需要更多地考察真德秀的多种文本所体现的思想之间的差异性与同一性，在此基础上谨慎地进行综合分析与判断，由此，我们才可能逐步接近真德秀本人的立场。

动静与阴阳一二

赵金刚（中国社会科学院）

　　理一分殊的一重含义是天理和万物之理的关系，而气是构成万物的"质料"[1]，那么理一分殊在一定的意涵上也可以表现为气的种种关系，我们似乎可以承认，在朱子那里有一命题可以称作"气一分殊"，它是理一分殊在万物层面上的具体落实。陈来先生在论述朱子"四德"思想时讲："论元亨利贞、仁义礼智都不能离开一气阴阳四时五行这些宇宙论要素，从而使得元亨利贞、仁义礼智也成为与一气阴阳纠缠在一起的流行实体了。"[2]性理与气的关系十分密切。朱子讲：

　　　　圣人系许多辞，包尽天下之理。止缘万事不离乎阴阳，故因阴阳中而推说万事之理。[3]

　　万事万物之理可以从阴阳的变化中去把握，阴阳的变化本身就是理的体现。当然，在朱子的思想当中，阴阳并不一定就是表示两种具有差异的气，阴阳也可以用来表示对待关系。"理学倾向于把'阴阳'作为普遍的哲学分析方法。"[4]然而，如果我们分析，就会发现这两种用法的同一性，尤其是表示对待关系的阴阳的基本含义与阴阳作为气的基本规定具有一致性。表示对待关系的阴阳的思维模式同样体现在朱子对于气的论述当中。

　　"气一分殊"的根据还在于理一分殊，也就是万事万物的差异是"自然之理"，更为重要的是气根于理而有动静是气的根本属性。

---

① 当然，需要指出的是，气作为"质料"并不能完全等同于亚里士多德"四因说"当中的"质料"，也不能完全地与唯物主义的"物"对应。

② 陈来《朱子四德论续说》，第 43 页。

③〔宋〕黎靖德编《朱子语类》第六册（以下简称《语类》）卷六十五，第 1608 页。

④ 陈来《朱子四德说续论》，第 39 页。

一　通天下一气

在中国古典哲学的气论当中，"通天下一气"是一个重要的命题，它强调事物在构成质料上的同一性，天下万物都是经由"气"的聚散而形成的，世界的统一性在于"气"，即所谓"万物一也"①。当然，如果从哲学上细致地分析，"通天下一气"却可能有两种含义：一是强调构成历史世界质料的永恒性，即万事万物都是某一永恒质料内的循环；二是强调构成历史世界的质料在其属性层面上是同质的，虽然构成他们的具体质料可能不同，但是具有差异的质料却有完全一致的构成。这两种模式下也还可能有不同的"变种"，而具体的哲学家在讲"通天下一气"时具体是什么模式，还需要具体分析。

回到朱子哲学当中，我们发现朱子认为世界的同一性、统一性在于"理"，即所谓"宇宙之间一理而已"，但朱子并不排斥"通天下一气"这样的命题。钱穆先生指出，"朱子论理气，为一体之两分。其论阴阳，亦一气之两分也"②。可以说，朱子在"通天下一理"的大前提下讲"通天下一气"③。朱子气论当中有"一气—阴阳—五行—万物"的模式，这一模式在其对周敦颐《太极图》《太极图说》的继承和解释当中体现得十分清楚。《文集》卷三十八《答袁机仲别幅》言：

盖天地之间，一气而已，分阴分阳，便是两物。④

《朱子语类》卷五十三言：

天地只是一气，便自分阴阳，缘有阴阳二气相感，化生万物。⑤

---

① "通天下一气"这一表述最早见于《庄子·知北游》，宋明道学亦在一定程度上接受了这一命题，如杨时在解释《孟子》时讲："通天下一气耳。天地其体也，气体之充也。人受天地之中以生，均一气耳，故至大；集义所生，故至刚。气之刚大，以直养而无害，则塞乎天地之间，盖气之本体也。气，无形声之可名，故难言也；而以道义配之，所以著名之也。"（杨时《孟子解》，《龟山集》卷八，文渊阁四库全书本，第1125册，第172页）"通天下一气"这一命题是杨时阐释"万物一体"的重要支持。
② 《朱子新学案·朱子论阴阳》，第307页。
③ 杨时那里同样是同时讲"通天下一理"与"通天下一气"。
④ 《文集》卷三十八，《朱子全书》第二十一册，第1674页。
⑤ 《语类》卷五十三，第1286页。

"天地只是一气"可以看作是"通天下一气"的同义语，阴阳二气是一气分成的。在他看来"天地之间，本一气之流行而有动静耳"①，"大率只是一个气。阴阳播而为五行，五行中各有阴阳"②，"天地统是一个大阴阳。一年又有一年之阴阳，一月又有一月之阴阳，一日一时皆然"③，"阴阳自一气言之，只是个物。若作两个物看，则如日月，如男女，又是两个物事"④。朱子强调阴阳、五行、万物都是一气的不同形态，而不是截然不同的、不同属性的气，而这一气又能分别成阴阳、五行、万物，展示出世界的差异性。阴阳本是一气，而朱子又十分强调阴阳的普遍性，强调由普遍的阴阳所构成的千差万别的世界。⑤

当然还要指出，这一气展现的背后根据就是"理"，气是根据于理自然由一气而阴阳而五行的。《朱子语类》卷三中的一条解读颇具争议，但与我们所讨论的相关：

> ……太极只是"一个气，迤逦分做两个：气里面动底是阳，静底是阴；又分做五气，又散为万物"。⑥

中华书局版以及《朱子全书》版《朱子语类》在此条断句上均作"太极只是一个气，……"⑦，有学者据此就认为朱子在这里认为太极是气，与朱子其他地方所言"太极只是一个'理'字"⑧不同。但其实，若按我们上面的断句，就不会产生这样的理解。"一个气"之后，是言气从一到二到五的过程，"太极只是"如此，其实就是太极是气运动之理，气是根于理而有这样的展现的。"太极只是……"这样的表达实际上是在讲太极之理不外乎气，理气不离，而万殊之气都是根据这一太极。

其实这也就涉及我们该如何理解朱子"理气同异"这一问题中反

---

① 《语类》卷六十七，第 1730 页。
② 《语类》卷一，第 8 页。
③ 《语类》卷六十八，第 1688 页。
④ 《语类》卷六十七，第 1688 页。
⑤ 关于朱子对阴阳普遍性的强调和具体分析，参见陈来《朱熹的阴阳变化观》，朱子学会编《朱子学年鉴》(2011～2012)，厦门大学出版社，2013 年。
⑥ 《语类》卷三，第 41 页。
⑦ 《朱子语类汇校》此条在第五卷第 92 条，第一册第 115 页，标点与通行本同。
⑧ 《语类》卷一，第 2 页。

复出现的"气同""气异"的问题，以及交织在其中的"理同""理异"的问题。在气论的层面，我们既可以讲构成万事万物的气是"同"的，不同历史时期的气也是"同"的，但我们同样可以讲万事万物、不同历史时期的气是不同的。同与不同在朱子的气论中并不成为矛盾，那么究竟是什么将这些扭结在一起，构成我们理解朱子气论的关键呢？其中的枢纽就在于"动静"，"动静"是朱子整个气论的核心，"本一气之流行而有动静"，"以动静分之，然后有阴阳刚柔之别"[1]，上引《朱子语类》卷三材料同样谈到气的动静问题。动静是朱子处理世界同一性与差异性的关键。要进一步理解动静的枢纽作用，我们需要首先来看朱子思想中"阴阳一二"这一问题。

二　阴阳一二

周敦颐的《太极图》用图示的方式阐释宇宙运化流行，其中"阳动阴静"的部分用黑代表阴，白代表阳，在流传过程中有不同的版本产生，其中有如下两个版本：

朱子所怀疑旧本为：

朱子所定《太极图》为：

《文集》卷四十二《答胡广仲》言：

（胡广仲）《太极图》旧本极荷垂示，然其意义终未能晓。如阴静在上而阳动在下，黑中有白而白中无黑，及五行相生先后次序，皆所未明。

（朱子）……来谕又谓"动静之外，别有不与动对之静，不与

---

①《周易本义·文言》，《朱子全书》第一册，第149页。

静对之动"，此则尤所未谕。"动静"二字，相为对待，不能相无，乃天理之自然，非人力之所能力也。若不与动对，则不名为静；不与静对，则亦不名为动矣。但众人之动，则流于动而无静；众人之静，则沦于静而无动。此周子所谓"物则不通"者也。……①

朱子乾道年间成《太极图说解》②，对旧本的问题予以辩驳，认为其问题之一就是所谓"黑中有白而白中无黑"，这是朱子所不能接受的，胡广仲在提问中已经指出这一点，并请朱子进一步申论。朱子所理解的阴阳观与旧本这种图示背后的阴阳观有着根本上的差异。在气论层面上，朱子认为阴阳"互藏其根"，阴阳是天地一气所自然分成的，从根源上讲，阴阳是"一"而不是"二"。在回答胡广仲的问题时，朱子引入了对"动静"问题的讨论，这可以看作是对阴阳互藏其根的某种揭示，这点十分重要，我们后文会进一步论述③。《太极图解》言：

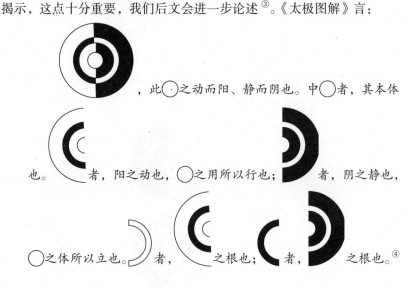

，此⊙之动而阳、静而阴也。中○者，其本体也。 者，阳之动也，○之用所以行也； 者，阴之静也，○之体所以立也。 者， 之根也； 者， 之根也。④

太极（理）是形而上的本体，阴阳是形而下者。作为形而下的阴

---

① 《文集》卷四十二，第 1895 页。
② 《年谱》认为乾道九年（1173）癸巳朱子成《太极图说解》，而《考异》以为成于乾道四年（1168）戊子，成书但朱子并未示人。
③ 当然也需要指出，这里对动静的讨论还涉及察识与涵养的功夫问题，参见曾亦《动静问题与朱子〈答胡广仲书〉论"识仁"或"致知"——兼论湖湘学者之察识功夫》，《本体与工夫：湖湘学派研究》第四章第二节，上海人民出版社，2007年。
④ 《太极图解》，《朱子全书》第十三册，第 70 页。

阳，阴之中有阳动之根，阳之中有阴静之根，阳中有阴，阴中有阳，二者不是截然对立而存在，不是不同质的两种完全异质的"气"。

这种阴阳互藏其根的思想在二程、张载那里就已经有了较为明确的表述，如张载《正蒙·参两》讲：

> 阴阳之精互藏其宅，则各得其所安，故日月之形，万古不变。若阴阳之气，则循环迭至，聚散相荡，升降相求，细缊相揉。盖相兼相制，欲一之而不能，此其所以屈伸无方，运行不息，莫或使之，不曰性命之理，谓之何哉？[①]

张载在这里就较为明确地认为阴阳"互藏"，同样我们会发现，张载虽然没有用"动静"去阐释这种互藏关系，但却用了很多类似的表示动态的词语，如"升降""屈伸"。二程也承认张载的讲法，《二程外书》卷七有：

> 问："张子曰：'阴阳之精，互藏其宅，'然乎？"曰："此言甚有味，由人如何看。水离物不得，故水有离之象。火能入物，故火有坎之象。作《易》自天地幽明至于昆虫草木微物无不合。"[②]

朱子继承了前代理学家的讲法，承认阴阳互藏，这种阴阳互藏在他看来体现了阴阳即一又二的辩证关系。《文集》卷五十《答杨元范》言：

> 大抵阴阳只是一气，阴气流行即为阳，阳气凝聚即为阴，非直有二物相对也。此理甚明，周先生于《太极图》中已言之矣。[③]

《朱子语类》卷六十五言：

> 阴阳只是一气，阳之退，便是阴之生。不是阳退了，又别有个阴生。淳。

> 阴阳做一个看亦得，做两个看亦得。做两个看，是"分阴分阳，两仪立焉"；做一个看，只是一个消长。文蔚。[④]

从一气的角度来看，阴阳是一，阳的消退意味着阴生，宇宙不存

---

① 《张载集》，第 12 页。
② 《二程集》，第 394 页。
③ 《文集》卷五十，第 2289 页。
④ 《语类》卷六十五，第 1602 页。

在纯阴无阳或者纯阳无阴的状态。这点可以体现在朱子对于《周易》坤卦和复卦的解释上。坤卦六爻皆阴，在朱子看来，这并不意味着坤卦所代表的宇宙状态都是阴气，"阳无可尽之理，这个才剥尽，阳当下便生，不曾断续"[1]，"当下便生"就意味着不曾有一刻无阳。作为气的阴阳在朱子那里其实是不相离的。为何阴阳做一个也可，做两个也可呢？关键就在于动静消长，这与朱子对阴阳二气的规定有关。

三　动阳静阴

中国传统哲学当中的气"具有流动性，含有内在的动力"[2]。一般来说，古人认为阳气是动的，阴气是静的，正所谓"阳动阴静"。其实在哲学上，阳与动、阴与静，在规定性上也存在两种可能，即是阴阳规定动静，还是动静规定阴阳？亦即动静与阴阳在哲学逻辑上谁更优先？按照前一种理解，阴阳辩证对立统一是世界运动的前提；而按照后一种理解，世界的运动是阴阳辩证对立统一的前提。这一问题其实也可以看作到底是质料的差异规定了运动，还是运动规定了质料的属性。虽然我们可以说物质和运动是统一的（正如马克思主义哲学所讲运动是物质的运动，物质是运动的物质），二者不可分割，但在二者的优先性上似乎还可以做进一步的分判。

若把这一问题回归到北宋道学之中，我们就会发现，理学家基本上认为动静优先于阴阳，动静是阴阳的规定所在。周敦颐《太极图说》讲：

> 太极动而生阳，动极而静，静而生阴。静极复动。一动一静，互为其根；分阴分阳，两仪立焉。[3]

陈来先生将周敦颐的太极理解为元气[4]，如此则因为元气的动静才分化出了阴阳，阴阳是一气动静的两种不同状态。邵雍同样用动静去

---

[1]《语类》卷七十，第 1787 页。
[2] 张岱年《中国唯物论史导论》，《张岱年全集》第七卷，第 367 页。
[3]《朱子全书》第一册，第 72 页。
[4] 陈来《宋明理学》，第 39 页。

规定阴阳刚柔，刚是"静之极"，柔是"静之始"，阴是"动之极"，阳是"动之始"①，动静在邵雍的哲学建构中是更为根本的范畴，《观物外篇》言"本一气也，生则为阳，消则为阴，故二者一而已"②。同样的阴阳规定我们在张载和二程那里也可以发现。③朱子对于阴阳的规定同样如此，在上引《答胡广仲》书中，我们就已经看到了阴阳与动静密切相关，阴阳"互藏其根"对应着动静相互对待、不能相无，在朱子看来这是"天理之自然"，不是人为安排出来的。在解释上引《太极图说》时讲：

> 太极之有动静，是天命之流行也，所谓"一阴一阳之谓道"。……动极而静，静极复动，一动一静，互为其根，命之所以流行而不已也；动而生阳，静而生阴，"分阴分阳，两仪立焉"，分之所以一定而不移也。盖太极者，本然之妙也；动静者，所乘之机也。太极，形而上之道也；阴阳，形而下之器也。是以自其著者而观之，则动静不同时，阴阳不同位，而太极无不在焉；自其微者而观之，则冲漠无朕，而动静阴阳之理，已悉具于其中矣。虽然，推之于前，而不见其始之合；引之于后，而不见其中之离也。故程子曰："动静无端，阴阳无始，非知道者，孰能识之！"④

朱子的太极已经不再是周敦颐所讲的"元气"了，太极在朱子那里是理，但这并不与一气动静而分阴阳矛盾。在他那里，一气根于理而流行不已，理是气动静的根据，在这一流行的过程中，同样是由于有了动才有了阳，有了静才有了阴，动静是阴阳之分的规定。这里需要强调的是，朱子的动静首先不能被理解为现代物理学观念下的相对动静，更不是德谟克利特式的机械运动，他的动静更倾向于气内在的能动能力的消极与积极的两面。动是气根于理而创生时的内在动力，这种创生就意味着动，而具体的气产生后又必定会散尽，创生后就走

---

① 《宋元学案·百源学案》，第 368 页。
② 《邵雍集》，第 146 页。
③ 如《正蒙·太和》讲"太和所谓道，中涵浮沉升降动静相感之性，是生氤氲相荡胜负屈伸之始"（《张载集》，第 1 页），这里"浮沉升降动静"优先于气的具体分类。
④ 《太极图说解》，《朱子全书》第十三册，第 72～73 页。

向散尽，就有了消极的一面，构成了静。

应该说动静在朱子那里有两重意义，一方面是气基本的主动、被动，此是朱子动静第一义，由此而表现为现象界一般意义上的动静，即物理意义上运动的动静，此是动静的第二义。

当然，也要指出，我们说阴之静是被动义，并不是单纯的否定意义上的"被动"，并不是说阴不重要。阴之被动，其重要意义在于生物时的"凝聚"作用。正是有阴之静的被动性，气才不会一直处于主动的无限可能当中，正是被动性才使无限变为有限，最终产生了千差万别的世界。万物成形必然要有此静的凝聚发挥作用。①

此外，我们也要强调朱子所讲的"一气"并不是某种永恒的质料，他更强调宇宙气的总体以及这一总体在构成属性上的一致性。②这种一气动静循环不已，动中有静、静中有动，构成了宇宙运化的基本模式。需要注意的是，朱子在这里将"太极之有动静"与"天命之流行""一

---

① 陈来教授在《仁学本体论》中引明道、朱子所言，从哲学的角度分析了阴阳翕辟的意义，他讲：

　　明道早言：

　　"其静也翕，其动也辟，不翕聚则不能发散。"

　　朱子亦言：

　　"盖由天地之化，不翕聚则不能发散，理固然也。仁智交际之间，乃万化之机轴，此循环不穷，莩合无闲，程子所谓'动静无端，阴阳无始'者，此也。

　　……

　　有翕才能有具体的事物存在，从生到成，否则生成就不能实现。没有翕，一切价值的成立与实现就成为不可能了。此一翕作为宇宙的本质倾向即是仁的根源性表现，或者说，翕即是仁在宇宙的表现。

　　翕主关联、辟主独立。翕，聚也，合也，合同协调皆为翕之事。辟是离散、消耗、个体化。一体是翕，离散是辟，皆宇宙大仁之体现。当然，这不意味着事物一成不变，事物中有翕有辟，辟是与翕相反的力量，相反相成，翕与辟共同作用，宇宙才既有凝聚，又有流逝变动，翕是事物的关联性，辟是事物的独立性、个体性，二者互相作用与平衡才是仁体显现的目的。

　　翕、辟是成物的两大方面，而理气是流行的两大方面。气之流行必有所以流行的根据，此即是理，而理不能离气而独存，气亦不能不包含乎理，纯粹的气是不存在的。理与气乃仁体大用的两方面，而皆非仁体。"

　　其中关于"仁体"的相关论述，是陈来先生自己的哲学建构。但除此之外，对于翕辟的论述，同样适合于朱子所讲的阴阳。阴之静即是被动、即是翕聚，阳之动即是主动、即是离散。其对翕聚的强调，尤其值得我们注意。

② 这一点需要结合朱子"理生气"的思想来看，关于动静不能被理解为现代物理学的动静，我们在说明朱子的时空观以及变化观时会进一步阐释。

阴一阳之谓道""动静无端，阴阳无始"等讲法贯通起来①，阴阳作为形而下者有着太极作为其形而上的根据，阴阳的运化无不体现着太极之理，而理之中也包含了形而下的世界的一切可能，动静作为"所乘之机"，一方面是形上主宰形下的关键，另一方面也是形下世界丰富性展开的枢纽。《通书·动静第十六》中周敦颐以动静为标的阐述神与物的差别，朱子在解释中对周敦颐有所承继也有所扭转。通过这一章的阐释，我们可以进一步看出，动静一方面是形上与形下区分的关键，形而上者是"动而无动，静而无静"的，形而下者则是"动而无静，静而无动"的②；另一方面，我们也可以看出，不同的动静样态，也是不同形而下者的区分所在，是太极的动静而有了相对有差异的阴阳二气的产生③。

朱子有时将气的这种动静用气的消长、屈伸、聚散来说明。《朱子语类》言：

> 大抵发生都则是一个阳气，只是有消长。阳消一分，下面阴生一分。又不是讨个阴来，即是阳消处便是阴。④

> 所谓"造化之迹"者，就人言之，亦造化之迹也。其生也，气日至而滋息；物生既盈，气日反而游散，便是鬼神，所谓"二气良能"者。鬼神只是以阴阳言。又分言之，则鬼是阴，神是阳。大率往为阴，来为阳；屈为阴，伸为阳。无一物无往来屈伸之义，便皆鬼神着见者也。⑤

---

① 《语类》卷九十四关于《周子之书》的论述，多结合程子所讲"动静无端，阴阳无始"来讲《太极图》的相关问题，也可视为佐证。此卷有大量内容从动静的角度去讲阴阳"互藏其根"，也可以作为我们论述的相关证据，此处不再一一列举。

② 《通书注》，《朱子全书》第十三册，第112页。

③ 《语类》卷九十四言："动而生阳，静而生阴"，动即太极之动，静即太极之静。动而后生阳，静而后生阴，生此阴阳之气。谓之"动而生""静而生"，则有渐次也。"一动一静，互为其根"，动而静，静而动，辟阖往来，更无休息。在朱子看来，由于动静两种状态之不同，阴阳在"生"上甚至是有"渐次"，即次序可言的。又有：问："必至于'互为其根'，方分阴阳。"曰："从动静便分。"可见，动静是划分阴阳的关键，也是阴阳能够转化的关键。

④ 《语类》卷六十五，第1608页。

⑤ 《语类》卷六十八，第1686页。

横渠言"阴聚之，阳必散之"一段，却见得阴阳之情。①

"良能"即屈伸、消长、聚散、动静，是气先天固有的能力。朱子认为的"阴阳之情"即"实情"，是阴阳固有之能力。创生最积极的动就是阳，创生就有消尽，消就意味着阴。阴气并不是独立于阳气之外的另一种气，而是这一气消的一面。正如在辩证法当中，我们认为某一具体矛盾又可以分为矛盾的主要方面和次要方面一样，在气当中，我们同样可以这样区分。消和长是对立统一的，在这一对立统一中才有了气的两种区分。陈来先生认为：

> 宇宙间的对立统一，从纵的过程来说，正像昼夜更替，寒暑往来。从这个方面看，阴阳二气只是一气，气的运动如磁场的变化，它的过程是一个阴阳交替的循环过程。在这个过程中，阳气运行到极点就会转化为阴气，阴气运行到极点又转化为阳气。②

我们可以进一步补充说，阴气在运化过程中自然就会伴随阳气出现，反之亦然。对于作为宇宙总体之一气来讲，其相对动的、伸的部分为阳，其相对静的、屈的部分为阴，阴阳的差别只是动静差别的反映，由于有了动静的差异，才有了阴阳两种不同状态的气，同时由于动静的转化，阴阳也存在转化的可能。对于某种具体的气（或一气的某一部分）来讲，我们可以称之为阳或者阴，但一方面，其中又可以根据相对的屈伸动静细分为这一部分下的阴阳，另一方面，动或静为矛盾的主要方面，规定着这种气的状态，但矛盾的次要方面同时存在，阴阳的转化也随时在发生。阴阳能够互为其根，关键就在于"一动一静互为其根"③。

"阳主进而阴主退，阳主息而阴主消"④，动阳为长、为伸，意味着气主动的、积极的一面，静阴为消、为屈，意味着气被动的、消极的一面。动静消长在朱子那里是最基本的辩证关系。以动规定阳，以静

①《语类》卷九十九，第 2534 页。
②《朱子学年鉴》（2011～2012），第 3 页。
③《语类》卷九十四，第 2367 页。
④《文集》卷三十八《答袁侍郎》，第 1673 页。

规定阴，这样从质料性上去看阴阳二气，阴阳绝非两种不同质的气，只是积极、消极的状态不同，而消长、屈伸又是可以相互转化的。另一方面，阴阳也可以不再"执定"为两种固定的气，而更多地指向某种气的态势下的两种相互关系。从"无一物无往来屈伸之义"，更进一步我们才能理解朱子那里阴阳的普遍性，即朱子所讲的阴阳的普遍性，即"天地之间，无往而非阴阳，一动一静，一语一默，皆是阴阳之理"[①]。我们也可以更进一步地理解朱子对阴阳之下又分阴阳的解释以及五行的产生。

四　小小元亨利贞

我们先看这一气动静之下朱子对这个世界微观方面的细致把握与分析。前文所引材料讲：

> 天地统是一个大阴阳。一年又有一年之阴阳，一月又有一月之阴阳，一日一时皆然。[②]

可见，在朱子看来，阴阳这样对立统一的关系可以用来说明整个世界，并且世界可以无限向下细分为不同的阴阳关系。阴阳之所以可以这样说明世界，根本就在于阳代表着世界动的、伸的、积极的一面，阴则代表静的、屈的、消极的一面。阴阳二气本是一气，是气的积极与消极的两面。在朱子那里，阴阳表示两种不同的关系是阴阳表示两种不同的气的先在条件。阴阳二气并不是两种截然不同质的气，而是一气之下气的不同状态的反映。阴阳既能表示两种不同的关系，又能表示两种不同的气，当从此来理解。我们反复强调，需要在这样一种关系模式之下理解朱子的气论。正因为如此，某种属阴或者属阳的事物，又可以细分阴阳，细分为元亨利贞不同的阶段。《朱子语类》言：

> 问："自一阴一阳，见一阴一阳又各生一阴一阳之象。以图言

---

① 《语类》卷六十五，第 1604 页。
② 《语类》卷一，第 9 页。

之，'两仪生四象，四象生八卦'，节节推去，固容易见。就天地间着实处如何验得？"曰："一物上又自各有阴阳，如人之男女，阴阳也。逐人身上，又各有这血气，血阴而气阳也。如昼夜之间，昼阳而夜阴也，而昼阳自午后又属阴，夜阴自子后又属阳，便是阴阳各生阴阳之象。"学履。[1]

对于万物来讲，阴阳具有无限可分性，这点可以从"阴阳一二"的逻辑顺承下来，因为阴阳首先是两种关系，在这种关系的前提下，某一局部的气可以再分阴阳，阴阳并不是"执定"的两种质料。故朱子讲"一物上又各自有阴阳"，一物即某种确定的气，各自有阴阳就是按照动阳静阴的关系进一步去区分阴阳。《朱子语类》又有：

> 草木都是得阴气，走飞都是得阳气。各分之，草是得阴气，木是得阳气，故草柔而木坚；走兽是得阴气，飞鸟是得阳气，故兽伏草而鸟栖木。然兽又有得阳气者，如猿猴之类是也；鸟又有得阴气者，如雉雕之类是也。唯草木都是得阴气，然却有阴中阳、阳中阴者。端蒙。[2]

草木都是得阴气，但是具体细分起来，又可以分阴阳，朱子不断强调"阳中阴，阴中阳"，如果我们不从动阳静阴所构成的"阴阳一二"这一逻辑来理解的话，我们是无法理解朱子论述的意思的。

阴阳可以进一步表现为"元亨利贞"四种关系或阶段（元亨属阳，利贞属阴），而这四者同样不能固化理解，它们也是可以无限细分的。《朱子语类》讲：

> "元亨利贞"无断处，贞了又元。今日子时前，便是昨日亥时。物有夏秋冬生底，是到这里方感得生气，他自有个小小元亨利贞。渊。[3]

"元亨利贞"代表着一气流行的四个阶段，但并不是某个阶段就固定称为"元"或其他。在被我们称为"元"的阶段，我们还可以细

---

①《语类》卷六十五，第 1604～1605 页。
②《语类》卷四，第 62 页。
③《语类》卷六十八，第 1689 页。

分为不同的阶段，根据具体的物的不同，元亨利贞的展现也是不同的。宇宙的流行整体可以称为元亨利贞，而某物具体之生长收藏，朱子称之为"小小元亨利贞"。如按照一般的宇宙流行运化规律，春为生，为元，却有物在夏秋冬这样的阶段生，在朱子看来，那是它在这一阶段才有生气，才开始运化过程。小小元亨利贞代表着宇宙大的运化过程中的具体的生化。同时也可见，元亨利贞可以用来描述每一个气运的片段，任何一气的具体生化过程，都可以用元亨利贞来"分段子"。《朱子语类》言：

> 问："天地生物气象，如温厚和粹，即天地生物之仁否？"
> 曰："这是从生处说来。如所谓'大哉乾元！万物资始。至哉坤元！万物资生'。那'元'字便是生物之仁，资始是得其气，资生是成其形。到得亨便是他彰着，利便是结聚，贞便是收敛。既无形迹，又须复生。至如夜半子时，此物虽存，犹未动在；到寅卯便生，巳午便着，申酉便结，亥子丑便实，及至寅又生。他这个只管运转，一岁有一岁之运，一月有一月之运，一日有一日之运，一时有一时之运。虽一息之微，亦有四个段子，恁地运转。但元只是始初，未至于着，如所谓：'怵惕恻隐'，存于人心。自恁恻恻地，未至大段发出。"……道夫。[1]

朱子这里从万物滋生运转的角度讲"元亨利贞"，在他看来，任何一时间阶段都可以用"元亨利贞"来描述。"虽一息之微"，即使是极短的时间，如一呼一吸，也可以分为四段运转。元亨利贞这样的阶段是普遍存在于所有事物当中的，每一个事物都有这样的生化运转规律，生、长、成、遂是事物不可避免的发展规律。还需要指出的是，有时朱子也将"小小元亨利贞"叫作"小四时"。《朱子语类》言：

> 问："物有夏秋间生者。"曰："生得较迟，他又自有个小四时。"方子。[2]

---

[1]《语类》，第1698页。
[2]《语类》卷四，第62页。

此处所表达的意思与上引材料基本一致。

五　流行与定位

一气之动静不仅仅可以从微观方面去审视世界，更构成了整个世界运化的基本格局。历史之所以能够成为可能，其前提性要素就是时间，历史从根本上讲是人在一定时空关系下的活动。没有时间就谈不上历史，没有时空也就没有人的活动。而在朱子那里，他是从一气的动静来理解时间与空间的。朱子用一气的"流行"与"定位"去规定时间和空间。

《朱子语类》言：

> 阴阳有个流行底，有个定位底。"一动一静，互为其根"，更是流行底，寒暑往来是也；"分阴分阳，两仪立焉"，便是定位底，天地上下四方是也。"易"有两义：一是变易，便是流行底；一是交易，便是对待底。魂魄，以二气言，阳是魂，阴是魄；以一气言，则伸为魂，屈为魄。义刚。（方子录云："阴阳，论推行底，只是一个；对峙底，则是两个。如日月水火之类是两个。"）①

陈来先生指出："宇宙间的对立统一，从纵的过程来说，正像昼夜更替，寒暑往来。……从横的方面看，一切事物包括宇宙本身都是阴阳对立的统一体。从这个方面看，有东便有西，有南便有北，有男便有女。这种阴阳对立称之为定位底，表明这种对立面有相对的固定性，然而这种对立面又是相互交合、相互作用的。阴阳的变易又称为流行、推行、循环；阴阳的交易又称为对待、相对、定位。朱熹认为，只有从这两个方面同时理解阴阳的学说，才能全面地把握宇宙的辩证法。"②

纵的过程表现出的重要现象我们今天称之为"时间"，昼夜、寒暑都是时间性的范畴；横的方面表现出的关系角度，落实到宇宙流行整

①《语类》卷六十五，第 1602 页。
②《朱子学年鉴》（2011～2012），第 3 页。

体上来看，最为重要的现象我们今天称之为"空间"，所谓"天地上下四方"。其实无论是横的方面还是纵的方面，都是一气动静的"延展"，均是对一气动静的"方向性"界定。时空这样的观念从属于气的动静，是气的动静规定时空，而不是时空规定气的动静。更进一步地，我们可以说时空不过是对一气动静的人为描述，时空之于气并非"原发性"范畴，只是对其固有属性的截断性描述。流行侧重从"一"上看阶段，定位侧重从"二"上看差异。

这里可以看出几点：首先，朱子的动静更多地侧重于主动性与被动性（或消极性），而不是近代以降的物理观念下的动静，因为近代以降的物理观念用时空等先验范畴描述动静；其次，时间与空间在朱子那里均从属于气的动静，都是对气动静的描述，因此，朱子的时空观具有时空一体化的倾向；第三，时间性的概念在朱子那里是属气的，理则是其背后的根据（朱子与程子一样强调"天下之理，无独必有对"，强调对待之理），先后等我们今天所认为的时间性概念是对气的流行的描述，理有先后之理，先后却不是对理的描述，如此，时间性的理气先后关系在朱子成熟的思想当中似乎不合法，理气先后在朱子那里只能用逻辑先后描述。第四，朱子的时间不能理解为"计量时间"，时间的计量含义从属于气的运化。①

时间对于历史观较为重要。关于时间，朱子讲：

---

① 张载用"象"来表示"时"，《正蒙·神化》言"时若非象，指何为时"（《张载集》）。我们知道，在张载那里，"象与形的区别确乎无疑"，但象与形一样也是气，"天象"是张载最常言的"象"，"象既不是抽象的义理，也不是具体成形的器物"，"象在张载的哲学话语中，其实就是由无法察觉的微小变动引起的某种整体的变化趋势以及这种趋势在认知主体中产生出的无法归约为具体感知的意味"（参见杨立华《气本与神化》）。张载对"时"的哲学论述并不多，但我们依旧可以看到，张载是在气的层面上言时，是用气规定时。古人观察天象而制定历法，时作为象似乎天然地与天象有一定关系。同时，时作为象，也含有某种变化趋势，这也符合人们对时的一般认知。其实《正蒙·神化》还提示我们"时"与"化"的关系，朱子在解释《正蒙》这一条时，也看到了"时"与"化"的关系，《语类》卷九十八言："化是逐一挨将去底，一日复一日，一月复一月，节节挨将去，便成一年，这是化。"时的这种变化趋势，就表现在"化"上。关于朱子对"化"的讨论，我们下文会详细论述。

天地间只是一个气，自今年冬至到明年冬至，是他地气周匝。把来折做两截时，前面底便是阳，后面底便是阴。又折做四截也如此，便是四时。①

一气之运行本自周匝无间，是我们人为地将其截为一年又一年，把一年一分为二又一分为四。前半年为阳，因为其体现了一气积极主动的生长的面向，后面年为阴，因为其体现了一气相对消极、被动的收藏的面向。朱子继承前人言《周易》传统，将十二消息卦与十二月联系起来，并用阴阳的状态来解说十二月的情形，可以看作是其时间观的细化。在朱子看来，"年月日时无有非五行之气"②。

而具体到历史观当中，每一历史时期均有其特殊的阴阳二气的展现状态（所谓"气运"），可以看作是阴阳流行在历史解释上的特殊运用。其实在朱子那里，任一历史时期均可以看成宇宙流行的一个片段。如朱子讲太古之气"清明纯粹"，到了秦汉以下"自是弊坏"，这些都是用气的状态描述历史时间③，而清明纯粹是气积极一面的体现，弊坏则以消极为主导。历史时间我们可以理解为气的运行节奏与运行状态。

同时，在时间的流行中，我们还需要注意，"四时行"背后的根据是"天理"。《论语集注》讲"四时行，百物生，莫非天理发见流行之实，不待言而可见"④，气之动静以理为根据。天理一方面通过气之不同运化状态展现为不同的形态，另一方面又作为气运的根据而无时无刻不存在。在这个意义上我们可以讲，历史是道在时间中的展开。

六　五行与阴阳

除了阴阳，五行也是气论当中的重要范畴。在朱子看来，五行是阴阳关系的进一步展开，五行之间的关系也是气之动静的进一步延展。

---

① 《语类》卷六十五，第 1607 页。
② 《语类》卷一，第 8 页。
③ 《语类》卷一百三十四，第 3208～3209 页。
④ 《四书章句集注》，第 180 页。

气之动静并不是完全杂乱无章的，其中有一定的"理序"。五行"生之序"与"行之序"是一气运行的重点，也是理解历史世界同一性与差异性展开的关键点之一。历史世界的丰富性与复杂性体现在五行的错综关系之中。

周敦颐《太极图说》讲"阳变阴合，而生水火木金土。五气顺布，四时行焉"。朱子注释道：

> 有太极，则一动一静而两仪分；有阴阳，则一变一合而五行具。然五行者，质具于地，而气形于天者也。以质而语其生之序，则曰水火木金土，而水木，阳也；火金，阴也。以气而语其行之序，则曰木火土金水，而木火，阳也；金水，阴也。又统而言之，则气阳而质阴也；又错而言之，则动阳而静阴也。盖五行之变，至于不可穷，然无适而非阴阳之道。至其所以为阴阳者，则又无适而非太极之本然也，夫岂有所亏欠间隔哉！①

《太极图说》又讲"五行，一阴阳也；阴阳，一太极也；太极，本无极也。五行之生也，各一其性"。朱子注释道：

> 五行具，则造化发育之具无不备矣，故又即此而推本之，以明其浑然一体，莫非无极之妙。而无极之妙，亦未尝不各具于一物之中也。盖五行异质，四时异气，而皆不能外乎阴阳。阴阳异位，动静异时，而皆不能离乎太极。至于所以为太极者，又无声臭之可言，是性之本体然也。天下岂有性外之物哉！然五行之生，随其气质而所禀不同，所谓"各一其性"也。各一其性，则浑然太极之全体，无不各具于一物之中，而性之无所不在，又可见矣。②

在周敦颐和朱子看来，五行是阴阳"变""合"的产物。在朱子那里，五行与阴阳并非并列的完全不同质的质料形式，阴阳"变合"而有五行，不能被理解为较为基础的质料（如物理学当中的基本粒子）

---

① 《太极图说解》，《朱子全书》第十三册，第73页。
② 同上。

发生某种"裂变"(或"聚变")而产生下一层级的质料形式。在朱子那里，阴阳、五行本一气也，五行不能外于阴阳，"五行相为阴阳，又各自为阴阳"①，"五行只是二气"②，即《通书》所言"五殊二实，二本则一"，朱子注言"五行之异，本二气之实，二气之实又本一理之极"③。在朱子看来，二五之间的关系，本身就是理一分殊的体现。④

其实，阳变阴合还是需要从动静的角度去理解，我们需要再次强调，在朱子看来，"天地之间只有动静两端循环不已，更无余事"⑤，动静是理解朱子"一气—阴阳—五行"气论思想的枢纽。

动而阳代表了气积极的、主动的一面，静而阴代表了气消极的、被动的一面。但由于动静两端循环不已，落实到具体的气来看，其具体的主动、被动态势也是不同的，不能固化地来看。落实到不同的局部的具体的气来看，其中主动、被动的态势可能是不同的，这些体现了其动静组合或"配比"的差异。如果我们从《周易》六十四卦所代表的六十四种阴阳组合情态来看，情况就会十分明显。同样是阳卦，其差异却显而易见，其中阴阳二气的态势也不相同（所谓阳长、阳消、阴长、阴消）。所谓的阳变阴合而生五行亦如此，强调的是某一具体的气，其阴阳运化态势的差异而有五行，五行代表的是五种基本的阴阳组合，更进一步来讲则是动静组合。一气分阴阳是从较为宏观的角度，一分为二地审视气的动静、主被动状态，五行则是较为具体的审视，万物则又更进一步。《朱子语类》卷九十四有：

厚之问："'阳变阴合'，如何是合？"曰："阳行而阴随之。"可学。⑥

这里阳之行、阴之随均可从动静消长来解释，所谓的阳变阴合在朱子看来，即是阴阳消长组合不同。阳行阴随能造成同质下的差异，

①《语类》卷一，第9页。
②《语类》卷九十四，第2374页。
③《通书注·理性命第二十二》，《朱子全书》第十三册，第117页。
④《语类》言：一实万分，万一各正，便是理一分殊处。
⑤《文集》卷四十四《答杨子直》，第2071页。
⑥《语类》卷九十四，第2377页。

也在于阳之主动体现着创生、发散，阴之被动体现着收缩、凝聚。《朱子语类》卷九十四又有：

> "'动而生阳'，元未有物，且是如此动荡，所谓'化育流行'也。'静而生阴'，阴主凝，然后万物'各正性命'。"[1]

正是阴阳动荡与凝聚的交错的错综复杂才使差异进一步产生，有了五行的区分。

七　气与质

下面我们具体到《太极图》所讲的五行产生问题上来进一步分析。

首先我们会发现，朱子在论述五行时涉及了对"五行之气"和"五行之质"的区分，和这一区分对应的则是"行之序"和"生之序"的区分。我们有必要来论述朱子思想中关于气、质区分的相关内容。

山井涌指出，朱子"一气—阴阳—五行—万物"的模式直接继承了周敦颐《太极图说》的思想[2]，但在周敦颐的思想中，"'质'完全没有被提起。明确地意识到'气'，建立起气生成论（以及存在论）的是张载。在宋学中，气的理论可以认为是由张载确立的。他认为，所谓气，也可以认为是阴阳之气；气聚则生有形之物。物亡则气散。把散的状态称为虚，根源的虚的状态则为太虚。无论虚或太虚，这只是气散，并不是气无……对于气，有'质'这样的用语（《经学理窟·学大原上篇》），也有'气质'这样的用语（《经学理窟·学大原上篇》，《气质篇》），但这近似于'气的性质'的意义，就像后来朱熹认为的那样，作为物的物质构成要素的质——这样的气质概念尚未产生。但确实，最接近由朱熹集大成的理气论的'气'的，就是张载的这个气论"[3]。山井涌指出了北宋气论的发展历程，指出了张载在北宋气论当中的地

---

① 《语类》卷九十四，第 2375 页。
② 《气的思想》，第 424 页。
③ 同上书，第 346 页。

位以及其对朱子的影响。的确，在张载的思想那里，"气质"这样的用语和朱子有所不同，然而山井涌似乎没有注意到，在张载那里，气不以"气质"划分，而以"法（形）、象"等概念进行描述。杨立华先生在《气本与神化》中对这点有着明确的说明，他指出在张载哲学那里，"天地之间，只有法和象两种存在样态。而二者之间的区别在于形与不形"①，"形属于气，固不待言。而'象'同样是气"，"象和形的区分是相当严格的"②。显然，朱子对气的划分与张载的划分在类型上是完全一致的。这不能不说是张载对朱子的影响。两者的区别在于，朱子不把无形的"气"作为"形而上者"，而在张载看来，"'象'是未形者，故是'形而上者'"③。

张载以"形"与"不形"区分象、法，朱子对"气""质"的区分与此类似。但在朱子的区分中，"形"或"不形"是相对的，而不是绝对的，是动态化的差异，而不是固定化的差异，是在比较当中做出的区分。

首先，相较于五行，阴阳是气，五行是质，而阴阳本身阳为气，阴为质（《太极图说解》所讲"气阳质阴"），五行本身又可区分为五行之气与五行之质。《朱子语类》讲：

> 天道流行，发育万物，有理而后有气。虽是一时都有，毕竟以理为主，人得之以有生。（明作录云："然气则有清浊。"）气之清者为气，浊者为质。（明作录云："清者属阳，浊者属阴。"）知觉运动，阳之为也；形体，（明作录作"骨肉皮毛"。）阴之为也。气曰魂，体曰魄。④

① 杨立华《气本与神化》，北京大学出版社，2008年，第30页。
② 同上书，第31页。其实，在中国古代气论当中，对气、形、质的区分早有渊源，例如《白虎通·天地篇》就引《乾凿度》言："太初者，气之始也，太始者，形之始也，太素者，质之始也。"《广雅·释天篇》也有相似的区分。在张载那里，这一区分具有了更明确的哲学意蕴，这一区分与人性论等相关问题建立了直接的关系。而且，张载思想当中形、象的区分摆脱了宇宙生成论的单一模式，赋予了相关命题以本体论意义。在朱子那里同样如此。
③ 同上书，第30页。
④ 《语类》卷三，第36～37页。

阴阳是气，五行是质。有这质，所以做得物事出来。五行虽是质，他又有五行之气做这物事，方得。然却是阴阳二气截做这五个，不是阴阳外别有五行。如十干甲乙，甲便是阳，乙便是阴。高。渊同。[1]

前一条语录中，由于清浊不同，阴阳分气质而言，气质代表了人体构成上不同的要素；后一条语录朱子再度申说了阴阳与五行之间的"一二"关系，五行本身就是阴阳二气，而非阴阳二气之外并立的气。之所以五行是质，是因为五行更接近于有形的事物，较阴阳而言，是更为直接的"生物之具"，也就是说五行更接近于"形"。然而，为质之五行还有五行之气存在，也就是相较于为气的阴阳，作为质的五行，也可以区分出气、质两种存在形态。气、质并不是固定化的物质概念。

其次，从上引材料中可以看出，气、质在朱子那里之所以不是固定化的物质概念，在于从概念含义上来讲，广义的气包含质，质本身就是气的某种形态，"质是比气更接近于具有现实形态之物的某个层次上的东西"[2]。《朱子语类》言"质并气而言，则是'形质'之'质'"[3]。形质即是有形的存在，有形的存在本身就是气，相较于气来说，质具有形上的确定性，具有了更进一步的规定性，故《朱子语类》讲"气，是那初禀底；质，是成这模样了底。如金之矿，木之萌芽相似"[4]。"初禀"即还未成形，"成这模样"即有了一定的形体。自然，相较于阴阳来讲，五行更为具体，而五行本身也可以进一步区分。大体来说，朱子的气可以分为完全没有形质的气、有确定形质的气以及介于两种之间的气（如星辰）三种。这就与张载十分一致了。

第三，在朱子看来，具体的气由气到质，"气积为质"[5]，最终气散尽无余，是气的必然发展演化规律。"一气—阴阳—五行—万物"这一

①《语类》卷一，第 9 页。
②《气的思想》，第 423 页。
③《语类》卷四，第 76 页。
④《语类》卷十四，第 259 页。
⑤《语类》卷一，第 2 页。

模式本身就是从气到质的过程。这点在朱子对具体的人物之生死、鬼神、祭祀等问题的讨论中表现得十分清楚。

那么，如何具体来讲五行之气和五行之质呢？五行之质较易理解，即金木水火土等有一定形质的存在物。五行之气则是具有相应属性而无具体存在形态的"气"。《朱子语类》卷一有：

> 问："只温热（一作'暖'）之气便是火否？"曰："然。"①

对于火来讲，有我们能看得见的火焰，但温热之气同样属于火，而且是"火之气"。这点朱子对吕子约有过相关说明。《文集》卷四十七《答吕子约》言：

> 五行之气，如温、凉、寒、暑、燥、湿、刚、柔之类。盈天地之间者皆是，举一物无不具此五者，但其间有多少分数耳。②

五行之气侧重于世界上具有与五行所具属性相应的存在。他们虽与五行在形态上有所差别，但是却具有相似的属性规定。如果我们熟悉张载哲学，就会发现朱子的此种区分与张载对"象"和"形"的区分是何等的一致，而在朱子看来，对于阴阳五行之说"横渠说得理透"③，关于阴阳五行，朱子多有就横渠所讲进行阐发之处。

八 生之序与行之序

对应着"五行之气"与"五行之质"的区分，就有了五行两种不同的运行次序的区分，即"行之序"与"生之序"。朱子这样的区分，实际上是要解释并弥合传统五行观当中，五行两种不同的次序。

从前引《太极图说解》中我们会看到，五行之质对应着"生之序"，即水火木金土；五行之气对应着"行之序"，即木火土金水。生之序即五行创生的顺序，行之序即五行运行的次序。那么，这两种次

---

①《语类》卷一，第10页。
②《文集》卷四十七，第2178页。
③《语类》卷一，第10页。

序为何如此？朱子是按照什么来规定这两种次序的呢？《朱子语类》
和《文集》当中对此有着具体的说明。

我们首先来看生之序，《朱子语类》卷九十四一段对此有着十分清
楚的说明：

> 大抵天地生物，先其轻清以及重浊。"天一生水，地二生火"，
> 二物在五行中最轻清；金木复重于水火，土又重于金木。如论律
> 吕，则又重浊为先，宫最重浊，商次之，角次之，征又次之，羽
> 最后。谟。[1]

在朱子看来，五行创生的顺序是按照由"轻清"到"重浊"的顺
序展开的。其实这也符合朱子对阴阳的规定，在某一具体的气中，先动
阳后静阴，即先散而后聚，气创生必然会聚成形而后散尽。五行创生之
顺序符合气之为气的基本规律，也符合朱子对宇宙整体创生、运化的描
述，也即是二气到渣滓这一顺序。五行之质之生之序，本身符合气由气
到质（相对的无形到有形）的过程，故《朱子语类》卷九十四又言：

> "阳变阴合"，初生水火。水火气也，流动闪铄，其体尚虚，
> 其成形犹未定。次生木金，则确然有定形矣。水火初是自生，木
> 金则资于土。五金之属，皆从土中旋生出来。德明。[2]

相较于木、金、土，水、火是气，因为水火相对未定形，而木、
金则有相对确定的形状。因此，生之序本身也可以理解为由气到质的
过程。

其次，我们来看行之序。在朱子看来，五行的行之序也就是四时
的顺序，即一气流行的顺序。《文集》卷四十九《答林子玉》有：

> （林问）又以质而语其生之序，则曰水火木金土，而水木阳
> 也，火金阴也。此岂就图而指其序耶？而水木何以谓之阳？火金
> 何以谓之阴？

> （答）天一生水，地二生火，天三生木也，地四生金。一三阳

---

① 《语类》卷九十四，第2382页。
② 同上书，第2377页。

也，二四阴也。

（林问）又以气而语其生之序，则木火土金水，而木火阳也，金水阴也。此岂即其运用处而言之耶？而木火何以谓之阳？金水何以谓之阴？

（答）此以四时而言。春夏为阳，秋冬为阴。[1]

朱子结合《尚书大传·五行传》来言"生之序"，这本身也结合了《周易》所讲的天地之数[2]；对于"行之序"，明确讲这是从四时运行的角度来讲，也就是气的运行处。五行对应四时——春为木、夏为火、秋为金、冬为水，土在这一顺序中则为四时之中，四时的顺序就是五行在世界流行展现的顺序。《朱子语类》卷九十四言：

"水阴根阳，火阳根阴。"错综而生其端，是"天一生水，地二生火，天三生木，地四生金"；到得运行处，便水生木，木生火，火生土，土生金，金又生水，水又生木，循环相生。[3]

"运行"即是"四时行"，它代表了五行的循环演化过程。其实结合五行与四时、四德的种种相配关系，五行的"行之序"其实也就是"生气流行"的顺序，行之序可以和朱子思想中的"四德论"联系起来看。关于"四德"与"一气流行"陈来先生论述道：

天地之间只是一气流行，这个一气流行又称一元之气。一元之气就是从整体上看，不分别阴阳二气。一气是流行反复的"流行"即不断运行，"反复"是说流行是有阶段的、反复的，如一年四季不断流行反复。四季分开来看，每个不同；连接起来看，则只是一元之气流行的不同阶段。[4]

---

[1] 《文集》卷四十九，第2283页。朱子还与袁枢反复讨论类似的思想，此处不再赘引。陈来先生《朱子四德说续论》对相关材料有较为详细的分析。

[2] 周敦颐、朱子"生之序"的讲法其实有着思想史的渊源，孔颖达《尚书正义》言："万物成形，以微著为渐；五行先后，亦以微著为渐。五行之体，水最微，为一；火渐著，为二；木形实，为三；金体固，为四；土质大，为五。"
茅星来《近思录集注》在朱子《太极图说解》相关注后便详细讨论了关于五行顺序的各种说法，并汇集朱子以及理学家论述五行顺序的文字，可以作为这一讨论的重要参考。（《近思录集释》，第7～8页）

[3] 《语类》卷九十四，第2370页。

[4] 陈来《朱子思想中的"四德论"》，《哲学研究》，2011年第1期，第29页。

结合我们前文所讲一气与阴阳、五行的关系，我们可以认为，五行的行之序就是一元之气动静变化所展现出的不同阶段，是气流行中的不同阶段。比起生之序，行之序更强调五行运行的时序性。

《文集》卷七十二《声律辨》也讨论了"行之序"：

> 五行之序，木为之始，水为之终，而土为之中。以《河图》《洛书》之数言之，则水一木三而土五，皆阳之生数而不可易者也。故得以更迭为主，而为五行之纲。以德言之，则木为发生之性，水为贞静之体，而土又包育之母也。故木之包五行也，以其流通贯彻而无不在也，水之包五行也以其归根反本而藏于此也。若夫土则水火之所寄、金木之所资，居中而应四方，一体而载万类者也。[①]

这段话提示我们，"生之序"有易学上数的根据，"行之序"依然，只不过是《河图》《洛书》。同样的，在讲"行之序"时，与前面的"四德"说相呼应，朱子特别强调这一顺序下"包"的意义，而且是从五行之德上讲"包"，类似五常当中"仁包四德"和"智藏"的讲法。这种"包"的出现，其实也就突出了"生气流行"，突出了一气贯通、涵摄。

从《太极图说解》和《答林子玉》《声律辨》中我们还可以看出，在这样的区分之下，五行的阴阳归属实际上是不同的。从质上看，"生之序"更强调动静的交错，强调五行创生中的"一动一静""动而阳，静而阴"，"水火木金"的创生顺序，正是其体现，因此"水木"属阳，"火金"属阴。从气上看，行之序更强调"生气流行"，也就是一气的生长收藏，生长属阳，收藏属阴，因此在这一流行过程中，代表春夏的木火属阳，代表秋冬的金水属阴。这再次体现了气的阴阳归属不能执定来看，阴阳本身就是辩证的存在。其实在朱子看来，"五行相为阴阳，又各自为阴阳"[②]，我们需要在不同的关系中，从动静的不同视角

---

①《文集》卷七十二。
②《语类》卷一，第9页。

去看五行与阴阳的关系。五行的阴阳归属也正是"阴阳一二"的体现。《通书·动静第十六》讲"水阴根阳，火阳根阴"，《通书注》言：

> 水，阴也，而生于一，则本乎阳也；火，阳也，而生于二，则本乎阴也。所谓"神妙万物"者如此。[1]

只有在动静的视角下，我们才能进一步地理解朱子的解释。"本乎阳""本乎阴"正是"动而阳""静而阴"，所本即是动静；水属阴、火属阳恰是在"行之序"当中，而在"生之序"中它们又处在一二之位置上。对于五行来讲，同样是阴阳不离，而且阴阳始终处在转化之中的。

关于这两个顺序中五行相生，我们还需要解释，在朱子那里这样的创生顺序是时间上的顺序还是逻辑上的顺序。《朱子语类》言：

> 直卿问："此恐如五行之木，若不是先有个木，便亦自生下面四个不得。"曰："若无木便无火，无火便无土，无土便无金，无金便无水。"道夫问："向闻先生语学者：'五行不是相生，合下有时都有。'如何？"曰："此难说，若会得底，便自然不相悖，唤做一齐有也得，唤做相生也得。便虽不是相生，他气亦自相灌注。如人五脏，固不曾有先后，但其灌注时，自有次序。"久之，又曰："'仁'字如人酿酒：酒方微发时，带些温气，便是仁；到发到极热时，便是礼；到得熟时，便是义；到得成酒后，却只与水一般，便是智。又如一日之间，早间天气清明，便是仁；午间极热时，便是礼；晚下渐叙，便是义；到夜半全然收敛，无些形迹时，便是智。只如此看，甚分明。"道夫。[2]

"相生"便有时序，"合下有时都有"则没有时序，而只是逻辑上的关系。朱子并不认为"一齐有"和"相生"是矛盾的。我们还是需要回到一气的动静阴阳上去理解这样的关系。"相生"侧重五行动静错综之中的转化，是从动静循环不已看问题，强调对气的横向分析；"一齐有"则是从一气当下动静状态的复杂看问题，强调对气的纵向分析。

---

[1]《通书注》，《朱子全书》第十三册，第112页。
[2]《语类》卷六，第110～111页。

从这条材料中，其实我们可以看出，朱子更强调的是动静所带来的气的转化、次序、灌注，强调"动静无端，阴阳无始"，以及这样观念下的动态世界。[1]

九　气化与形化

以上我们论述了朱子思想中涉及"一气—阴阳—五行"的相关内容。下面我们将重点转向万物的创生，也就是朱子是如何理解万物的产生的，万物产生有哪些基本的关系。这就涉及朱子思想中的"气化"与"形化"两个概念[2]。《太极图说》讲：

> 无极之真，二五之精，妙合而凝。"乾道成男，坤道成女"，二气交感，化生万物。万物生生，而变化无穷焉。

朱子注释道：

> 夫天下无性外之物，而性无不在，此无极、二五所以混融而无间者也，所谓"妙合"者也。真以理言，无妄之谓也；精以气言，不二之名也。凝者，聚也，气聚而成形也。盖性为之主，而阴阳五行为之经纬错综，又各以类凝聚而成形焉。阳而健者成男，则父之道也；阴而顺者成女，则母之道也。是人物之始，以气化而生者也。气聚成形，则形交气感，遂以形化，而人物生生，变化无穷矣。自男女而观之，则男女各一其性，而男女一太极也；自万物而观之，则万物各一其性，而万物一太极也。盖合而言之，万物统体一太极也；分而言之，一物各具一太极也。所谓天下无性外之物，而性无不在者，于此尤可见其全矣。子思子曰："君子语大，天下莫能载焉；语小，天下莫能破焉。"此之谓也。[3]

---

[1] "五行次第"问题在朱子后学当中引起了一些讨论和争议，甚至韩国朱子学对这一问题也有所讨论。比如黄榦就不太能接受两种顺序同时存在，并对此有专门辩解。参邓庆平《勉斋的五行次序观》。

[2] 朱子思想中气化有两重意义，一个是结合张载"由气化有道之名"，讲气的运化；另一个则是与"形化"对应的气化。

[3] 《太极图说解》，《朱子全书》第十三册，第73～74页。

万物禀形而上之理而有性，禀形而下之气而有形。万物的形正是气凝聚的结果。而万物之所以会有形上的差异，从气上看就在于"阴阳五行"的交错，也就是"五行阴阳七者滚合，便是生物底材料"①。谈到万物的诞生，朱子区分了"气化"与"形化"。所谓气化，是指人物之始，也就是最初的人物是气化产生的。而由气化产生了最初的人之后，就是形化，也就是有形的人物通过具体的繁殖而不断创生。《朱子语类》对此有很多具体解释。卷一言：

> 问："生第一个人时如何？"曰："以气化。二五之精合而成形，释家谓之化生。如今物之化生甚多，如虱然。"扬。②

这里"气化"其实可以用来解释两种情况，一种是最初的人如何产生，在朱子看来，是二五之精气凝聚而有最初的人。此外，气化也用来解释当时知识水平无法解释的物种产生，如虱子是如何生在人物之上的，当时并不知晓虱子的繁殖规律，在朱子看来，这也是气化。气化是用来解释物种的"无中生有"的。

卷七十六言：

> "天地絪缊"，言气化也；"男女构精"，言形化也。端蒙。③

气化强调从阴阳直接得来，形化强调借助有形的男女或雌雄而产生万物。

《朱子语类》卷九十四结合《太极图说》较为集中地论述了气化与形化的问题：

> 或问："太极图下二圈，固是'乾道成男，坤道成女'，是各有一太极也。"曰："'乾道成男，坤道成女'，方始万物化生。易中却云：'有天地然后有万物，有万物然后有男女'，是如何？"曰："太极所说，乃生物之初，阴阳之精，自凝结成两个，后来方渐渐生去。万物皆然。如牛羊草木，皆有牝牡，一为阳，一为阴。

① 《语类》卷九十四，第 2367～2368 页。
② 《语类》卷一，第 7 页。
③ 《语类》卷七十六，第 1949 页。

万物有生之初，亦各自有两个。故曰'二五之精，妙合而凝'。阴阳二气更无停息。如金木水火土，是五行分了，又三属阳，二属阴，然而各又有一阴一阳。如甲便是木之阳，乙便是木之阴；丙便是火之阳，丁便是火之阴。只这个阴阳，更无休息。形质属阴，其气属阳。金银坑有金矿银矿，便是阴，其光气为阳。"贺孙。①

天地之初，如何讨个人种？自是气蒸（池作"凝"。）结成两个人后，方生许多万物。所以先说"乾道成男，坤道成女"，后方说"化生万物"。当初若无那两个人，如今如何有许多人？那两个人便如而今人身上虱，是自然变化出来。楞严经后面说，大劫之后，世上人都死了，无复人类，却生一般禾谷，长一尺余，天上有仙人下来吃，见好后，只管来吃，吃得身重，遂上去不得，世间方又有人种。此说固好笑，但某因此知得世间却是其初有个人种如他样说。义刚。

气化，是当初一个人无种后，自生出来底。形生，却是有此一个人后，乃生生不穷底。义刚。②

在朱子看来，万物均有雌雄，由这两个渐渐生去，最后才有了天地万物。而任何一物种最初的牝牡都分属阴阳，是阴阳二气凝聚的结果。其实在最初凝聚而有物种之时，也已经有了物种的差异，那就是物种禀得了不同的气，人禀得了气之精、之正，而物则较偏。如此禀气的人物，从最初的种开始不断地生养繁殖。对于人类的产生，朱子承认有最初的"人种"，也就是作为人类始祖的人，同理对物也如此。最初的"人种"就像种子一样，是人类繁衍的根源。即一轮具体的气化终结之后，也会重新产生新的种，开始新一轮的物种演化。从上引最后一条材料中，我们也可以看出，形化在朱子那里也可以成为"形生"，是指借助有形的物的繁衍。这也是现实当中人物产生的主要方式。

上引材料，我们可以看出朱子的讲法与佛教某些讲法（"化生"）

---

① 《语类》卷九十四，第2380页。
② 同上。

有类似之处，其实在北宋理学当中，就有类似的讲法。《朱子语类》卷九十七言：

> "十五卷：'必有无种之人，生于海岛。'十八卷：'太古之时，人有牛首蛇身。''金山得龙卵，龙涌水入寺，取卵而去。''涪州见村民化虎。'此数条，皆记录者之诞。"曰："以太极之旨而论气化之事，则厥初生民，何种之有？此言海岛无人之处，必有无种之人，不足多怪也。龙亦是天地间所有之物，有此物则有此理，取卵而去，容或有之。村民化虎，其说可疑。或恐此人气恶如虎，它有所感召，未足深较也。"谟。[①]

这里是解释《二程遗书》的相关材料。二程在谈到人物之产生时已经提到"气化""种化""形化"等观念，并结合道教所讲进行讨论。朱子对二程所说有所继承。同时，我们可以看到，气化更被二程、朱子用来解释世间的"非常"现象，他们从气化的角度来解释当时无法认识的或者相信存在的一些事情。气化针对的即是"无种"。

十　变化

以上我们讨论了朱子气的思想中有关气的结构性的部分，包括由气所展开的世界的各构成性要素是如何被阐释的。关于朱子之气论，还有一点需要注意，那就是他如何看待"变化"问题，变化其实也是差异之间的转化问题，与气的流行有关。

学界已有学者讨论过朱子关于"动静与变化"的思想。这里我们首先要指出的是，在朱子那里，动静不能完全按照物理学中的观念来理解。动静在朱子那里不等于变化，动静是变化的根源，动静更强调哲学上的主动、被动（积极、消极），而变化则更多的是现象层面上的阐释[②]。气是变化运动的主体，动静是产生变化运动的根源。朱子谈变

---

① 《语类》卷九十七，第 2483 页。
② 如张立文认为："朱熹基于'动静说'，论述了运动所采取的相对稳定和显著变动两种形态，他称之为'变'与'化'。"（张立文《试论朱熹关于动静、变化的学说》，《浙江学刊》，1981 年第 3 期，第 80 页）以变化为动静的形态，多少直接将变化等同于动静，而忽视了动静在哲学上所表达的主动、被动等含义。

化，常结合《周易》，在对《周易》的讨论中集中表达了他的变化思想。其中《朱子语类》有几条材料可以集中反映相关内容：

……又问："'变化'二字，旧见本义云：'变者，化之渐；化者，变之成。'夜来听得说此二字，乃谓'化是渐化，变是顿变'，似少不同。"曰："如此等字，自是难说。'变者，化之渐；化者，变之成'，固是如此。然易中又曰'化而裁之谓之变'，则化又是渐。盖化如正月一日，渐渐化至三十日，至二月一日，则是正月变为二月矣。然变则又化，是化长而变短。此等字，须当通看乃好。"铢。①

问："不知'变化'二字以成象、成形者分言之，不知是羁同说？"（学履录云："问：'不知是变以成象，化以成形；为将是"变化"二字同在象形之间？'曰：'不必如此分。'"）曰："莫分不得。'变化'二字，下章说得最分晓。"文蔚曰："下章云：'变化者，进退之象。'如此则变是自微而着，化是自盛而衰。"曰："固是。变是自阴而阳，化是自阳而阴。易中说变化，惟此处最亲切。如言'刚柔者，立本者也；变通者，趋时者也。'刚柔是体，变通不过是二者盈虚消息而已，此所谓'变化'。故此章亦云：'刚柔者，昼夜之象也；变化者，进退之象也。''刚柔者昼夜之象'，所谓'立本'；'变化者进退之象'，所谓'趋时'。又如言：'吉凶者，失得之象；悔吝者，忧虞之象。'悔吝便是吉凶底交互处，悔是吉之渐，吝是凶之端。"文蔚。②

问："变化是分在天地上说否？"曰："难为分说。变是自阴而阳，自静而动；化是自阳而阴，自动而静。渐渐化将去，不见其迹。"又曰："横渠云：'变是倏忽之变，化是逐旋不觉化将去。'恐易之意不如此说。"既而曰："适间说'类聚群分'，也未见说到物处。易只是说一个阴阳变化，阴阳变化，便自有吉凶。下篇说得

①《语类》卷七十一，第1786页。
②《语类》卷七十四，第1877页。

变化极分晓。'刚柔者，昼夜之象也。'刚柔便是个骨子，只管恁地变化。"砺。①

> 或问"变化"二字。曰："变是自阴之阳，忽然而变，故谓之变；化是自阳之阴，渐渐消磨将去，故谓之化。自阴而阳，自是长得猛，故谓之变。自阳而之阴，是渐渐消磨将去。"②

我们可以看到，关于变、化之渐、顿，朱子有两种讲法。一种是《周易本义》所讲"变者，化之渐；化者，变之成"③，一种则是《朱子语类》中常讲的"化是渐化，变是顿变"。学生已经指出两种说法有所不同，在前一种讲法中，变为渐，化为成，变似乎是量的积累，化则为最后的结果；后一种解释与之相反。前一种讲法，变对应"品物流形"，化对应"各正性命"④；后一种讲法依据在于《周易·系辞上》所讲"化而裁之谓之变"，朱子讲"因其自然之化而裁制之，变之义也"⑤。可见这两种讲法在朱子那里并不相同，我们不能据此而认为在他那里"化就是渐化，相当于量变，变就是顿变，相当于质变"⑥。我们应该具体分析朱子这两种讲法的意涵。

关于前一种讲法，《朱子语类》卷七十四有这样的解释：

> 问："变者，化之渐；化者，变之成。如昨日是夏，今日是秋，为变到那全然天凉，没一些热时，是化否？"曰："然。"又问："这个'变化'字，却与'变化者进退之象'不同，如何？"曰："这又别有些意思，是言刚化为柔，柔变为刚。盖变是自无而有，化是自有而无也。"焘。⑦

应当指出的是，朱子解释"乾道变化"时所指出的这种变化观，在其思想材料中并不多见。这种讲法更多的是针对《周易·象传》所

---

① 《语类》卷七十四，第 1877 页。

② 《语类》，第 1887 页。

③ 《周易本义·彖上》，朱子解释《周易》"乾道变化"时如是说。

④ 参见〔元〕胡炳文《周易本义通释》卷十一，文渊阁四库全书本。

⑤ 《朱子全书》第一册，第 135 页。

⑥ 张立文《试论朱熹关于动静、变化的学说》，《浙江学刊》，1981 年第 3 期，第 80 页。张立文认为朱子这两种讲法相同。

⑦ 《语类》卷七十四，第 1887 页。

讲而言，强调天命流行与万物生成的过程。此种讲法更多的是将变化与四时运化对应时讲的，且往往具体到乾之四德。朱子明确认为它与《周易》其他地方以"阴阳""刚柔"而言变化的地方不同。我们在谈朱子变化观时要注意这一点，将此作为特例指出。其实在朱子那里，依据"化而裁之谓之变"而来的讲法，才是主流，理学家也多据此言变化。①

具体到后一种讲法当中，我们可以看到，首先，在朱子那里，阴阳二气是变化的主体，他以阴阳二者的关系来界定变化，而不是从天地等视角去看变化。变是从阴到阳的运化过程，化则是从阳到阴的运化过程。《周易本义·系辞上》言"阴或变阳，阳或化阴"②，变和化所对应的阴阳关系在朱子那里是较为固定的。

其次，在后一种解释下，我们可以看到如是这些界定：

> 变是自微而着，化是自盛而衰；
>
> 变是自阴而阳，化是自阳而阴；
>
> 变是自无而有，化是自有而无；
>
> 变是自柔而刚，化是自刚而柔；
>
> 变是自静而动，化是自动而静；
>
> 化则渐渐化尽，以至于无；变则骤然而长；
>
> 变是顿变，化是渐化；
>
> 变是长，化是消；
>
> 变短，化长；
>
> 变是换头面，化是不见其迹；
>
> ……

如是，变化成为相反相成的两面，阴阳刚柔可以相互转化，变化可以说是动静转化的一种表征。

在这种解释下，"变又是化"，在朱子看来，不能将变作为独立于化之外的另一种运化，变化是对现实阴阳状态的两种描述。化不能被

---

① 胡炳文的解释将这一点说得较为透彻，可以参考《周易本义通释》卷十一。
②《朱子全书》第一册，第124页。

简单地看成是"量变",在某种意义上它代表着运化的整体。所谓的"化而裁之"是"谓渐渐化去,裁制成变,则谓之变"[1],正如前引《朱子语类》所举月份之变化,又如《周易》将一年中气的运化划分为十二消息卦,"裁"是人的主观能动性对"化"发展到一定阶段的把握、认识与区分。"凡物变之渐,不惟月变日变,而时亦有变,但人不觉尔"[2],"觉"则可以把握变。变不仅仅是物理或化学意义的质变,不是纯粹自然的质的改变,"裁"标示着其中"人化"的内涵,也就是变的确定是人的意识与自然运化交互的结果。变需要人的意识作用于作为客体的自然运化。对于单纯的自然来讲,变和化的区分其实是没有意义的,只有对人来说,区分变和化才会有现实的作用,如是才有"推而行之"的位置和意义。在朱子的解释中"化而裁之"是和"推而行之"紧密联系在一起的。

用阴阳的状态去界定变、化可以说是朱子思想的一个特点。然而这里有一个核心问题需要解释,那即是:为何自阴而阳为顿变?为何自阳而阴为渐化?变为何骤然?化为何渐渐?

其实,如果我们回到朱子思想当中,我们就会发现,变化与许多问题息息相关,如吉凶、生死、鬼神等。凡是处于对待关系中的双方,均可以分阴分阳,那么其中就有一定的变化关系可讲,甚至人的呼吸这样的现象也可以纳入其中。《朱子语类》言:

> 问:"消长皆是化否?"曰:"然。也都是变。"更问:"此两句疑以统体言,则皆是化;到换头处,便是变。若相对言,则变属长,化属消。""化则渐渐化尽,以至于无;变则骤然而长。变是自无而有,化是自有而无。"问:"顷见先生说:'变是自阴而阳,化是自阳而阴。'亦此意否?"曰:"然。只观出入息,便见。"又问:"气之发散者为阳,收敛者为阴否?"曰:"也是如此。如鼻气之出入,出者为阳,收回者为阴。入息,如螺蛳出壳了缩入相似,

---

[1]《语类》卷七十五,第 1932 页。
[2]《语类》,第 1788 页。

是收入那出不尽底。若只管出去不收，便死矣。"问："出入息，毕竟出去时渐渐消，到得出尽时便死否？"曰："固是如此，然那气又只管生。"僩。①

此段朱子用自然和人的呼吸解释变化。在这一解释中，我们可以看出，变化可用阴阳言，阴阳代表着变化中矛盾的双方，但处于主导者不同：变属长，其实也就是阳在其中起主导作用；化属消，也就是阴在其中起主导作用。进一步讲，变是动之主动性的体现，化是静之被动性的体现。变是主动克服被动的过程，化是被动替代主动的过程。朱子区分变化，还是要回归到动静所代表的主动、被动问题上来看。对于他来讲，创生意味着最大的积极性与主动性，"气只管生"，而这一生在根源上是"从无到有"的，这一"从无到有"应该从"理生气"的角度来看：气根据于理从绝对的虚空中产生，产生就会走向消尽，产生的瞬间即是主动性最充分的体现，也即是阳最为充分的体现。然而紧随着创生，也就要走向消尽、成形，阴也随之而来。从创生走向消尽则是一个漫长的过程，也就是被动性逐渐体现的过程。对具体的气来讲均是如此。以人生为例，出生就是最大的主动性的体现，出生走向死亡，则是被动性的逐渐彰显，而这一过程是漫长的。朱子变化观中的阴阳更多的要从对待的角度去看，从主动被动去看，即使到气论中去看，也要从阴阳作为一气的消长的转化看，而不是从阴阳作为二气的存在样态看。

更进一步地，我们才能理解"化而裁之"与"推而行之"的关系，也就是朱子对变化区分背后所包含的实践面向。变化的背后是"参赞裁成之道"，是"扶阳抑阴"与"进君子退小人"②，把握"见微知著"的道理，体会盛衰之间的转化。朱子的变化观背后更是其对具体实践的观照。理解朱子的变化观需要区分出不同的层次，即描述性的与实践性的。

---

① 《语类》，第1887页。
② 同上书，第1787页。

略论朱子之先天《横图》

陈睿超（北京大学）

朱子在易学研究方面对北宋邵雍的先天易学推崇有加。其所著《周易本义》"卷首九图"及与蔡元定合著之《易学启蒙》卷二《原卦画》中，除录有邵雍《先天方圆图》之外，另一种与先天学有关的重要图示便是《横图》。《横图》分《八卦小横图》与《六十四卦大横图》，有黑白方块（见图1、图2）与爻画两种形式，《本义》卷首所列为前者，《启蒙》所列为后者，两者是等价的，都是根据"一分为二"逻辑显示从太极分化为八卦直到六十四卦的过程。[①] 朱子认为，《横图》经过变形即可产生《先天圆图》与《方图》[②]，故其在先天诸图中起着基础性的作用。那么，占据如此关键地位的《横图》究竟是对邵雍原有之图的继承，还是朱子自己在邵学基础上的推演与发挥呢？这是本文所要重点检讨的问题。

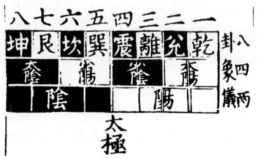

图1　伏羲八卦次序图（《宋刊周易本义》本）

[①] 朱熹《周易本义》卷首，《朱子全书》第一册，上海古籍出版社，2010年，第19、20页后插页，题为《伏羲八卦次序图》《伏羲六十四卦次序图》；朱熹《易学启蒙》卷二《原卦画》，《朱子全书》第一册，第218～235页。两者形式的区别是，《本义》之图将太极、两仪等各层次自下而上排在一张图内，《启蒙》则将各层次分列。

[②] 朱伯崑先生论述这一变形过程说："大横图从中拆开，拼以圆形，便得出大圆图"；"将横图或圆图分为八段，自下而上叠成八层"，即构成《方图》。见朱伯崑《易学哲学史》第二卷，昆仑出版社，2005年，第162页。

图2　伏羲六十四卦次序图（《宋刊周易本义》本）①

一　《横图》实为朱子自创

判定《横图》是否为邵雍原有之图，首先需要确定，是否有直接的文献材料证明邵雍曾作过类似的图示并流传后世。我们知道，邵雍留下的《皇极经世》一书中并无任何图像，先天学的图示通常都是经邵雍之后的易学家之手得以流布的。就此，郭彧先生已指出，去邵雍未远的朱震于其《汉上易传·卦图》中录有属于先天学的"伏羲八卦图"（实为六十四卦方位图），却并无"伏羲八卦次序图"或"六十四卦次序图"，即无《横图》。②不仅如此，考察朱子之前的邵雍后学研习介绍先天学的著作，如王湜的《易学》、张行成的《易通变》等，虽然广泛收录与先天学有关的各种图示，却均不见类似《横图》的图示。这意味着，就文献材料来看，《横图》似乎是直到朱子那里才首次出现的，这便为邵雍本人是否作过《横图》的问题打上了一个大大的问号。

既然缺乏邵雍创作《横图》的直接证据，那么，邵雍先天学的思想文本中能够找到支持《横图》存在的间接证据吗？朱伯崑先生提出，《观物外篇》一段文字"论述了八卦和六十四卦形成的过程"，可以作为"八卦形成的图示"，即《横图》的基础：③

> 太极既分，两仪立矣。阳下交于阴，阴上交于阳，四象生矣。

---

① 宋咸淳吴革刻本《周易本义·易图》，第3、5～6页。见朱熹《宋刊周易本义》，福建人民出版社，2008年。

② 郭彧《〈易学启蒙·原卦画〉与〈观物外篇〉》，《中国哲学史》，1996年第1～2期，第128页。

③《易学哲学史》第二卷，第133页。朱先生以《横图》为"朱熹所述"，则应是将原作者归于邵雍，朱子是继述此图。

阳交于阴、阴交于阳而生天之四象；刚交于柔、柔交于刚而生地之四象，于是八卦成矣。八卦相错，然后万物生焉。是故一分为二，二分为四，四分为八，八分为十六，十六分为三十二，三十二分为六十四。故曰"分阴分阳，迭用柔刚，故易六位而成章"也。十分为百，百分为千，千分为万，犹根之有干，干之有枝，枝之有叶，愈大则愈少，愈细则愈繁，合之斯为一，衍之斯为万。①

从形式上看，《横图》用一奇一偶之画各生一奇一偶的方式构成的图示，的确相当完美地体现了邵雍所说"一分为二，二分为四……"，即按加倍或分二的数理原则从太极开始一步步分生为八卦与六十四卦的过程。而且，按朱子的解释，《横图》一奇一偶的分生过程止于八卦或六十四卦，而是可以进一步产生 128、256、512 等数量的卦象，乃至"未知其所终极"②，这与邵雍所言"合之斯为一，衍之斯为万"亦相契合。

但是，如果一段文字材料能构成一种图示的根据，两者仅有某些方面的契合是不够的，必须要求图示可以表达文字包含的所有内容。而《观物外篇》此段中有一个地方是朱子的《横图》难以表达的，那就是"阳下交于阴，阴上交于阳"。这句话如果用图示表征，必然要有上下空间方位的区分，但《横图》却是平列的，其层次的上下仅表示从始至终的历时递进次序，而不具有空间方位的意涵。其实，朱子在《答袁机仲》一信中提到此段文字时说，这是"通论伏羲六十四卦圆图"，而且是"就六十四卦已成之后言之"，③ 则他本人并未将《观物外篇》此段材料看作八卦、六十四卦初始产生过程的描述，更不认为这是《横图》的根据。如此，朱伯崑先生的上述观点难获充分支持。

这样，在邵雍先天学的文本材料中能否找到支持《横图》存在的

---

① 宋咸淳吴革刻本《周易本义·易图》。见朱熹《宋刊周易本义》，福建人民出版社，2008 年，第 3、5～6 页。
②《易学启蒙》卷二，《朱子全书》第一册，第 228 页。
③ 朱熹《答袁机仲》，《朱文公文集》卷三十八，《朱子全书》第 21 册，第 1662～1663 页。

证据，也是应该存疑的。也就是说，没有充分证据表明邵雍本人曾留下类似《横图》的图示。而另一方面，郭彧先生根据朱子在几封书信中的内容提出，《横图》其实就是朱子自己所作。他举出的例证有：《答袁机仲》书中"其图亦非古法，但今欲易晓，且为此以寓之耳"；《答袁机仲》另一书中"仆之前书固已自谓非是古有此图，只是今日以意为之，写出奇偶相生次第，令人易晓矣"；《答郑仲礼》书中"熹盖尝以康节之言求之，而得其画卦之次第"。[①]这里提到的"图"皆指《横图》。从朱子的语气看，这幅图在以前并未出现，而是他自己推求"康节之言"的意思画出来的。那么，邵雍与朱子两方面文本材料共同指向的可靠结论只能是：《横图》非邵雍所作，而实为朱子自创。

二　朱子《横图》与邵雍先天学本旨的差异

前已确证《横图》为朱子自作，那么下面要讨论的便是：朱子自创之《横图》是否是对"康节之言"之"意"原原本本的继述呢？仔细分析会发现其中大有问题。朱子的《横图》实与邵雍先天学的本旨存在诸多差别，一个最明显的地方是冯友兰先生指出的："其八卦次序之图，以阴阳为两仪；太阳、少阳、太阴、少阴为四象。与《皇极经世·观物内篇》所说不合。"[②]我们知道，邵雍在《观物内篇》之一中叙述了从太极到两仪、四象、八卦逐次展开的宇宙创生过程。其中邵雍以动（天）、静（地）为两仪[③]；动分为二生阳、阴，静分为二生柔、刚，为四象[④]；阳、阴再各分为二生，太阳、太阴、少阳、少阴为"天之四象"，柔、刚各分为二生，太柔、太刚、少柔、少刚为"地之四

① 郭彧《〈易学启蒙·原卦画〉与〈观物外篇〉》，《中国哲学史》，1996年第1～2期，第129页。
② 冯友兰《中国哲学史》（下），《三松堂全集》第三卷，河南人民出版社，2001年，第272页。
③《观物内篇》之一："天生于动者也；地生于静者也。"《邵雍集》，第1页。
④ "动之始则阳生焉，动之极则阴生焉"；"静之始则柔生焉，静之极则刚生焉"。《邵雍集》，第1页。

象"，"天之四象""地之四象"合为八卦①。这些是邵雍先天学本来的诸名义。从图 4 所示横图看，朱子以阳、阴为两仪，替换动、静；又将本属八卦中"天之四象"的"太阳、少阳、太阴、少阴"挪到了"四象"一层，不用其原有之名；而八卦的原有名义全部弃置，直接以《周易》卦名指称。这足以证明，《横图》只能说是对邵雍之学的发挥，而很难说是继述。

当然，朱子似乎也没说自己是一板一眼地照搬邵雍，他所求的"康节之言"，主要针对的是"其画卦之次第"，也就是《横图》从右至左、"乾一"至"坤八"的卦序。朱子对此卦序颇为自得，认为"乾一横排至坤八，此则全是自然"②。从《横图》看，每一层的分生不仅遵循"一分为二"的逻辑，而且一律采取先生一阳，后生一阴的次序（图中右方为先、左方为后），如是才在八卦一层得出此卦序。正是这种从始到终全然一致的原则被朱子认为是毫无人的私意夹杂而纯是自然。按此原则一直分到六十四卦，也"全是天理自然挨排出来"③。

然而这一卦序本身也存在问题：《横图》先阳后阴的分生次第与邵雍《观物内篇》所述并不吻合。《观物内篇》之一叙述"两仪生四象"时说："动之始则阳生焉，动之极则阴生焉"；"静之始则柔生焉，静之极则刚生焉"。"始""极"的用语表明阴阳、柔刚之生在邵雍这里存在一个时间先后次序。那么对两仪中的动（天）来说，其分生顺序是先阳后阴；对静（地）来说，其顺序是先柔后刚，也就是先阴后阳。而《横图》中"阳、阴"两仪则是按照统一的先阳后阴的次第分生出"四象"的，故"阴"仪先生"少阳"而后生"太阴"，与《观物内篇》对应的"静"仪先生柔后生刚的顺序正相反。不仅如此，"四象生八卦"的次序，按《观物内篇》的描述，"天之四象"为"太阳为日，太阴为

---

① "动之大者谓之太阳，动之小者谓之少阳，静之大者谓之太阴，静之小者谓之少阴"；"静之大者谓之太柔，静之小者谓之少柔，动之大者谓之太刚，动之小者谓之少刚"。《邵雍集》，第 2 页。

② 〔宋〕黎靖德编《朱子语类》卷六十五，中华书局，1986 年，第 1613 页。

③ 《答袁机仲》，《朱文公文集》卷三十八，《朱子全书》第 21 册，第 2471 页。

月，少阳为星，少阴为辰"，换成八卦之名则是乾☰、兑☱、离☲、震☳，是按照先阳后阴的顺序产生的；而"地之四象"则是"太柔为水，太刚为火，少柔为土，少刚为石"，换成卦名是坤☷、艮☶、坎☵、巽☴，是按照先阴后阳的顺序产生。①《横图》八卦之序即乾、兑、离、震、巽、坎、艮、坤，仍依据的是统一的先阳后阴的分生次序，亦与《观物内篇》不符。当然，对此或可辩称《观物内篇》八卦次序未明说是按产生时间先后排序的，然而《观物外篇》有言"走类者，地之长子也"②，"长子"就是首先出生的儿子，而根据《观物内篇》的先天学物象分类系统，"走"对应的正是"太柔"即八卦的坤，则"地之四象"的次序当以坤为首出，而非《横图》坤处最末，可谓确凿无疑。邵雍后学张行成《皇极经世索隐》注解《观物内篇》时也提到："性情形体，乾一、兑二、离三、震四之序也；走飞草木，坤一、艮二、坎三、巽四之序也。"③看来，朱子颇为自得的《横图》八卦次序，有一半是跟邵雍《观物内篇》的说法相悖的。

应该说，朱子《横图》的卦序在邵雍思想中也是有其所本的。《观物外篇》上之中有一条："顺数之，乾一，兑二，离三，震四，巽五，坎六，艮七，坤八。"④大概就是《横图》卦序的来源。不过文中"顺数"的意指并不明确。张行成认为"自上分者为顺"，即把《先天小圆图》分左右两边分别自上而下数出的次序⑤；郭彧先生则认为八数象方，故此是指《先天方图》自下而上数每列贞卦的次序⑥。无论哪种解释，

① "四象"中属天类的"阳"⚌先生一阳成乾☰，再生一阴成兑☱；然后同属天类的"阴"⚍先生一阳成离☲，再生一阴成震☳，皆按先阳后阴的次序。而属地类的"柔"⚏则先生一阳成坤☷，再生一阳成艮☶；然后同属地类的"刚"⚎先生一阴成坎☵，再生一阳成巽☴，皆按先阴后阳的次序。《观物内篇》之一，《邵雍集》，第2页。
② 《观物外篇》中之下，《邵雍集》，第141页。
③ 张行成《皇极经世索隐》，《四库全书珍本初集》子部50集，沈阳出版社翻印商务印书馆1935年版，第1635页。
④ 《观物外篇》上之中，《邵雍集》，第82页。这一卦序在邵雍先天学中确实存在且有其应用，如先天筮法以数字起卦所用即此卦序。
⑤ 张行成《皇极经世观物外篇衍义》卷二，《四库全书珍本初集》子部50集，第1703页。
⑥ 《邵雍集》，第82页注文。

此条所述都不是朱子《横图》意图表达的八卦初始分化产生的次序，而是卦象已经产生形成《圆图》或《方图》之后再按照某种方式计数出来的次序。

《横图》的问题还不止于此。朱子以《横图》卦序为《先天方圆图》的基础，即认为邵雍是先按《横图》排出了一个八卦、六十四卦的次第，然后再将之变形成为《先天圆图》。但变形之中却有不少麻烦。首先，《横图》先阳—后阴--的统一分生次序，近似于扬雄《太玄》先"—"次"--"次的统一排列次序。不难想象，如是产生出来的卦序会犯与《太玄》符号系统类似的毛病：如果直接将《横图》首尾相接成一圆圈，则纯阳的乾卦将与纯阴的坤卦相连，这样的图示将无法象征阴阳的渐次消长。所以《横图》到《圆图》必须如朱子所说"就这中间拗做两截"①，即将八卦从震、巽处，六十四卦从复、姤处拆成两半，再将两半首尾颠倒对接，才能成为邵雍《先天圆图》的形制。但是朱子既推崇《圆图》也是最初伏羲所画，本该是自然而然的，而上述拆成两半再反转对接的变形过程，实在难说是"自然"。朱子自己也觉得，"若如圆图，则须如此，方见阴阳消长次第。虽似稍涉安排，然亦莫非自然之理"②。按朱子语意，则《圆图》安排成如是形制是为了"见阴阳消长次第"，明明是有人为目的在，如何能说是"莫非自然之理"？根本上讲，《横图》是无空间方位的平铺，要变成有空间方位的《圆图》，必定要经过人为的变形，所以引入人为因素的其实是朱子以《横图》变《圆图》的思路本身。

再有，按邵雍的说法，《先天圆图》有一个顺、逆的次序，作为对《说卦》"天地定位"一节中"数往者顺""知来者逆"的一种诠释。《观物外篇》中之下云：

> 天地定位一节，明伏羲八卦也。八卦相错者，明交错而成六十四也。数往者顺，若顺天而行，是左旋也，皆已生之卦也，

---

① 《朱子语类》卷六十六，第 1624 页。下有小注："淳录云：'圆图作两段来拗曲。'"
② 同上书，第 1613 页。

故云数往也；知来者逆，若逆天而行，是右旋也，皆未生之卦也，故云知来也。夫《易》之数由逆而成矣。此一节直解图意，逆若逆知四时之谓也。①

仅看字面意思，就知道顺、逆是在说绕《圆图》的两种相反的行进方向。"顺"即顺天左行，即按照古代方位坐标依次经过北、东、南、西的顺序（今日所言顺时针），古人认为是天之气运行的方向；"逆"即逆天右旋，是依次经过北、西、南、东的顺序（今日所言逆时针），古人认为是地气及日月五星运动的方向。②

依常理，顺、逆都应该如古代天文学的左行、右旋一样，是绕《圆图》一周的完整运动过程，但是朱子却偏要拆开两半解，以《八卦圆图》左半圈"自震至乾为顺"，右半圈"自巽至坤为逆"③。这一委曲解读的症结在邵雍所说"已生""未生"。按邵雍的意思，绕《圆图》行进过程中，若其方向与八卦始生的次序一致，则将要经历的卦象相对当前所在的卦象为"未生"；反过来，若其方向与八卦始生的次序相反，相当于对始生次序做一回溯，则将要经历的卦象相对当前所在的卦象为"已生"。④但是，如果按照朱子《横图》卦序考察"已生""未生"，将会遇到一个困难：从一阳初生的震卦开始，沿左行方向旋转，历离、兑至乾走完左半圈，这是与《横图》乾一至震四的次序相反的，所经历的"皆已生之卦"，与邵雍"顺行"相合；但是到了右半圈将是从巽经坎、艮到坤，与《横图》巽五到坤八次序相同，所经历的便是"未生之卦"，按邵雍的说法应该属于"逆行"。六十四卦《大圆图》的

---

① 《观物外篇》中之下，《邵雍集》，第139页。
② 《文选》注引《元命苞》云："天左旋，地右动。"《白虎通·日月》云："天左旋，日月五星右行。"（陈立《白虎通疏证》卷九，中华书局，1994年，第422、423页）左旋、右行分别对应现代天文学所谓恒星周年视运动与太阳周年视运动的方向。
③ 《周易本义》，《朱子全书》第一册，第20页。
④ 朱子解"已生"为"进而皆得已生之卦，犹自今日而追数昨日也"，解"未生"为"进而皆得未生之卦，犹自今日而逆计来日也"（《易学启蒙》卷二，《朱子全书》第一册，第238页）。如《圆图》左半圈从震进至离，按《横图》卦序离三先生，震四后生，在震时离已生，故所遇皆已生之卦；右半圈从巽到坎，按《横图》卦序巽五先生，坎六后生，在巽时坎尚未生，故所遇皆未生之卦。

情况亦相类。对此朱子说："自冬至至夏至为顺，盖与前逆数者相反。自夏至至冬至为逆，盖与前逆数者同。其左右与今天文家说左右不同，盖从中而分，其初若有左右之势尔。"① 将邵雍的顺行左旋、逆行右旋看作一个圆周运动的两个半程，解释成了跟古代天文常识不同的意思（参见图3）。

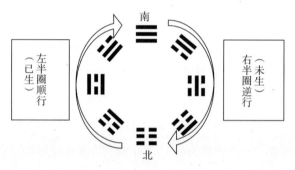

图3　朱子对《先天八卦圆图》顺行、逆行方向的解释

但是，邵雍本人从没说过要把《圆图》拆成两半解释顺逆。《观物外篇》明言"天左旋，日右行"②，则左旋、右行与天文家之说无异。张行成也说："冬至之后天左旋，自颐至乾；日右行，自剥至姤"；"夏至之后天左旋，自大过至坤；日右行，自夬至复"。③ 按之《大圆图》可见，左旋、右行都是绕图一周，不存在一半顺、一半逆的问题。这暗示出，张行成依据的卦序绝非《横图》，邵雍先天学中应当存在一个左半圈始乾终复，右半圈始坤终姤的六十四卦卦序，才能如是合理地解释"顺行皆已生之卦"和"逆行皆未生之卦"。不难推知，对八卦《小圆图》来说，此卦序应该就是乾一、兑二、离三、震四，坤一、艮二、坎三、巽四，也就是《观物内篇》所述八卦始生次序。而张行成解释前引邵雍"天地定位"一段即提道："坤一变为艮，乾一变为兑，举逆行之变也。……坤一变为震，乾一变为巽，举顺行之变也。"④ 以坤到艮、乾到兑的方向为逆，即右行自乾至兑至离至震，自坤至艮至坎

---

① 《朱子语类》卷六十五，第1613页。依空间方位说，冬至对应北，夏至对应南。
② 《观物外篇》中之中，《邵雍集》，第120页。
③ 张行成《观物外篇衍义》卷四，《四库全书珍本初集》子部50集，第1736页。
④ 张行成《观物外篇衍义》卷六，《四库全书珍本初集》子部50集，第1773页。

至巽，皆遇未生之卦；以坤至震、乾至巽的方向为顺，即左行自震至
离至兑至乾、自巽至坎至艮至坤，皆遇已生之卦，无疑正采用了这一
卦序（参见图4）。

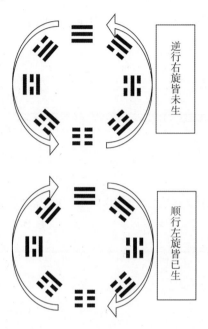

图 4　张行成对《先天八卦圆图》顺行、逆行方向的解释

由此可见，按照邵雍思想中本有的卦序，则《圆图》的顺或左行，
逆或右旋，都与古代天文学的观念完全一致，就是对天地自然运行过
程的忠实反映。而朱子由于坚持《横图》卦序，使得《圆图》本来很
自然的运行方向变得不合常规，这构成了朱子易学与邵雍先天学之间
的又一个重大差别。

三　结语

总结来说，朱子的《横图》在名义、卦象生成顺序方面都与邵雍
先天学的原旨存在偏差，当他以《横图》为起点理解《先天圆图》时，
对图示变形的过程及《圆图》顺逆次序等就不得不采用造作或曲折的
解释。实际上，《横图》应该看作是朱子自己对先天学的推演与发挥，

而并非对邵雍先天学以及《先天图》的忠实阐述。但是，前人鲜有人能明辨朱、邵之学的分异，多将《横图》与邵雍之学混为一谈，不加分辨地用朱子的《横图》直接解释邵雍的易学思想。因此，澄清朱子《横图》与邵雍先天学之间的关系，对于严谨的学术研究而言是极有必要的。

《周易程氏传》之"中"与"正"

——从"道"与"势"、"德"与"位"及君臣关系的角度看

李璐楠（北京大学）

《周易程氏传》主要表达了程颐本人对于君的性质、君臣关系、君民关系以及士大夫出处进退之道等方面的议论。他立足于易学的基本原理，联系北宋的时代背景和现实的困境，将其政治思想引入易学的诠释之中，建构了一个具有批判精神的内圣外王之学，表现了强烈的忧患意识和人文关怀。根据余英时先生的研究，北宋是士阶层在政治上十分活跃的时代，他们以"政治主体"自居，不再安于秦、汉以来"君尊臣卑"的成局，并进一步提出了与君主"共治天下"的政治诉求。[1] 由于《程氏易传》是程颐唯一的成书著作，哲学界给予的关注较多，其中"中"与"正"作为《程传》中非常重要的概念范畴，在不少研究性文献中多有讨论。[2] 本文的独特视角在于，在前人研究的基础上，试图从"道"与"势"、"德"与"位"及君臣关系三个角度来综合理解《周易程氏传》对"中"与"正"的诠释，由此把握程颐对于重建"内圣外王"合一及圣君贤相的三代之治所做的努力。

---

[1] 余英时《朱熹的历史世界——宋代士大夫政治文化的研究》，生活·读书·新知三联书店，2011年，第156页。

[2] 关于《程氏易传》研究文献中涉及"中"与"正"的讨论，可参考：1. 胡自逢《程伊川易学述评》，文史哲出版社，1995年。2. 余敦康《内圣外王的贯通——北宋易学的现代阐释》，学林出版社，1997年。3. 余敦康《汉宋易学解读》，华夏出版社，2006年。4. 朱伯崑《易学哲学史》，昆仑出版社，2009年。5. 姜海军《程颐〈易〉学思想研究——思想史视野下的经学诠释》，北京师范大学出版社，2010年。6. 唐纪宇《程颐〈周易程氏传〉研究》，北京大学博士论文。7. 姜海军《〈周易程氏传〉对"位"与"时中"的诠释——从易学、理学与政治思想相结合的角度看》，《周易研究》，2003年第1期。

一　"道"与"势"

宋以后所流行的道统论是由朱熹正式提出，而在黄榦手上完成的。[1] 他对"道统之传"的关怀往往与对"道体"的重视结合起来。朱熹在《中庸章句序》中将"中"视为对"道体"的一种描述。他注"中也者，天下之大本也"句曰："大本者，天命之性，天下之理皆由此出，道之体也。"[2]《中庸章句序》首段曰：

> 《中庸》何为而作也？子思子忧道学之失其传而作也。盖自上古圣神继天立极，而道统之传有自来矣。其见于经，则"允执厥中"者，尧之所以授舜也；"人心惟危，道心惟微，惟精惟一，允执厥中"者，舜之所以授禹也。尧之一言，至矣，尽矣！而舜复益之以三言者，则所以明夫尧之一言，必如是而后可庶几也。（《中庸》，第14页）

> 自是（按：尧、舜、禹）以来，圣圣相承，若成汤、文、武之为君，皋陶、伊、傅、周、召之为臣，既皆以此而接夫道统之传，若吾夫子，则虽不得其位，而所以继往圣、开来学，其功反有贤于尧舜者。（《中庸》，第14页）

此上古圣王代代相传之"允执厥中者"在朱熹看来就是《中庸》之"中"，也就是天下之理所由出的道体。而上古圣神至周公都是有德有位者，内圣和外王合二为一，故能接续道统之传。然至孔子以后，虽有其德，不得其位，内圣与外王分裂为二，唯有"继往圣、开来学"才能保存与发明上古"道统"中的精义——"道体"，由是道学兴起。事实上，道体构成了道统的精神内核，道统之传正是三代圣王

---

[1] 余英时在《朱熹的历史世界》一书中详细考证了朱熹关于"道统"一词用法的演变，以及他对于道统、道体、道学的区分。朱熹有意将"道统"与"道学"划分为两个历史阶段，黄榦深知其师之意，然他故意将"道统"与"道学"打并为一，使得"道统"的尊号从此属于有"德"无"位"的儒家圣贤。从字面上看，他好像背离师说，但从精神上说，他则进一步彰显了朱熹"道尊于势"的观念。此不详述，见第7～35页。

[2] 朱熹《四书章句集注》，中华书局，2012年，第18页。以下凡引《中庸》《论语》《孟子》之内容均出自此版本，只随文标注篇名及页码，不另详注。

能够将体认到的道体付诸实践，化为人间秩序，这也是以道治国的体现。朱熹之所以强调道统与道学之分，正是出于理学家的政治敏锐性，他意识到了三代之后道统不传、道治分离的局面，并对南宋以来高宗刻意提高君权之事一直怀有很深的忧虑与警觉。朱熹全力重建传统儒家"内圣外王"合一的三代之统，正是为后世儒家批判君权提供精神凭借，试图以"道"范围"势"，说服君主采用道学所提供的治天下原则，使统治合乎"道"。这是理学家的共同信仰和政治诉求。

而朱熹关于道统与道学之分并非别出心裁，程颐《明道先生墓表》有一段云：

> 周公没，圣人之道不行；孟轲死，圣人之学不传。道不行，百事无善治；学不传，千载无真儒。无善治，士犹得以明夫善治之道，以淑诸人，以传诸后；无真儒，天下贸贸焉莫知所之，人欲肆而天理灭矣。[①]

"圣人之道"指的就是朱熹所谓的"道统"，"圣人之学"即是"道学"。程颐实际上已经先于朱熹把道统与道学分清楚了。程、朱身为理学家同为感叹"圣人之道不行"并非偶然，这与他们所处的政治生态与政治文化有关。程颐曾如此描述当时皇帝的无上权威："人君居崇高之位，持威福之柄，百官畏惧而莫敢仰视，万方崇奉而所欲必得，苟非知道畏义，所养如此，其惑可知。"（《河南程氏粹言卷第二·君臣篇》，第1248页）可见，程颐对于当时君尊臣卑，君权绝对化愈加严重的政治现状已颇为不满。而造成当今政治之衰以及王霸之分的根源，在程颐看来乃是"道"与"势"、"德"与"位"之分离：

> 古者使以德，爵以功，世禄而不世官，故贤才众而庶绩成。及周之衰，公卿大夫皆世官，政由是败矣。（《河南程氏粹言卷第一·论政篇》，第1213页）

---

① 程颢、程颐《河南程氏粹言卷第二·圣贤篇》，见《二程集》，中华书局，2004年，第1242页。以下凡引《河南程氏粹言》皆出自此版本，只随文标注篇名及页码，不另详注。

先王以仁义得天下而教化之，后世以智力取天下而纠持之，古今之所以相绝者远矣。(《河南程氏粹言卷第一·论政篇》，第1217页)

王者若奉天道，动无非天者，故称天王，命则天命也，讨则天讨也。尽天道者，王道也。后世以智力持天下者，霸道也。(《河南程氏粹言卷第二·君臣篇》，第1243页)

王者有"位"而无"德"，贤者有"德"而无"位"，为臣者不敢以"道"事君，俯首于威势之下，逢君之好，长君之恶。君不君，臣不臣，圣人之道不可得而行也。程颐关于"德"与"位"、"道"与"势"以及君臣关系的讨论明显地带有先秦儒家批判精神的印记。孔子论君臣关系之精义尽于"以道事君，不可则止"(《论语·先进》，第129页)之一语。孟子以"道"作为精神凭借，明确地把"德"与"位"区分开来：

以位，则子君也，我臣也，何敢与君友也；以德，则子事我者也，奚可以与我友。(《孟子·万章下》，第328页)

可见，上古三代之"内圣外王"合一的道统至孔子以后逐渐分裂。而儒家之"道"是从历史文化的观察中提炼出来的，因而具有超越性，所谓"不为尧存，不为桀亡"，它绝非帝王所得而私。因此，在儒家的系统中，"道"与"政"已经截然分开，并且"道"明显高于"政"。"道尊于势"的观念到孟子发展至顶峰。他对于君臣关系的看法是：君臣以"义"合，因此臣对于君之过有谏净之责。如：

君有大过则谏，反复之而不听，则易位。(《孟子·万章下》，第329页)

今之所谓良臣，古之所谓民贼也。……君不向道，不志于仁，而求富之，是富桀也。君不向道，不志于仁，而求为之强战，是辅桀也。(《孟子·告子下》，第352页)

长君之恶其罪小，逢君之恶其罪大。(《孟子·告子下》，第

351 页）

> 古之贤王，好善而忘势。古之贤士，何独不然？乐其道而忘
> 人之势。（《孟子·尽心上》，第 358 页）

而君主欲平治天下，不仅自身需有"德"，向圣王看齐，还应善于
选贤与能。"圣君贤臣"的合作模式在儒家传统中总被津津乐道：

> （淳于髡）曰："鲁穆公之时，公仪子为政，子柳子思为臣，
> 鲁之削也滋甚。若是乎贤者之无益于国也？"曰："虞不用百里
> 奚而亡，秦穆公用之而霸。不用贤则亡，削何可得与？"（《孟
> 子·告子下》，第 349 页）

> 孟子曰："禹恶旨酒而好善言。汤执中，立贤无方。文王视民
> 如伤，望道而未之见。武王不泄迩，不忘远。周公思兼三王，以
> 施四事，其有不合者，仰而思之，夜以继日，幸而得之，坐以待
> 旦。"（《孟子·离娄下》，第 299 页）

因此，程颐对于当时君尊臣卑、"道""势"分离的政治现状的担
忧与批判背后，实际蕴含着重建"内圣外王"合一及圣君贤相的三代
之治的理想。前者从他在《程传》中对"德""位"兼备者的重视可
见，而当"德"与"位"发生矛盾时，程颐重"道"胜于"势"，这
亦是其批判精神之体现。这是本文在第二部分欲以论证说明的。后
者从程颐对君臣关系的讨论可见，本文第三部分正是从"二五之
应"入手，探讨程颐对于君臣之间"中正之道"的把握，君臣双方只
有"德""位"兼备，并且严守"中正之道"，才能使权力结构正当合
理，从而最大化地发挥君臣共治的功能。而《程传》对"中"与"正"
的解释，倘若结合程颐的政治理想与问题意识，就不能仅仅看作是
对《易传》之一对概念的理解，它是在程颐所关心的"道"与"势"、
"德"与"位"以及君臣关系的三重架构下丰满起来的。只有充分解读
这三个角度，才能全方位地把握程颐对"中"与"正"的诠释，这是
整篇文章的旨归所在。

二 "德"与"位"

在《程传》的释易体例中，"中"与"正"的关系具体表现为"德"与"位"的关系。"德"与"位"相应有三种表现方式：1. 有德有位者；2. 有位无德者；3. 有德无位者。当"德"（中）与"位"（正）发生矛盾时，程颐强调"中重于正"，并告诫士人应严守儒家"义"之底线，可见其对于先秦儒家批判精神之继承。

程颐对有德有位（既中又正）者尤为推崇。《否》卦九五爻"大人之吉，位正当也"，程颐注曰：

> 有大人之德，而得至尊之正位，故能休息天下之否，是以吉也。无其位，则虽有其道，将何为乎？故圣人之位，谓之大宝。①

这里同时强调了"德"与"位"的重要性，而以大人"阳刚中正之德"为前提，以得"至尊之正位"为使"道"行于天下的客观保证。就君主而言，有中正之德而能行中正之道尤为重要。有位而无德者，虽居君位，亦为霸道。程颐注《履》卦九五爻"夬履，贞厉"曰：

> 五以阳刚乾体，居至尊之位，任其刚决而行者也。如此，则虽得正，犹危厉也。古之圣人，居天下之尊，明足以照，刚足以决，势足以专，然而未尝不尽天下之议，虽刍荛之微必取，乃其所以为圣也，履帝位而光明者也。若自任刚明，决行不顾，虽使得正，亦危道也，可固守乎？（《履》，第62页）

> 自古帝王才质鲜不过人，然完德有道之君至少，其故何哉？皆辅养不得其道，而势位使之然也。臣服职以来，六侍宸御，但见诸臣拱手默坐，当讲说者疏立案旁，解释数行，则已肃退。如此，虽弥年积岁，所益几何也？亦已异于周公辅成王之道矣。或以谓上方冲幼，宜尔者。不知本之论也。（《河南程氏粹言·君臣篇》，第1250页）

此段正可与前引《河南程氏粹言》一段对看。中常之君，居天下

---

① 程颐《周易程氏传》，中华书局，2011年，第73页。以下凡引《周易程氏传》皆出自此版本，只随文标注卦名及页码，不另详注。

之尊位，位高权重，若无自身之涵养熏陶，又无贤德之士之良谏，无不骄肆。"此古今同患，治乱所由也。"三代以后，道统与治统分离，进入一种有势而无道的局面，这在程颐看来主要是由两种情况造成：就君主而言，有其位而无中正之德；就有贤之士而言，有德而无位。"君臣不相遇，则政治不兴；圣贤不相遇，则道德不亨"（《姤》，第251页），古之圣人既有其德又居天下之尊位，"未有不由圣贤之臣为之助者，汤、武得伊、吕是也"（《蹇》，第223页），更何况中常之君、柔弱之主？贤德之士不能近君之左右，便不能辅成圣德，去小人、正君心以行其中正之道，君臣不遇，其危可知。因此，程颐对贤德之士得其"位"又为君主所倚任颇为重视。"无其位，虽有其道，将何为乎？"

> 四以阳刚健体，居近君之位，是有济否之才，而得高位者也，足以辅上济否。（《否》，第72页）

> 在师中吉者，以其承天之宠任也。天谓王也。人臣非君宠任之，则安得专征之权，而有成功之吉？（《师》，第43页）

> 君臣同德，是以刚中之才，为上所专任，故二虽居臣位，主治泰者也，所谓上下交而其志同也。（《泰》，第65页）

> 四，大臣之位，六五之君顺从之，以阳刚而任上之事，豫之所由也。大有得，言得大行其志，以致天下之豫也。（《豫》，第94页）

然"人君之于贤才，非道同德合，岂能用也"（《临》，第111页），君臣上下同德则贤者有其位，"君得刚中之臣，臣遇中正之君，君臣以阳刚遇中正，其道可以大行于天下矣"（《姤》，第251页）。若君心未合，"贤臣在下，竭力尽诚，期使之信合而已。至诚以感动之，尽力以扶持之，明义理以致其知，杜蔽惑以诚其意，如是宛转以求其合也"（《睽》，第214页）。此乃是人臣辅养人君之道。故以臣于君言之，当"竭其忠诚，致其才力，乃显其比君之道也，用之与否，在君而已；不可阿谀奉承，求其比己也"（《比》，第51页）。臣之于君，道合而进，既当其位，"必须能去小人，则可以正君心而行其刚中之道。群邪不去，君心一人，则中直之道无由行矣"（《解》，第 228 页）。竭力尽诚，不可则止，"降志辱身，非自重之道也。故伊尹、武侯救天下之心非不切，必待礼至，然后出也"（《比》，第 49 页）。

合而言之，人君圣明在上，若能显明其比道，"如诚意以待物，恕己以及人，发政施仁，使天下蒙其惠泽"，则"怀抱才德之人，皆愿进于朝廷，辅戴之以康济天下"（《观》，第 115 页）。"自古人君至诚降屈，以中正之道，求天下之贤，未有不遇者也。高宗感于梦寐，文王遇于渔钓，皆由是道也"（《姤》，第 254 页）。君臣和合，其所共致，岂可量也？若君无中德，虽屈己求贤，贤者不屑也。贤德之士在下，怀负才业，其志常在得君行道，盖时无明君，莫能用其道，"卷怀自守"，不得已也，非乐于不进，是不可进，故安之耳，其心未尝不在天下。时若可进，必自其君心之明处以导之，以至诚感通之，信以发志。君臣同道同德，则贤者有其位，三代之道可行于天下矣。程颐对"德位兼具"之推崇可见一斑。

然当"德"（中）与"位"（正）发生矛盾时，程颐强调"中重于正"：

> 不失中，则不远于正矣，所以中为贵也。诸卦二五虽不当位，多以中为美；三四虽当位，或以不中为过，中常重于正也。盖中则不远于正，正不必中也。天下之理，莫善于中，于六二、六五可见。（《震》，第 297 页）

> 九居二非正也，处说非刚也，而得中为善。若守其中德，何有不善？岂有中而不正者？岂有中而有过者？二所谓利贞，谓以中为志也。志存乎中，则自正矣。大率中重于正，中则正矣，正不必中也。能守中，则有益于上矣。（《损》，第 234 页）

以往有解释认为，程颐将"中"视为卦之德性，"守其中德"乃是修养圣人德行，将"中"限制在道德境界之内，而"正"则象征爵位或政治地位。这是一般之解释。亦有解释认为，"中"是指君臣互相亲辅，君臣同心、团结合作、阴阳协调的和谐原则，即亲亲之义。"正"是指君尊臣卑，君臣各当其位，合乎阳尊阴卑的秩序原则，即尊尊之义。① 然结合上节中程颐对"道"与"势"及本节中他对"德"与"位"的论述,"中重于正"也可以进行如下解释:"守其中德""以中为志"表达了程颐希望君主能采用道学所提供的治天下原则以"道"治国,接续三代之道统,重建内圣外王合一的政治秩序,这同时也是理学家共同的政治诉求。对君主而言,能接续道统,尽其比天下之道之善,使天下蒙其泽惠,则四方百姓自然来附,"譬如北辰,居其所而众星拱之"(《论语·为政》,第 53 页),贤德之士皆愿进于朝廷,尽其才力,为其所用。若能如此,"中则自正矣"。换句话说,君主能行其"道"为"因",其"势"之巩固与强大乃是由"因"而来之"果"。然三代之后,君主大多有其"势"而无其"德",道统之不传可知,故"正不必中也"。"道"与"势"、"德"与"位"、"中"与"正",其先后、轻重不可混乱,故"道尊于势""中重于正"可知矣。

对贤德之士而言,"岂有中而不正者"一句如何解?"正"在这里除了象征爵位之"势"外,亦指"正理"。贤德之士志在以"道"事君,"竭其忠诚,致其才力,乃显其比君之道也,用之与否,在君而已",如孟子所说"求则得之,舍则失之,是求有益于得也,求在我者也。求之有道,得之有命,是求无益于得也,求在外者也"(《孟子·尽心上》,357 页)。贤德之士竭尽忠诚,致己之事君之道,此乃"求在我者也",尽事君之"义",合乎"正理",即为"中而有正"。而得位与否,"求在外者也",此乃得之有"命",求无益于得也。故"正"不指所得之爵位,爵位之获得与否系于"义"与"命"之综合考虑,"义"出于内,为己所能控制,"命"出于外,求之无益,故"中重于正"。而"其中正之德,久而必彰,上之人自当求之"(《晋》,第 198 页),此乃"义命合一""志存乎中,则自正矣"之义。程颐之重"中"、重"义"之可知,但不可视"命"为无也。

因此,"中重于正"无论就君主抑或贤德之士而言均可通:若

---

① 余敦康《内圣外王的贯通——北宋易学的现代阐释》,学林出版社,1997 年,第441 页。

"德"与"位"发生矛盾，程颐重"道"而轻"势"；若"义"与"命"
发生矛盾，程颐重"义"，并告诫士人应严守儒家出处之道，"穷则独善
其身，达则兼济天下"（《孟子·尽心上》，第359页），不可"降志辱
身"，见利忘义。这亦是儒家士人之批判精神在程颐身上的鲜明体现。

三　君臣关系

　　程颐试图重建三代"圣君贤臣"的君臣模式，其着眼点就在君臣
关系上。《程传》中关于"君臣关系"的论述主要体现在二、五爻之应
上。如果九五、九二象征贤明之君与刚明之臣，那么六五、六二则意
味着中常之君与柔弱之臣。君与臣的对应关系从优到劣的排序依次为：
九五、九二；六五、九二；九五、六二；六五、六二。排列的依据主
要是程颐注《蹇》卦九五爻云：

> 以阳刚中正之君，而方在大蹇之中，非得阳刚中正之臣相辅
> 之，不能济天下之蹇也。二之中正，固有助矣，欲以阴柔之助，济
> 天下之难，非所能也。自古圣王济天下之蹇，未有不由圣贤之臣为
> 之助者，汤、武得伊、吕是也。中常之君，得刚明之臣而能济大难
> 者则有矣，刘禅之孔明，唐肃宗之郭子仪，德宗之李晟是也。虽贤
> 明之君，苟无其臣，则不能济于难也。故凡六居五、九居二者，则
> 多由助而有功，蒙、泰之类是也；九居五、六居二，则其助多不
> 足，屯、否之类是也。盖臣贤于君，则辅君以君所不能；臣不及
> 君，则赞助之而已，故不能成大功也。（《蹇》，第223页）

　　在程颐看来，贤明之君能得阳刚中正之臣相辅，可大有为也，这
是最理想的君臣状态。"（臣）利见大德之君，以行其道。君亦利见大
德之臣，以共成其功"（《乾》，第2页），"君得刚中之臣，臣遇中正之
君，君臣以阳刚遇中正，其道可以大行于天下矣"（《姤》，第251页）。
这种理想状态在历史上也偶有发生，如"汤、武得伊、吕"即是明证，
但此并非常态。这一点不难理解，因为中国自君主世袭制实行后，君

主就不是依靠选贤与能的机制产生，君主贤明与否往往带有很大的偶然性。并且随着君权绝对化程度之愈深，君主更不愿意权力外放乃至于受限，发展至极之一例便是明太祖废相。因此，中国历史上"中常之君"更为常见，六五、九二与九五、六二的君臣关系也更具现实意义，本节试图以这两种关系为重点讨论对象，以此把握程颐对于君臣之间"中正之道"的思考。

中常之君能得刚明之臣为之助，"取天下之善，任天下之聪明，则无所不周。是不自任其知，则其知大矣。夫以一人之身，临天下之广，若区区自任，岂能周于万事？"（《临》，第 111 页），因此，程颐提出："为人君者，苟能至诚任贤以成其功，何异乎出于己也？"（《蒙》，第30 页），"五虽阴柔之才，二辅以阳刚之道而深入之，则可往而有庆。以周成之幼稚，而兴盛王之治；以刘禅之昏弱，而有中兴之势，盖由任贤圣之辅，而姬公、孔明所以入之者深也"（《睽》，第 217 页）。

然阳刚之臣上为君所任，下为众所从，近君而处高位者，"危疑之地"也。功高而能谦，善处为臣之道，不失为臣之正，方可行而有终。在程颐看来，"以为周公能为人臣所不能为之功，则可用人臣不得用之礼乐，是不知人臣之道也。夫居周公之位，则为周公之事，由其位而能为者，皆所当为也，周公乃尽其职耳"（《师》，第 43 页）。为臣之道，所恶在"居功取忌"：

> 为臣之道，当使恩威一出于上，众心皆随于君。若人心从己，危疑之道也，故凶。居此地者奈何？唯孚诚积于中，动为合于道，以明哲处之，则又何咎？古之人有行之者，伊尹、周公、孔明是也，皆德及于民，而民随之。是以下信而上不疑，位极而无逼上之嫌，势重而无专权之过。非圣人大贤，则不能也。其次如唐之郭子仪，威震主而主不疑，亦由中有诚孚而处无甚失也，非明哲能如是乎？（《随》，第 100 页）

三以阳刚之德居下体，为众阴所宗，履得其位，上为君所任，下为众所从，有功劳而持谦德者也。古之人有当之者，周公是也。

身当天下之任，上奉幼弱之主，谦恭自牧，夔夔如畏然，可谓有劳而能谦矣。既能有劳，又须君子行之有终，则吉。唯君子安履谦顺，乃其常行，故久而不变，乃所谓有终。(《谦》，第88页)

得高位之臣，欲成其事，须得上之倚任。然"恃专则失为下之道，不专则无成功之理"(《师》，第43页)，故以"得中为吉"。此"中"之道如何把握？程颐认为人臣唯有以至诚相感，才能消除君臣之间的猜忌，由和顺谦逊之道，不居功自傲，方能不失为臣之正。程颐注《丰》卦六二爻曰：

> 二虽至明中正之才，所遇乃柔暗不正之君，既不能下求于己，若往求之，则反得疑猜忌疾，暗主如是也。然则如之何而可？夫君子之事上也，不得其心，则尽其至诚，以感发其志意而已。苟诚意能动，则虽昏蒙可开也，虽柔弱可辅也，虽不正可正也。古人之事庸君常主，而克行其道者，己之诚意上达，而君见信之笃耳。管仲之相桓公，孔明之辅后主是也。若能以诚信发其志意，则得行其道，乃为吉也。(《丰》，第318页)

"诚"，真实无妄也。至诚相待方能消除人与人之间的隔阂，所极之境，人与万物成为气息相通的生命统一体，孟子所谓"万物皆备于我矣。反身而诚，乐莫大焉"(《孟子·尽心上》，第357页)是也。人臣实能以至诚相感，自君心之明处而入，虽金石亦能为其所动。故程颐对"至诚感通"之道甚为欣赏："有孚于中，物无不应，诚同故也。至诚无远近幽深之间，故系辞云：'善则千里之外应之，不善则千里远之。'言诚通也。至诚感通之理，知道者为能识之。"(《中孚》，第345页)

九五之君以阳刚中正居君位，故"明足以照之，威足以惧之，刚足以断之，故小人不敢用其情"(《解》，第228页)。相反，六五之君以阴柔居君位，往往由于才质柔弱，"其明易蔽，其威易犯，其断不果而易惑，小人一近之，则移其心矣"。中常之君欲得刚明之臣为之助，必居守贞固，笃于委信，戒之不专；又不可用明过于察察，缚其手足，失委任之道，"得尚于中行"则可矣。此所谓"君贵明，不贵察；臣贵正，不贵权"（《河南程氏粹言卷二·君臣篇》，第1247页）。程颐注《明夷》卦象辞曰：

> 明所以照，君子无所不照，然用明之过，则伤于察，太察则尽事而无含弘之度。……若自任其明，无所不察，则己不胜其忿疾，而无宽厚含容之德，人情睽疑而不安，失莅众之道，适所以为不明也。（《明夷》，第202页）

对君主而言，取其中道，推诚委任，既不可自任其明，恤其失得，至于察察；亦不可过于昏柔，间以小人，贤暗不分，失其贞正。故人君执柔守中，必"养其威严，则能重其体貌，下不敢易"（《颐》，第154页），"威武相济，然后能怀服天下。威德并著，然后尽君道之宜"（《谦》，第89页），"若专尚柔顺，则陵慢生矣，故必威如则吉"（《大有》，第83页）。

然中常之君，虽有阳刚之臣助之，不至于失道，但阴柔之才，无贞刚之性，"虽依赖刚贤，能持循于平时，不可处艰难变故之际。艰难之际，非刚明之主，不可恃也"（《颐》，第155页）。在《程传》的解《易》体例中，"才"代表的是个体在面对种种人生处境或情势时是否具有让自身或情势朝好的方向发展的品质和才能。当卦本身指涉某种困顿、危险的处境时，"阳刚之才"往往能"济"，而"阴柔之才"仅能"循常自守"而已。因此，程颐认为刚明之臣辅以柔弱之君，尽诚竭忠，"致之中道则可矣，又安能使之大有为乎？"（《蛊》，第104页），故柔弱之君"不能为创始开基之事，承其旧业则可矣。夫创业垂统之事，非刚明之才则不能。继世之君，虽柔弱之资，苟能信任刚贤，则可为善继而成令誉也。太甲、成王，皆以臣而用誉者也"（《蛊》，第104页）。由此可见程颐对"阳刚之才"的偏爱，但亦不能"过刚"，"过刚"往往导致不能与人协作，躁急冒进，或造成与他人关系紧张（包含下犯上或上对下）等，在君臣关系上亦是如此。如：

> 过于刚强则不能与人同……以过甚之刚，动则违于中和而拂于众心，安能当大过之任乎？刚强之过，则不能取于人，人亦不

能亲辅之。(《大过》,第 161 页)

> 以阳居离体而处四,刚躁而不中正,且重刚。以不正而刚胜之势,突如而来,非善继者也。又承六五阴柔之君,其刚胜陵烁之势,气焰如焚然,不善如此,必被祸害,故曰死如。上陵其君,不顺所承,人恶众弃,天下所不容也。(《离》,第 172 页)

因此,"刚柔相济"是《程传》的一个核心思想,也是"时中"的体现。程子对"刚中"的溢美之词随处可见:"善莫善于刚中,柔中者,不至于过柔也耳;刚中,中而才也"(《大畜》,第 147 页)。无论是君主或大臣,都必须遵循"中正之道",这是一种普遍适用的行为准则和价值标准,过或不及都会犯错误,只有严格"守中"才能使君臣关系正当合理,有效地发挥君臣共治的功能。

若九居五、六居二,刚明之主无贤臣之助,则"其施有所不行,德泽有所不下,是屯其膏,人君之屯也"(《屯》,第 25 页),亦不能成其大功。变革之际,"非刚断之君,英烈之辅,不能挺特奋发以革其蔽也"(《泰》,第 65 页),故需"用冯河"以共成其功,"冯河"谓其刚果足以济深越险也,然"二体柔则其进缓,变革者,事之大,故有此戒"(《革》,第 282 页)。归根到底,这仍然是程颐"大事非阳刚之才不能济"之思想体现。

合而言之,在九五、九二,六五、九二,九五、六二,六五、六二四种君臣对应关系中,程颐无疑视九五、九二(即贤明之君得阳刚中正之臣)之应为最理想的君臣状态。君主抑或大臣一方昏弱即不能大有为也,可见程颐对"德""位"与"才"的重视。然余英时先生在《朱熹的历史世界》一书中认为:"程颐理想中的君主只是一个以德居位而任贤的象征性元首;通过'无为而治'的观念,他所向往的其实是重建一种虚君制度,一切'行道'之事都在贤士大夫之手。"[1] 余先生所说的"虚君制度"是否与程颐对贤明之君与阳刚之臣的组合相矛盾?其实不然。"君无为"不等于君主无所作为。陆九渊有一段议论十分中肯:

---

[1] 见余英时《朱熹的历史世界——宋代士大夫政治文化的研究》,第 162 页。

人主高拱于上，不参以己意，不间以小人，不维制之以区区之绳约，使其臣无掣肘之患，然后可以责其成功。(《陆九渊集》卷十一《与吴子嗣六》)①

这段话概括了程颐对君臣关系的主要看法。"不参以己意，不间以小人，不维制之以区区之绳约"，这其实正是九五贤明之君的表现。有其位亦有其德，不过于柔弱，又不用明过察，威武并济，此非刚明之才岂能为乎？若六五之君，则戒其才质柔弱，易染私意而不公。因此，余先生所谓"虚君"，恰恰指的是九五贤明之君，"无为"乃是主动谦退不居，不沉溺权势，使"臣得以展布四体以任君之事"，如《道德经》所谓"以其终不自为大，故能成其大"也。程颐在《乾》卦"上九""用九"以及《大有》卦"上九"中也表达了他对"无"的重视：

上九至于亢极，故有悔也。唯圣人知进退存亡而无过，则不至于悔也。(《乾》，第 3 页)

刚柔相济为中，而乃以纯刚，是过乎刚也。见群龙，谓观诸阳之义，无为首则吉也。以刚为天下先，凶之道也。(《乾》，第 3 页)

系辞云："天之所助者顺也，人之所助者信也。履信思乎顺，又以尚贤也，是以自天佑之，吉无不利也。"履信谓履五，五虚中，信也。思顺谓谦退不居。尚贤谓志从于五。六爻之中，皆乐据权位，唯初、上不处其位，故初九无咎，上九无不利。(《大有》，第 83 页)

朱熹对"无极而太极"的解释亦是承此而来。②由"'无为之为'，皆语势之当然，非谓别有一物也"可推知，余先生所说的"虚君"并非别指六五之君，"虚"乃是对九五之君"无"之向度的描述，与程颐的说法并无矛盾。宋代是士阶层在政治上十分活跃的时代，士大夫以

---

① 陆九渊《陆九渊集》，中华书局，2012 年，第 146 页。
② 朱熹《答陆子静六》："'无极而太极'，犹曰'莫之为而为，莫之致而至'。又如曰'无为之为'。皆语势之当然，非谓别有一物也。"余英时先生对朱熹的"君道"及理学结构有详细研究，此不赘述。见《朱熹的历史世界——宋代士大夫政治文化的研究》，第 179 页。

政治主体自居的意识十分强烈，程颐身为理学家又怀有重建"圣君贤臣"的三代之治的政治理想，其在《易传》中处处流露出对"圣君贤相"的称扬自是情理之中了。

四　结语

要言之，程颐在《周易程氏传》中对"中"与"正"的诠释已经超越了对《周易》原始文本之卦德、卦爻位的理解与认识，他开始将其政治思想引入易学的诠释之中，建构了一个具有批判精神的内圣外王之学，表现了强烈的忧患意识和人文关怀。因此，《程传》对"中"与"正"的解释必须在程颐试图重建"内圣外王"合一及"圣君贤相"的三代之治的视域下才能获得鲜活的意义。换句话说，《程传》关于"中"与"正"的解释，是在程颐所关心的"道"与"势"、"德"与"位"以及君臣关系的三重架构下丰满起来的。只有充分解读这三个角度，才能全方位地把握程颐对"中"与"正"的诠释，这是整篇文章的旨归所在。

具体言之，就程颐重建"内圣外王"合一之理想而言，他对"德""位"兼备者尤为推崇。而当"德"与"位"发生矛盾时，程颐重"道"胜于"势"，并告诫士人应严守儒家"义"之底线，可见其对于先秦儒家批判精神之继承。就程颐欲重构"圣君贤相"之君臣模式而言，他视贤明之君得阳刚中正之臣为辅为最理想的君臣状态。但就一般情况而言，程颐强调君臣双方应严守"中正之道"，如此才能使权力结构正当合理，从而有效地发挥君臣共治的功能。而"中正之道"如何落实？程颐着重突出"诚""刚柔并济"以及"刚中"之义。宋代理学家"以天下为己任"的主体意识在程颐身上鲜明地体现出来。这也是中国历史上少有的儒家精神之涌动，其政治、历史以及文化意义于今日尚有可鉴之处。

朱子读书工夫论
—— 静定内心的不二法门

　　中国有着悠久的工夫传统，都是要通过各种方法来调适自己的身心，使之合乎所谓的"道"。所谓的读书工夫就是指运用读书这一方法使得身心得到改变，达到内心平静和与道合一的修行目标的实践方法，而不是指一般所谓的怎么去读书、怎么理解书中文句意思的方法。朱子是宋代新儒家的集大成者，宋明理学的最高峰，也是最强调读书的道学大师。利用读书使人静定安心，朱子有一套完整的而且全面的读书工夫论。自孟子提出"不动心"以来，做工夫使自己内心安定不动摇就成了人们孜孜追求的境界了。在北宋程明道的时代，人们大致就有两种方法来使内心静定，一种是把心念守在一处，期望达到精神专一不动，如司马光守个"中"字，道教守窍之类的都是这种方法，朱子认为这种方法是"死守"。另一种则是强迫不起心念，使内心空空如也，从而达到不被外境干扰的目的，如张载兄弟俩就是如此，这种方法其实是要另外升起一个意识强行压制住心中念头，所以朱子称这个方法是"硬截"。朱子的读书工夫则是超越这两种方法而提出的第三种方法，其实质在于使"心与理一"，如此自然动而不动，贞定内心了。

一　读书工夫的提出

　　1.否定"死守"和"硬截"工夫
　　我们常人的心经常是处于杂乱不安定的状态。朱子认为这是因为人在生活中接触各种各样的事情，心就不由自主地随着外面的事物而散乱走作不安定，心不能收敛在一处；另外我们的心中私意成见太多，所以也使得我们的心不能安定。为了使此心不散乱而且静定，儒者们一般会采取两种方法，一种是所谓的"死守"，另一种是"硬截"。"死守"法就是把心念守住一个字或一个形象，进而使心不动。而"硬截"法是使心不思量也不思考，进而保持虚无空荡的意识状态。在儒门，张载的弟弟张戬（字天祺）即用"硬截"法，而司马光（字君实）则采用"死守"法。程颢对此批评道："张天祺昔常言，自约数年，自上着床，便不得思量事。不思量事后，须强把他这心来制缚；亦须寄寓在一个形象，皆非自然。君实自谓，吾得术矣，只管念个中字。此则又为中系缚，且中字亦何形象？"[1]明道认为这两种方法都是不自然的，一种是把心"制缚"了，一种是把心"系缚"了。显然在明道看来，不管何种方法都是把心束缚住了，而不是真的定住了心。因为"人心做主不定，正如一个翻车，流转动摇，无须臾停"[2]。朱子说"心须兼广大流行底意看，又须兼生意看"[3]，就是说人心本来就是变动不居活活泼泼的，不可能使之不思虑事，若强行使之不思量事情就必须生起另一念虑去制住使心不动，这样一来就又必须思量个不思量的，心也便死而不活了。朱子对此也有批评："中字亦有何形象？又去那处讨得个中？心本来是错乱了，又添这一个物事在里面，这头讨中又不得，那头又讨不得，如何会讨得？天祺虽是硬捉，又且把定得一个物事在这里。温公只管念个中字，又更生出头绪多，他所以说终夜睡不得。又曰：天祺是硬截，温公是死守，旋旋去寻讨个中。"[4]既然"死守"和"硬截"这两种方法都不能真正地定心，那么还有什么别的方法能真正定心呢？朱子所给出的第三种方法是：通过读书体认义理来存定此心。朱子认为定心不是使心中没有念头，也不是把心定在某个

①《二程遗书》卷二下，〔宋〕程颢、程颐著，王孝鱼点校《二程集》，中华书局，1981年，第53页。
② 同上书，第52页。
③《朱子语类》卷五，第85页。
④《朱子语类》卷九十六，第2461页。

特定的地方，而是把心存在义理上。因为心定在义理上就"可唤转来""陷溺本心"，也可以使"物欲之心自不能胜"，进而"扫涤人私意，使人人全得恻隐、羞恶之心"。

2. 第三条出路：读书工夫

接下来我们不得不追问怎样才能使我们的内心虚静安定呢？请看：

> 说要虚心，心如何解虚得。而今正要将心在那上面。①

> 人常读书，庶几可以管摄此心，使之常存。横渠有言："书所以维持此心。一时放下，则一时德性有懈。其何可废！"某要得人只就书上体认义理。日间常读书，则此心不走作；或只去事物中衮，则此心易得汩没。知得如此，便就读书上体认义理，便可唤转来。本心陷溺之久，义理浸灌未透，且宜读书穷理。常不间断，则物欲之心自不能胜，而本心之义理自安且固矣。②

> 人唯有私意，圣贤所以留千言万语，以扫涤人私意，使人人全得恻隐、羞恶之心。六经不作可也，里面着一点私意不得。③

> 读书，须是要身心都入在这一段里面，更不问外面有何事，方见得一段道理出。……盖自家能常常存得此心，莫教走作，则理自然在其中。④

> 读书者当将此身葬在此书中，行住坐卧，念念在此，誓以必晓彻为期。看外面有甚事，我也不管，只恁一心在书上，方谓之善读书。⑤

只要我们能把心放在书上，我们的心就自然能虚静专一，甚至不需要另找别的方法来使此心静定下来。如何才能使自己的心虚静下来？朱子的回答是"心在那上面"！也就是把心完全放在书里面，朱子用"身葬在此书中"来说这种状态。"葬身"于书中是心与书彼此间

---

① 《朱子语类》卷十一，第177页。
② 同上书，第176页。
③ 同上书，第188页。
④ 同上书，第177页。
⑤ 《朱子语类》卷百十六，第2805页。

都没了隔阂，就如同人"踏翻了船，通身都在那水中"①，身心都沉浸在其中而能"内外两忘"。此正合明道所谓"两忘则澄然无事，无事则定"的宗旨。如此直下定心，无任何的曲折婉转。只要把心放到书上，心自然就能静下来了，简单明了，根本不必花心思求个什么静心定心之法。明道的这种"两忘法"竟能在读书工夫中完美地实现。

二　读书工夫的内容

1. 读与思是诀窍

为什么把心放在书上就可以起到两忘进而定心的作用呢？请看下面的论述：

> 书只贵读，读多自然晓。今即思量得，写在纸上底，也不济事，终非我有，只贵乎读。这个不知如何，自然心与气合，舒畅发越，自是记得牢。纵饶熟看过，心里思量过，也不如读。读来读去，少间晓不得底，自然晓得；已晓得者，越有滋味。若是读不熟，都没这般滋味。而今未说读得注，且只熟读正经，行住坐卧，心常在此，自然晓得。尝思之，读便是学。夫子说"学而不思则罔，思而不学则殆"，学便是读。读了又思，思了又读，自然有意。若读而不思，又不知其意味；思而不读，纵使晓得，终是虚脆不安。一似倩得人来守屋相似，不是自家人，终不属自家使唤。若读得熟，而又思得精，自然心与理一，永远不忘。某旧苦记文字不得，后来只是读。今之记得者，皆读之功也。②

朱子这里所说的"读"和"思"便是具体的工夫诀窍；"读来读去""读了又思，思了又读"以及"读得熟、思得精"便是反复锻炼；"心与气合"和"心与理一"则即是与道合一式的超越性转换。就是说读书具备了工夫的三大特性。关于诀窍性，朱子又说过："学者读书，

---

① 《朱子语类》卷百十六，第 2756 页。
② 〔宋〕黎靖德编，王星贤点校《朱子语类》卷十，中华书局，1986 年，第 170 页。

须要敛身正坐，缓视微吟，虚心涵泳，切己省察。"①"圣贤之言，须常将来眼头过，口头转，心头运。"②读书工夫要求的敛身正坐，其实就是儒家静坐的方法。儒家所谓的静坐不强调特定的姿势，但是要正身而坐。可以想见，读书若是身体不正，甚至身体不是静止的，根本没有办法认真而且投入地读书，也当然更谈不上做读书工夫了。又要求张口去读诵或微吟而不仅是心里暗诵，这是读书工夫的一个很重要的诀窍。

2. 读与佛教的念诵法暗合

这也与佛教或道教的念诵法有异曲同工之妙，出声读诵可以把我们的气息给收摄住，气息调好了心念自然就平静专一了。通常情况下，佛道会教人在静坐的时候去调息，由此在静坐时气息自然会调和，心也会随着气息的调和而平静下来。之所以要专门去调息，是因为对常人来说呼吸是太平常的事情，一般都不怎么会关注到气息的变化，心思都是放到外面的世界，很少返回到自己的身体上来，除非身体有病痛了，才会关注到身体。只有当静坐时由于心思比较不会往外奔驰，所以能较明显地注意到气息一进一出的运动。息其实并非只是鼻中的呼吸之气，实有四种：风，喘，气，息。我们不妨看看对道教内丹学有融摄的明代王龙溪所讲的静坐时用的《调息法》：

> 息有四种相：一风，二喘，三气，四息。……欲习静坐，以调息为入门，使心有所寄，神气相守，亦权法也。调息与数息不同，数为有意，调为无意。委心虚无，不沈不乱。息调则心定，心定则心愈调。真息往来，而呼吸之机，自能夺天地之造化。含煦停育，心息相依，是谓息息归根，命之蒂也。③

其实关于息之四种相的说法来自天台智顗《修习止观坐禅法要》（又称《小止观》或《童蒙止观》）④。王龙溪站在儒家的立场对佛道之

①《朱子语类》卷十一，第179页。
②《朱子语类》卷十，第162页。
③《王龙溪先生全集》卷十五《调息法》，转引自方祖猷《王畿评传》，南京大学出版社，2000年，第346～347页。
④〔隋〕智顗，李安校释《童蒙止观校释》，中华书局，1988年，第22页。

思想进行创造式的诠释①，但是他却选取了调息为主线来进行融合统摄，从另一个侧面也说明调息对定心的重要性。在这里他说到调息最后到达"心息相依"的境界，这个与朱子所谓的"心与气合"是同一个境界。王龙溪用的是单纯的呼吸调息法，而朱子用的是通过读书念诵而达到的气息调和，进而平定内心。可见朱子的这个方法更容易下手操作，容易使我们的注意力不必放在呼吸上，只放在要读诵的经文上即可。佛教常要人念佛诵经，其实这也是利用念诵来调和气息，进而达到收心摄心的作用。我们不妨看看佛教的念诵法。"心声、心气合一，真言咒子念到家，智慧开了，文才、口才都能大进。……念时要回转来听自己的音声，不是听别人的，一觉昏沉赶紧张眼，密集大声地念，念到相当快时，便自然由开口念诵转为金刚念诵，心气慢慢就自然合一了。金刚念诵是唇齿之动轻微，而以舌根弹动，当很平静时，慢慢地念，但不能太慢，太慢就成唱诵了。又开口念诵眼宜睁开，与外界自然之光融成一片光明，化为无相光，身心俱忘。……另外关于唱诵，每句最后一个字音之拉长，在这字音的平、上、去、入音节之内，以舌头去弹动，入声的气是往内部下沉，吸气进来，不往外散。念得如法，喉咙自开，而且因耳通气海，耳根自然向内反闻自性，不往外驰求，心气合一，夫复何难？！得止得定，早晚成办。"②这里强调念咒要达到心气、心声合一，其实佛教的念诵都是如此。虽然朱子的读诵法不像佛教念诵法这么讲究，但是出声念诵确实有调节身心的作用，甚至有提高记忆力的效果，"某旧苦记文字不得，后来只是读。今之记得者，皆读之功也"。这一点有朱子自己的经验报告，应该是可以相信的。

3. 思是在读中体贴天理

我们要清楚朱子所要求的内心安定是内心的贞定，也就是对心与天理合一。不论是何时何地不论做什么事都是合乎天理的，而不仅仅

① 彭国翔《良知学的展开——王龙溪与中晚明的阳明学》，生活·读书·新知三联书店，2005年，第298页。
② 南怀瑾《一个学佛者的基本信念》，中国国际广播出版社，1998年，第62、70～71页。

是内心无思虑式的平静。这与静坐时做调息一样，可以把心定住，当然两者间还是有差别的。静坐的调息是把注意力放在呼吸上，没有思考念虑，而出声读诵则是把注意力集中在思考和读诵两者上。如此读诵久了自然会产生"心与气合，舒畅发越"的效果。工夫的起点与终点都无疑与身体发生关系。脱离了身体一切的工夫都会失去载体。一开始的时候，身心是分离的，身体和心理断裂大于连续，但是工夫渐深后，身心之连续性便加强，直到身心不可分的地步。身体中有意识，意识中有身体，彼此互融。既然工夫要用意识来操作，那么与身体发生关系是难免的。如实地说，本体也只能是在身体内呈现，而不可离开身体呈现。当然，工夫不会是单纯的锻炼身体的方法，而是在具体的原则下改变心理状态甚至心理结构的方法。

读与思贯穿在读书工夫的始终，两者交替进行不可偏废："读而不思，又不知其意味"，"思而不读，纵使晓得，终是魇魅不安"。不过读更重要些，就算看熟了思量清楚了而不读熟终究是不能让人心安的。既然有了读与思的诀窍，那么做工夫就是要不断重复运用这个诀窍。所以，读书工夫要不断地读和思，读到产生效果：见到义理，心理合一。故而朱子不厌其烦地提示我们要反复读诵到烂熟，甚至读诵时还要计数。"书须熟读。所谓书，只是一般。然读十遍时，与读一遍时终别；读百遍时，与读十遍又自不同也。"[1]"凡人若读十遍不会，则读二十遍；又不会，则读三十遍至五十遍，必有见到处。"[2]"莫说道见得了便休。而今看一千遍，见得又别；看一万遍，看得又别。"[3]读得越多越好，读的遍数不同所得受用也就不同。主要原因是"圣人言语，一重又一重，须入深去看。若只要皮肤，便有差错，须深沉方有得"[4]。不反复读诵，就很难深契进去，反复读诵的过程就是不断深入的过程，同时也就是定心之法。朱子还用吃饭、吃药、吃果子的例子来说明要

---

① 《朱子语类》卷十，第 168 页。
② 同上书，第 168 页。
③ 同上书，第 171 页。
④ 同上书，第 162 页。

反复多读的原因："如人之食，嚼得烂，方可咽下，然后有补。"① "如服药相似，一服岂能得病便好！须服了又服，服多后，药力自行。"② "如吃果子一般，劈头方咬开，未见滋味，便吃了。须是细嚼教烂，则滋味自出，方始识得这个是甜是苦是甘是辛，始为知味。"③ 正是由于这样不断反复地读诵，最终可以达到超越性的效果和境界。除了上面所说的"心与理一"，还能"使与自家相乳入，便说得也响"④。心实实在在地体贴到天理，心与理融合在一起，甚至说话都有了底气。反复读诵就是在不断地做积累，积累久了甚至会产生"忽然爆开"⑤ 之"脱然会通"⑥ 的感受。义理融会在心中，是是非非胸中了然分明，达到身心超越式的转换了。

三 读书工夫的原理

到此我们便可以再追问为何要通过读书体认义理呢？因为"圣人千言万语，只是说个当然之理。恐人不晓，又笔之于书。自书契以来，《二典》《三谟》、伊尹、武王、箕子、周公、孔、孟都只是如此，可谓尽矣"⑦。"圣人言语，皆天理自然，本坦易明白在那里。只被人不虚心去看，只管外面捉摸。及看不得，便将自己身上一般意思说出，把做圣人意思。"⑧ 圣人之言语本就是天地自然之理，所以我们必须虚心恭敬地去读。天理本是客观的公共之理，我们必须即事去穷理，读书与扫洒应对、齐家和治国等事都一样包含有天理在其中，所以都是要一一格致的。经典书本里载有圣人体贴到并表述出来的天理，由此可以说

① 《朱子语类》卷十，第163页。
② 同上书，第173页。
③ 同上书，第167页。
④ 同上书，第169页。
⑤ 《朱子语类》卷十一，第186页。
⑥ 同上书，第192页。
⑦ 同上书，第187页。
⑧ 同上书，第179页。

经典书本是缩小的天地，书本里自然有天地之理。就是说言语中蕴含着义理。天理不多也不少的都在书本里，圣人的经典里面记载着天理大道，因为圣人体认和透彻了这些自然本有的道理，然后将其记在书册用以教后人依之领悟和体会。所以朱子才会说"知言知理也"，"知言便是穷理"，"知言则有以明夫道义"。[①] 还说："言之所发，便是道理。人只将做言看，做外面看。"[②] 因此我们可以说把心放在书里才是真正的定心法。言中有理，心也有理：言（书）—理—心三者是互通的，言中理与心中理是一致的。所谓："耳顺心得，如诵己言。功夫到后，诵圣贤言语，都一似自己言语。"[③] 心只有定在理上才是真的定，定在其他地方都不是真的定，而圣人的言语里面都是理，所以定心最好的途径便是借助着圣人言语而体贴其中的义理，这便是读书工夫。我们上面已经说明了三种定心方法，前两种方法本质都是束缚内心的，而第三种方法则是真正能定心的。第三种方法之所以真能定心，不在于把心守在某些文字或某个心理状态上，而是在于能把心定在意味无穷的义理上，如此心才是活的而不是死的，这样得到的定才是真正的定。

四 读书工夫的评价

1. 读书工夫不是求知方法

钱穆说："虚心平气，即是一大修养。如此乃可来读书。亦复在读书上可得此修养。"[④] 所言甚是。读书要培养人精神专一的工夫，不可以东看西看，对心之静定是大的干扰，读书不光是知道一些知识而已，制度名数之类可略看，以防止心被牵走而不能静定。读书工夫要能迁移到日常生活中的践履，非只是读了文字便了，不可书是书，我是我。应该要时时刻刻地思量义理，行住坐卧都不放过用功的机会。朱子曾

---

① 《朱子语类》卷五十二，第 1241 页。

② 同上书，第 1242 页。

③ 《朱子语类》卷十，第 174 页。

④ 钱穆《朱子新学案》第三册，九州出版社，2011 年，第 657 页。

就举欧阳修"三上"来提示要平时用功:"欧公言,作文有三处思量:
枕上,路上,厕上。他只是做文字,尚如此,况求道乎! 今人对着册
子时,便思量;册子不在,心便不在,如此济得甚事!"① 读书即是一
种工夫,浸灌培养我们之身心,可以变化我们的气质。② 读书不是为了
与人争辩口舌,应着实下践履的工夫,方有实际好处,不然虚度光阴,
大有害处。朱子强调读书工夫只有老实用功践履,方能有实益。朱子
也反复劝别人放下高谈阔论,从平实处用力。自家用功修养是基础,
没有这些一切都是无所依归的。读些平时能做到的,认真去做,这就
是踏实的工夫,倘若平时做不到,读再多的书,也只是别人的,与自
身没有关系。读书同时也是为了将来的践履,不然读书所为何事? 平
时之体证践履不可忽略,这是读书工夫之归宿。

> 名数制度之类,略知之便得,不必大段深泥,以妨学问。③

> 学者之患,在于好谈高妙,而自己脚根却不点地,……千万
> 息却此心,且就日课中逐些理会,确实践履,方有意味。④

> 若要读书,即且读语孟诗书之属,就平易明白,有事迹可按
> 据处,看取道理体面,涵养德性本原,久之渐次踏著实地。⑤

> 吾弟明敏,看文字不费力,见得道理容易分明。但似少却玩
> 味践履功夫,与自家身心无干涉,所以滋味不长久,才过了便休。
> 反不如迟钝之人,多费工夫,方看得出者,意思却久远。此是本
> 原上一大病,非一词一义之失也。记得向在高沙,因吾弟说:觉
> 得如此讲论都无个归宿处。曾奉答云:讲了便将来践履,即有归
> 宿。此语似有味,更告思之。⑥

2. 读书工夫是为变化气质

朱子之强调平时践履之重要可谓不厌其烦,其良苦用心由之可见。

---

① 《朱子语类》卷十一,第 171 页。

② 钱穆《朱子新学案》第三册,九州出版社,2011 年,第 664 页。

③ 《朱子语类》卷十一,第 190 页。

④ 《答胡宽夫》,郭齐、尹波点校《朱熹集》第六册,卷四十五,四川教育出版社,
1996 年,第 2152 页。

⑤ 《答江德功》第十一,《朱熹集》第四册,卷四十四,第 2131 页。

⑥ 《答程允夫》第十二,《朱熹集》第四册,卷四十一,第 1942 页。

同时也可以领悟到，在朱子看来，读书根本就不是为了学习一些知识，积累一些谈资，而是为培养自己的德行，变化自己气质进而成就圣贤。故而，读书本就是工夫。其实，静坐工夫与读书工夫是一体两面的关系。静坐在"读书"工夫的全程都在起某种"背景"的作用，而"读书"工夫为静坐设定了具体的内容，两者相得益彰，不可分割。读书工夫并不是指如何去读书的方法，而是指借助读书这一活动来贞定内心并体贴天理的方法手段，简单说就是读书工夫的目的是使人内心平静无纷扰。读书的前提是要虚心平静，同时读书本身也能使人内心安定，内心静定与读书两者相辅相成。书就如同缩小的天地，书中的道理就是天地之理，在日常的生活世界中，我们要通过静坐来定性涵养，而在书本世界中，我们则可以直接通过读书来定性涵养。其实朱子的读书法本质上就是为涵养内心的读书工夫。元代程端礼《程氏家塾读书分年日程》中记载：朱子"门人与私淑之徒，荟萃朱子平日之训，而节取其要，定为读书法六条：曰循序渐进，曰熟读精思，曰虚心涵泳，曰切己体察，曰着紧用力，曰居敬持志"[1]。这六条虽是讲如何去读书的方法，但其并没有提出具体的读书技巧和方法，所谓的读书法关心的并不是书本本身，却更多的是把焦点聚集在心地上。钱穆先生谓朱子之读书，同时即是心地工夫，也是一种涵养和践履，读书乃是理学家修养心性的一种最高境界。[2] 读书不单单是一种理解活动，根本就是个人悟道、修行以及成长乃至身心治疗的阶梯。[3] 从读书的目的看，读书是为了明理，而明理是为了指导工夫，所谓的道理与工夫在某种程度上是分离的。但是在读书工夫中，明理和工夫却是天然统一的，不需要等到读书明理后再另找时间和机会去践行所明之理，当下就是即明理即工夫，"知行"同时完成，这也是读书工夫受到朱子重视的原因。

---

① 程端礼编《程氏家塾读书分年日程》，商务印书馆，1936年，第120页。
② 钱穆《朱子学提纲》，东大图书公司，1991年，第166页。又见钱穆《朱子新学案》，九州出版社，2011年，第181～182页。
③ 陈立胜《朱子读书法：诠释与诠释之外》，载李明辉编《儒家经典诠释方法》，华东师范大学出版社，2007年，第175页。